160sf Foto: ad

Andreas Drouve
Südwestfrankreich – Aquitanien & Atlantikküste

„Was man von einer schönen Meeresansicht erwarten kann,
findet sich hier vereint, mahlerische Gestalten eines felsigen Ufers in der Nähe
und ein unbeschränkter Blick auf die ungeheure Fläche."

Wilhelm Freiherr von Humboldt (1767–1835) über Biarritz

Impressum

Andreas Drouve
Südwestfrankreich – Aquitanien & Atlantikküste
erschienen im
Reise Know-How Verlag Peter Rump GmbH
Osnabrücker Str. 79
33649 Bielefeld

© Peter Rump 2005, 2007
3., neu bearbeitete und komplett aktualisierte Auflage 2010

Alle Rechte vorbehalten.

Gestaltung
Umschlag: G. Pawlak, P. Rump (Layout);
  A. Pentzien (Realisierung)
Inhalt: Günter Pawlak (Layout);
  Angelika Schneidewind (Realisierung)
Fotos: Andreas Drouve (ad), Caroline Tiemann (ct)
Titelfoto: der Autor
Karten: Thomas Buri, Cathérine Raisin (Atlas)

Lektorat: Elfi H. M. Gilissen, Caroline Tiemann
Lektorat (Aktualisierung): André Pentzien

Druck und Bindung:
  Media Print, Paderborn

ISBN 978-3-8317-1871-9
Printed in Germany

Dieses Buch ist erhältlich in jeder Buchhandlung
Deutschlands, der Schweiz, Österreichs, Belgiens
und der Niederlande.
Bitte informieren Sie Ihren Buchhändler
über folgende Bezugsadressen:

Deutschland: Prolit GmbH,
  Postfach 9, D-35461 Fernwald (Annerod)
  sowie alle Barsortimente
Schweiz: AVA Verlagsauslieferung AG
  Postfach 27, CH-8910 Affoltern
Österreich: Mohr Morawa Buchvertrieb GmbH
  Sulzengasse 2, A-1230 Wien
Niederlande, Belgien: Willems Adventure,
  www.willemsadventure.nl

Wer im Buchhandel trotzdem kein Glück hat,
bekommt unsere Bücher auch direkt über unseren
Büchershop im Internet:
www.reise-know-how.de

Andreas Drouve

Südwestfrankreich

Aquitanien & Atlantikküste

401 sf Foto: ad

Vorwort

Strände ohne Ende, das leuchtende Blau des Atlantiks, grüne Weiten aus Pinienwäldern und tief im Süden die Bergriesen der Pyrenäen – starke Argumente für Naturfans, doch nicht nur die zieht Frankreichs Südwesten in seinen Bann. In einer der landesweit beliebtesten Urlaubsregionen wechseln sich Schlösser und Burgen mit Fischerhäfen und den Urgründen kulinarischer Highlights ab. Austern aus dem Becken von Arcachon lassen Gourmets das Wasser im Munde zusammenlaufen, Liebhaber edler Tröpfchen tauchen mit Hingabe ins Reich der weltberühmten Bordeauxweine ein oder gehen unbekannteren Schätzen wie den gold- bis bernsteinfarbenen Weinen aus dem Jurançon auf den Grund. Eine Kostprobe, *dégustation,* ist eine gute Gelegenheit, Savoir-vivre zu zelebrieren und den Franzosen mit ihrer südländisch angehauchten Lebensart nachzueifern. In *La France* gilt vielerorts der alte Spruch vom „arbeiten, um zu leben" – anstatt leben, um zu arbeiten.

Südwestfrankreich ist deutschsprachigen Urlaubern längst ein Begriff und wie geschaffen für Individualisten. Pauschaltourismus und Großindustrie sind weitgehend fremd, dampfende Schlote ebenso selten wie entstellende Appartementblocks und Bettenburgen. Im Gegenzug findet man herrliche Landsträßchen, abgeschiedene Campingplätze an Seen, Rad- und Wanderwege in idyllischem Abseits. Auf der Suche nach blühender Kultur und monumentaler Kirchenkunst führt kein Weg an der Metropole Bordeaux vorbei.

Dieses Reisehandbuch stellt die abwechslungsreichen Gebiete in all ihren Kultur- und Naturfacetten vor. Zusätzlich bieten Exkurse einen bunten Themenmix: vom Volk der Basken über Jakobsweg und Thalassotherapie bis hin zu traumhaften Campingplätzen und typischen Rezepten. Im Infoteil bekommen Freizeitsportler gleichermaßen wertvolle Tipps wie Reisende mit Kindern. Hilfreiche Hinweise zielen nicht zuletzt auf Low-budget-Unterkunftsuchende ab.

Wer Frankreichs Südwesten auf eigene Faust entdecken möchte, liegt mit diesem Handbuch goldrichtig. Auf Reisende warten allein 250 sandige Strandkilometer zwischen Gironde und spanischer Grenze, Klassiker wie die Düne von Pilat, skandinavisch anmutende Seenplatten unmittelbar hinter der Küste, wilde Klippen im Baskenland, malerische Naturparks, Höhlen und pittoreske Dörfer – eine Region voller Überraschungen!

Selbst eingefleischte Frankreichreisende werden in diesem Buch so manches Neue entdecken. In diesem Sinne: *bienvenue,* willkommen!

Andreas Drouve

Inhalt

170sf Foto: ad

Hinweise zur Benutzung

Preisangaben

In diesem Buch wurde eine preisliche Klassifizierung der Unterkünfte und Restaurants mithilfe von Eurozeichen (€) vorgenommen und in jeweils **drei Kategorien** unterteilt. Diese Preiskategorien haben mit der offiziellen Einteilung nach Sternen nichts zu tun; die offiziellen Sterne werden bei den meisten Hotels aber zusätzlich genannt. Da sich kaum etwas so schnell ändert wie Preise, können die Hinweise nur als Richtwert dienen.

Die nachstehend aufgeführten Unterkunftspreise verstehen sich als Zimmerpreise, also für zwei Personen.

Preiskategorien der Unterkünfte

€	Doppelzimmer unter 80 €
€€	Doppelzimmer 80–130 €
€€€	Doppelzimmer über 130 €

Preiskategorien der Restaurants

€	Menü unter 20 €
€€	Menü 20–40 €
€€€	Menü über 40 €

Groß- und Kleinschreibung

Am Schluss ein Hinweis zur Groß- und Kleinschreibung bei französischen Begriffen. Um den mitunter etwas verwirrenden Wechsel von der deutschen Groß- zur französischen Kleinschreibung im Fließtext zu vermeiden, haben wir uns entschieden, eingängliche Begriffe wie „Rue" (Straße) und „Place" (Platz) an diesen Stellen groß zu schreiben. Dieses Vorgehen zielt nicht nur auf ein einheitlicheres Druckbild ab, sondern wahrt den Zusammenhang: So liest sich eine Rue de Condé sicherlich weniger holprig als eine rue de Condé und eine Place du Palais besser als eine place du Palais. Demhingegen wurde bei Adressen und sonstigen stichpunkthaften Angaben die übliche französische Kleinschreibung vorgezogen.

Atlas

Südwestfrankreich ist am Ende des Buches in einem Atlas im Maßstab 1:400.000 dargestellt. In den Ortsbeschreibungen wird bei allen beschriebenen Orten mit einem **Pfeil** ⌐ auf den Atlas verwiesen, damit sich der Ort auf der Karte schnell finden lässt, z.B. ⌐ **XX/A2.** Dabei verweist die römische Zahl auf die Atlasseite, Buchstaben und arabische Ziffern geben das Planquadrat an.

Häuserfassade
mit trocknenden Paprika in Espelette

Vor der Reise

171sf Foto: ad

003sf Foto: ad

Im Sommer machen es sich die Franzosen in den Urlaubsorten gemütlich, flanieren und shoppen

Hausfassade in Salies-de-Béarn

Meeresbad in Arcachon

Informationen im Internet

Urlaubsregionen, Städte und kleinere Orte sind heute ebenso standardmäßig mit Homepages vertreten wie Hotels, Restaurants, Campingplätze und Sportanbieter – ein Idealfeld der Möglichkeiten, von daheim aus Preise und Service zu vergleichen und mitunter gleich **online zu buchen.** Mit Blick auf die ausländische Klientel findet man zahlreiche mehrsprachige Homepages (inklusive Deutsch) – nicht immer fehlerfrei, aber verständlich. Nachfolgend ein Überblick über Websites zu Südwestfrankreich, unterteilt in Stichworte: Frankreich allgemein, Kultur, Natur, Regionen, Städte und Orte.

172sf Foto: ad

SALON DE THE

Typisch französische Beschaulichkeit, hier in Monein

Frankreich allgemein

● **www.deuframat.de,** deutsch-französische Materialien zu Geografie und Geschichte, interessante Materialsammlung mit Aufsätzen nicht nur für den Schulunterricht; auf Deutsch oder Französisch abrufbar.

● **www.environnement.gouv.fr,** Umweltthemen aus Sicht der französischen Staatslenker, trotzdem interessant; das Themenspektrum umfasst u.a. Wasser sowie Natur und Landschaften.

● **www.diplomatie.gouv.fr/de,** Frankreichs Außen- und Europapolitik aus Sicht des dortigen Außenministeriums, außerdem aufschlussreiche Themen wie Kultur, Erziehung/ Wissenschaft, Medien- u. Informationsgesellschaft; aktuelle Nachrichten; auf Deutsch.

● **http://de.franceguide.com,** offizielle Informationsseite über Tourismus in Frankreich mit einer bunten Themenpalette u.a. zu Natur, Kultur, Wellness, Festen und Veranstaltungen; aufschlussreiche praktische Infos und ein Überblick über bestellbare Broschüren des Französischen Fremdenverkehrsamtes.

● **www.frankreich-info.de,** deutschsprachiges Internetmagazin, das eine ideale Mischung von allgemeinen und praktischen Infos bietet.

● **www.insee.fr,** Homepage des Nationalinstituts für Statistik und Wirtschaftsstudien (Institut Nationale de la Statistique et des Études Économiques); gute Regionalporträts und hilfreiche aktuelle Zahlen zu Frankreich, z.B. zu Wirtschaft, Gesundheit und Arbeitslosigkeit; nur auf Französisch.

● **www.tourisme.fr,** französische Urlaubsorte mit Kurzbeschreibung.

● **www.villes-et-villages-fleuris.com,** Wettbewerb um die schönsten blumen- und pflanzenreich gestalteten Städte und Dörfer („villes et villages fleuris") und die Preisträger.

● **www.francoallemand.com,** Homepage der Deutsch-Französischen Industrie- und Handelskammer; deutschsprachige Infos u.a. zu Themen wie Recht und Steuern; außerdem Hinweise auf Veranstaltungen und Stellenmarkt.

●Auf der Homepage des Verlages findet man aktuelle Informationen und eine ganze Reihe an Links: **www.reise-know-how.de.**

Kultur

●**www.daad.de,** die Homepage des Deutschen Akademischen Austauschdienstes bietet u.a. Infos zu Bildungs- und Hochschulwesen in Frankreich; Förderungsmöglichkeiten, Stipendiendatenbank.
●**www.institut-francais.fr,** Webseite des französischen Kulturnetzwerkes in Deutschland, Infos zu Kursangeboten und Kulturprogrammen.
●**www.jakobus-gesellschaften.de,** verlässliche Infos der Fränkischen Sankt-Jakobus-Gesellschaft, bei der auch der Pilgerausweis erhältlich ist.

Natur

●**www.parc-landes-de-gascogne.fr,** alles Wissenswerte zum Parc Naturel Régional des Landes de Gascogne.
●**www.parc-ornithologique-du-teich.com,** Vogelpark von Le Teich.
●**www.parc-pyrenees.com,** alles über den Pyrenäen-Nationalpark.
●**www.parcsnationaux.fr,** Frankreichs Nationalparks.
●**www.parcs-naturels-regionaux.tm.fr,** Vereinigung der Französischen Regionalnaturparks (Fédération des Parcs Naturels Regionaux), hilfreich die anklickbare Übersichtskarte für die Auffindung.

Orte und Regionen

●**Agen,** www.ot-agen.org
●**Anglet,** www.anglet-tourisme.com
●**Aquitanien,** www.tourisme-aquitaine.fr
●**Arcachon,** www.arcachon.com, www.bassin-arcachon.com
●**Arudy,** www.arudy-tourisme.com
●**Baskenland / Pays Basque,** www.tourisme-pays-basque.fr, www.tourisme64.com
●**Bayonne,** www.bayonne-tourisme.com
●**Béarn,** www.tourisme64.com
●**Biarritz,** www.biarritz.fr
●**Bidart,** www.bidarttourisme.com

●**Biscarrosse-Plage,** www.biscarrosse.com
●**Blaye,** www.tourisme-blaye.eu
●**Bordeaux,** www.bordeaux.fr, www.bordeaux-tourisme.com
●**Cadillac,** www.cadillac-tourisme.com
●**Cap Ferret,** www.lege-capferret.com
●**Carcans-Maubuisson,** www.carcans-maubuisson.com
●**Contis-Plage,** www.contis-tourisme.com
●**Dax,** www.dax-tourisme.com
●**Espelette,** www.espelette.fr
●**Gascogne,** www.gascogne.fr
●**Gironde,** www.tourisme-gironde.fr; Wissenswertes zur Küstenregion unter www.littoral33.com.
●**Hendaye,** www.hendaye-tourisme.fr
●**Hossegor,** www.hossegor.fr
●**La Brède,** www.labrede-montesquieu.com
●**Lacanau-Océan,** www.lacanau.com
●**Landes,** www.tourismelandes.com
●**Langon,** www.langon33.fr
●**La Pierre-Saint-Martin,** www.lapierrestmartin.com
●**Le Porge-Océan,** www.leporge.fr
●**Lot-et-Garonne,** www.tourisme-lotetgaronne.com
●**Lourdes,** www.lourdes.fr, http://fr.lourdes-france.org
●**Mimizan-Plage,** www.mimizan-tourisme.com
●**Navarrenx,** www.bearn-gaves.com (auch für Orte wie Salies de Béarn und Sauveterre-de-Béarn)
●**Oloron-Sainte-Marie,** www.tourisme-oloron.com
●**Pau,** www.pau.fr, www.pau-pyrenees.com
●**Pyrenées-Atlantiques,** www.pyreneesatlantiques.com; als Zusatzinformationen kann man unter www.tourisme-midi-pyrenees.com die Homepage des Comité Régional du Tourisme de Midi-Pyrénées abrufen.
●**Saint Émilion,** www.saint-emilion-tourisme.com
●**Saint Jean-de-Luz,** www.saint-jean-de-luz.com
●**Saint Jean-Pied-de-Port,** www.terre-basque.com
●**Saint Pée-sur-Nivelle,** www.saint-pee-sur-nivelle.com
●**Soulac-sur-Mer,** www.soulac.com

- **Soustons,** www.soustons.fr
- **Vieux-Boucau-les-Bains,**
www.ot-vieux-boucau.fr
- Unter **www.tourisme.fr** erhält man Aufschluss über alle Touristeninformationen in Frankreich, selbst aus den kleinsten Orten.

Wegen der Überflutung durch „Spam" sind manche Stellen – aber auch Veranstalter, Hotels etc. – dazu übergegangen, keine E-Mail-Adressen mehr zu veröffentlichen; statt dessen finden sich auf den Homepages Kontaktformulare.

Informationsstellen

„Atout France" heißt die Französische Zentrale für Tourismus, die sich mit nicht gerade schmalem Etat um die Vermarktung der Reisedestination Frankreich kümmert. Man findet die regionalen Vertretungen im Internet unter www.francegui de.com (in Deutschland: http://de.franceguide. com; in Österreich: http://at.france guide.com; in der Schweiz: http://ch. franceguide.com). In Frankreich sind die Öffnungszeiten der lokalen **Touristeninformationen** (*Office de Tourisme*) in der Nebensaison Mo.–Fr. ab 9/10 bis 17/18 Uhr (gelegentlich mit Mittagspause) und samstags nur bis Mittag. Im Juli und August öffnet manches Büro täglich von 8 bis 20 Uhr.

Französisches Fremdenverkehrsamt

- **Deutschland:** Zeppelinallee 37, D-60325 Frankfurt, Tel. 0900 157 00 25 (nur in Deutschland, Mo.–Do. 9–17.30, Fr. 9–16.30 Uhr), Fax 0900 159 90 61 (nur in Deutschland), info.de@franceguide.com
- **Österreich:** Lugeck 1–2, Stg. 1, Top 7, A-1010 Wien, Mo.–Fr. 12–16 Uhr, Tel. 0900 25 00 15 (nur in Österreich, tel. erreichbar 9–16 Uhr), Fax 01 50 32 871, info.at@francegui de.com
- **Schweiz:** Rennweg 42, Postfach 3376, CH-8021 Zürich, Tel. 044 217 46 00 (Mo.–Do. 9.30–17, Fr. 9.30–16 Uhr), Fax 044 217 46 17, info.ch@franceguide.com

Diplomatische Vertretungen

(Siehe „Notfälle" im Kapitel „Praktische Reisetipps A–Z")

Studieren und Französisch lernen in Frankreich

Ein, zwei Semester Frankreich oder ein mehrwöchiger Sprachkurs bieten für viele Lernwillige einen Anreiz, das Nützliche mit Urlaubsambiente zu kombinieren. Größte Lehrmetropole in Südwestfrankreich ist Bordeaux. Informationen über **Förderprogramme in Frankreich** vermittelt der Deut-

Für Informationen vor Ort ist das jeweilige „Office du Tourisme" zuständig, hier in Arcachon

sche Akademische Austauschdienst (DAAD), Kennedyallee 50, D-53175 Bonn, Tel. 0228 88 20, www.daad.de.

Von Deutschland aus kann man Sprachreisen nach Südwestfrankreich buchen, als Hauptanlaufstelle tritt auch hier Bordeaux hervor. Sprachreisen nach Bordeaux und Biarritz organisiert u.a. Carpe Diem Sprachreisen (Münsterstr. 111, D-48155 Münster, Tel. 02506 83 03 300, Fax 02506 83 03 230, www.carpe.de, www.sprachkurse-im-ausland.de). Nach Bordeaux geht es auch mit ESL Sprachreisen (www.esl.de).

Ein- und Ausreisebestimmungen

Für die Einreise nach Frankreich benötigen Bürger der EU sowie Schweizer einen **Personalausweis oder Reisepass,** Kinder brauchen einen Kinderausweis oder müssen im Pass der Eltern eingetragen sein. Über Bestimmungen für längere Aufenthalte sowie Visa für Nicht-EU-Bürger informieren die **französischen Botschaften:**

● **Deutschland:** Pariser Platz 5, D-10117 Berlin, Tel. 030 590 03 90 00, Fax 030 590 03 91 10. Adressen und alles Weitere zu den zahlreichen französischen Konsulaten in Deutschland auf der Homepage der Botschaft unter www.botschaft-frankreich.de.
● **Österreich:** Technikerstraße 2, D-1040 Wien, Tel. 01 50 27 50, Fax 01 50 27 51 68, www.ambafrance-at.org. Weitere Vertretungen in Österreich kann man beim Außenministerium nachschlagen: www.bmaa.gv.at.
● **Schweiz:** Schosshaldenstraße 46, CH-3006 Bern, Tel. 031 359 21 11, Fax 031 359 21 91, www.ambafrance-ch.org.

Grenzkontrollen an den deutsch-französischen Übergängen sind bis auf gelegentliche Stichproben (Schmuggel, Eta-Terrorismus) abgeschafft.

In allen EU- und EFTA-Mitgliedstaaten gelten weiterhin **nationale Ein-, Aus- oder Durchfuhrbeschränkungen,** beispielsweise für Tiere, Pflanzen, Waffen, starke Medikamente und Drogen (auch Cannabisbesitz und -handel). Außerdem bestehen weiterhin Grenzen für die steuerfreie Mitnahme von Alkohol, Tabak und Kaffee. Bei Überschreiten der Freigrenzen muss nachgewiesen werden, dass keine gewerbliche Verwendung beabsichtigt ist.

Freimengen innerhalb EU-Ländern

● **Alkohol** (für Personen über 17 Jahre): 90 l Wein (davon max. 60 l Schaumwein) oder 110 l Bier oder 10 l Spirituosen über 22 Vol.-% oder 20 l unter 22 Vol.-% oder eine anteilige Zusammenstellung dieser Waren
● **Tabakwaren** (für Personen über 17 Jahre): 800 Zigaretten oder 400 Zigarillos oder 200 Zigarren oder 1 kg Tabak oder eine anteilige Zusammenstellung dieser Waren
● **Anderes:** 10 kg Kaffee und 20 Liter Kraftstoff im Benzinkanister

Freimengen für Schweizer)

● **Alkohol** (für Personen ab 17 Jahren): 1 l Spirituosen (über 22 Vol.-%) oder 2 l Spirituosen (unter 22 Vol.-%) oder eine anteilige Zusammenstellung dieser Waren, und 4 l nichtschäumende Weine, und 16 l Bier
● **Tabakwaren** (für Personen ab 17 Jahren): 200 Zigaretten oder 100 Zigarillos oder 50 Zigarren oder 250 g Tabak oder eine anteilige Zusammenstellung dieser Waren
● **Andere Waren:** 10 Liter Kraftstoff im Benzinkanister; für Flugreisende bis zu einem Warenwert von insgesamt 430 €, über Land Reisende 300 €, alle Reisende unter 15 Jahren 175 €

Freimengen bei Rückkehr
in die Schweiz

- **Alkohol** (für Personen ab 17 Jahren): 2 l bis 15 Vol.-% und 1 l über 15 Vol.-%
- **Tabakwaren** (für Personen ab 17 Jahren): 200 Zigaretten oder 50 Zigarren oder 250 g Schnitttabak oder eine anteilige Zusammenstellung dieser Waren, und 200 Stück Zigarettenpapier
- **Anderes:** neuangeschaffte Waren für den Privatgebrauch bis zu einem Gesamtwert von 300 SFr. Bei Nahrungsmitteln gibt es innerhalb dieser Wertfreigrenze auch Mengenbeschränkungen.

Nähere Informationen

- **Deutschland:** www.zoll.de oder beim Zoll-Infocenter Tel. 069 46997600
- **Österreich:** www.bmf.gv.at oder beim Zollamt Klagenfurt Villach Tel. 01 51433 564053
- **Schweiz:** www.ezv.admin.ch oder bei der Zollkreisdirektion in Basel Tel. 061 2871111

An- und Rückreise

Für die An- und Rückreise bieten sich mehrere Optionen: mit dem eigenen Fahrzeug, mit Bus, Zug oder Flugzeug. Da die Automietpreise in Frankreich recht hoch und abgelegene Strände mit öffentlichen Verkehrsmitteln nicht zu erreichen sind, ist der eigene fahrbare Untersatz durchaus zu empfehlen.

Mit dem eigenen Fahrzeug

Nichts ist unmöglich – aber wer nicht zur Spezies der Bleifüßler zählt, wird die Anreise kaum an einem Tag schaffen. Allein zwischen Köln und Bor-

deaux liegen – je nach Wahl von Autobahn oder Landstraßen – ca. 1100 km, also alles andere als eine stressfreie Tagesreise. (Zum Thema Autofahren in Frankreich siehe „Autofahren und Verkehr" im Kapitel „Reisetipps A–Z".)

Anfahrtsstrecken

Aus dem Norden kommend, ist Paris Dreh- und Angelpunkt wichtiger Autobahnachsen, z.B. auf den Strecken Aachen – Lüttich – Mons – Valenciennes oder auch Saarbrücken – Metz – Reims. Auf den **Ringstraßen um Paris** ist äußerste Vorsicht bei den Abzweigungen und raschen Spurwechseln gefordert, Stoßzeiten sollte man möglichst umgehen. Ab Paris führt die Autobahnfahrt auf der A 10 nach Südwestfrankreich über Orléans, Tours und Poitiers nach **Bordeaux.** Bei Saintes hat man die Möglichkeit, nach Royan abzubiegen, von dort die **Autofähre** (bac) über die **Gironde** zu nehmen und somit direkt an die nördlichsten Strände in Südwestfrankreich anzuknüpfen. Südlich von Bordeaux geht die Autobahn A 10 bzw. die A 63 in eine hervorragend ausgebaute Schnellstraße über, die autobahnähnlich angelegt ist, bis etwa auf die Höhe von Soustons keine Gebühren kostet und an der gute Rastplätze liegen. Ab der Schnellstraße (streng kontrolliertes Tempolimit 110 km/h) führen Abzweige zu populären Ferienorten wie Mimizan-Plage. Westlich von Dax hat man dann wieder die

Wahl zwischen der Autobahn (A 63) und der bis zur spanischen Grenze stark befahrenen Nationalstraße, die durch zahlreiche Orte führt – in der Hochsaison nicht zu empfehlen!

Ab Süddeutschland, der Schweiz und Österreich führt der traditionelle Autobahnweg über Lyon, Montpellier, Narbonne und Toulouse nach Agen bzw. weiter nach Bordeaux. Zwischendurch besteht in Toulouse die Möglichkeit des **Landstraßenabzweigs** über Auch nach Tarbes und dann auf der Autobahn weiter Richtung Bayonne und Biarritz. Kilometermäßig kürzer als die lange, durchgehende Autobahnschleife Lyon – Bordeaux ist die von Landstraßenabschnitten unterbrochene Strecke über Clermont-Ferrand, Tulle, Cahors und Montauban – hier spart man eine riesige Menge an Kilometern!

Angesichts der Autobahnmaut und der herrlichen französischen Landschaften am Wege entscheiden sich viele Reisende, auf **National- und Départementstraßen** auszuweichen. Wer keinen Routenplaner zur Hand hat bzw. ihn nicht über das Internet abrufen kann, dem seien als Alternativen zur Autobahn folgende Strecken vorgeschlagen:

● Köln – Lüttich – Namur – Sedan – Reims – Troyes – Sens – Montargis – Orléans – Blois (hier kann man die Anreise mit einer kleinen Schlössertour an der Loire kombinieren!) – Tours – Poitiers – Bordeaux.
● Kaiserslautern – Saarbrücken – Nancy – Troyes – Auxerre – Bourges – Châteauroux – Poitiers – Bordeaux; ab Châteauroux kann man alternativ die Strecke über Limoges und Périgueux nach Agen wählen.

An Stränden weisen Tafeln und Flaggen auf die Gefahren des Meeres hin

● Eine kombinierte Anreise auf Landstraßen und Autobahnen führt von Freiburg im Breisgau bzw. Basel über Mulhouse, Besançon und Beaune weiter durch Autun, Moulins, Montluçon, Guéret, Bellac und Angoulême nach Bordeaux.

Maut- und Fährgebühren

Von kleinen Ausnahmen wie Stadtumgehungen abgesehen, sind die **Autobahnen mautpflichtig.** Nicht zuletzt wegen der hohen Gebühren sind Frankreichs Autobahnen nicht allzu dicht befahren und garantieren meist eine zügige Reise. Die Rast- und Parkplätze unterwegs sind vorzüglich ausstaffiert – ideal für ein Picknick und nicht selten mit Kinderspielgerät für die Kleinsten. Toiletten sind in der Regel kostenlos, auch findet man häufig eine Baby-Wickelecke. Trotzdem darf man keine keimfreie Pflege der Sanitäranlagen erwarten. Wermutstropfen bei der Fahrt über Nationalstraßen: die oftmalige Überlastung durch den Schwerlastverkehr.

Mit Blick auf Routenplanung und Kosten sollte man einen Blick auf die Webseite www.autoroutes.fr werfen, wo individuelle Eingaben zu Start- und Zielort einen optimalen Detailüberblick über die Mautgebühren auf französischen Autobahnstrecken ermöglichen. Für die Strecke Saarbrücken – Bordeaux fallen für einen PKW z.B. insgesamt knapp 80 € an. An den **Mautstellen** (péage) bezahlt man **in bar** oder mit **Kreditkarte.**

Mit Blick auf die Urlaubskasse sind auch die recht hohen **Fährtarife** zu beachten, sofern man zum nördlichsten Küstenzipfel Südwestfrankreichs den kürzesten Weg über die **Gironde** nehmen möchte. Von Norden her erreicht man die Gegend um **Soulac-sur-Mer** nur per Fahrzeugfähre (bac) ab **Royan.** Für einen PKW kostet die Überfahrt ca. 23 €, pro Person sind etwas mehr als 3 € zu entrichten. Aktuelle Preise und Fahrpläne lassen sich per Suchbefehl „bac entre Royan et Le Verdon" auf diversen Internetseiten nachschlagen (www.royanatlantique. com, www.gironde.fr).

Zwischenübernachtung

Will man bei An- oder Rückreise unterwegs preisgünstig übernachten, bietet sich eine einfache Hotelkette wie **Formule 1** an. In recht kleinen Räumen können bis zu drei Personen zum Einheitspreis Quartier beziehen. Gemeinschaftsduschen und -toiletten liegen im Gangbereich, das zusätzlich zu zahlende Frühstück ist in Ordnung und allemal günstiger als im Café um die Ecke. Der Zimmerpreis hängt von Saison bzw. Wochentag ab, Richtwert: 30 € pro Nacht.

Als Alternative bietet sich die etwas komfortablere Hotelkette **Première Classe** an; Durchschnittswert für ein Doppelzimmer: um 40 €. Teurer und besser ausgestattet sind die Zimmer bei der Hotelkette **Campanile;** recht zufriedenstellend sind erfahrungsgemäß die angeschlossenen Restaurants.

Weitere Möglichkeit: ein **Gästezimmer** über die vom Französischen Fremdenverkehrsamt empfohlene Fédération des Gîtes de France.

Vorsichtige **buchen vorab** Ihr Zimmer bei den Billigmotels – besonders

006sf Foto: ad

in der Hauptsaison dringend zu empfehlen! Dass der Übernachtungspreis
für französische Verhältnisse unschlag-
bar ist, wissen viele.

● **Formule 1,** www.hotelformule1.com. Tipp:
Im Formule-1-Hotel ein Heftchen besorgen,
in dem alle Häuser in Frankreich samt An-
fahrtbeschreibungen vorgestellt werden. Obgleich es direkt in Südwestfrankreich mehrere Hotels gibt – allein ein halbes Dutzend im
Großraum Bordeaux – ist ein Formule 1 für
längere Aufenthalte nicht zu empfehlen!
● Alternative speziell für den Großraum Bordeaux sind die **Etap-Hotels** (www.etaphotel.
com; um 40–45 €).
● **Première Classe,** www.premiereclasse.fr.
● **Campanile Hotels,** www.campanile.fr.
● **Gîtes de France,** www.gites-de-france.com.

Pyrenäenlandschaft unweit des
Somport-Passes

Mit dem Bus

Zahlreiche Busverbindungen z.B. nach
Bordeaux und Agen bietet die **Deutsche Touring** an. Für die Strecke Köln
– Bordeaux zahlt man für die einfache
Fahrt z.B. 60–85 € und für ein Hin-
und Rückfahrticket das Doppelte. Es
gibt Ermäßigungen für Kinder bis vier
Jahre (80 %) und für Kinder zwischen
vier und zwölf Jahren (50 %). Einen
zehnprozentigen Preisnachlass ge-
währt man Studenten, Jugendlichen
unter 26 sowie Senioren über 60 Jahren. Außerdem gibt es noch Sonder-
tarife mit Spezialermäßigungen für
Einzelreisende, abhängig vom Fahrtantritt (30, 20 oder 10 Tage vorher).

Die Schnelligkeit des Fortkommens
entspricht dem gewählten Verkehrs-

mittel und den Stopps. Zwischen Köln und Bordeaux ist man mindestens 15 Stunden unterwegs, zwischen Hamburg und Bordeaux rund 22 Stunden – also nichts für wirklich Eilige.

Busverbindungen ab Österreich gibt es nur mit **Eurolines,** unter anderem von Wien nach Bordeaux (Infos und Buchungen unter www.eurolines.at).

Die Mitnahme von Reisegepäck ist auf zwei Gepäckstücke in Koffermaßen und ein Handgepäck pro Person begrenzt, das Handgepäck ist frei. Wenn es die Gepäckraumkapazität zulässt, kann nach Ermessen der Fahrer ein drittes Gepäckstück gegen eine Gebühr von 5 € mitgenommen werden. Es ist daher reine Spekulation, ob ein Fahrrad mitgenommen werden kann oder nicht, und dann auch nur ordentlich im Karton verpackt.

Wichtig: Die Reservierung für die Rückfahrt (Rückbestätigung) muss für offen gelassene Rückfahrttermine vier Tage vor Fahrtantritt am Zielort durchgeführt werden, wofür vor Ort eine Gebühr von 3 € erhoben wird.

Vor allem für Preisbewusste, die sich nicht Ewigkeiten im Voraus festlegen wollen, ist der Bus eine gute Wahl. Während bei den Billigfliegern und oft auch bei der Bahn alle bezahlbaren Kontingente nur bei langfristiger Vorbuchung zu haben sind, lässt sich so ein Busticket auch noch relativ kurzfristig bekommen.

Infos und Buchung – online oder persönlich – gibt es bei:

● **Gleisnost am Stadttheater,** Bertoldstr. 44, 79098 Freiburg, Tel. 0761-38 30 31; **Gleisnost im Bahnhof Littenweiler,** Lindenmattenstr. 18, 79117 Freiburg, Tel. 0761-62 037; **www.gleisnost.de.**
● **Eurolines,** www.eurolines.fr, in Frankreich: Tel. 08 92 89 90 91.

Mit dem Zug

Die meisten Verbindungen führen zunächst nach Paris. Aus der nördlichen Hälfte Deutschlands kommt man dort via Köln und Brüssel am Nordbahnhof (Gare du Nord) an, aus Süddeutschland und dem Elsass, der Schweiz und Österreich am Ostbahnhof (Gare de l'Est). Direkte Fahrten gibt es ab Köln mit dem **Thalys,** ab Frankfurt mit dem **ICE,** ab München und Stuttgart mit dem **TGV.** Ab Strasbourg fahren die TGV jede Stunde in 2 Stunden und 20 Minuten bis an die Seine.

Zur Weiterfahrt wechselt man in Paris per Metro zum Bahnhof Montparnasse, wofür ungefähr anderthalb Stunden eingeplant werden sollten. Bei guten Bahn-Agenturen gibt es für den Paris-Transit auch gleich das Metro-Ticket dazu.

Ab Paris-Montparnasse fahren zahlreiche TGV in ungefähr 3 Stunden nach Bordeaux. Einige dieser Züge bedienen auch direkt andere Ziele im Südwesten Frankreichs, wie z.B. Dax, Toulouse, Arcachon oder Bayonne.

Von Strasbourg aus fahren täglich 3 TGV direkt nach Bordeaux, ohne dass in Paris der Bahnhof gewechselt werden muss.

Alle TGV-Züge sind **reservierungspflichtig** und haben, je nach Auslastung, erwarteter Nachfrage und Buchungszeitpunkt unterschiedliche Preise. Buchungen sind meist ab 3 Monate vor dem Reisedatum möglich. Je eher man dann bucht, desto billiger kann die Fahrt sein: die einfache Fahrt ab Stuttgart oder Köln nach Bordeaux für knapp 80 € ist durchaus realisierbar. Diese stark verbilligten Tarife sind in Deutschland nur bei einigen spezialisierten Bahn-Agenturen erhältlich.

Stressfrei ist die Anreise im **Autozug**, bei dem man sich über Nacht in Schlaf- oder Liegewagen bettet. Nach Narbonne gibt es von April bis Ende Oktober einmal wöchentlich eine Autozugverbindung der Deutschen Bahn ab Berlin, Düsseldorf, Hamburg, Hildesheim oder Frankfurt/Neu Isenburg. Ab Berlin kann man die einfache Fahrt nach Narbonne je nach Datum und Buchungszeitpunkt **für 209–659 €** mit Pkw und zwei Personen im Liegewagen buchen. Nicht zu verachten: Man spart dabei eine Zwischenübernachtung, Benzingeld, Autoverschleiß und Maut ein.

Von Mitte Juni bis Ende September fährt wöchentlich einmal ein Autozug von Strasbourg bzw. Metz nach Bordeaux und Biarritz. Infos und Buchung dieser Autozüge nur bei der DB und SNCF direkt.

● **DBAutoZug,** www.autozug.de oder Tel. 01805 241224 (0,14 €/Min.).
● **SNCF Auto/Train,** www.voyages-sncf.com/services-train/auto-train oder Tel. 0033 892 35 35 36.

Buchung

Wer sich nicht selbst durch den Dschungel der Bahntarife und Fahrpläne schlagen und trotzdem Geld sparen will, erhält bei dem **spezialisierten Reisebüro Gleisnost** (s.o.)

kompetente Beratung – und auf Wunsch die Tickets an jede gewünschte Adresse in Europa geschickt:

Mit dem Flugzeug

Wichtigste Flughäfen Südwestfrankreichs sind **Bordeaux, Pau** und der **Aéroport „BAB"** (Biarritz-Anglet-Bayonne); letztgenannter liegt in Biarritz-Parme. Auch bei Lourdes gibt es einen kleineren Flughafen. Ab zahlreichen Städten in Deutschland, Österreich und der Schweiz gibt es nach Bordeaux Umsteigeverbindungen mit **Air France** über Paris. Umsteigen, und zwar in Amsterdam, muss man ebenfalls bei Flügen mit KLM. Je nach Saison kann es auch direkte internationale Verbindungen aus dem deutschsprachigen Raum geben, doch leider wechseln die Flugpläne der Airlines häufig.

Flugpreise

Ein Economy-Ticket von Deutschland, Österreich und der Schweiz hin und zurück nach Bordeaux bekommt man je nach Jahreszeit und Aufenthaltsdauer ab etwas über 200 € (einschließlich aller Steuern, Gebühren und Entgelte). Am teuersten ist es in der Hauptsaison im Sommerhalbjahr, in der die Preise für Flüge im Juli und August besonders hoch sind und nicht selten über 300 € betragen können.

Kinder unter zwei Jahren fliegen ohne Sitzplatzanspruch für 10 % des Erwachsenenpreises, ansonsten werden für ältere Kinder die regulären Preise je nach Airline um 25–50 % ermäßigt.

Ab dem 12. Lebensjahr gilt der Erwachsenentarif.

Buchung

Für die Tickets der Linienairlines kann man bei den folgenden **zuverlässigen Reisebüros** meistens günstigere Preise als bei vielen anderen finden:

● **Jet-Travel,** Buchholzstr. 35, 53127 Bonn, Tel. 0228 284315, Fax 284086, info@jet-travel.de, www.jet-travel.de. Sonderangebote auf der Website unter „Schnäppchenflüge".
● **Globetrotter Travel Service,** Löwenstr. 61, 8023 Zürich, Tel. 044 2286666, www.globe trotter.ch. Weitere Filialen, siehe Website.

Die vergünstigten Spezialtarife und befristeten Sonderangebote kann man nur bei wenigen Fluggesellschaften in ihren Büros oder auf ihren Websites buchen; diese sind jedoch immer auch bei den oben genannten Reisebüros erhältlich. Im Übrigen sollte man wissen, dass die günstigsten Flüge keineswegs immer online im Internet buchbar sind. Häufig haben Jet-Travel und der Globetrotter Travel Service auf Anfrage preiswertere Angebote.

Winterlandschaft nahe dem Somport-Pass

Billigfluglinien

Preiswerter geht es mit etwas Glück nur, wenn man bei einer Billigairline **sehr früh online bucht.** Es werden keine Tickets ausgestellt, sondern man bekommt nur eine Buchungsnummer per E-Mail. Zur Bezahlung wird in der Regel eine Kreditkarte verlangt.

Im Flugzeug gibt es oft **keine festen Sitzplätze,** sondern man wird meist schubweise zum Einstieg aufgerufen, um Gedränge weitgehend zu vermeiden. **Verpflegung** wird extra berechnet, bei einigen Fluggesellschaften

auch aufgegebenes Gepäck. Für die Region interessant sind:

- **Air Berlin,** www.airberlin.com. Von Düsseldorf nonstop und von vielen anderen deutschen Flughäfen über Düsseldorf nach Bilbao. Ab Bilbao organisiert man selbst die Weiterreise mit Bus bzw. Zug an die etwa 140 km entfernte Grenze. Der Flughafenbus in Bilbao fährt direkt zum Busbahnhof, ab dort täglich zahlreiche Linienbusse nach San Sebastián. Ab San Sebastián besteht Gelegenheit, mit dem regelmäßig abgehenden „Topo"-Zug nach Hendaye im Pays Basque anzubinden.
- **Easy Jet,** www.easyjet.com. Von Genf und Basel-Mulhouse-Freiburg nach Bordeaux.

Mini-„Flug-Know-how"

Check-in

Nicht vergessen: Ohne **gültigen Reisepass oder Personalausweis** (Letzeres nur für EU-Staatsbürger) kommt man nicht an Bord.

Bei den innereuropäischen Flügen muss man mindestens **eine Stunde vor Abflug** am Schalter der Airline eingecheckt haben. Viele Airlines neigen zum Überbuchen, d.h., sie buchen mehr Passagiere ein, als Sitze im Flugzeug vorhanden sind, und wer zuletzt kommt, hat dann ggf. das Nachsehen.

Das Gepäck

In der Economy-Class darf man in der Regel nur **Gepäck bis zu 20 kg pro Person** einchecken und zusätzlich ein Handgepäck von 7 kg in die Kabine mitnehmen, welches eine bestimmte Größe von 55 x 40 x 23 cm nicht überschreiten darf. In der Business Class sind es meist 30 kg pro Person und zwei Handgepäckstücke, die insgesamt nicht mehr als 12 kg wiegen dürfen. Man sollte sich beim Kauf des Tickets über die Bestimmungen der Airline informieren.

Fluggäste dürfen **Flüssigkeiten** oder vergleichbare Gegenstände in ähnlicher Konsistenz (z.B. Getränke, Gels, Sprays, Shampoos, Cremes, Zahnpasta, Suppen oder Käse) nur noch in der Höchstmenge von jeweils 0,1 Liter als Handgepäck mit ins Flugzeug nehmen. Die Flüssigkeiten müssen in einem durchsichtigen, wiederverschließbaren Plastikbeutel transportiert werden, der maximal einen Liter Fassungsvermögen hat. Da sich diese Regelungen jedoch ständig ändern, sollte man sich beim Reisebüro oder der Fluggesellschaft nach den derzeit gültigen Regelungen erkundigen.

Aus Sicherheitsgründen dürfen **Taschenmesser, Nagelfeilen, Nagelscheren,** sonstige Scheren und Ähnliches nicht mehr im Handgepäck untergebracht werden. Diese sollte man unbedingt im aufzugebenden Gepäck verstauen, sonst werden diese Gegenstände bei der Sicherheitskontrolle einfach weggeworfen. Darüber hinaus gilt, dass Feuerwerke, leicht entzündliche Gase (in Sprühdosen, Campinggas), entflammbare Stoffe (in Benzinfeuerzeugen, Feuerzeugfüllung) etc. nichts im Passagiergepäck zu suchen haben.

174sf Foto.ad

- **Ryanair,** www.ryanair.com. Von dem belgischen Charleroi nach Pau, Bordeaux oder Bergerac.
- **Transavia,** www.transavia.com. Von Amsterdam nach Pau und Bergerac.

Last-Minute

Wer sich erst im letzten Augenblick für eine Reise nach Südwestfrankreich entscheidet oder gern pokert, kann Ausschau nach Last-Minute-Flügen halten, die von einigen Airlines mit deutlicher Ermäßigung **ab etwa 14 Tage vor Abflug** angeboten werden,

wenn noch Plätze zu füllen sind. Diese Last-Minute-Flüge lassen sich nur bei Spezialisten buchen:

- **L'Tur,** www.ltur.com, Tel. 00800 21212100 (gebührenfrei für Anrufer aus Europa); 165 Niederlassungen europaweit.
- **Lastminute.com,** www.lastminute.de, (D)-Tel. 01805 284366 (0,14 €/Min.), für Anrufer aus dem Ausland Tel. 0049 89 4446900.
- **5 vor Flug,** www.5vorflug.de, (D)-Tel. 01805 105105 (0,14 €/Min.), (A)-Tel. 0820 203 085 (0,145 €/Min.).
- **Restplatzbörse,** www.restplatzboerse.at, (A)-Tel. (01) 580850.

Ankunft am Flughafen

Einmal in **Bordeaux** gelandet, kann man einen Jet Bus ab Halle B für die 45 Minuten dauernde Fahrt in die Stadt nehmen (die Haltestellen: Barrière Judaïque (Avenue de la Républi-

Eine zur Familie der Kormorane zählende Krähenscharbe im Vogelpark von Le Teich

que), Place Gambetta, Office de Tourisme, Gare St Jean (Hauptbahnhof). Er fährt ca. alle 45 Minuten zwischen 7.45 (Sa./So. erst ab 8.30 Uhr) und 22.45 Uhr und kostet 7 € einfach bzw. 12 € hin und zurück (kleine Ermäßigungen für Kinder, Jugendliche und Senioren; www.bordeaux.aeroport.fr). Beim **Aéroport Biarritz-Anglet-Bayonne** gibt es einen einen Linienbus nach Biarritz, Anglet-Plages und Bayonne für 1,20 € (www.biarritz.aeroport.fr bzw. www.bus-stab.com).

Ansonsten kann man natürlich ein **Taxi** nehmen.

Abgekürzt heißt er „BAB", der Flughafen Biarritz-Anglet-Bayonne

Rund ums Geld

Die Unterschiede im **Euroland Frankreich** markieren – wie in den anderen Mitgliedsstaaten des Finanzverbunds – die Rückseiten der Münzen. Auf den 1-, 2- und 5-Cent-Münzen ist die Büste der Marianne zu sehen, eine Personifikation der französischen Republik. Die 10-, 20- und 50-Cent-Münzen ziert das Motiv der Säerin, Symbol für die „Frau auf dem Weg" und gleichermaßen Ausdruck für Hoffnung wie für Freiheit. Auf den 1- und 2-Euro-Münzen schaut man auf einen stilisierten Baum, Sinnbild des Lebens und des Wachstums.

Das Wort *Euro* spricht sich im Französischen „Öro".

Umtauschkurs für Schweizer

Schweizer müssen nach wie vor Geld tauschen. Der Wechselkurs (Stand bei Redaktionsschluss Februar 2010):

- 1 € = 1,67 SFr
- 1 SFr = 0,60 €

Banken

Die **Öffnungszeiten** der französischen Banken sind Di.–Fr. 9/9.30 bis 12 Uhr und 14 bis 16/16.30 Uhr sowie samstags vormittags. Montags sind Banken oft geschlossen. Keine Regel ohne Ausnahme: Einige Geldinstitute öffnen zwar montags, während man samstags vor verschlossener Tür steht.

Kredit- und EC-Karten

Bequemer sind die weit verbreiteten **Geldautomaten,** bei denen sich das Bedienungsmenü oft auf Deutsch aufrufen lässt. Geheimzahl nicht vergessen! Ob **Kosten für die Barabhebung** entstehen und wie hoch sie sind, ist abhängig von der kartenaustellenden Bank und von der Bank, bei der die Abhebung erfolgt. Man sollte sich daher vor der Reise bei seiner Hausbank informieren, mit welcher französischen Bank sie zusammenarbeitet. Im ungünstigsten Fall wird pro Abhebung eine Gebühr von bis zu 1 % des Abhebungsbetrags per Maestro-(EC-)Karte oder gar 5,5 % des Abhebungsbetrags per Kreditkarte berechnet.

Für das **bargeldlose Zahlen per Kreditkarte** innerhalb der Euro-Länder darf die Hausbank keine Gebühr für den Auslandseinsatz veranschlagen; für Schweizer wird ein Entgelt von 1–2 % des Umsatzes berechnet.

Fast überall akzeptiert man gängige **Kreditkarten,** mit denen auch an den Autobahnmautstellen bezahlt werden kann. Problematisch kann es mit weit verbreiteten Kreditkarten wie Visa allerdings an Self-service-Tankstellen werden. Bei der per Automaten abgewickelten Bezahlung wird mitunter die ansonsten bewährte Kreditkarte nicht akzeptiert. Franzosen lieben unverändert ihre handschriftlich ausgefüllten Bankschecks und lassen die Schlangen an so manchen Supermarktkassen anschwellen, was aber niemanden weiter stört. Bei Bezahlung mit Kreditkarte wird gelegentlich der Pass oder Personalausweis verlangt, wobei eine gewissenhafte Prüfung die Ausnahme bleibt.

Siehe Kapitel „Reisetipps A–Z, Notfälle" falls die Geldkarte gestohlen wurde bzw. verloren ging.

Reisekosten

Frankreich ist ein durchweg **teures Reisepflaster,** auf dem die gebotene Qualität ihren Preis hat. Lebensstandard, allgemeine Kosten und Dienstleistungstarife entsprechen jenen aus anderen Ländern Mitteleuropas – oder liegen zuweilen darüber! Wer auf den Cent achten muss, wird jedoch manche Schlupflöcher entdecken, die das Budget nicht über alle Maßen belasten.

Spartipps

- Camper werden nicht ohne **eigenen Kocher** auskommen, im französischen „Lidl" einkaufen und sich reichlich mit Landwein,

Baguette und Käse versorgen – da kommt man durchaus günstig weg! Auch Milchprodukte sind in den großen Supermärkten deutlich billiger als in kleinen Läden.

● Bei der Planung sollte man sich fragen, ob man sich angesichts herrlicher Radwege nicht öfters aufs **Fahrrad** schwingen will – dann könnte es sich lohnen, das eigene Rad mitzubringen.

● In der **Nebensaison** kann man äußerst günstig campen bzw. auf **Campingplätzen** wochenweise Wohnwagen mieten – am besten zu viert oder sechst, damit kann man erheblich sparen! Hauptsaison ist im Grunde nur Juli/August, die Vor- bzw. Nachsaison liegt im Juni und September sowie um Ostern herum. Ansonsten herrscht wirklich Nebensaison – wobei man den Winter ausklammern sollte, denn dann sind viele Plätze ohnehin zu.

● Im grenznahen Gebiet zum **Volltanken nach Spanien** fahren, wo Benzin mindestens ein Viertel billiger ist!

● **Bei Museen** auf Tage mit Gratis-Eintritt (*entrée gratuite*) achten bzw. auf ein Kombiticket (*billet jumelé*) für zwei Museen; auch Familientickets sind mitunter erhältlich.

● Im Restaurant für den Nachwuchs das vergleichsweise günstige **Kindermenü** (*menu d'enfant*) bestellen.

● Für **Senioren** (über 65 Jahre) gibt es auch Ermäßigungen; im Zweifelsfall Personalausweis bereit halten!

● Zur **Reduktion der Mautgebühren** auf Nationalstraßen fahren. Ausnahmen: in Feriengebieten zur Sommersaison, da kann eine Investion in *péage* deutlich Zeit, eine Menge Nerven und nicht zuletzt Benzinkosten während des leidigen Stop-and-go sparen!

Preisbeispiele

● **Eintritt Museum:** ca. 5–8 €
● **Eintritt Vogel-/Blumenparks:** ca. 6–10 €
● **Eintritt Aquarium:** ca. 8–10 €
● **Doppelzimmer, einfaches Hotel:** 30–50 €
● **Doppelzimmer, Drei-Sterne-Hotel:** 70–130 € (je nach Saison)
● **Frühstück** ab 3,50 € (einfach) bis ca. 15 € (Luxus)

● **Zeltparzelle, einfacher Campingplatz:** ab ca. 12 € in der Nebensaison
● **Stellplatz, guter Campingplatz:** um 40–45 € in der Hochsaison
● **fest installierter Wohnwagen auf Campingplatz:** Wochenmiete ab ca. 250 € in der Nebensaison und 550–600 € im Hochsommer
● **Milchkaffee in der Bar:** ab ca. 1,50–2,50 €
● **Tagesmenü, einfaches Restaurant:** ab ca. 12 €
● **Abendessen à la carte, gutes Restaurant:** ab ca. 30–35 €
● **Fahrradmiete:** ab ca. 10 € für einen halben und ab ca. 14 € für einen ganzen Tag
● **Surfbrettverleih,** ab ca. 6 € pro Stunde, 10–12 € pro halbem Tag und etwa 18 € pro komplettem Tag
● Weitere Preisbeispiele unter „Einkaufen und Souvenirs" im Kap. „Reisetipps A–Z"

Kurtaxe

Uneinheitlich geregelt ist das Thema Kurtaxe (*taxe de séjour*). Je nach Kategorie und Standard der Unterkunft muss man **pro Person und Tag** zwischen etwa 20 Eurocent und 1,50 € Kurtaxe einkalkulieren; zum Glück ist man häufig unter 1 € dabei. Es versteht sich von selbst, dass ein Campingplatz billiger ist als ein Drei-Sterne-Haus.

Die Gesamtkosten werden auf die Endrechnung aufgeschlagen. Um Überraschungen zu vermeiden, sollte man vorab nach der Höhe der Kurtaxe fragen bzw. einen Blick auf den Aushang werfen.

Versicherungen

Egal welche Versicherungen man abschließt, hier ein Tipp: Für alle abgeschlossenen Versicherungen sollte man die **Notfallnummern** notieren und mit der **Policenummer** gut aufheben! Bei Eintreten eines Notfalles sollte die Versicherungsgesellschaft sofort telefonisch verständigt werden!

Der Abschluss einer **Jahresversicherung** ist in der Regel kostengünstiger als mehrere Einzelversicherungen. Günstiger ist auch die **Versicherung als Familie** statt als Einzelpersonen. Hier sollte man nur die Definition von „Familie" genau prüfen.

Krankenversicherung

Für gesetzlich Versicherte besteht zwischen Frankreich und anderen EU-Ländern ein gegenseitiges Abkommen über die Behandlung Dazu braucht man die **Europäische Krankenversicherungskarte.** Im Unfall- oder Krankheitsfall besteht ein Anspruch auf ambulante oder stationäre Behandlung bei jedem zugelassenen Arzt und in staatlichen Krankenhäusern. Über aktuelle Bestimmungen, zu denen u.a. Vorauszahlungen bei Arztbesuchen und verschriebene Medikamente gehören, informiert die Krankenkasse.

Da jedoch die Leistungen nach den gesetzlichen Vorschriften im Ausland abgerechnet werden, kann man auch gebeten werden, zunächst **die Kosten der Behandlung** selbst zu tragen. Obwohl bestimmte Beträge von der Krankenkasse hinterher erstattet werden, kann ein Teil der finanziellen Belas-tung beim Patienten bleiben und zu Kosten in kaum vorhersagbarem Umfang führen.

Deshalb wird der Abschluss einer **privaten Auslandskrankenversicherung** dringend empfohlen. Diese sollte eine Reiserückholversicherung enthalten, denn der Krankenrücktransport wird von den gesetzlichen Krankenkassen nicht übernommen.

Schweizer sollten bei ihrer Krankenversicherungsgesellschaft nachfragen, ob die Auslandsdeckung auch für Frankreich inbegriffen ist. Sofern man keine Auslandsdeckung hat, kann man sich kostenlos bei Soliswiss (Gutenbergstr. 6, 3011 Bern, Tel. 031-3810 494, info@soliswiss.ch, www.soliswiss.ch) über mögliche Krankenversicherer informieren.

Zur Erstattung der Kosten benötigt man ausführliche **Quittungen** (mit Datum, Namen, Bericht über Art und Umfang der Behandlung, Kosten der Behandlung und Medikamente).

Andere Versicherungen

Ist man mit einem Fahrzeug unterwegs ist der **Europaschutzbrief** eines Automobilclubs eine Überlegung wert. Wird man erst in der Notsituation in der Schweiz Mitglied, gilt diese Mitgliedschaft auch nur für dieses Land und man ist in der Regel verpflichtet fast einen Jahresbeitrag zu zahlen, obwohl die Mitgliedschaft nur für einen Monat gültig ist.

Ob es sich lohnt, weitere Versicherungen abzuschließen wie eine Reiserücktrittsversicherung, Reisegepäckversicherung, Reisehaftpflichtversicherung oder Reiseunfallversicherung, ist individuell abzuklären. Gerade diese Versicherungen enthalten viele **Ausschlussklauseln,** sodass sie nicht immer Sinn machen.

Die **Reiserücktrittsversicherung** für 35–80 € lohnt sich nur für teure Reisen und für den Fall, dass man vor der Abreise einen schweren Unfall hat, schwer erkrankt, schwanger wird, gekündigt wird oder nach Arbeitslosigkeit einen neuen Arbeitsplatz bekommt, die Wohnung abgebrannt ist u.Ä. Nicht gelten hingegen: Terroranschlag, Streik, Naturkatastrophe etc.

Die **Reisegepäckversicherung** lohnt sich seltener, da z.B. bei Flugreisen verlorenes Gepäck oft nur nach Kilopreis und auch sonst nur der Zeitwert nach Vorlage der Rechnung ersetzt wird. Wurde eine Wertsache nicht im Safe aufbewahrt, gibt es bei Diebstahl auch keinen Ersatz. Kameraausrüstung und Laptop dürfen beim Flug nicht als Gepäck aufgegeben worden sein. Gepäck im unbeaufsichtigt abgestellten Fahrzeug ist ebenfalls nicht versichert. Die Liste der Ausschlussgründe ist endlos ... Überdies deckt häufig die Hausratsversicherung schon Einbruch, Raub und Beschädigung von Eigentum auch im Ausland. Für den Fall, dass etwas passiert ist, muss der Versicherung als Schadensnachweis ein Polizeiprotokoll vorgelegt werden.

Eine **Privathaftpflichtversicherung** hat man oft schon. Hat man eine **Unfallversicherung,** sollte man prüfen, ob diese im Falle plötzlicher Arbeitsunfähigkeit aufgrund eines Unfalls im Urlaub zahlt. Auch durch manche (Gold-) **Kreditkarten** oder eine **Automobilclubmitgliedschaft** ist man für bestimmte Fälle bereits versichert. Die Versicherung über die Kreditkarte gilt jedoch meist nur für den Karteninhaber selbst!

Ausrüstung und Bekleidung

Wie man sein Gepäck zusammenstellt, hängt natürlich ganz von der Art des Urlaubs, den persönlichen Schwerpunkten und der Jahreszeit ab. In Südwestfrankreich werden viele während der wärmeren Jahreszeit ihr Hauptaugenmerk auf die Küste legen und entsprechend präpariert sein: von Badehose und Bikini über die Strandlaken bis zur Sonnenbrille.

Man bedenke auch, dass es an vielen der traumhaft langen Strände an natürlichem Schatten mangelt. Über eine wirksame **Sonnenschutzcreme** hinaus sollte man mit Kopfbedeckungen gut gerüstet sein. Manche Selbstfahrer werden ihren transportablen Sonnenschirm mitbringen, begeisterte Picknicker (Frankreich ist schon dahingehend ein Traum!) ihre Vorratsbox. An manchen Tagen leistet auch ein **Windschutz** gute Dienste. Ebenfalls nützliche Strandutensilien sind Bast- oder Isomatte und – vor allem wegen möglicher schmerzhafter Muschelstückchen – ein Paar **Badelatschen** bzw. Plastiksandalen.

Angesichts herrlicher Strecken und Wege dürften **Sportbegeisterte** weder auf Jogging- noch auf Wanderschuhe verzichten – vorzugsweise keine nagelneuen, sondern „eingelaufene". Ob sich die Mitnahme des eigenen **Fahrrads oder Surfbretts** in Relation zur Ausleihe vor Ort lohnt (⇨ „Rund ums Geld") muss jeder selbst entscheiden.

Für den Sommerurlaub empfiehlt sich die Mitnahme **leichter Baumwollkleidung,** doch lange Hose, leichter Pullover und leichte Jacke sollten keinesfalls im Gepäck fehlen – vor allem, wenn man Exkursionen ins Hinterland der Pyrenäen plant. Da die seenahe Bergkette Wolken anzieht und für unberechenbares Wetter sorgt, sollte man zusätzlich **Regenschutz** mitbringen. Dieser Hinweis gilt generell für Wanderer und Radler an der Küste, die mitunter von sommerlichen Wärmegewittern heimgesucht wird. Außerhalb der Sommerzeit sind **windfester Anorak und Pullover** selbstverständlich. In höheren Lagen der Pyrenäen kann es zwischen Herbst und Frühjahr bitterkalt werden. Ein Ausflug an die heiligen Stätten von Lourdes verlangt ebenso nach **angemessener Kleidung** wie eine Stippvisite im Kasino und ein Theater- oder Konzertbesuch in Bordeaux. Im Gegensatz dazu herrscht bei der Flut der sommerlichen Open-Air-Veranstaltungen legere Atmosphäre.

Zur Ausrüstung sollte gemeinhin eine **kleine Reiseapotheke** mit Verbänden, Pflastern, Desinfektionsmittel, Antibiotika und Schmerzmittel gehören. Für die kleine Wanderung oder Städtetour zwischendurch bietet sich ein **Tagesrucksack** an, Naturbegeisterte werden sich Vögel vors **Fernglas** holen. Gleichfalls nützlich: **Taschenmesser, Taschenlampe** und ein deutsch-französisches **Wörterbuch.**

Frankreich ist kein exotisches Land. Sämtliche Ausrüstungs- und Bekleidungsartikel sind vor Ort problemlos erhältlich, obgleich oft zu höherem Preis als gewohnt.

Kartenmaterial

Als **Straßenkarte** und für den Überblick ist die bei REISE KNOW-HOW erschienene Karte „Südfrankreich" (Maßstab 1:425.000) aus dem world mapping project zu empfehlen. Wer seinen Schwerpunkt auf die Pyrenäen legt, ist mit der im Maßstab 1:250.000 gehaltenen Karte „Pyrenäen/Andorra" gut beraten. Beide haben ein ausführliches Ortsregister, farbige Höhenschichten und sind GPS-tauglich.

In französischen Buchhandlungen und Supermärkten sind diverse **Regionalkarten** erhältlich. In den Touristenbüros vor Ort werden – je nach Vorrat – **lokale Übersichtskarten** abgegeben. Fragen kann man dort auch nach einer touristischen Karte Aquitaniens (Carte touristique Aquitaine), die das Comité Régional de Tourisme im Maßstab 1:280.000 herausgebracht hat.

Vielerorts kann man sich Räder leihen

Vor der Reise

Reisezeit

Franzosen lieben Urlaub im eigenen Land, sodass während der **französischen Schulferien** hinsichtlich Unterkunftssuche und Verkehr naturgemäß am meisten los ist. Vor allem im **August** setzt ein großer Run auf die sommerlichen Ferienkolonien (*colonies vacances*) der Kinder ein – und auf die Strände sowieso! Frankreichs Lehrer und Schüler nehmen sich nicht weniger als fünf Ferienauszeiten pro Jahr: zwei Wochen im Februar/März („Winterferien", Vacances d'hiver) sowie zwei weitere Wochen im Frühjahr („Frühlingsferien", Vacances de printemps), die großen Sommerferien im Juli und August (Vacances d'été; zwei Monate; mitunter ist erst Anfang September wieder Schulbeginn), etwa zehn Tage Ende Oktober/Anfang November, eine Woche um Allerheiligen (Vacances de la Toussaint) sowie zwei

009sf Foto: ad

Wochen Weihnachtsferien (Vacances de Noël).

Die **Wahl der Reisezeit** hängt natürlich von individuellen Ansprüchen, Bedürfnissen und Zielgebieten ab. Wer Highlife und Nightlife sucht bzw. auf die eigenen schulischen Sommerferien angewiesen ist, kommt im Juli und August. Etwas **ruhiger** geht es im Juni und September zu, auch April und Mai sind empfehlenswert – für viele die idealen Reisemonate! Je weiter man sich vom Sommer wegbewegt, desto stärker sinken natürlich Wasser- und Außentemperaturen – was nicht ausschließt, dass man mancherorts an der Küste selbst an manch sonnig-mildem Wintertag im ärmellosen Shirt auf der Terrasse sitzen kann! Allerdings wird man bewachte Strände in der Neben-saison nicht mehr finden. Ausflugsboote bleiben mangels Nachfrage an Land, Touristenbähnchen stehen bis zum nächsten Sommer auf dem Abstellgleis.

Saisonale Vor- und Nachteile

Vor- und Nachteile von Haupt- bzw. Nebensaison sollte man genauestens abwägen. Im Juli und August sind **rechtzeitige Reservierung** von Hotel und Campingplatz in beliebten Ferienorten dringend anzuraten. Volle Tische im Restaurant sind im Hochsommer ebenso die Regel wie ausgelastete Parkplätze und Strände, auf mancher Straße kann das Fortkommen zur Geduldsprobe werden.

Bei Unterkünften kommt man außerhalb der Sommersaison in den Ge-

nuss deutlich **günstigerer Nebensaisontarife,** im Restaurant bekommt man problemlos sein freies Plätzchen. Allerdings steigen während der Monate Juni bis September die meisten bunten **Volksfeste** und überall herrscht richtige Sommerstimmung. Ob mit Discos und Freiluftbars, Märkten und Sport en masse – ideale Gelegenheiten für jene, die Kontakte suchen! Bade- und Aktivtourismus stehen auf dem Höhepunkt. Manche Gemeinden fahren im Sommer ihre eigenen Programme auf. Da gibt es Open-Air-Theater und Straßenkonzerte, Turniere und Feten sowie diverse **Ferienkurse** (*stages*) vom Trommeln bis zu Afrikanischen Tänzen. Tipp: In der örtlichen Touristinformation nach dem **Veranstaltungskalender** (*programme des animations*) fragen, der detailliert Aufschluss gibt, wo und wann was los ist.

Wer in der Nebensaison kommt, kann **Ruhe und Natur** genießen und hat weniger Kosten – muss jedoch damit rechnen, dass er nicht alles geöffnet vorfindet. Manche Hotels und Campingplätze sind nur von Ostern (oder sogar erst Mai oder Mitte Juni) bis Mitte/Ende September zugänglich.

Gleiches gilt für eine Reihe von Surf- und Reitcentern, für Radverleiher und Kinderstrandclubs und sogar für touristische Sehenswürdigkeiten wie Blumenparks. Zur kühleren Jahreszeit haben sich brodelnde Strände in einsame, sandige Weiten verwandelt und locken Spaziergänger an, in Häfen schaut man ungestört den landenden Fischern zu, vor Museen bilden sich keine Warteschlangen. Und Unterkunft findet man immer!

Im März und April erwacht die Natur zur Blüte, im Herbst versprüht eine **Museums- und Shoppingstadt** wie Bordeaux ihren Reiz. In welch krasser Form sich die Gesichter der Küste ändern, mag das Beispiel Arcachon zeigen. Im Hochsommer steigt die Einwohnerzahl des 12.000 Einwohner starken Städtchens um ein Vielfaches an, ab Ende der zweiten Jahreshälfte hält Arcachon Winterschlaf.

Der Winter ist eine ideale Jahreszeit, um in **Thermal- und Thalassozentren** auszuspannen! Und natürlich für Anhänger des weißen Sports, denn im Département Pyrénées-Atlantiques ist vielerorts Wintersport möglich. Allein im Bereich von Gourette und Artouste gibt es Dutzende Skipisten und mehrere Skischulen.

Eine Anmerkung zum Reisemonat **November:** nicht überall empfehlenswert! Dann nämlich beginnen Frankreichs Männer ihren **Jagdtrieben** nachzugehen, schultern ihre Flinten und halten die Stellung in Unterständen. Selbst in der Nähe von Wohngebieten zerreißen Schüsse mancherorts die Stille!

Die herrlichen Sandstrände an der Atlantikküste sind größtenteils von Dünengürteln begrenzt

Praktische Reisetipps von A bis Z

012sf Foto: ad

013sf Foto: ad

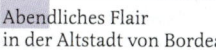

Abendliches Flair
in der Altstadt von Bordeaux

Hier und da findet man
Keramikwerkstätten

Mit Trampolinen sind viele
Kinderstrandclubs ausstaffiert

Autofahren und Verkehr

In Frankreich unterscheidet man Autobahnen (*autoroutes,* abgekürzt „A"), Nationalstraßen (*routes nationales,* abgekürzt „N") und Départementstraßen (*routes départementales,* abgekürzt „D"). **Die Geschwindigkeitsbegrenzungen** betragen 130 km/h auf Autobahnen (110 km/h bei Regen), 110 km/h auf zweispurigen Schnellstraßen, 90 km/h auf Landstraßen und 50 km/h innerhalb geschlossener Ortschaften. Es besteht Anschallpflicht und die **Promillegrenze** liegt bei 0,5. In Tunnels, bei Regen oder Schnee ist das **Abblendlicht** einzuschalten. Motorräder und Mopeds müssen stets das Abblendlicht eingeschaltet lassen.

Vorfahrt-beachten-Schilder sind mit dem Hinweis „Cedez le passage" untertitelt. Ausländische Besucher dürfen weder Führerschein noch Fahrzeugschein und Versicherungsnachweis vergessen. Zu den Verkehrsbestimmungen gehört weiterhin, dass **Kinder bis zehn Jahre** hinten zu sitzen haben und durch ein Sicherungssystem angeschnallt sein müssen.

Im Innern des Autos muss eine **reflektierende Schutzweste** mitgeführt werden, die man beim Ausstieg nach Unfällen oder Notstopps am Fahrbahnrand anzulegen hat. In Frankreich sind die Westen vielerorts erhältlich, z.B. in Baumärkten oder Großsupermärkten. Obligatorisch ist auch ein Warndreieck, das bei einer Panne auf der Autobahn allerdings nicht aufge-

stellt werden darf; der Fahrtwind könnte es wegwehen und zu Unfallgefahr führen.

Informationen zu Anfahrtsstrecken nach Frankreich und zu Zwischenübernachtungen findet man unter „An- und Rückreise" im Kapitel „Vor der Reise".

Verkehrsbesonderheiten

Anders als Spanier gelten Franzosen gemeinhin als rücksichtsvolle Zeitgenossen auf den Straßen – wobei man immer wieder Ausnahmen erleben wird! Vor allem zu Ferienzeiten lässt die Konzentration am Steuer nach. **Potenzielle Gefahrenquellen** – vor allem im Sommer – bilden jugendliche Heißsporne auf Mopeds und Vespas, die ihr Imponiergehabe an Lärm und Drehzahl knüpfen und sich oft in einen alkoholisch beflügelten Geschwindkeitsrausch stürzen.

Zu den gewöhnungsbedürftigen Besonderheiten des Verkehrswesens zählen die nahezu inflationär verbreiteten **Kreisverkehre** *(rond-points),* die Raser in die Schranken weisen, auf manchen Landstraßen indes ein kontinuierliches Fortkommen erschweren. Die Einheimischen blinken gern links, solange sie im Rund bleiben, und erst dann ganz normal rechts, um abzubiegen.

Eine weitere Eigenheit, vor allem bei Stadtumgehungen, ist die **Beschilderung** mit „toutes directions" (alle Richtungen). Falls das eigene Ziel auf Schildern plötzlich nicht mehr zu finden ist, folgt man diesen Tafeln. Mit „poids lourds" sind gesonderte Umgehungsvarianten für Lkw ausgewiesen. Im

Baskenland findet man vielerorts zweisprachige Beschilderungen von Stadtzentren, Häfen, Stränden und anderen markanten Punkten auf Französisch und Baskisch. In Bordeaux ist die große Autobahn-Stadtumgehung als „rocade" ausgewiesen.

Es bietet sich an, die **Hauptstoßzeiten** in Städten und Stadtrandgebieten zu meiden; diese konzentrieren sich in der Regel werktags auf die Zeiten von etwa 7.30 bis 9 und 17.30 bis 19.30 Uhr. Es kann mitunter eine Stunde und länger dauern, bis man vom Zentrum Bordeaux' aus die Peripherie erreicht hat. Ebenso unerfreulich und nicht gerade zu empfehlen sind **Nachtfahrten** auf Nebenstraßen, da oftmals Rand- und gar Mittelmarkierungen fehlen – von Leitplanken und Katzenaugen gar nicht zu reden. Speziell bei Dunkelheit in Wohngebieten zu beachten: die künstlichen Bodenwellen, mitunter verknüpft mit einem markierten Übergang für Fußgänger (*passage surélevé*).

Panne und Unfall

Im Falle eines Unfalls ist Recht haben und Recht bekommen immer zweierlei – und die internationale Schadensabwicklung kann über Monate und länger zur nervlichen Zerreißprobe ausarten! Eine Erfahrung, die niemandem zu gönnen ist und bei der man am Ende meist auf der Verliererseite steht – und sei es nur ein kleiner Verlust! Wer auf einer Polizeidienststelle eine Anzeige erstatten will, kommt im Regelfall nur mit Französisch vorwärts.

Bei Panne oder Unfall **auf der Autobahn** nimmt man über die SOS-Notrufsäule Kontakt mit der Gendarmerie bzw. der Autobahngesellschaft auf. Für die Meldung benötigt man die Autobahnnummer, die Kilometermarkierung und die Fahrtrichtung – am besten, man schreibt sich kurz alles auf. **Abschleppdienste** auf Autobahnen und Schnellstraßen dürfen lediglich Firmen mit entsprechender Konzession ausführen, die Preise sind reglementiert.

Hilfe ist z.B. für ADACPlus-Mitglieder oder ÖAMTC-Mitglieder teilweise kostenlos. Man kann sich bei Unfall oder Panne auch direkt an seinen Automobilclub wenden. Hier die drei größten für Deutschland, Österreich und die Schweiz:

- **ADAC,** deutschsprachige Notrufstation in Frankreich Tel. 08.25.80.08.22, (D)-Tel. 0049 89 222222, unter (D)-Tel. 089 767676 gibt es Adressen von deutschsprachigen Ärzten in der Nähe des Urlaubsortes (Liste auch vorab anforderbar).
- **ÖAMTC,** deutschsprachige Notrufstation in Frankreich Tel. 04.72.17.12.23, sonst: (A)-Tel. 01 2512000 oder (A)-Tel. 01 2512020 für medizinische Notfälle.
- **TCS,** (CH)-Tel. 022 4172220.

Tanken

Mitunter differieren die Literpreise innerhalb kleiner Umkreise ganz erheblich, Vergleiche lohnen sich. Die günstigsten Preise bieten **Tankstellen an Großsupermärkten,** doch viele Fahrer setzen lieber weiterhin auf ihre bekannte Marke. Am teuersten tankt man an Autobahnen, durchweg preisgünstig ist es an Automaten-Tankstellen. Vorteil: Diese sind im Regelfall rund um die Uhr benutzbar. Nachteil: Oft wird eine andernorts verbreitete Kreditkarte wie Visa nicht akzeptiert.

Tipp: Wer sich **nahe der spanischen Grenze** aufhält, kann einen Abstecher zum Nachbarn einschieben. Dort liegen die Benzinpreise bisweilen weit unter denen Frankreichs!

Parken

Frankreichs **Parkscheinautomaten,** mit denen die Innenstädte weitläufig abgedeckt sind, heißen *horodateurs*. Unterschiedlich wie die von Städten und Stadtvierteln abhängige Gebührenhöhe sind auch die Gebührenzeiten. In Anlehnung an die Mittagspause braucht man mancherorts die Automaten lediglich von 9 bis 12 und 14 bis 18.30 Uhr zu füttern. In touristisch besonders relevanten Orten sind sie sieben Tage in der Woche von 9 bis 19 Uhr in Betrieb. Die maximale Parkdauer ist mitunter beschränkt.

Im Gegensatz zum gebührenpflichtigen Parkplatz *(parking payant)* bzw. zum Parkhaus findet man gelegentlich noch den **kostenfreien Parkplatz** *(parking gratuit)* in Citynähe. An gelb markierten Fahrbahnrändern herrscht Parkverbot, die Strafen sind drastisch!

Tipp: Bei der Unterkunftssuche in stark frequentierten Ferienorten kann es sich lohnen, ein wenig mehr für eine **Unterkunft mit eigenem Parkplatz** *(parking privé)* zu bezahlen!

Motorisierte, die mit dem **Wohnmobil** *(camping-car)* oder **Wohnwagen** *(caravane)* unterwegs sind, müssen überall besonders auf Verbotsschilder achten. Viele normale Park- und auch Rastplätze sind für Campingfahrzeuge gesperrt und aus diesem Grund mit Hochbarrieren ausstaffiert worden; die Höhen liegen um 2–2,20 m. Für Wohnmobile stehen in jedem Küstenort gesondert ausgewiesene (kostenpflichtige) Plätze zur Verfügung. Wer in Innenstädten die Busspur benutzt, riskiert drastische Strafen!

Wer sein Gefährt auf einem Parkplatz abstellt und zum Stadtbummel aufbricht, sollte einen gewissen Standard an **Vorsichtsmaßnahmen** treffen. Also: keine Wertsachen im Fahrzeuginnern lassen, im Zweifelsfall Alarmanlage aktivieren! Auch in diesem Teil Frankreichs sind immer wieder Langfinger unterwegs, vor allem zur Sommersaison.

Französische Hinweisschilder

- **Attention!** – Achtung!
- **Cedez le passage!** – Vorfahrt beachten!
- **centre ville** – Stadtzentrum
- **chaussée déformée** – Fahrbahnschäden
- **Danger!** – Gefahr!
- **déviation** – Umleitung
- **horodateur** – Parkscheinautomat
- **parking gratuit** – gebührenfreier Parkplatz
- **parking payant** – gebührenpflichtiger Parkplatz
- **passage surélevé** – erhöhter Fußgängerübergang
- **Passage interdit!** – Durchfahrt verboten!
- **poids lourds** – Lkw
- **Ralentir!** – Langsam fahren!
- **rond-point** – Kreisverkehr
- **rue barrée** – Straße gesperrt
- **sens unique** – Einbahnstraße
- **toutes directions** – alle Richtungen

Behinderte

Franzosen legen großen Wert auf Alltagserleichterungen ihrer gehbehinderten Mitbürger bzw. Besucher. Gesondert ausgewiesene **Parkplätze für Rollstuhlfahrer** gehören gleichermaßen zum Standard wie **rollstuhlgerechte** Toiletten, Hotelzimmer und Zugänge in Museen, die mit dem internationalen Rollstuhlsymbol („accés handicapés"/„personnes à mobilité reduite") markiert sind. Nach grober Schätzung kann man davon ausgehen, dass etwa 20 % der Hotels in Südwestfrankreich über mindestens ein rollstuhlgerechtes Zimmer verfügen. Aufschluss darüber geben die bei örtlichen Touristinformationen erhältlichen Hotelbroschüren. Auf der Homepage der Französischen Zentrale für Tourismus (http://de.franceguide.com) finden sich nach Eingabe des Suchbefehls „Behinderte" zahlreiche praktische Angaben zu diversen klassifizierten Hotels und Restaurants für körperlich bzw. geistig Behinderte. Reiseinformationen für Behinderte sammelt und vermittelt die Bundesarbeitsgemeinschaft der Clubs Behinderter und ihrer Freunde, abgekürzt: BAG cbf, Langenmarckweg 21, D-51465 Bergisch-Gladbach, Tel. 0 22 02 989 98 11, www.bagcbf.de.

Camping

Franzosen sind leidenschaftliche Camper, über das ganze Land verteilen sich viele Tausend offiziell registrierte Plätze – europäischer Rekord! Auch im Südwesten Frankreichs pflegen die Einheimischen mit Hingabe ihre *hôtellerie de plein air*, die „Freiluft-Hotellerie". Man findet wirklich fantastische Anlagen an Seeufern und in Meeresnähe. Zu den **Campinghochburgen** zählen die Küstenbereiche um Arcachon und Lacanau-Océan. Wer „wild" campt, sollte sich mit Blick auf mögliche Probleme mit dem Grundbesitzer einigen.

Campingplätze sind mit Sternen klassifiziert und liegen in grüner Umgebung mit Pinienwäldern oder Wiesen; auf **Gepflegtheit und Rundum-Service** lassen die frankreichweiten Pächter nichts kommen. Solide Qualität versprechen Ein- und Zwei-Sterne-Plätze, höchste Ansprüche befriedigen Drei- und Vier-Sterne-Plätze.

Wesentlich einfacher geht es beim **Camping auf dem Bauernhof** (*camping à la ferme*) zu, das sich bei naturverbundenen Familien besonderer Beliebtheit erfreut. Die Anlagen verfügen meist über eine bescheidene Anzahl an Stellplätzen, was eine familiäre Atmosphäre garantiert. Je nach gewähltem Platz kann man direkt beim Bauern Wurst, Käse, Eier, Milch Obst oder Gemüse einkaufen. Auf der Internetseite der Gîtes de France (www.gites-de-france.com) sind zahlreiche Campingmöglichkeiten verzeichnet.

Auf **städtischen Campingplätzen** (*camping municipal*) kommt man preiswerter unter, wobei es meist mehr auf Zweckmäßigkeit, denn auf Lage, Komfort und Idylle ankommt.

Einen exklusiven Rahmen mit frankreichweiten **Stellplätzen an Schlös-**

Reisetipps A–Z

sern und ähnlichen Anlagen bietet der Verbund „Les Castels Camping Caravaning".

● **Les Castels,** Manoir de Terre Rouge, F-35270 Bonnemain, Tel. 02 23 16 03 20, Fax 02 23 16 03 23, www.les-castels.com (Homepage auch auf Deutsch).

Campigplätze, wie hier bei Hendaye, sind beliebt unter Familien mit Kindern

Fußballfeld auf dem Campingplatz Euskualduna zwischen Saint Jean-de-Luz und Hendaye

Preise und Ausstattung

In der Regel sind die Campingplatzpreise gestaffelt und schlüsseln sich in eine **Grundpauschale für die Parzelle** (*emplacement;* inklusive Auto) sowie die Anzahl der Personen auf. Für Kinder gibt es sehr unterschiedliche Ermäßigungen. Familien sollten mit einem durchschnittlichen **Übernachtungspreis** von rund 20–25 € rechnen. Auf einfachen Plätzen kommt eine Kleinfamilie in der Nebensaison schon ab ca. 15 € pro Nacht unter, auf Megaanlagen in der Hauptsaison erreichen die Preise durchaus Größenordnungen um die 40–50 €. Je nach Ort schlägt eine **Kurtaxe** zu Buche, auch das mitgebrachte Boot kann mit einer Tagespauschale zusätzlich in Rechnung gestellt werden.

Plätze der oberen Kategorie gleichen nicht selten riesigen Freizeitparks, die während der sommerlichen Hochsaison mit **Animationsprogrammen** und Sportturnieren auftrumpfen. Die Fitness bringen Tennisplätze, Minigolf, Fitnessstudio, Tischtennisplatten, Fußball- und Volleyballfelder sowie häufig anzutreffender Fahrradverleih in Schwung. Für das Wohlbefinden sorgen Whirlpool und Sauna. Oftmals findet man ein Kinderbecken und ein oder mehrere **Schwimmbäder** (gelegentlich sogar beheizt) samt Wasserrutschen, außerdem Kinderspielgerät und ein akzeptables **Restaurant.** Mitunter stehen Waschmaschinenräume zur Verfügung.

Vor allem mit Blick auf die Hochsaison (Juli und August) sollte man sich rechtzeitig um **Reservierungen** kümmern, manche Campingplätze erheben eine pauschale Reservierungsgebühr. Auf manchen Websites lassen sich Reservierungsformulare auf Deutsch ausfüllen und absenden.

An- und Abreise

Am **Anreisetag** sollte man sich in der Nebensaison bis spätestens 18 Uhr, in der Hauptsaison bis 19.30 Uhr einfinden. Ansonsten läuft man Gefahr, vor verschlossenen Rezeptionsräumen und Schranken zu stehen. **Checkoutzeit** ist in der Regel 12 Uhr mittags. Viele Anlagen öffnen nur während der lukrativeren Monate von Mai bis September.

Reisetipps A–Z

222sf Fotev:ad

Traumhafte Campingplätze

●Pinien und Seen komponieren die Kulissen rund um zwei besonders schöne Campingplätze in Biscarrosse und Maubuisson. Die Anlage **Mayotte Vacances** in Biscarrosse (Le Lac, chemin des Roseaux, 40600 Biscarrosse, Tel. 05 58 78 00 00, Fax 05 58 78 83 91, www.mayottevacances.com erstreckt sich über 15 ha und bietet 630 Stellplätze. Außerdem werden fest installierte Campingwagen und möblierte Zelttuchbungalows *(bengalis)* vermietet. Mayotte Vacances bietet ein Schwimmbad, Restaurant-Bar, Diskothek, Kinderanimation, einen Kinderclub sowie Fitnessraum mit Sauna und Jacuzzi. Am See von Biscarrosse wird natürlich Wassersport groß geschrieben. Anfang April bis Ende September/Anfang Oktober geöffnet.

Eine weitläufige Anlage ist der **Camping de Maubuisson** (81 avenue de Maubuisson, 33121 Maubuisson, Tel. 05 56 03 30 12, Fax 05 56 03 47 93, www.camping-maubuisson.com) liegt fünf Gehminuten vom Strand des Lac d'Hourtin et de Carcans und wenige Kilometer vom nächstgelegenen Meeresstrand Carcans-Plage entfernt. Die rund 650 Stellplätze verteilen sich über ein ausgedehntes Gelände mit Kiefernbeständen und einem kleinen zentralen See. Es gibt Tennisplätze, ein Schwimmbad, Kinderspielgerät und die Vermietung von Wohnwagen. Geöffnet März bis Mitte November.

●Die schöne Poollandschaft macht den kiefernbestandenen Vier-Sterne-Platz **Airotel Caravaning Le Vieux Port** (Plage Sud, 40660 Messanges, Tel. 08 25 70 40 40, Fax 05 58 48 01 69, www.levieuxport.com) vor allem bei Familien mit Kindern beliebt. Zum Angebot rund ums Wasser gehören mehrere Becken, Rutschen, ein beheiztes Hallenbad und ein 180-m²-Bassin für Kinder. Auch sonst kommt der Sport nicht zu kurz: mit Ten-

nis-, Basketball- und Volleyballplätzen, Reitcenter, Tischtennisplatten, Fahrradverleih, Surfkursen im Hochsommer. Direkter Zugang zum Strand, günstige Preise Anfang April bis Anfang Juni sowie im September. Geöffnet Ostern bis September.

●Zwischen Hendaye und Saint Jean-de-Luz, direkt an der Corniche Basque, breitet sich das grüne 10-ha-Areal von **Camping Caravaning Eskualduna** aus (Route de la Corniche, 64700 Hendaye, Tel. 05 59 20 04 64, Fax 5 59 20 69 28, www.camping-eskualduna.fr); in der Regel nur geöffnet von Anfang Juni bis Ende September, Verleih von fest installierten Wohnwagen Ende April bis Ende Oktober. Zur Ausstattung des Platzes gehören vorbildlich gepflegte Grasflächen, Doppelschwimmbad und Pelotaspielfeld. Während der Hauptsaison steigen Animationsprogramme. Im Hinterland bindet man über einen kleinen, versteckten Weg an die Radstrecke von Hendaye nach Saint Jean-de-Luz an. Über die Route de la Corniche Basque hinweg erreicht man das ausgesprochen schöne Wegenetz des zwischen Meer und Wiesen verlaufenden Naturschutzgebietes Domaine d'Abbadia. Hier gelangt man nach knapp einem Kilometer an die wildromantische Bucht von Loya. Wer sich richtig sonnen und baden will, muss einige Kilometer bis Hendaye fahren – oder durchwandert den Naturpark in kleinen, kräftezehrenden Aufs und Abs bis zum sandigen Hauptstrand von Hendaye.

●Das Grün gibt den Ton an auf dem Vier-Sterne-Platz **Le Truc Vert Camping International** (Route du Truc Vert, 33970 Lège-Cap Ferret, Tel. 05 56 60 89 55, Fax 05 56 60 99 47, www.trucvert.com). Hier gibt es reichlich Kiefernwald, der Sandstrand liegt wenige hundert Meter entfernt. Es gibt ein Restaurant und einen Kinderspielplatz. Die Umgebung der Halbinsel Cap-Ferret lädt zum Surfen und Radfahren ein. Geöffnet Anfang Mai bis Ende September.

Camping de Maubuisson, ein herrlich ins Grün eingebetteter Campingplatz

Mietbare Bungalows und Campingwagen

Alternative zum eigenen Zelt oder Caravan sind die auf vielen Plätzen **fest installierten Campingwagen, Chalets und Mobil-Homes,** deren Tages- bzw. Wochenpreise zwischen Haupt- und Nebensaison ganz erheblich schwanken. Ein für bis zu sechs Personen geeigneter Wagen ist in der Nebensaison für rund 350–400 € pro Woche mietbar und erreicht im August Spitzenpreise um die 700–750 €; auf einfacheren Drei-Sterne-Plätze können sich die Wochenmiettarife für ein Vierer-Mobil-Home zwischen 250 und 550/600 € bewegen.

Webseiten und Campingführer

Wer unter www.google.fr Begriffe wie „Camping Landes" eingibt, erhält umfangreiche Aufstellungen. Sehr übersichtlich gestaltet ist eine Webseite mit Campingplätzen in Aquitanien, die eine Kriteriensuche nach Regionen und/oder Kategorien erlaubt: www.camping-aquitaine.com. Unter dem Oberbegriff „Camping Qualité Aquitaine" haben sich Campingplätze mit selbsterhobenen hohen Qualitätsansprüchen zusammengeschlossen (www.campings-aquitaine.com; auch auf Deutsch).

Der Deutsche Camping-Club (DCC) gibt alljährlich den **DCC-Campingführer Europa** heraus. Unter „Ferienplätze in Europa" findet man auf der DCC-Homepage eine Aufstellung von Arealen in ganz Frankreich.

●**Zentrale Deutscher Camping-Club,** Mandlstr. 28, D-80802 München, Tel. 089 380 14 20, www.camping-club.de.

Einkaufen und Souvenirs

Angesichts der Arbeitslöhne und Steuern, die Café- und Restaurantpreise auch in Frankreich in hohe Sphären treiben, werden viele Selbstversorger vor allem **Wochenmärkte** *(marchés)* und **Supermärkte** *(supermarchés)* bzw. Großsupermärkte *(hypermarchés)* ansteuern. Solide Qualität zu vergleichsweise günstigem Preis bietet der auch in Frankreichs Südwesten bekannte „Lidl", ansonsten sind Ketten wie „Carrefour", „Géant" und „Leclerc" verbreitet. Tipp: **Kostenlose Kundenkarte** besorgen, mit der man mitunter Ermäßigungscoupons für den nächs-

017sf Fotox ad

ten Einkauf erhält. Wer Sportzubehör sucht – vom Jogging- bis zum Pelota-Equipment – darf sich im **Sportsupermarkt** „Decathlon" gut aufgehoben fühlen. Die größten Angebote an Surfshops findet man in und um Biarritz.

Aufschnitt und Fleisch gibt es in der **Metzgerei** *(boucherie, charcuterie)*, verführerische Süßwaren in der **Konditorei** *(pâtisserie, confiserie)*, ofenfrisches Baguette und Croissants in der **Bäckerei** *(boulangerie)*.

In Supermärkten und auf Märkten findet man über reichhaltige Obst- und Gemüseangebote hinaus gelegentlich einen **Hähnchenbratstand** und warme Fertiggerichte – für den einen oder anderen sicher ein guter Tipp, denn das nächste Picknickplätzchen ist bestimmt nicht weit. Auch kann man sich auf dem Markt gut mit einem bunten Allerlei von Wein *(vin)* bis Knoblauch *(ail)* eindecken.

Ähnlich wie ihre deutschen Nachbarn achten auch die Franzosen beim Einkauf auf **Qualitätsprädikate, Warenherkunft** *(origine)* sowie Fettstufen und Fettgehalt *(matière grasse)*. Das gilt z.B für Quark *(fromage frais)* oder Jogurt *(yaourt)*. Allseits beliebt sind Produkte frisch vom Bauernhof *(ferme)* und kleine **Kostproben** *(dégustations)*.

Ebenfalls zu beachten sind **Sonderangebote** wie etwa die beigefügte zweite Produktpackung zum halben Preis *(le 2ème à moitié prix)*. Um die Preisvergleiche zu erleichtern, schlüsseln Supermärkte zu Produkten gern die Kilo- und Literpreise auf („soit le ki-

lo", „soit le litre"). Dosenpfand wird in Frankreich nicht erhoben.

Tipp: Bei den Kassen in Supermärkten und Großsupermärkten gibt es die **caisse rapide** – an der „schnellen Kasse" kommt man mit kleineren Einkäufen von wenigen Artikeln durch.

Tabakwaren erhält man in Frankreich nur in besonders gekennzeichneten *Bar Tabacs,* die dafür eine eigene Verkaufstheke haben.

Sonntags findet man Bäckereien geöffnet vor

Fischauswahl, Markt von Pau

Öffnungszeiten

Geschäfte öffnen von 9/9.30 bis 12/12.30 Uhr, legen eine Mittagspause ein und öffnen dann wieder nachmittags von 14 bis 18.30/19 Uhr; Montag ist häufig ganz oder zumindest am Vormittag geschlossen. Gleiches gilt für **Fischverkaufsstände,** da die Fischer sonntags ihren Ruhetag einlegen und somit für den Montag nicht liefern können.

Im Gegensatz dazu sind **Großsupermärkte** *(hypermarchés)* Montag bis Samstag meist durchgehend von 9.30/10 bis 20/21 Uhr zugänglich – aber nicht zwangsläufig zu jeder Jahreszeit. Je nach Lage schiebt man außerhalb der Sommersaison gern von 12 oder 12.30 bis 14 Uhr eine Siesta ein, öffnet in den Sommermonaten jedoch Sonntagvormittag.

Ebenfalls sonntags vormittags kann man eine **Bäckerei** bzw. Konditorei finden, in der man sich mit frischen Backwaren eindecken kann. Bäckereien sind aber durchweg montags geschlossen. Auch **Tabakläden** bzw. Zeitungsgeschäfte sowie die eine oder andere **Metzgerei** findet man am Sonntagvormittag geöffnet vor.

In Ferienorten gibt es in der **Hauptsaison** viele Shops und kleinere Supermärkte, die jeden Tag öffnen.

Preisbeispiele aus dem Reisealltag

- **Anisschnaps** (Pastis): Liter 10–18 €
- **Äpfel:** ab ca. 1,50 € pro Kilo
- **Apfelwein** (cidre): Liter 1–2,50 €
- **Baguette:** ca. 0,80 €
- **Butter:** ab ca. 1,05 € pro 250 g
- **Hartwurst:** Kilopreis ab etwa 10 €
- **Jogurt:** Kilo ab etwa 1,50 €
- **Käse:** Kilopreis Hartkäse ab etwa 7 €, die Preise für Weichkäse beginnen bei 6 €
- **Milch:** Liter H-Vollmilch ab ca. 0,60 €
- **Mineralwasser:** ab ca. 0,25 € pro Liter für Wasser ohne Kohlensäure, Wasser mit Kohlensäure ist durchweg teurer
- **Orangensaft:** Liter ab etwa 0,70 €
- **Quark:** Kilo ab etwa 1,30 €
- **Tomaten:** ab ca. 1,60 € pro Kilo
- **Wein:** einfacher Landwein ab etwa 3 € für eine 0,75-Liter-Flasche

Souvenirs

Die „Souvenirkultur" – will man sie überhaupt als solche bezeichnen – beschränkt sich auf ausgewählte Stücke: eine Baskenmütze (béret) z.B., ein Keramikbild als Untersetzer, eine Sonnenuhr für die Wand oder Segeltuch-

223sf Foto: ad

sandalen (espadrilles). Oder feines baskisches Leinen (linge basque) in Form von Tischdecken und Servietten, ein beliebter Einkauf in Biarritz. In touristischen Städtchen der Pyrenäen stehen – wie in Saint Jean-Pied-de-Port – Schafwolljacken und mit Schafwolle gefütterte Lederhausschuhe im Angebot. Eine Sonderrolle fällt Lourdes zu mit Kommerz in höchster Potenz und Pilgernippes in allen Farben und Formen. Erhältlich sind auch leere, mitunter farbig bedruckte Plastikflaschen und -kanister, in die man sich Lourdes-Wasser von der heiligen Quelle selber abfüllen kann.

Ob Ölgemälde oder Aquarell – auf der Suche nach dem besonderen Souvenir kann man in einer der zahlreichen Galerien oder bei temporären Ausstellungen Ausschau nach einer typischen Orts- oder Hafenansicht halten und auf diesem Weg lokale Künstler fördern. Zum Stöbern laden **Antiquitätengeschäfte** ein, vor allem in Bordeaux – wobei man sich nirgendwo der Illusion eines „Schnäppchens" hingeben sollte. Die Antiquare wissen ebenso, was ihre gute Stücke wert sind wie all die Betreiber von Flohmärkten (marchés aux puces).

Während der sommerlichen Hochsaison pflegen die Franzosen ihr Faible für **Freiluft- und Allerleimärkte,** auf denen Kräuter, Marmeladengläser, Wein und Kleidungsstücke ebenso erhältlich sind wie Keramiktöpfe. Manche Orte locken sogar mit Abend- und Nachtmärkten (marchés nocturnes).

In Südwestfrankreich sind einige **Glasbläser** und auch **kunsthandwerkliche Töpfereien** ansässig.

Originellere Souvenirs gefällig? Wie wäre es mit einer chistera, jener bananenförmigen **Wurf- und Fangröhre** aus Weidengeflecht, mit der sich die baskischen Pelota-Spieler sportlich bekriegen? Oder mit einer makila, jenem altbekannten baskischen **Wanderstock** aus Mispelholz, der schon in mittelalterlichen Jakobswegführern erwähnt und heute u.a. noch in Bayonne gefertigt wird. Eine makila trägt eine Spitze, die ihr gleichzeitig den Charakter einer Waffe verleiht – ein hieb- und stichfestes Argument von makila-Trägern, die sich einst von Wegelagerern oder wildem Gebirgsgetier angegriffen sahen! Makilas und auch chisteras dürften den meisten eher als Dekorations- denn als Gebrauchsgegenstand dienen, gehören aber keineswegs zu den Billigprodukten!

Im Haute-Couture-Land Frankreich treffen erlesene **Boutiquen** in Biarritz und Arcachon den Geschmack der Geldpotenz. Auch viele Modeläden in Bordeaux, Bayonne und Saint-Jean-de-Luz tragen exklusiven Charakter.

Zu den bleibenden Erinnerungen „auf Zeit" zählen **Alkoholika** ebenso wie manche **Kulinaria,** die im Kapitel „Essen und Trinken" beschrieben werden.

Reisetipps A–Z

Plastikflaschen für heiliges Lourdes-Wasser in einem Souvenirshop in Lourdes

Elektrizität

Die Netzspannung beträgt in Frankreich 230 Volt. Die Steckdosen haben einen zusätzlichen Stift, weswegen die flachen Eurostecker, nicht aber deutsche Schutzkontaktstecker passen. Abhilfe schafft ein Adapter, den man der Einfachheit halber am besten schon von zu Hause mitbringt.

Essen und Trinken

In Frankreichs Südwesten genießt man Gaumenfreuden satt: vom Bayonner Schinken bis zum erlesenen Schafskäse, von Steinpilzen bis zur Entenstopfleber. Allerdings beginnt der kulinarische Auftakt des Tages alles andere als

178sf Foto: ad

verheißungsvoll. Franzosen sind keine ausdauernden Frühstücker und geben sich mit einem Croissant und einer Tasse Milchkaffee *(café au lait)* zufrieden. Solcherlei Trauerspiel ist spätestens dann vergessen, wenn man sich mittags zum *déjeuner* oder abends zum *dîner* niederlässt. Beschwichtigend sei gesagt: In guten Hotels gibt es auch gute Frühstücksbüffets.

Cafés und Bars haben von morgens durchgehend bis zum frühen Abend geöffnet. Außerhalb der Hauptsaison ist hier ebenso mit einem wöchentlichen Ruhetag *(fermeture hebdomadaire)* zu rechnen wie in den Restaurants. Verbreiteter **Ruhetag bei Restaurants** ist der Montag (zusätzlich mitunter sonntags abends), ansonsten kann man sich mittags zwischen 12 und 14 Uhr und abends ab 19/19.30 Uhr zum Tafeln niederlassen. Nach 22 Uhr gestaltet es sich schwierig bis unmöglich, noch etwas Warmes serviert zu bekommen. Gleichermaßen ist es geradezu unmöglich, nach 14 Uhr noch etwas im Restaurant zu essen.

● **Buchtipp:** Eine Sprachhilfe für Restaurant und Supermarkt ist das in der Reihe Kauderwelsch des REISE KNOW-HOW Verlages erschienene Büchlein **„Französisch kulinarisch".**

Am Ende eines Essens geht doch nichts über eine gute Käseauswahl

Überall findet sich ein gemütliches Plätzchen zur Einkehr

Restaurantsitten und Essgewohnheiten

Zum guten Ton gehört es, sich im Restaurant vom Ober einen **Tisch zuweisen** zu lassen. Meist kommt der Kellner dem Gast entgegen, wenn er das Restaurant betritt. Während der Hauptferienzeiten empfiehlt sich in manchen Speisetempeln eine Reservierung *(réservation)*. Wer bei der Speiseauswahl unsicher ist, sollte nach den Empfehlungen des Küchenchefs *(suggestions du chef)* fragen – man wird Sie gern beraten! Spitzenrestaurants sind als *grandes tables* ausgewiesen, höchstes aller Gefühle sind die legendären Sternebewertungen im „Michelin".

Wer sich seine Speisen **à la carte** zusammenstellt, bezahlt meist mehr, als

Preiskategorien der Restaurants

In diesem Buch werden die Restaurants in drei Preiskategorien unterteilt, dargestellt durch Euro-Zeichen (€). Die Preise gelten jeweils für ein Menü pro Person, wobei es bei der persönlichen Zusammenstellung selbstverständlich Abweichungen geben kann. Die Durchschnittswerte sind diese:

€	unter 20 €
€€	20–40 €
€€€	über 40 €

wenn er das angebotene Menü bestellt. Vergleichsweise gut steht man sich mittags mit dem **Tagesmenü** *(menu du jour)* oder dem einfachen Tagesgericht *(plat du jour)*. Gleiches gilt am Morgen für ein **komplettes Frühstück** inklusive Orangensaft *(jus d'orange)*. Kulinarische Warnung vor der **Butter**

Reisetipps A–Z

Bar
Restaurant
chez
Germaine

BAR

(beurre): Normale Butter firmiert unter dem Begriff *beurre doux* („süße Butter"), doch es gibt auch salzige!

Guter Service für Familien: Viele Restaurants bieten ein **Kindermenü** *(menu enfant)* an, das in der Regel nicht überteuert ist und aus zwei oder drei Gängen besteht. Als Hauptspeise gibt es meist ein Hackfleischsteak oder Spaghetti, als Nachtisch eine Kugel Eis oder einen dünnen Pfannkuchen *(crêpe).*

Französische **Restaurantportionen** sind häufig – vorsichtig formuliert – nicht gerade üppig bemessen. Stilles Motto: klein, aber fein und alles mit einem Schuss kulinarischer Raffinesse. Wer glaubt, seinen Bärenhunger einzig mit einem Hauptgericht stillen zu können, läuft Gefahr, mit knurrendem Magen vom Tisch aufzustehen. Im Gourmetland Frankreich gehen die Einheimischen nicht ins Restaurant, um zu sparen oder um unter Zeitdruck lieblos zur bloßen Nahrungsaufnahme zu schreiten. Hier vermengen sich Klischees und Wirklichkeit des französischen Genussmenschen. In der Regel bestellt man mehrere Gänge (Vorspeise, Hauptgericht, Nachtisch und/oder Käse), bei denen vor allem abends leicht zwei Stündchen verstreichen. Wird der Käse in einem Käsewagen an den Tisch gerollt, verlangt der gute Ton, dass man sich auf maximal drei Sorten beschränkt. Als **Aperitif** ordert man gern einen Campari-Orange oder einen Pastis, jenen hochprozentigen Anisschnaps, den man mit Wasser zu einem milchig aussehenden, anregenden Trunk verdünnt. Zum Essen

gehört selbstverständlich Wein, ob als Karaffe *(carafe),* Viertelliter *(quart)* oder halber Liter *(demi-litre).* Am Ende des Mahls steht oft ein kleiner schwarzer Kaffee *(café noir),* als **Digestif** trinkt man gern einen Armagnac.

Franzosen legen Wert auf höflichen, zuvorkommenden Service und runden den Rechnungsbetrag großzügig auf, auch wenn das **Trinkgeld** bereits enthalten ist *(service compris).* Ist es nicht enthalten *(service non compris),* sollte man – vollste Zufriedenheit vorausgesetzt – von bis zu 10 % des Endbetrags ausgehen.

Preise rund ums Essen

Wer regelmäßig ins Café, in die Brasserie oder ins Restaurant geht, sollte ein adäquates Budget einplanen! Die Preise für **Tagesmenüs** können zwar im Bereich von 12 € starten, doch ebenso gut ist man auch mit 20–25 € dabei. Es versteht sich von selbst, dass die Preisspanne in Feinschmeckerrestaurants nach oben hin weit offen ist. Bei den Menüs sind Getränke in den wenigsten Fällen inklusive. Mitunter kommt eine kostenlose Karaffe mit eiskaltem Leitungswasser auf den Tisch, ansonsten kann man sie ordern. Eine gute Flasche Wein in einem ordentlichen Restaurant kann durchaus 40–50 € kosten.

Für die **persönliche Finanzkalkulation** ist zu beachten, dass ein einfacher Milchkaffee durchaus mit 2 €

Garnelen warten auf Abnehmer

und mehr zu Buche schlägt. Eis *(glace)* essen kommt purem Luxus gleich und grenzt mancherorts an riesigen Nepp! Zu den erschwinglicheren Zwischenmahlzeiten zählen *crêpes*, Waffeln *(gaufres)* oder herzhafte Pfannkuchen *(galettes)* von der Imbissbude. So oder so dürfte auf Dauer der eine oder andere in die Kategorie der Selbstversorger abdriften. Preisbeispiele aus Märkten und Supermärkten siehe unter „Einkaufen und Souvenirs".

Spezialitäten

Fisch und Meeresfrüchte

Faustregel hier und andernorts: fang-, jagd- und erntefrische Produkte am besten direkt von der Quelle! Fisch und Meeresfrüchte sind am frischesten direkt an der Küste. Frisch auf den Tisch kommen beispielsweise **Austern** *(huîtres)* aus dem Becken von Arcachon; aus den dortigen Austernparks ein gewichtiger Teil der gesamten französischen Glibberproduktion.

Auf den Speisekarten treiben weitere **Schätze aus dem Ozean:** von Miesmuscheln *(moules)* bis zum gegrillten Hummer *(homard grillé)*, von Garnelen *(crevettes)* bis zur Seezunge *(sole)*, vom Seehecht *(merlu)* bis zu den festfleischigen Jakobsmuscheln *(coquillages Saint Jacques* bzw. *coquilles)*. In Restaurants liefern der **gemischte Fischteller** *(assiette du pêcheur)* oder der **gemischte Meeresfrüchteteller** *(plateau des fruits de mer* bzw. *plateau*

021df Foto: ad

Fleischeslust

Statt Fisch und Meeresfrüchten bestellt man im Hinterland eher Schafsfleisch, Lammfleisch und Eintopf. In Bayonne führt kein kulinarischer Weg am **Bayonner Schinken** vorbei. Der *jambon de Bayonne* kommt zunächst zwei Wochen lang in eine Einlegemischung aus Salz, Knoblauch, Essig und Pfefferschoten. Danach hängen die Keulen weitere fünfzehn Tage in vier Grad kühlen Räumen ab, bis sie in speziellen Trockenräumen *(séchoirs à jambons)* rund zehn Monate lufttrocknen müssen und erst dann ihr urtypisch-herzhaftes Aroma entfalten. Ein paar Scheiben rohen Schinken serviert man gern zur *piperade basquaise,* dem baskischen Gemüseomelette, zu dessen Zubereitung rote und grüne

marine) bunte Querschnitte aus den Tiefen des Meeres. Goldbrasse *(dorade)* und Seewolf *(loup de mer)* bereitet man gern im Salzmantel zu.

Unter den **baskischen Spezialitäten** stechen das würzige Thunfischragout *(marmitako;* mit Kartoffeln, Tomaten, Erbsen, Paprika) und die in eigener „Tinte" gekochten Tintenfische *(chipirons à l'encre)* hervor. Im Hinterland sind geräucherte Forellen *(truites fumées)* und geräucherte Aale *(anguilles fumées)* beliebt.

Austern sind reine Geschmackssache

Appetitliche Wurst- und Schinkenplatte

Paprikaschoten ebenso gehören wie Tomaten und Zwiebeln (⇨Exkurs „Typische Rezepte").

Für den persönlichen Export geeignet sind **Hartwürste** *(saucissons)* und durchaus auch diverse Pasteten *(pâtés),* wobei „Landpastete" *(pâté de campagne)* gröbere Stücke enthält. Als baskische Spezialität sticht u.a. die Dauerwurst *chorizo* mit ihrem tagesbegleitenden Paprika- und Knoblaucharoma hervor (man habe nach dem Genuss ein Stück Zahnseide zur Hand).

Ganz im Zeichen **baskischer Fleischeslust** stehen *zikiro* (gegrilltes Hammelfleisch) und *axoa* bzw. *axoa de veau,* Kalbfleisch mit grünem Pfeffer und Paprikaschoten. Den Weg in den menschlichen Schlund finden auch das Lamm *(agneau)* und die Ochsenzunge *(langue de boeuf).* Ein Entrecôte sieht man gern mit Roquefortsauce oder Kräuterbutter auf dem Tisch.

Franzosen vergöttern die Ente *(canard)* und die Gans *(oie)* – am liebsten in verschiedensten Formen auf dem Teller. Obenan in der Gunst steht die **Stopfleber** *(foie gras),* die auf grausam einfache Weise erzeugt wird. Im ureigensten Wortsinn bekommen die Tiere solange Nahrung (Maismehl) „eingetrichtert", bis sie sich nicht mehr bewegen können und die Leber sich auf Maximalgröße ausgedehnt hat – dann bringt Gevatter Tod Erleichterung. Im Übrigen ist die Stopfleberproduktion keine Geheimniskrämerei, manche Bauernhöfe öffnen ihre Tore zur Besichtigung und verweisen auf die strikte Einhaltung europäischer Normen.

248sf Foto: ad

Stopfleber – ob kalt oder warm – passt zum krossen Baguette und zur Kartoffel ebenso wie zum Apfel und zum Landaiser Salat *(salade landaise),* dessen besondere Note die Pinienkerne beibringen. Für Enten- und Gänsestopfleber gibt es 1001 Zubereitungs- und Serviervorschläge, einer davon findet sich im Exkurs „Typische Rezepte". Im Supermarkt hat die Stopfleber ihren Weg in alle erdenklichen Dosengrößen gefunden – als besonders exquisite Zubereitungsart mit Trüffeln *(truffes).*

In französischen Restaurants wird man automatisch zum Genussmensch

Foie gras zählt ebenso wenig zu den Schlankmachern wie Hasenpfeffer *(civet de lièvre)*, eingekochte Gänseteile *(confit d'oie)* und Ententeile *(confit de canard)*.

Gemüse und Pilze

Im Béarn reichert man die üppige **Gemüsesuppe** *(garbure)* gern mit *confit* oder auch mit Schinken an. Wer es gesünder und vegetarisch liebt, bestellt eine *porrusalda*, eine im Baskenland gern gegessene Suppe aus Kartoffeln und Lauch. Auf den etwas anderen Geschmacksnerv setzen **Pilzgerichte** wie Morcheln *(morilles)* und die in Öl gebackenen Steinpilze *(cèpes)*. Deftig-kräftig kommen Einmachgläser

Typische Rezepte

Baskisches Gemüseomelette

(piperade basquaise)

Zutaten (4 Personen): 1 kg Tomaten, 4 Eier, 2 große Zwiebeln, jeweils 4 rote und grüne Paprikaschoten, 1 Knoblauchzehe, Öl, Salz, Pfeffer. Zusatz für Nicht-Vegetarier: pro Person 1 Scheibe rohen Schinken.

Zubereitung: Zunächst Paprikaschoten anbraten, etwa 15 Min. in Alufolie wickeln, dann Haut abziehen und in feine Scheiben schneiden. Tomaten 1 Min. in kochendes Wasser legen, um ebenfalls die Haut abziehen zu können. Zwiebeln und Tomaten schneiden. Zwiebeln und Öl in einen Schmortopf geben, auf kleiner Stufe köcheln lassen. Danach in dieser Reihenfolge hinzugeben: Paprikastreifen, Tomaten, Knoblauch. Ohne Deckel kochen lassen, um den Saftanteil zu reduzieren. Salzen, pfeffern nicht vergessen! In großer Pfanne vier Eier mit dem Gemüsetopf verrühren.

Warme Austern mit Enten- oder Gänsestopfleber

Zutaten: Austern und *foie gras de canard* (Entenstopfleber) oder *foie gras d'oie* (Gänsestopfleber), Menge je nach Essern beliebig wählbar, 1 Prise Salz, 1 Prise Pfeffer, Paniermehl.

Zubereitung: Austern in den erhitzten Backofen geben, bis sie sich öffnen. Herausnehmen und den oberen Teil der Schale entfernen. Jede Auster mit einer passenden dünnen Scheibe *foie gras* belegen, salzen, pfeffern und mit ein wenig Paniermehl bestreuen. Dann nochmals ein paar Minuten in den Backofen. Heiß servieren.

Crêpes

Zutaten (15–20 Stück): 2 Eier, 75 g Butter, 250 g Mehl, 0,125 l Milch, 1 TL Zucker, Salz, Öl. Für die spätere Füllung hat man freie Hand, z.B. Zucker, Honig, dünne Apfel- oder Bananenscheibchen, geraspelte Kokosnuss, Schokoladencreme, Konfitüre oder Kompott.

Zubereitung: Teig aus Mehl, Eiern, Butter, Zucker und einer Prise Salz rühren; zwischendurch langsam Flüssigkeit aus einem halb mit Milch und halb mit Wasser gefüllten Wasserglas hinzugeben, bis der Teig die gewünschte Konsistenz erreicht hat. Teig mindestens 60 Min. lang ruhen lassen, ehe man beginnt, Öl in einer Pfanne zu erhitzen. Idealerweise wählt man eine beschichtete Pfanne mit einem Boden von 14 cm Durchmesser. Teig dünn hineinstreichen. Kurz backen (in der Regel reichen 1–2 Min.), wenden und von der anderen Seite backen. Bevor man den Pfannkuchen zusammenfaltet, kann man ihn nach Belieben belegen.

mit gekochten **Linsen** *(lentilles)*, **wei-ßen Bohnen** *(haricots)*, **Fischsuppe** *(soupe de poissons)* oder baskischem Hähnchen in Pfeffersauce *(poulet basquaise au piment d'Espelette)* daher. Außerdem gibt es **Spargel** *(asperge)* aus den Landes im Glas.

Käse und süße Sachen

Franzosen lassen nichts auf ihren Käse *(fromage)* kommen und geben sich dem Genuss insbesondere mit **Zie-**genkäse *(fromage de chèvre)* und **Schafskäse** *(fromage de brebis)* hin. Der aus den Pyrenäen stammende Schafskäse Ossau-Iraty zählt zu den Spitzenprodukten und trägt die geschützte Herkunftbezeichnung *Appellation d'Origine Contrôlée (AOC)*. Vorsicht beim „Fromage"-Vokabular – *fromage frais* bedeutet frischer Speisequark, der wahlweise locker geschlagen *(battu)* und in Fettgehaltstufen von 0 %, 20 % und 40 % daherkommt. Will man gute Käsestücke nach Hause mitnehmen, dürfte nur ein Hartkäse den Transport unbeschadet überstehen, es sei denn, man hat eine Kühlbox für den Transport dabei.

Kalorienstarke **süße Klassiker** sind *mousse au chocolat* und *crème cara-*

Verführerische süße Auslagen

mel, in Bäckereien findet man die mit Schokolade gefüllten Croissants und auch Apfeltaschen. Dem baskischen Mandelkuchen (*gâteau basque*) gibt man mit schwarzer Kirschkonfitüre (*confiture de cerises noires*) gern das gewisse Extra. Im Béarn ist *pastis* populär, ein Gebäck mit Anisgeschmack.

Zum baldigen Verzehr bestimmt sind auch erlesene Süßwaren der **Schokoladenmacher** (*chocolatiers*), wie man sie vielfach in den baskischen Städten Bayonne und Biarritz antrifft. In den Auslagen lassen einem fein drapierte Pralinés und Schokoplättchen das Wasser im Munde zusammenlaufen. Kalorienbomben wie aus dem Bilderbuch – einzig die stolzen Preise dürften bei manchen für automatische Bremswirkung beim Kauf sorgen! Das Niveau liegt mitunter weit über dem von Filetsteaks!

Den süßen Geschmacksnerv treffen außerdem die hausgemachten **Konfitüren** und Marmeladen, die auch gern auf Märkten angeboten werden – wobei sich allerdings die Frage stellt, ob sie nicht daheim günstiger und in ähnlicher Qualität erhältlich sind. Gleiches gilt für Honig (*miel*), bei dem man den Béarn zu den Toperzeugern rechnet.

aus kalk-, lehm- und kieshaltigen Böden erwachsen. Seit römischen Zeiten ist die flussreiche Gegend um Bordeaux für ihre exquisiten Tropfen bekannt. Auf rund 120.000 ha breiten sich die heutigen Weinanbauflächen aus, je nach Jahrgang steht eine Produktion von über fünf Millionen Hektolitern Rot- und Weißwein an – ein Rebensaftparadies!

Getränke – Wein und mehr

Eine Frankreichreise ohne Wein? Für viele gibt es nichts Abwegigeres! Zumal sich das Ziel- mit dem Anbaugebiet der **Bordeauxweine** bzw. mit dem **Médoc** deckt, wo man sich entlang der Quellen bewegt und die Trauben

Für Genießer steht eine Reise durch Frankreich im Zeichen des Weins

Im Anbaugebiet ist und bleibt der **Weinkauf direkt beim Erzeuger** ein Klassiker. Es gibt Unmengen an großen und kleinen Weingütern (*châteaux*), die an den Landstraßen mit Direktverkauf (*vente directe*) samt Kostpröbchen (*dégustation*) locken – was mit Sicherheit stilvoller, aber nicht unbedingt preiswerter ist als in der Vinothek. Auch auf Märkten und in Supermärkten bietet sich eine akzeptable Auswahl. Getreu dem alten Motto „you get what you pay for" darf man sich als Käufer nicht wundern, wenn ein preiswerter französischer Landwein (*vin de pays*) oder Tafelwein (*vin de table*) rasch zu Kopfe steigt.

Kenner investieren in edlere Tröpfchen, **Spitzenweine** (*vins fins*), und achten auf die geschützte Herkunftbezeichnung *Appellation d'Origine Contrôlée (AOC)*. Auf das weite Feld der Bordeauxweine entfallen mehrere Tausend *châteaux!* Im Internet kann man sich über die Weine informieren:

● **www.bordeaux.com** und **www.vinsbordeaux.fr**, alles über die weltberühmten Bordeauxweine, die Weinwirtschaft und die Bordelaiser Weinschule; auch auf Deutsch.
● **www.medoc-bordeaux.com**, Geschichte, Böden, Lagen, Weingüter, Veranstaltungshinweise.

Auf manchen Weingütern (und auch in Supermärkten und Einzelhandelsgeschäften) kann man übrigens hochwertiges **Traubenkernöl** (*huile de pépins de raisin*) kaufen.

Spirituosen

In hochprozentigeren Sphären bewegt man sich mit dem auch in ande-

Kauftipp für Spirituosen

Recht günstige Spirituosen bekommt man in den Ladenkomplexen an der **französisch-spanischen Grenze** bei Béhobie: auf der N 10 aus Richtung Saint Jean-de-Luz kommend, direkt rechts hinter der Brücke über den Grenzfluss Bidassoa, also bereits auf spanischem Terrain. Eine kleine Zusatzinvestition erfordern die gebührenpflichtig gemachten Parkplätze (strenge Kontrollen!).

ren Gegenden Frankreichs beliebten **Pastis** (Anisschnaps), dem aus **Cognac** stammenden gleichnamigen Weinbrand (viele Touren durch die örtlichen Cognaclager, dem aus der Gascogne stammenden **Armagnac,** einem klaren Branntwein (*eau de vie,* „Lebenswässerchen"), sowie dem baskischen **„Izarra"-Kräuterlikör** (gelb oder grün). Beliebt sind ferner der **Pineau des Charentes,** ein Aperitif aus Traubenmost und Cognac, sowie der wahlweise rote oder weiße **Floc de Gascogne,** bei dem man seit dem 16. Jh. nach altem Landrezept Weinmost und Armagnac mischt. Ein paar Alkoholgehaltsstufen darunter bewegt sich der fein moussierende **Cidre** (Apfelwein).

Weitere Getränke

Im Weinland Frankreich fließen natürlich auch **Bier** (*bière*), **Säfte** aller Art (*jus*) und **Mineral- bzw. Quellwasser** (*eau minérale, eau de source*) mit oder ohne Kohlensäure (*gazeuse, non-gazeuse*).

Feier- und Festtage

Keine Frage, in Frankreich versteht man zu feiern. Vielleicht nicht so südländisch exzessiv, sondern etwas gesetzter – aber mit viel, viel Enthusiasmus. Der bunte Reigen an Festen und Festivals umfasst Abertausende von Terminen, ist naturgemäß an die Jahreszeiten gekoppelt und erstreckt sich in erster Linie **von Mai bis Oktober.** Die unbestrittenen Höhepunkte sind im Juli und August erreicht, wenn in vielen Urlaubsgemeinden mit einem regelrechten Überangebot von Festen und Veranstaltungen aufgewartet wird: Konzerte, Feuerwerk, Ausstellungen, Folklore oder Sportturniere. Oder im Rahmen von Patronatsfeierlichkeiten,

fêtes patronales, alles zusammen innerhalb weniger Tage! Wirklich von Einfallsreichtum beseelt sind die Macher der umfangreichen **Sommerprogramme,** denen es stets gelingt, breit gefächerte Kulturangebote auf die Beine zu stellen. Atlantikstrände und kleine Kirchen bilden einen ebenso gelungenen Rahmen für Konzerte und allerlei andere Veranstaltungen wie Schlösser und Burgen. Die Organisation ist meist vorbildlich.

In der Pflege von Althergebrachtem gebührt den Basken mit ihrem blitzschnellen **Pelota-Spiel** und diversen Kraftsportwettbewerben einmal mehr eine Sonderstellung (⇨ Exkurs „Traditionen der Basken" im Kap. „Land und Leute").

Ein Herz für Kinder zeigt man mit **Unterhaltungsprogrammen für Kinder:** Straßenanimation (animation de rue), Akrobatik (acrobaties), Jonglierakten (jongleries), Clownshow (spectacle de clowns), Zirkus (cirque) und Marionetten- bzw. Kasperletheater (guignol).

Märkte

Allerseits beliebt sind **Open-air-Märkte** mit Trödel oder Antiquitäten (brocante, antiquités) bzw. reine **Flohmärkte** (marchés aux puces). Gern veranstaltet man auch einen mittelalterlichen Markt (marché médiéval) mit entsprechendem Dekor sowie **Nachtmärkte** (marchés nocturnes), bei denen man zwischen acht Uhr abends und Mitternacht an Kunsthandwerk- und Kulinariaständen vorbeistreift.

Im Dezember sorgt mancherorts ein **Weihnachtsmarkt** (Marché de Noël) für festliche Stimmung – inklusive Glühwein (vin chaud) aus der Thermos-kanne, aber meist mit sehr teuren Produkten. Außerordentlich groß ist der Weihnachtsmarkt im Zentrum von Bordeaux entlang der Allées de Tourny. Über Straßenstände hinaus sieht man andernorts mitunter eine mühevoll aufbereitete „lebende Krippe".

Stierkämpfe und Kuhrennen

Für Tierfreunde unangenehm: Unter dem Einfluss Spaniens pflegt man zwischen Juli und September die blutige Tradition des **Stierkampfs** (course de taureaux, corrida) und Jungstierkampfs (novilladas). Bei Volksfesten kommt ein auch auf spanischen Vorbildern fußender **„Feuerstier"** (toro de fuego) daher. Der Stier ist nichts weiter als ein Mensch, der mit aufgesetzten Hörnern und einem Gestellaufbau voll explodierender Feuerwerkskörper durch die Straßen rennt, eine Volksbelustigung, die nicht ganz ungefährlich ist! Für Zaungäste gilt im Zweifelsfall: rechtzeitig in Deckung gehen!

Sonderbare tierische Traditionen pflegt man mit den **Landaiser „Kuhrennen"** (courses landaises; auch courses de vache), eine aus den Landes stammende Gaudi in der Arena, bei der Mensch und Rind schlechtestenfalls aufeinander prallen! Grundsätzlich gilt allerdings, dass Zweibeiner den heranstürzenden Vierbeinern mit athletischen Sprüngen oder andersartig ausweichen. Möglichst elegant und im letzten Augenblick – verständlich, dass das nicht immer plangemäß abläuft! Landauf landab finden in den Départements Landes und Lot-et-Garonne jährlich rund hundert courses landaises statt. Die „Kuhrennen"-Saison startet im April, weitere Infos unter www.courselandaise.org.

Reisetipps A–Z

Bei den zahlreichen Volksfesten pflegt man das gesellige Beisammensein

024sf Foto ad

Großes Sardinengrillen auf dem Rost

Kulinarische Treffs

Während der Sommerzeit bringen sich Franzosen selbst auf den Geschmack kulinarischer Festivals, Verkostung *(dégustation)* inklusive. Vielerorts im Küstenbereich sind bei Patronatsfeierlichkeiten **Sardinen-** *(sardinade)* oder **Thunfischgrillen** *(thonade)* angesetzt, bei denen auch Auswärtige willkommen sind und sich an durchweg guter Preis-Leistungs-Qualität erfreuen dürfen. Gleiches gilt für ein großes **Schinkenessen** *(jambonnade)* oder ein **Aalgrillen** *(anguillade)*. Als Leitmotiv werden ebenso gern Stopfleber *(foie gras)* oder Muscheln *(moules)* in den Mittelpunkt gestellt, oder aber eine zünftige ländliche Mahlzeit *(repas champêtre)* und ein Barbecue-Abend *(soirée barbecue)*. Als Rahmen für Verkostungen dient mitunter ein **See- oder Hafenfest.**

Im Banne der Musik

Während die Franzosen zur kühleren Jahreszeit bereits früh die Bürgersteige hochklappen und ihre Abende sang- und klanglos daheim verbringen, bricht es im Sommer umso urgewaltiger aus vielen heraus. Bei manchen Patronatsfesten geben Rock und Salsarhythmen den Ton an, Straßenmusiker bringen internationale Klänge von Spanien bis Brasilien zu Gehör.

Eines besonderen Zuspruchs erfreut sich das Jazzfestival von Andernos-les-Bains, das normalerweise gegen Ende Juli steigt, drei Tage dauert und für besondere Klänge am Bassin d'Arcachon sorgt. Andere Konzerte finden im Laufe des Veranstaltungsjahrs ihre Anhänger: ob die Frühjahrskonzerte der Académie Maurice Ravel in Saint Jean-de-Luz *(Récitals de Printemps;* Programm unter www.academie-ravel.com), das Flamencofestival Anfang Juli in Mont-de-Marsan oder die „Atypischen Nächte" *(nuits atypiques)* von Langon, bei denen Ende Juli Musikinstrumente aus aller Welt erklingen. Eine Sonderstellung gebührt den Ballettveranstaltungen „Le temps d'aimer" im September in Biarritz. Bei den Veranstaltungen sollte man bei Interesse an getragener Chormusik ein Auge auf Auftritte des berühmtesten baskischen Männerchors „Oldarra" werfen; Konzerttermine werden auf der Homepage angekündigt (www.oldarra.com).

Folkloristischer Rahmen

Von folkloristischem Rahmen umzogen sind eine Reihe ungewöhnlicherer Festivitäten, so das „Fest der fetten Ochsen" im Februar in Bazas (mit Umzug, Musikanten, Stelzenläufern und Prämiierung der schönsten geschmückten Tiere), das von baskischem Brauchtum bestimmte Baskenfest „Bi Harriz Lau Xori" im März in Biarritz, das von einem Blumenkorso begleitete Meeresfest am 1. Mai in Mimizan-Plage und das Espadrille-Fest Mitte August in Mauléon.

Nationalfeiertag

Eine festliche Sonderstellung nimmt der Nationalfeiertag **14. Juli** ein, der an den Sturm auf die Bastille und damit die Französische Revolution anno

Der baskische Männerchor „Oldarra"

1789 erinnert. Jeder Ort begeht den Tag bzw. den Vorabend auf eigene Art, mit Konfettischlacht oder Tanzball, in den meisten Fällen mit **Feuerwerk** (feu d'artifice). Mitunter wird das blitzende Lichterspektakel musikalisch unterlegt. Schöne Feuerwerksveranstaltungen bekommt man u.a. in Bayonne, Biarritz, Biscarrosse-Plage, Bordeaux, Carcans-Maubuisson und Lacanau-Océan zu sehen.

Festkalender

Die **gesetzlichen Feiertage** sind nachfolgend immer mit einem **Stern*** markiert. Bei den lokalen Festtagen kann lediglich eine Auswahl vorgestellt werden. Insgesamt ist die Zahl der Veranstaltungen kaum überschaubar; allein die Termine um das Bassin d'Arcachon nehmen mehrere dicht bedruckte Seiten der aktuellen Touristenbroschüre ein. Die genauen Termine aller Festtage und Patronatsfeierlichkeiten (fêtes patronales) mit ihren Tagesprogrammen erfährt man in dem Heftchen „Programme des animations/fêtes" der örtlichen Touristeninformationen. Mitunter kann es zu kleinen Terminverschiebungen kommen. Ebenfalls zu beachten: Witterungsbedingt können Veranstaltungen im wahrsten Sinne des Wortes ins Wasser fallen.

Januar
- **Neujahrstag***, 1. Januar
- **Foire aux pottoks,** Pottok-Pferdemarkt in Espelette
- **Fête de la Truffe,** Trüffelfest in Sorges, um den 20. Januar

Februar
- **Fête des Boeufs Gras,** „Fest der fetten Ochsen" in Bazas, mit Umzug und Preisen für die besten geschmückten Tiere
- **Carnaval,** u.a. in Bayonne, Ciboure, Dax und Saint Jean-de-Luz

März
- **Festival d'expressions basques** (Bi Harriz Lau Xori), Baskenfest in Biarritz
- **Fête d'Arcachon,** Stadtfest gegen Monatsende in Arcachon
- **Ostermontag*** (oder erst im April)

April
- **Ostermontag*** (oder schon im März)
- **Foire au Jambon,** Schinkenfest in Bayonne, etwa Anfang des Monats
- **Récitals de Printemps,** Frühjahrskonzerte der Académie Maurice Ravel in Saint Jean-de-Luz
- **Courses landaises,** Beginn der Kuhrennen-Saison, vor allem im Département Landes

Mai
- **Tag der Arbeit***, 1. Mai
- **Fête de la Mer,** Meeresfest in Mimizan-Plage mit einem Blumenkorso am 1. Mai
- **Christi Himmelfahrt***, Donnerstag 40 Tage nach Ostern
- **Gedenktag zum Ende des Zweiten Weltkrieges***, 8. Mai
- **Fête de la Morue,** Stockfischfest in Bègles
- **Tonte des moutons,** Schafschur in Sabres
- **Journées du Chocolat,** Schokoladentage in Bayonne
- **Fête de la Langue Basque** („Herri Urrats"), Fest der baskischen Sprache in Saint Pée-sur-Nivelle

Juni
- **Patronatsfest von Saint Jean-de-Luz,** um den 24. Juni
- **Weinfest** in Bordeaux, meist nach dem 20. Juni in zweijährigem Rhythmus (gerade Jahreszahlen)
- **Festival des Abbayes,** Musikalisches Abteien-Festival im ganzen Monat Juni; während der ungeraden Jahre ist die Reihe dann am

Flussfest; www.bordeaux-fete-le-fleuve.com, www.bordeaux-fete-le-vin.com in verschiedenen Orten des Départements Landes; klassische Musik; www.festivaldesabbaye.org
- **Force Basque,** Demonstrationswettkämpfe baskischer Kraftsportarten u.a. in Anglet, Arbonne, Arcangues, Bidart, Hendaye, Saint Jean-de-Luz, Saint-Palais, Sare und Urrugne, Juni bis September
- **Pelotamatches,** u.a. in Anglet, Bayonne, Biarritz, Bidart, Biriatou, Ciboure, Hasparren, Hendaye, Mauléon, Saint Jean-de-Luz, Saint-Jean-Pied-de-Port, Saint-Palais, Saint- Pée-sur-Nivelle und Sare; insbesondere Juni bis September

Juli
- **Flamencofestival** in Mont-de-Marsan, Anfang Juli
- **Traditionelle Herdenauftriebe** bei der Fête de la Transhumance im Tal von Ossau, um den 10. Juli
- **Patronatsfeiern in Saint-Justin,** um den 10. Juli
- **Französischer Nationalfeiertag*,** 14. Juli, am Tag selbst bzw. am Vorabend vielerorts Feuerwerk, so in Bayonne, Biarritz, Biscarrosse-Plage, Bordeaux, Cambo-les-Bains, Carcans-Maubuisson, Ciboure, Hendaye, Lacanau-Océan, Mauléon, Saint Jean-de-Luz und Saint Jean-Pied-de-Port
- **Fête du Thon,** Thunfischfest in Saint Jean-de-Luz
- **Fête du Chipiron,** Tintenfischfest in Hendaye, etwa Mitte des Monats
- **La Junte de Roncal/choix de trois vaches,** „Tribut der drei Kühe" auf dem Pyrenäengipfel Saint Martín, bei dem eine Abordnung der Bewohner des spanischen Tals von Roncal ihren französischen Talnachbarn drei Kühe übergibt – Zeichen eines im Mittelalter besiegelten Friedensschlusses; am 13. Juli
- **Fête de l'Huître,** Austernfest von Lanton, gegen Mitte des Monats
- **Mittelaltermarkt** (Marché Mediévale) in Bayonne, etwa Mitte des Monats
- **Bataille de Castillon,** in zumeist zwölf Vorstellungen und mithilfe von 600 Laiendarstellern wird das Ende des Hundertjährigen Krieges zwischen Franzosen und Engländern lebendig, ein Schauspiel, das bereits Hundert-

tausende Besucher verfolgt haben; zwischen Mitte Juli und Mitte August; www.bataillede castillon.com
- **Fêtes de la Madeleine** in Mont-de-Marsan, inklusive Stierkämpfe und Kuhrennen; um den 20. Juli; www.fetesmadeleine.fr
- **Fêtes de Bayonne,** mehrtägiges Stadtfest in Bayonne; Ende Juli bzw. Anfang August; www.fetes.bayonne.fr
- **Jazzfestival** in Andernos-les-Bains; Ende des Monats
- **Nuits Atypiques,** „Atypische Nächte" in Langon, bei denen Musikinstrumente aus aller Welt erklingen; Ende Juli
- **Courses Landaises,** diverse Landaiser Kuhrennen in der Gemeinde Mimizan, auch im August

August
- **Mariä Himmelfahrt*,** 15. August
- **Espadrille-Fest** in Mauléon
- **Fête de l'Huître,** Austernfest am Bassin d'Arcachon, etwa Monatsmitte
- **Fêtes de la Mer** und Fête du Port, Meeres- und Hafenfest am in Arcachon
- **Theaterfestival** an der Villa Arnaga bei Cambo-les-Bains; www.arnaga.com
- **Feria de Dax,** Stadtfest von Dax mit viel Musik, Feuerwerk und Stierkämpfen; etwa Monatsmitte
- **Festival de Force Basque,** Festival des baskischen Kraftsports in Saint Palais; etwa Monatsmitte
- **Cross des contrebandiers,** „Schmuggler-Crosslauf" in Sare; in der Regel am dritten Augustsonntag
- **Theaterfestival** in der Zitadelle von Blaye, Ende August

September
- **Le temps d'aimer,** Ballettveranstaltungen in Biarritz
- **Cadences-Festival** in Arcachon mit Ballett- und Tanzaufführungen; meist gegen Monatsende
- **„Sarako bestak",** Volksfest in Sare, um den zweiten Sonntag im September
- **Triathlon** in Saint-Jean-de-Luz, ca. Mitte September; www.triathlon-saintjeandeluz.fr
- **Weinlesebeginn** in Saint Émilion

- **Marathon „Châteaux du Médoc",** wechselnde Strecken durch die Weinbaulandschaften des Médoc (www.marathondumedoc.com)
- **Fête du Sel,** Salzfest mit Musik und Tänzen in Salies-de-Béarn

Oktober

- **Filmfestival,** Filmkunst und Kultur aus Lateinamerika in Biarritz (Festival de Biarritz – Cinémas et Culture d'Amérique Latine; www.festivaldebiarritz.com); Anfang des Monats, in manchen Jahren Beginn bereits Ende September
- **Festival d'Art Sacré** in Dax mit klassischer Musik
- **Fête du Piment,** Pfefferschotenfest in Espelette; gegen Ende des Monats

November

- **Allerheiligen*,** 1. November
- **Gedenktag Waffenstillstand 1918*,** 11. November
- **Fêtes de Saint Martin,** in Biarritz

Dezember

- **Weihnachten*,** 25. Dezember
- **Marché de Noël,** Weihnachtsmärkte u.a. in Aire-sur-l'Adour, Biscarrosse, Bayonne, Bordeaux, Dax und Saint Vincent-de-Tyrosse; in Arcachon Schlittschuhbahn

FKK

Für die Damenwelt an Frankreichs Stränden zählt es zu den Selbstverständlichkeiten, die oberen Hüllen fallen zu lassen. Im komplettem Adams- und Evakostüm sonnt man sich an einsameren Stränden, abgelegenen Buchten oder speziell ausgewiesenen Strandbereichen (plages des naturistes). Einige Ferienzentren und Campingplätze haben sich ganz auf die Anhänger der Freikörperkultur (naturisme) eingestellt, insgesamt gibt es landesweit einige Dutzend FKK-Zentren. Über Atout France, die Französische Zentrale für Tourismus, kann man die Broschüre „FKK" anfordern bzw. unter http:// de.franceguide.com/broschueren herunterladen.

Fotografieren

Speicherkarten, Batterien und Ladegerät bringt man am besten von daheim mit; in Frankreich ist alles etwas teurer. Hilfreich ist eine Kamera mit guten Zoomfunktionen, falls man die Natur – nicht nur im Vogelpark von Le Teich – vor die Linse holen will. Zu beachten ist, dass in manchen Museen, Kirchen, Schlössern, Höhlen etc. das Fotografieren komplett bzw. mit Blitzlicht verboten ist. Ein Stativ tut manchmal gute Dienste.

- **Buchtipp:** Denjenigen, die sich ins Thema Fotografieren vertiefen möchten, seien die Bände **„Reisefotografie"** und **„Reisefotografie digital"** ans Herz gelegt; beide sind in der Praxis-Reihe des REISE KNOW-HOW Verlages erschienen.

Führungen

Eine Reise auf eigene Faust muss die gelegentliche Teilnahme an Führungen nicht ausschließen. Das gilt nicht nur für interessante Rundgänge durch Schlösser, sondern auch für **Stadt- und Naturerkundungen.** Schwerpunktmäßig im Sommer offeriert man über die Touristinformationen Führungen (visites guidées), die Gelegenheit geben,

025sf Fotox.xd

sich in Städten und Ferienorten in kompakter Form auf das Wesentliche zu konzentrieren. Über Preise, Sprachenwahl und gegebenenfalls die Notwendigkeit einer Reservierung *(réservation)* informiert das jeweilige örtli-

Platz ums Handtuch – auch im Sommer kein Problem

che Office de Tourisme. Eine außergewöhnliche Dynamik bei regelmäßigen Stadt- und Regionalführungen zeigt das Fremdenverkehrsamt von Bordeaux (vgl. gesonderten Kasten im Bordeaux-Kapitel).

In Schutzgebieten wie dem Parc Naturel Régional des Landes de Gascogne werden mitunter **naturkundliche Exkursionen** *(visites guidées naturalistes)* angeboten. Touren durch die Natur gibt es nicht nur zu Fuß, sondern – im Falle des L'Eyre-Deltas – auch per Kanu. Mitunter findet man **spezielle Angebote für Kinder,** allerdings wird dabei nur Französisch gesprochen.

Fundsachen

In größeren Städten ist das Fundbüro *(bureau des objets trouvés)* meist im Rathaus *(mairie, hôtel de ville)* bzw. in einer Außenstelle untergebracht. In kleineren Orten muss man in der Regel zur Polizeiwache *(gendarmerie)* gehen.

Haustiere

In Frankreich sind Haustiere nicht überall willkommen. In Restaurant-, Hotel- und Campingverzeichnissen gibt meist ein Hundesymbol darüber Aufschluss, ob Haustiere Zugang haben *(animaux acceptés)* oder eben nicht. Budgetbewusste dürften angesichts der Haustieraufschläge bei Unterkünften Preisvergleiche anstellen.

Naturschutzpfade und Strände sind **für Hunde geschlossen,** an den Zugängen sind vielfach Betreten-verboten-Schilder aufgestellt. Dabei spielt es keine Rolle, ob der Hund an der Leine geführt wird oder nicht.

Für die EU-Länder gilt, dass man eine **Tollwutschutzimpfung** und ein EU-Heimtierausweis (Pet Passport) für Hund oder Katze nachweisen muss. Dieser gilt in allen EU-Staaten und im Nicht-EU-Land Schweiz und kostet ca. 15–25 €. Darüber hinaus muss das Tier mit einem **Microchip** oder übergangsweise bis 2012 mit einer lesbaren Tätowierung gekennzeichnet sein.

Internet

Vor Ort gibt es Internetcafés *(cyber café, espace internet),* in denen man seine E-Mails auf schnellen Rechnern abrufen kann. Manche öffnen allerdings nur während der lukrativen Sommersaison. In einigen Orten muss man mit bis zu 2 € für 15 Minuten, 3–4 € für eine halbe Stunde und 5–7 € für eine Stunde rechnen; einige Internetcafés rechnen sogar minütlich mit 0,15 € ab. Manche Unterkünfte bieten Internetecken oder -räumchen als kostenlosen Kundenservice. Gleiches gilt für WLAN, das auf Französisch als „Wifi" bekannt ist.

Im Kapitel „Vor der Reise" gibt es unter „Informationen im Internet" eine Liste von kommentierten Websites zu Südwestfrankreich und thematischen Schwerpunkten.

Mit Kindern reisen

In Frankreich sind Kinder willkommene Gäste. Vielerorts zeigt man sich bestens auf die Bedürfnisse von Familien eingestellt: ob mit der Wickelecke auf dem Rastplatz, dem herrlichen Abenteuerspielplatz am Meer, dem Trampolinspringen am Strand. Im Restaurant trifft das portionsgerechte **Kindermenü** *(menu d'enfant)* den Geschmack, in manchen Museen haben Kinder und Jugendliche bis 18 Jahre **freien Eintritt.** Beim Eintritt in ein Aquarium oder bei der Mitfahrt in einem Ausflugsbähnchen kann man oft von Kinderfreundlichkeit für die Kleins-

ten ausgehen; mancherorts bezahlen Kinder bis vier Jahre nichts.

Viele **Campingplätze** präsentieren sich als wahre Spielparadiese und trumpfen mit Kinderbädern und Klettergerüsten auf, mit Wasserrutschen, Tischtennisplatten, Volleyballfeldern und speziellen Animationsprogrammen. Ebenfalls beliebt: **„Camping auf dem Bauernhof"** (camping à la ferme) mit Kontakt zu Schweinen und Kühen – und natürlich zu anderen naturbegeisterten Familien!

Für das Vergnügen der **Strandburgenbauer** sorgen die zahlreichen traumhaften Strände – wobei die Strömungen und der extrem starke Tidenhub des Atlantiks keinesfalls unterschätzt werden dürfen und besondere Vorsicht erfordern (⇨ „Sicherheit"). Jungen Sportskanonen stehen Reit- und Tenniscenter offen, ein guter Radverleiher hält stets Kinderbikes samt -helmen bereit.

Burgen und Schlösser tragen ebenso Erlebnischarakter wie Binnenseen, Bootstouren, bunte Volksfeste mit viel Musik und spannende Pfade durch Naturschutzgebiete. Als Zugabe hält Frankreichs Südwesten einige **besondere Attraktionen** bereit, die in den

Eine segensreiche Erfindung:
die Kinderstrandclubs „clubs de plage"

jeweiligen Regionalkapiteln dieses Buches detaillierter beschrieben sind: in Le Teich der Streifzug durch den Vogelpark, südlich von Arcachon die Besteigung der sagenhaften 104-Meter-Düne von Pilat, in Biarritz der Besuch des Meeresmuseums, in Sare und Isturitz-Oxocelhaya das Eintauchen in Höhlenwelten.

Ein Erlebnis für Kinder:
das Musée de la Mer in Biarritz

Muscheln im Sand findet man überall
an der Atlantikküste

Kinderstrandclubs

Familienfreundliche Hits schlechthin sind die Sand- und Spielparadiese der Kinderstrandclubs *(clubs de plage)*, die im Sommer Hochkonjunktur haben. Wo welcher Strandclub zu welcher Zeit zugänglich ist, erfährt man im örtlichen *Office de Tourisme*. Aus Wetter- und Zulaufgründen öffnen viele Clubs nur im Juli und August, schließen häufig über Mittag und haben sonntags ihren Ruhetag. Die untere **Altersgrenze** liegt bei drei oder vier Jahren, nach oben hin ist zwischen 12 und 14 Jahren Schluss. Jungen und Mädchen können halbe oder ganze Tage an den Spiel-, Wettbewerbs- und Animationsprogrammen teilnehmen sowie Schaukeln, Rutschen, Trampoline und Kinderspielgerät benutzen.

Das Angebot hat aber auch seinen **Preis**; Schwimmstunden in den kleinen Bädern kosten extra. Ehe man preisgünstigere Ganztages- oder Wochenpakete im Strandclub bucht, sollte man den Nachwuchs testen lassen, ob er sich wohl fühlt – allein schon wegen der **Sprache,** denn es wird natürlich Französisch gesprochen. Oft wird verlangt, dass Kinder einen beschrifteten Beutel mit Handtuch, Ersatzkleidung und Sonnenschutz mitbringen.

„Fischfang zu Fuß"

Drei Dinge braucht das Kind: Eimerchen, Rechen und Schaufel. Damit ist man bestens gerüstet für einen Erlebnishit unter französischen Familien, dem Auswärtige gern nacheifern: *pêche à pied,* wörtlich „Fischfang zu Fuß". Zieht sich das Meer zur Ebbe zurück, schwärmen die Kleinsten mit Feuereifer an all den leergelaufenen Strandstücken aus und suchen den

249sf Foto: ad

Grund nach zurückgebliebenen **Muscheln und Krebsen** ab. Wer keine Utensilien für solcherlei Beutezüge mitgebracht hat, braucht in den Küstenorten nicht lange Ausschau in den Strandläden zu halten. Vielerorts stehen komplette „Fischfang"-Sets inklusive Kescher im Angebot.

Medizinische Versorgung

Bei der medizinischen Versorgung bewegen sich Verlässlichkeit und Ausbildungsstandard auf dem von zu Hause gewohnten Niveau, inklusive Göttern in Weiß und schwarzen Schafen. Zum Thema **Krankenversicherung** ⇨ „Versicherungen" im Kap. „Vor der Reise".

In Frankreich gilt es zu unterscheiden zwischen **Vertragsärzten,** deren Honorare nach der gesetzlichen Versicherung festgelegt sind, sowie **freien Ärzten** mit ebenso freien (= hohen) Honorarforderungen. Um böse finanzielle Überraschungen zu vermeiden, sollte man nicht scheuen, im Vorfeld der Behandlung nach den Konditionen zu fragen.

Mediziner mit Deutschkenntnissen kann man in Frankreich nicht erwarten. Adressen von **deutschsprachigen Ärzten** vermitteln die diplomatischen Vertretungen.

Französische **Apotheken** (*pharmacies*) zeigen sich durchweg gut sortiert und haben außen mit Kondomautomaten Vorbeugung für hormonelle Notfälle getroffen. Die Adressen der

Notapotheken sind in der örtlichen Tageszeitung aufgeführt bzw. hängen an den einzelnen Apotheken aus. Auch in Apotheken wird man deutschsprachiges Personal nur in Ausnahmefällen antreffen. Wer ein ähnliches Mittel

Gibt gute Orientierung in einer Stadt wie Bordeaux: der Hauptplatz vor dem Theater

braucht wie jenes, das er gerade aufgebraucht hat, sollte den Beipackzettel mit der Zusammensetzung des Medikaments mitnehmen – so lässt sich ein vergleichbares leichter finden.

Der **Rettungsdienst** *(Samu)* ist landesweit über die Telefonnummer 15 erreichbar, Krankenwagen heißt *ambulance*. Ist ein akuter Notfall eingetreten, sollte man sich umgehend zum nächsten Arzt *(médicin)* oder Krankenhaus *(hôpital/clinique)* bringen lassen.

Notfälle

Zu beachten sind die hinter manchen Stränden angebrachten **Notrufsäulen** mit dem Zeichen „S.O.S".

Wichtige Notrufnummern

Die europaweite Notrufnummer ist die **112**. Sonst gilt in Frankreich:

- **Krankenwagen** (ambulance)   15
- **Polizei** (police)   17
- **Feuerwehr** (pompiers)   18

Autopanne/-unfall

Siehe „Autofahren und Verkehr" im Kapitel „Reisetipps A–Z"

Verlust von „Plastikkarten"

Bei Verlust oder Diebstahl der Kredit- oder Maestro-(EC-)Karte sollte man diese umgehend sperren lassen. Für deutsche Maestro-(EC-) und Kreditkarten gibt es die **Sperrnummer 0049 116116** und im Ausland zusätzlich 0049 30 40504050. Für österreichische und schweizerische Karten gelten:

- **Maestro-(EC-)Karte,** (A)-Tel. 0043 1 204 8800; (CH)-Tel. 0041 44 2712230, UBS: 0041 848 888601, Credit Suisse: 0041 800 800488.
- **MasterCard,** internationale Tel. 001 636 7227111 (R-Gespräch).
- **VISA,** internationale Tel. 001 410 581 9994.
- **American Express,** (A)-Tel. 0049 69 9797 2000; (CH)-Tel. 0041-44 6596333.
- **Diners Club,** (A)-Tel. 0043 1 501350; (CH)-Tel. 0041 58 7508080.

Geldnot

Wer dringend eine größere Summe ins Ausland überweisen lassen muss wegen eines Unfalles oder Ähnlichem, kann sich auch nach Frankreich über

Western Union Geld schicken lassen. Für den Transfer muss man die Person, die das Geld schicken soll, vorab benachrichtigen. Diese kann es via www.westernunion.de online über sein Bankkonto versenden oder muss bei einer Western-Union-Vertretung (in Deutschland u.a. bei der Postbank) ein entsprechendes Formular ausfüllen und den Code der Transaktion telefonisch oder anderweitig übermitteln. Mit dem Code und dem Reisepass geht man zu einer beliebigen Vertretung von Western Union in Frankreich (siehe Telefonbuch oder unter www.westernunion.de „Vertriebsstandort suchen"), wo das Geld nach Ausfüllen eines Formulares binnen Minuten ausgezahlt wird. Je nach Höhe der Summe muss der Absender eine Gebühr ab 10,50 € zahlen.

Ausweisverlust/dringender Notfall

Wird der Reisepass oder Personalausweis im Ausland gestohlen, muss man diesen bei der örtlichen Polizei melden. Darüber hinaus sollte man sich an die nächste diplomatische Auslandsvertretung seines Landes wenden, damit man einen Ersatz-Reiseausweis zur Rückkehr ausgestellt bekommt (ohne kommt man nicht an Bord eines Flugzeuges!).

Auch in **dringenden Notfällen**, z.B. medizinischer oder rechtlicher Art, Vermisstensuche, Hilfe bei Todesfällen, Häftlingsbetreuung o.Ä. sind die **Diplomatischen Vertretungen** bemüht, vermittelnd zu helfen.

- **Deutschland:** Deutsche Botschaft in **Paris,** 28 rue Marbeau, Tel. 01 53 83 45 00; Generalkonsulat in **Bordeaux-Cauderan,** 377 boulevard du Président Wilson, Tel. 05 56 17 12 22.

● **Österreich:** Österreichische Botschaft in **Paris,** 17 avenue de Villars, Tel. 01 40 63 30 90; Honorarkonsulat in **Bordeaux,** 86 cours Balguerie-Stuttenberg, Tel. 05 56 00 00 70.

● **Schweiz:** Schweizer Botschaft in **Paris,** 142 rue de Grenelle, Tel. 01 49 55 67 00; Konsulat in **Bordeaux,** 2 place de la Bourse, Tel. 05 56 79 44 44.

Orientierung in Städten

Fährt man in größere Orte ein, orientiert man sich an den Schildern Richtung Zentrum *(centre ville)* und hält dort nach **Parkplatz-Schildern** *(parking)* Ausschau. Wohnmobil- und Wohnwagenfahrer müssen dringend auf Durchfahrt-verboten-Schilder achten, was sich auch auf Zufahrten zu Parkplätzen bezieht, wo metallene Höhenbarrieren angebracht sind!

Mitunter teilen sich Küstenorte in ein Stadtviertel *bourg* (eigentlich: „Marktflecken", hier liegt der ältere Teil der Stadt) und ein Viertel *plage* (Strand). Im **Stadt- oder Ortsmittelpunkt** bieten sich als Orientierungsmarken meist die Kathedrale *(cathédrale)* oder das Rathaus *(mairie/hôtel de ville)* an. Der Hauptplatz trägt oft patriotisch angehauchte Bezeichnungen wie *Place de la République* oder *Place de la Liberté* bzw. Namen illustrer französischer Persönlichkeiten. Ebenfalls zentral gelegen sind die Markthallen *(halles)* bzw. der Markt *(marché)* und das Postamt *(poste).* Da Franzosen das

181 sf Foto: ad

Grün auch in der Innenstadt lieben, dürfte der nächste öffentliche Park *(parc/jardin public)* nicht weit entfernt sein. Wer an den Strand will, folgt den Schildern „plage". Der Sport-, Handels- oder Fischerhafen ist als „port" ausgeschildert. In der Stadtmitte liegt meist die **Touristinformation** *(office de tourisme),* in der ein Stadtplan erhältlich ist.

Post

Frankreichs Post arbeitet gut und zuverlässig. Bei Briefen und Postkarten ins europäische Ausland darf man von einer Zustellung **innerhalb von drei bis vier Tagen** ausgehen. Größere Sendungen können etwas länger unterwegs sein.

Die **Öffnungszeiten** sind Mo.–Fr. 9 bis 12 und 14 bis 17/17.30 Uhr, samstags nur vormittags; in größeren Städten sind die Hauptpostämter mitunter durchgehend geöffnet.

Bei den **Briefkästen** ist auf die unterschiedlichen Aufschriften zu achten: Bei den Schlitzen ist gelegentlich einer den regionalen Zielen vorbehalten, der andere mit dem Vermerk „autres destinations" (andere Bestimmungsorte) versehen.

Versender von Briefen und Karten sollten das **Landeskürzel** mit Bindestrich vor die Postleitzahl stellen: „D-" für Deutschland *(Allemagne),* „A-" für Österreich *(Autriche)* und „CH-" für die Schweiz *(Suisse).*

Der Hafen von Saint Jean-de-Luz

Die **Portokosten** ändern sich so schnell wie andernorts auch. Auf der Homepage der französischen Post (www.laposte.fr) sind die aktuellen Tarife einsehbar.

Beim Postverkehr nach Frankreich findet man bei Adressenangaben stets fünfstellige **Postleitzahlen,** wobei die ersten beiden Ziffern für die Kennzahl des Départements stehen. Maßgeblich für Südwestfrankreich sind die Départements Gironde (33), Lot-et-Garonne (47), Landes (40) und Pyrénées Atlantiques (64). Bei Adressenhinweisen steht die Abkürzung „BP" für *boîte postale* (Postfach).

Eine französische **Besonderheit** bei Angaben von Adressen ist das verbreitete **„bis".** Ein Beispiel: Haus „numéro 14 bis" heißt schlicht „Nummer 14 a".

Routen- und Tourenvorschläge

Das Gros der Urlauber dürfte sich zunächst einmal den Küstengegenden zuwenden, die sich wegen ihrer naturräumlichen Lage in zwei große Bereiche splitten: das nördliche Küstenstück zwischen dem Bassin d'Arcachon und der Gironde-Mündung sowie der südliche Küstenteil zwischen Arcachon und der französisch-spanischen Grenze. Wo auch immer man zu Entdeckungstouren starten will, man sollte sich stets vor Augen halten, dass es keine durchgehende „klassische" Küstenstraße gibt. Immer wieder sind es Nebensträßchen, über die man Strände erreicht.

Reisetipps A–Z

Nördliche Küste und Weingebiete

Setzt man mit der kostenintensiven Fähre *(bac)* ab Royan über die Gironde, lädt die küstennahe Strecke unter dem **Leitmotiv „Strände"** bis zum Becken von Arcachon zu folgendem Verlauf ein: Soulac-sur-Mer, Montalivet-les-Bains, Hourtin-Plage, Carcans-Plage, Lacanau-Océan, Le Porge-Océan, Lège und dann hinunter bis Cap-Ferret. Auf schnellster Strecke liegen etwa 100 km zwischen Gironde und dem Becken von Arcachon, doch mit allen Abstechern kommt man leicht auf das Doppelte. Außerdem lädt die Seenplatte mit dem Étang d'Hourtin-Carcans, Étang de Cousseau und Lac de Lacanau zu Entdeckungen ein.

Unter dem **Leitmotiv „Wein"** gäbe es weiter östlich eine Strecke nahe der Gironde über Saint Vivien-de-Médoc, Pauillac und Cussac-Fort-Médoc nach Lamarque; in Lamarque gibt es eine regelmäßig verkehrende Fahrzeugfähre über die Gironde in die Festungsstadt Blaye, von wo aus man die Fahrt nach Bordeaux fortsetzen kann.

Tipp: In den Strand- bzw. Weingebieten des Médoc nord-nordwestlich von Bordeaux sollte man sein Quartier beziehen und von dort aus Touren starten. Klassiker an der nördlichen Küste ist Lacanau-Océan, doch das kann manchem während der Saison zu überlaufen vorkommen; gute Alternativen bieten die Gegenden um Carcans-Maubuisson. Ab hier können jene, die weniger Wert auf eine Großstadt legen, Bordeaux als Tagesausflug angehen.

Reisetipps A–Z

Von Bordeaux zu den Vorpyrenäen

Wer Museen und Shopping, Kirchen, Märkte und Ausgehvergnügen liebt, dürfte vorübergehend in Bordeaux einquartieren. Ausflugsklassiker ab Bordeaux ist das mittelalterlich geprägte Städtchen **Saint Émilion,** wo man der Großstadt ebensogut den Rücken kehren und sich in der Nähe behaglich in einem Landhaus einquartieren kann. Ab Saint-Émilion geht es weiter östlich hinein in die Dordogne (ein Abstecher ist im Kapitel „Bordeaux und Umgebung" beschrieben). Wer sich in Bordeaux für die **Inlandsstrecke Richtung Arcachon** entscheidet, folgt dem Lauf der Garonne über Cadillac und Langon nach Agen; Abstecher führen zu bermerkenswerten Monumenten nach Bazas, Roquetaillade und Villandraut. Ab Agen kann man nördlich über Villeneuve-sur-Lot wieder an die Dordogne anknüpfen, weiter südwestlich schafft man über Aire-sur-l'Adour die Anbindung an Pau und die Vorpyrenäen.

Ein **Hinweis für Eilige:** Die Strecke Bordeaux – Pau lässt sich auch wesentlich schneller bewältigen: über die Kombination aus Autobahn (A 63), Nationalstraße (N 10) und wiederum Autobahn (A 63) bis Bayonne und ab dort weiter östlich auf der Autobahn (A 64) Richtung Toulouse. Pau ist sehr gut ans Autobahnnetz angeschlossen.

Arcachon und südliche Küste

Meeres- und Naturliebhaber sollten ihr Quartier am südlichen Teil des Beckens von Arcachon beziehen: entweder in Arcachon oder bei Le Teich mit Anbindung an schöne **Feucht- und Wandergebiete** im Naturschutzgebiet des L'Eyre-Deltas.

Südlich von Arcachon stehen Entdeckungen des längsten und für viele **schönsten Küstenstücks** an, für das man sich Zeit nehmen und an folgendem Verlauf orientieren sollte: Biscarrosse-Plage mit umliegender Seenplatte, Mimizan-Plage, Contis-Plage, Saint-Girons-Plage, Vieux-Boucau, Soustons, Hossegor, Capbreton, Anglet, Biarritz, Saint Jean-de-Luz, Hendaye. Unterwegs bieten sich gut gelegene Quartiere an, von wo aus sich die Strände erkunden lassen und auch Abstecher ins Hinterland lohnen: Biscarrosse-Plage (Abstecher in den Parc Naturel Régional des Landes de Gascogne mit Wanderwegen, Mimizan-Plage, Capbreton (Abstecher in die Thermalstadt Dax), Biarritz oder Anglet (Abstecher in die Kathedralstadt Bayonne) und Saint Jean-de-Luz (Abstecher auf den Berg La Rhune). Luftlinie liegen zwischen Arcachon und Hendaye, dem südlichsten Ort der französischen Atlantikküste, gerade einmal 150 km, aber mit den Abstechern kann man es leicht auf das Drei- bis Vierfache bringen.

Pyrenäenlandschaften im Baskenland und Béarn

Östlich des Küstenstädtchens Saint Jean-de-Luz fühlt man sich bald von

Flussufer in Bordeaux

Ausblick auf Lourdes vom Pic du Jer

den **Gebirgswelten** der Pyrenäen verschluckt – eine Kombination von Meer und Bergen, die Südwestfrankreich für viele so reizvoll macht! Hier kann man die Pyrenäenlandschaften des Baskenlands und des Béarn erkunden, heute Verwaltungseinheit des Départements Pyrénées-Atlantiques. Eine klassische Strecke führt von Saint Jean-de-Luz ins Jakobswegstädtchen Saint Jean-Pied-de-Port. Ab dort erreicht man weiter nordöstlich Saint Palais und Sauveterre-de-Béarn, ehe man

Richtung Südosten nach Oloron-Sainte-Marie abdreht. Dort besteht Gelegenheit zu Abstechern gen Süden in die höheren Gebirgsgegenden der Pyrenäen bzw. den **Pyrenäen-Nationalpark,** während man rund 30 km nordöstlich an Pau anbindet.

Ab Pau wiederum kann man Ziele wie die **Wallfahrtsmetropole Lourdes** ansteuern bzw. über andere Anfahrtswege tiefer in den Pyrenäen-Nationalpark eintauchen. An Pau vorbei verläuft die einzige Autobahnachse weit und breit, die einen über die Ostvariante (Toulouse – Montpellier – Lyon) gen Heimat oder über die Westvariante (Bayonne) an die Atlantikküste zurückträgt.

Reisetipps A–Z

Sehenswürdigkeiten

Südwestfrankreich hat keinen Eiffelturm und keinen Louvre, dafür eine ganze Menge an interessanten **Burgen** und **Museen** zu bieten. Die große **Theaterkultur** beschränkt sich im Wesentlichen auf Bordeaux. Informationen zu Sehenswürdigkeiten findet man sehr verstreut; im Hinblick auf touristischen Service hat dahingehend das Baskenland die Nase vorn. Dort kann man sich in den Touristeninformationen die Broschüre „Sites et Musées en Pays Basque" besorgen, die alle wichtigen Museen und sonstige Sehenswürdigkeiten gebündelt vorstellt.

Bei den **Museen** ist in der Regel montags oder dienstags Ruhetag, manchmal auch feiertags. Ansonsten gilt der grobe tägliche Standard von 10 bis 12.30 und 14 bis 18 Uhr, wobei es zwischen dem Winterplan *(horaire d'hiver)* und dem Sommerplan *(horaire d'été)* zu unterscheiden gilt. „Winterplan" bedeutet meist November bis April, „Sommerplan" Mai bis September.

Im Sommer kann man – auch bei anderen touristischen Sehenswürdigkeiten – mit durchgehenden und abends etwas längeren Öffnungszeiten rechnen, gelegentlich sind im Juli oder August Nachtbesuche angesetzt. Manche touristischen Attraktionen schließen komplett während der Wintermonate.

Sicherheit

Frankreich ist kein Räuberpflaster und zum Glück ebenso „zivilisiert" wie Deutschland – was aber einschließt, dass auch hier Gelegenheit Diebe macht! Zu den goldenen Regeln zählt, keine **Wertsachen** mit an den Strand zu nehmen oder im Inneren des Wagens liegen zu lassen. Im dichten Gedränge von (Trödel-)Märkten trägt man die Tasche lieber vor dem Bauch als auf dem Rücken – man weiß ja, wie flink Taschendiebe sein können. In einer Großstadt wie Bordeaux sollte man einem vertrauenerweckenden, gebührenpflichtigen **Parkplatz** den Vorzug vor einer dunklen Gratis-Ecke geben.

Gefahren am Wasser

Der Atlantik ist nicht zu unterschätzen! Das gilt nicht nur für den oftmals rauen Wellengang an den Stränden, die dem offenen Meer ungeschützt zugewandt sind, sondern auch für unterseeische **Strömungen.** Besonders starke Strömungen bilden sich erfahrungsgemäß an vorgelagerten Sandbänken. Der Tidenhub an der französischen Atlantikküste tut sein Übriges, mitunter liegen die Pegelunterschiede zwischen **Ebbe und Flut** bei vier Metern. Bei Ebbe wird die Sogwirkung der Strömungen noch verstärkt. Die Flut kommt schneller zurück als man denkt und ganze Strandlakenlandschaften werden weggespült! Man kann sich in der örtlichen Touristeninformation eine im Regelfall kostenlos erhältliche Gezeitentabelle *(table des*

0.31sf Foto: ad

marées) besorgen, die Aufschluss über die täglichen Höchst- (pleins mers) und Niedrigststände (basses mers) des Meeres gibt. Auch in Regionalzeitungen finden sich meist Angaben zu den Gezeiten.

Man sollte darauf achten, ob es sich um einen **bewachten Strand** (plage surveillée) oder einen unbewachten (plage non surveillée) handelt. An bewachten Stränden mit Lebensretterposten (poste de sécours) signalisiert die grüne **Signalflagge** „bewachtes Baden ohne Gefahr" (baignade surveillée

Wegen der großen Unterschiede im Wasserstand liegen bei Ebbe viele Boote auf dem Trockenen

sans danger) und die gelbe „bewachtes Baden, aber gefährlich" (baignade dangereuse surveillée). Rot signalisiert Badeverbot (baignade interdite). Eine grüne Fahne mit einem roten Kreis weist einen Surferstrand aus.

In Frankreich sind natürlich nicht so viele Lebensretter disponibel, dass alle Strände Kilometer um Kilometer und zu jeder Jahreszeit überblickt werden könnten. So gilt es für Badegäste, auf **Masten mit blauen Fähnchen** zu achten, die die bewachten Abschnitte eingrenzen. In der Regel sind die Lebensretter maximal von Juni bis Anfang September im Einsatz – aber nicht von Sonnenauf- bis Sonnenuntergang! Meist halten sie täglich von 11 bis 19 Uhr Ausschau.

Reisetipps A–Z

●**Buchtipp:** Nützliches zum Thema liefert das in der Praxis-Reihe des REISE KNOW-HOW Verlages erschienene Buch „**Sicherheit im und auf dem Meer"**.

Sport und Freizeit

Nichts ist unmöglich in Frankreichs Südwesten, der zwischen Atlantik und Pyrenäen ein Neid erweckendes Umfeld bietet! Ob Wälder, Strände, Seen oder Berge: In einer solchen Sport- und Erlebnisregion kann man hiken und biken, segeln und surfen, tauchen und golfen, reiten und sogar Wintersport treiben. **Besonders wichtig:** Bei Kursen bzw. Veranstaltungen von Sportarten, die nach besonderen körperlichen Anforderungen verlangen (z. B. Fallschirmspringen, Marathons etc.), ist häufig ein **Gesundheitszertifikat** beizubringen, das aus medizinischer Sicht die **Unbedenklichkeit der Teilnahme** bestätigt. Ehe man sich zu einem Kurs oder einer Veranstaltung einschreibt, sollte man sich dringend lange vorher bei der jeweils verantwortlichen Stelle erkundigen, ob solch eine Bescheinigung (und in welcher Sprache!) gebraucht wird.

Allgemeine Informationen über das Angebot sind hier nachfolgend von A bis Z aufgelistet. Die einzelnen **Adressen** stehen in den jeweiligen **Ortsbeschreibungen** unter „Sport und Freizeit".

Broschüren über das Sport- und Freizeitangebot sind bei zahlreichen lokalen Touristinformationen erhältlich; am besten man fragt nach der aktuellen Ausgabe des „guide loisirs".

Abenteuerparks

In der ganzen Zielregion ziehen einige Abenteuerparks (ausgewiesen als „Aventure Parc" oder „Parc d'aventure") Besucher in den Bann. Hier kann jeder Wagemut, Akrobatik und Geschicklichkeit austesten. Zugänge gibt es mancherorts bereits für Kinder ab vier bzw. sechs Jahren. Beliebt sind die beiden Abenteuerparks in Biscarrosse und Aramits (www.aventure-parc.fr). Auf jeden Fall sollte man Sportschuhe tragen. Der Eintritt ist nicht ganz billig und liegt je nach gewähltem Abenteuerparcours zwischen 10 und 21 €, kann jedoch bei Zusatzaktivitäten wie „Totales Abenteuer" *(aventure total)* auch 40 € betragen.

Bootsausflüge

Frankreichs Südwesten von der Seeseite erleben – in einigen Atlantikhäfen machen es vornehmlich während der von April/Mai bis September/Oktober laufenden Saison diverse Bootstouren möglich. Für eineinhalb- bis zweistündige Fahrten sollte man von Preisen um 12 bis 20 € für Erwachsene und 7 bis 12 € für Kinder ausgehen. Halbtagestrips auf einem vom Skipper begleiteten Segelboot schlagen mit etwa 40 bis 60 € zu Buche.

Für hohen Erlebniswert bürgen Bootstouren durch die 155 km² umfassende **Bucht von Arcachon,** die zu den Austernparks und an die Vogelinsel führen. Auch die typischen Watthütten *(cabanes tchanquées)* bekommt man zu Gesicht. Eine ausgedehntere Tour schließt die Sandbank von Arguin mit ein. Abfahrten in Arca-

183'sf Foto: ad

chon. Während der Saison lässt sich außerdem ab diversen Häfen tageweise zum Sportfischen (*pêche sportive* bzw. *pêche de loisirs*) in See stechen. Beliebter Hafen ist ebenfalls Arcachon, wo die Vereinigung der Sportfischer ansässig ist (Association des Pêcheurs Plaisanciers du Bassin d'Arcachon, 53 boulevard de la Plage, Tel. 05 56 83 82 29). Im Baskenland kann man z.B. ab Hendaye ausfahren.

Boot in der Bucht von Arcachon

Vielerorts finden im Sommer Volleyballturniere statt

Boule

Mit dem Klischee vom ewig Boulespielenden Franzosen liegt man gar nicht so falsch. Selbst Jugendliche, die man eher als Heißsporne auf Motorrollern vermuten würde, schieben gelassen, aber hochkonzentriert ihre ruhige Kugel. Boule-Bahnen bzw. improvisierte Spielstätten gibt es wie Sand am Meer.

Auch Campingplätze bieten immer wieder ein Spieleckchen – eine ideale Gelegenheit, mit Franzosen in Kontakt zu kommen! Nur eines sollte man sich abschminken: siegen zu wollen. Gegen Einheimische, die quasi mit ihren Kugeln aufgewachsen sind, kommt man schwerlich an.

Canyoning

Wo sich die Schluchten der Pyrenäen spektakulär öffnen und schließen, sind Canyoning-Anbieter nicht weit. Adrenalinausstöße besonderer Art garantieren die Gebirgslandschaften des Baskenlands und des Béarn. Für eine Canyoning-Tagestour muss man mit ca. 50–60 € p./P. rechnen, viele Anbieter veranstalten Trips nur von April/Mai bis Oktober/November. Touranbieter gibt es z.B. bei Bidarray und im Tal von Barétous in den Pyrenäen (www.pyrenees-aventures-nouvelle).

● **Buchtipp:** *Thomas Gut,* Canyoning Handbuch, Praxis-Reihe, REISE-KNOW-HOW Verlag.

Casinos

Die einarmigen Banditen *(machines à sous)* warten schon, ebenso wie Black Jack, Roulette und andere Vergnügungen, bei denen Spielernaturen auf Sieg setzen – und meistens verlieren. Andernfalls könnte man all die in erlesenen Lagen angesiedelten Spielpaläste gar nicht betreiben. In Südwestfrankreich findet man Casinos u.a. in Andernos-les-Bains, Arcachon, Hendaye, Saint Jean-de-Luz und Salies-de-Béarn. Star unter den Glücksrittertempeln ist das 1929 im Art-déco-Stil erbaute **Casino von Biarritz,** das sich unmittelbar über dem Hauptstrand erhebt.

O336f Foto: ad

Während es in den „Maschinensälen" durchweg leger zugeht, gehört eine gewisse Kleidungsetikette bei den Tischspielen (jeux de table) in den hochheiligen Casinohallen zur Norm. Am besten, man erkundigt sich direkt in den Häusern nach den aktuellen Vorgaben.

Fahrradfahren

Frankreichs Südwesten ist eine ausgesprochen fahrradfreundliche Region, Radeln vielerorts ein richtiger Traum – im Duft von Pinien und mit dem Rauschen der Brandung im Ohr. Durch die Kulissen aus Wäldern und Dünen laufen vielerorts in Aquitanien **ausgewiesene Radwege** (pistes cyclables), oftmals abseits von Straßen! Gerade

Ideale Radstrecken

Eine **küstennahe 279-km-Route** führt über diese Etappen: Montalivet-les-Bains – Lacanau-Océan – Le Porge-Océan (60 km) – Arcachon – Parentis (83 km) – Mimizan – Saint-Girons (55 km) – Bayonne – Biarritz – Saint Jean-de-Luz (81 km).

Im **Baskenland** können ausdauernde Radwanderer eine große 643-km-Hinterlandsschleife angehen: Saint Jean-de-Luz – Saint-Jean-Pied-de-Port – Mauléon (103 km) – Mauléon – Lestelle-Bétharram (86 km) – Lourdes – Mauvezin (53 km) – L'Isle-en-Dodon (63 km) – Toulouse (64 km) – Moissac (73 km) – Agen (56 km) – Barbaste (36 km) – Langon (64 km) – Bordeaux (45 km).

Guter Einstieg für eine **kleinere 283-km-Hinterlandrunde** ab der Côte d'Argent ist Parentis-en-Born. Ab hier sind die Etappen: Sabres (40 km) – Silo la Gare (47 km) – Barbaste (48 km) – Langon (64 km) – Bordeaux (45 km) – Facture (39 km) und zurück ins Küstengebiet.

das macht das Naturerleben so angenehm. Besonders schöne Streckenabschnitte findet man **südlich von Arcachon** auf der Achse Biscarrosse-Plage, Mimizan-Plage, Vieux-Boucau, Hossegor. Zwischendurch sind immer wieder Abstecher zu Stränden und Binnenseen möglich, als Übernachtungsquartiere bieten sich zahlreiche Campingplätze an. Eine gute Radelgegend gibt es auch weiter nördlich an der **Küste** rund um Lacanau-Océan, Maubuisson, Carcans-Plage, Bombannes, Hourtin-Plage und Hourtin.

Im Süden ist eine piste cyclable von **Bayonne nach Hendaye** ausgeschildert, wobei man sich dort Nebenstraßen mit motorisierten Fahrzeugen teilen muss. Die von Saint Jean-de-Luz nach Hendaye verlaufende Küstenstrecke **Corniche Basque** ist zwar wunderschön und bietet herrliche Ausblicke, aber vor allem während der Sommersaison ist die Straße extrem stark befahren und deshalb nicht ganz ungefährlich. Im ferneren Pyrenäenhinterland kann man all den Radsporthelden (ob gedopt oder ungedopt) nacheifern, die im Zuge der Tour de France legendäre Berge wie den Tourmalet hinaufgeklettert sind. Wer es nicht ganz so extrem liebt, geht im **Hinterland von Sare,** Cambo-les-Bains, Bidarray und Saint Etienne-de-Baigorry Pässe Richtung Spanien an. **Jakobswegradler** erwartet hinter Saint Jean-Pied-de-Port eine kurvige, kräftezehrende Auffahrt zum legendären Ibañeta-Pass bei Roncesvalles.

Selbst in Küstennähe sollte man die Anforderungen nicht unterschätzen.

Reisetipps A–Z

Ausgewiesener Radweg

Häufig wird einem der Atlantikwind ins Gesicht blasen, kleine Aufs und Abs zehren an der Kondition. Wo keine Radwegen sind, stößt man immer wieder auf wenig befahrene Nebensträßchen, auf denen es sich exzellent radeln lässt.

Auf die Nachfrage von Pedalrittern haben sich zahlreiche **Radverleiher** eingestellt, entsprechende Adressen finden sich in den Ortsbeschreibungen unter dem Stichpunkt „Sport und Freizeit". Im Übrigen bieten gelegent-lich auch Campingplätze Fahrräder zum Verleih an. Im Vorfeld der Reise sollte man aus Kosten- oder Qualitätsgründen überdenken, ob es sich lohnt, das eigene Rad mitzubringen. Vor Ort muss man mit folgenden **Preisen** rechnen: Mountain- oder Tourenbike für Erwachsene halber Tag ab ca. 10–12 € und ganzer Tag ab ca. 14–16 €, Mountainbike für Kinder oder Jugendliche halber Tag ab ca. 8 € und ganzer Tag ab etwa 10 €. Die Wochenmietpreise beginnen bei etwa 35 € für ein Kinder-Mountainbike und 50–60 € für ein Erwachsenen-Mountainbike. Ohne Aufschlag ist oft ein Kindersitz erhältlich. Manche Radverleiher schließen mangels Nachfrage ihre Pforten zwischen Herbst und Frühjahr!

Bei den Radverleihern bzw. Tourist-informationen kann man sich nach **Streckenplänen** mit eingezeichneten Radwegen *(pistes cyclables)* bzw. Mountainbikepisten *(pistes VTT)* erkundigen. Unter www.ffc.fr weist die Französische Radsportvereinigung *(Fédération Française de Cyclisme)* auf **Veranstaltungen** hin.

Wichtiger Sicherheitshinweis für Radler: Bei schlechter Sicht – nicht nur bei Dunkelheit, auch über Tag – müssen Radler zu ihrem eigenen Schutz eine reflektierende Sicherheitsweste anlegen. Wer dem nicht nachkommt, riskiert ein Bußgeld.

Fallschirmspringen

Clubs für Fallschirmspringen *(parachutisme)* findet man bei Arcachon (www.paraclub-arcachon.com), Mimizan und Soulac-sur-Mer (www.para chutisme-altitude.com). Arrangements auch bei Adrenaline-Parachutisme (www.adrenaline-parachutisme.com).

●Unter **www.ffp.asso.fr** gibt es nach Regionen geordnete Infos der Französischen Fallschirmspringer-Vereinigung *(Fédération Française de Parachutisme)*.

Gleitschirmfliegen

Auf der Webseite der französischen Gleitschirmflieger-Vereinigung www.parapente-fr.com sind die Schulen übersichtlich nach Regionen geordnet.

●**Buchtipp:** *Rasso Knoller, Michael Stritzke, Paragliding, Praxis-Reihe, REISE-KNOW-HOW Verlag.*

Golf

Längst hat der „Golfstrom" Frankreichs Südwesten erfasst, über Aquita-nien verteilen sich über 40 Plätze. Der bereits 1856 ins Leben gerufene Pau Golf Club gilt als ältester Golfplatz des Landes. Auch Biarritz blickt auf eine lange Tradition als Golf-Hochburg zurück und veranstaltet mehr als 30 Wettbewerbe jährlich. Schon 1888 wurde der „Golf de Biarritz Le Phare" angelegt. Im Umkreis von Biarritz liegen eine ganze Reihe weiterer Plätze, zu denen Hossegor und Seignosse ebenso gehören wie Moliets-et-Maa und Arcangues. In Bidart gibt es drei Golfplätze. Weiter nördlich treibt man die Kugel auf Courts in Lacanau-Océan und La Teste de Buch durchs Grün. Die jeweiligen **Gebühren** fürs „Green" sind saisonabhängig.

●Unter **www.ffgolf.org** findet man die Homepage der Französischen Golfvereinigung *(Fédération Française de Golf)*.

Jogging und Walking

Überall laden herrliche Promenaden und Wege zum Joggen und Walken ein – in den Hochsaisonmonaten Juli und August allerdings weitaus weniger, weil manche Passagen einem Menschenslalom gleichkämen. Auch an den zahlreichen Stränden kann man den Sand unter die Füße nehmen, vorzugsweise bei Ebbe, um auf hartem Untergrund gegen den Wind und das eigene Ich zu kämpfen. Manche Orte unterhalten einen Fitnessparcours *(parcours de santé)*.

Wer höhere Ansprüche hat, kann sich diverse **Langlaufveranstaltungen** vormerken, so z.B. den alljährlich im September stattfindenden Marathon des Châteaux du Médoc (www.mara

thondumedoc.com). Wer an dererlei Langläufen teilnehmen will, muss aus versicherungstechnischen Gründen eine Fitnessbestätigung seines Hausarztes vorlegen.

Kanu und Kajak

Selbstentdeckern bietet sich rund um das vogelreiche Becken von Arcachon im Kanu (canoë) ein ideales Tummelterrain, vor allem im grünen L'Eyre-Delta bei Le Teich (siehe dort). Das Areal gehört zum nordwestlichen Gebiet des Parc Naturel Régional des Landes de Gascogne. Kanutouren kann man mancherorts als begleitete Touren (randonnées accompagnées, balades accompagnées) buchen, wahlweise einen halben Tag (demi-journée) oder ganztägig (journée).

Während der Sommermonate bestehen vielerorts Möglichkeiten, sich ein **Seekajak** (kayak de mer) zu mieten. Dies gilt vor allem für die von kleinen Buchten durchsetzte Küstenlinie des Baskenlands. Doch Vorsicht, Seekajaks, ob Ein- oder Zweisitzer, sind extrem leicht und schnell, daher kann man schon bei einer geringen Seitenverlagerung des Gewichtes kentern! Eine Kajakfahrt setzt einen sicheren Umgang mit Gleichgewicht und Wellen voraus. Wer dahingehend nicht ganz standfest ist, sollte zumindest an einer Einführung teilnehmen bzw. einen mehrtägigen Anfängerkurs buchen. Eine zweistündige Einführung in die Techniken kostet etwa 20–25 €; ebenso viel bezahlt man für eine zweistündige Ausleihe. Mit Ciboure/Saint Jean-de-Luz und Hendaye sind beliebte Ausgangsziele für Seekajaktouren genannt. Die Verleiher haben in der Regel nur in den Sommermonaten geöffnet.

Wer sich Kanus auf eigene Faust ausleiht, sollte von folgenden **Preisen** ausgehen: Zweier-Kanu: eine Stunde 10–12 €, zwei Stunden ab 18 €, halber Tag 25–30 €, ganzer Tag ab 35 €. Keine Regel ohne Ausnahme, denn manche Verleiher bieten mitunter deutlich günstigere Angebote.

● **Buchtipp:** Rainer Höh, Kanu-Handbuch, Praxis-Reihe, REISE-KNOW-HOW Verlag

Karting

In Biganos, östlich von Arcachon, kann man sich das ganze Jahr über ab sieben Jahre bzw. einer Körpergröße über 1,20 m in den Geschwindigkeitsrausch stürzen. Der Circuit de Biganos ist 1,1 km lang und bietet den **Verleih** von Freizeit- und Wettbewerbskarts. Über die Strecke (im Juli und August tägl. geöffnet, sonst dienstags geschlossen) gibt die gut aufgebaute Homepage http://karting.topgunevasion. com Aufschluss. Eine weitere beliebte Karting-Strecke findet man bei Biscarrosse (www.karting-biscar rosse.com).

Pelota

Der **baskische Nationalsport** Pelota (⇨Exkurs „Traditionen der Basken" im Kap. „Land und Leute") ist knallhart und verlangt nach ausgefeilter Technik und einem guten Auge. Man knüppelt dabei einen Gummiball mit Holzschlägern oder gar der blanken Hand gegen die Wand. Profis müssen beidhän-

Reisetipps A–Z

dig gleich gut spielen. Wer Pelota unter fachkundiger Anleitung selbst einmal austesten möchte, wende sich am besten an die Französische Pelota-Vereinigung in Bayonne (60 avenue Dubrocq, Tel. 05 59 59 22 34), die Gruppen- und Einzelunterricht vermittelt. Weitere Informationen auf der Homepage der Pelota-Vereinigung (www.ffpelotebasque.com).

Rafting

An den Wasserläufen der Pyrenäen gibt es zahlreiche Rafting-Anbieter, die sich über Baskenland und Béarn verteilen. Besonders beliebt sind die **Wildbäche,** die nach der Schneeschmelze stark anschwellen. Als Raftingziele populär: die Nive, die Gave d'Ossau, die Gave de Pau und die Gave d'Oloron.

Man sollte von **Preisen** von 25–30 € für eineinhalb- bis zweistündige Touren sowie 35–50 € für Ganztagestrips ausgehen. Je nach Anbieter kann man zu kleinem Aufpreis eine individuelle Unfallversicherung abschließen (assurance individuelle accident). Helme, Rettungswesten und Neopren-Kombis werden gestellt. Mitbringen muss man wasserfestes Schuhwerk, Handtuch, Badezeug und Kleidung zum Wechseln. Über das klassische Zehn-Personen-Schlauchboot hinaus gibt es mancherorts kleinere Schlauchboote (mini-raft, cata-raft, torpille), Zweisitzer (hot dog) und Einsitzer (air boat). Wichtig: Oft hängt die Durchführung der Touren von der Saison (Wasserstand!) und der ausreichenden Teilnehmerzahl ab!

Reiten

Populär bei Jung und Alt, ob an der Küste oder im Hinterland, sind die zahlreichen **Reitcenter** (centres équestres/fermes équestres) bzw. Pferdeclubs (clubs hippiques). Hier findet man umfangreiche Angebote sowohl für Anfänger als auch Fortgeschrittene: von Ponyausritten für die Kleinsten (promenades à poney) über individuellen Unterricht bis hin zu geführten Ausritten (promenades à cheval) durch Pinienwälder und an Stränden entlang. Mancherorts werden auch Ferienkurse (stages) angeboten.

Mit folgenden **Preisen** sollte man rechnen: halbstündiges Ponyreiten für Kinder ab etwa 7–8 €, Reitunterricht für Kinder etwa bis zu 20 € pro Stunde, Reitunterricht für Erwachsene ca. 20–30 € pro Stunde, geführte Forst- und Strandausritte im Bereich zwischen 20 und 30 € pro Stunde bzw. je nach Gruppengröße 40–80 € pro Tag, fünftägiger Ferienkurs im Durchschnitt 300–400 €. Alle Angaben sind nur als Richtwerte zu verstehen!

● **Reiterreisen** in den Südwesten Frankreichs organisiert u.a. der Veranstalter „Das Urlaubspferd", Wiesenstr. 25, D-64331 Weiterstadt, Tel. 06151 89 56 38, Fax 06151 89 38 91 www.urlaubspferd.de.

● Unter **www.ffe.com** bietet die Französische Reitsportvereinigung (Fédération Française d'Équitation) einen Überblick über zahlreiche hilfreiche Adressen.

Schwimmen und Baden

Man sollte bei einem **Bad im Meer** niemals die Kraft und Wucht des Atlantiks unterschätzen. Auch gehören geschützte Buchten in Südwestfrank-

ne Alternative zum Atlantik. Über aktuelle Preise und Öffnungszeiten der Bäder geben die Touristinformationen Aufschluss. Campingfreaks wird es freuen, dass auf höherklassigen Plätzen im Sommer oft Freibäder zu finden sind. Wer wärmere künstliche Gewässer bevorzugt und es sich richtig gut gehen lassen will, blättere vor zum Stichwort „Wellness" bzw. zum Exkurs über die Thalassotherapie im Kapitel „Baskisches Küstenland".

Segeln

Arcachon, Hossegor sowie die baskischen Jachthäfen von Saint Jean-de-Luz und Hendaye zählen zu den Küstenhighlights unter Seglern. Auch in Andernos-les-Bains, Anglet, Arès, Biscarrosse, Cazaux, Lanton, Lège-Cap

Reisetipps A–Z

reich eher zur Ausnahme als zur Regel und die Strömungen können selbst geübten Schwimmern zusetzen. Devise: nicht weit hinausschwimmen und an bewachten Stränden stets die **farbigen Signalflaggen** beachten. Zu Gefahrenhinweisen und Sicherheitstipps rund ums Wasser: ➪ „Sicherheit".

Für Schwimmer bieten zahlreiche **Seen** sowie öffentliche **Schwimmbäder,** die der jeweiligen Gemeinde (*piscines municipales*) unterstehen, ei-

Während der Hauptreisezeit
füllen sich die Strände

Die Atlantikküste fordert auch
den Seglernachwuchs heraus

Ferret, Mimizan, Pyla-sur-Mer und Socoa findet man diverse Segel- und Wassersportclubs *(cercles de voile, clubs nautiques)*. Vereinzelt sind **Segelschulen** *(école de voiles)* zu finden, die vornehmlich während der Sommersaison Anfänger- und Fortgeschrittenenkurse mit diplomierten Lehrern anbieten. Bevor man einen Kurs bucht, sollte man selbstkritisch checken, ob man genügend Französischkenntnisse hat. Nicht zu vergessen: Auch die Binnenseen wie der Lac de Lacanau und der Lac d'Hourtin et de Carcans zählen zu den Segelrevieren!

Wer Törns auf eigene Faust plant, hat in manchen Häfen die Möglichkeit, Jachten ohne Skipper zu **chartern.** Voraussetzungen: der entsprechende Segelschein und ein adäquates Budget ab etwa 700 € pro Woche für das kleinste Modell. Die Preise sind nach Saison gestaffelt und können bei größeren Booten während der Sommersaison durchaus über der 2500-Euro-Marke pro Woche liegen. Allein in und um Arcachon bzw. die Bucht von Arcachon sind über zehn Segelbootverleiher und -clubs ansässig, Infos gibt es über die Hafenbehörde oder die örtliche Touristinformation.

Für einen Fünf-Tages-Kurs (wahlweise vor- oder nachmittags) mit Katamaran oder 420-Optimist zahlen Kinder und Jugendliche ab etwa 120–170 € und Erwachsene bis zu 200 €. Eine Privatstunde mit diplomiertem Lehrer kann durchaus 45–50 € kosten.

● Unter **www.ffvoile.fr** bietet die Französische Segelvereinigung *(Fédération Française de Voile)* weitere Infos.

Surfen

Als Surferhochburgen des französischen Südwestens gelten **Anglet und Biarritz.** Hier wurde – einer modernen Legende zufolge – das Surfen (wohlgemerkt das segellose Wellenreiten) Ende der 1950er Jahre geboren, hier konzentrieren sich die meisten Surferläden und Surfschulen, hier finden die meisten Wettbewerbe statt. Weitere beliebte Spots liegen u.a. um Hossegor, Mimizan-Plage, Guéthary, Hendaye und Arcachon. Zu wechselnden Terminen finden an der südlichen Küste – auch dort sind Biarritz und Anglet Vorreiter – immer wieder Surfwettbewerbe statt.

Wer sich in einer der Surfschulen *(écoles de surf)* zu einem Anfänger- oder Fortgeschrittenenkurs anmeldet,

2316f Foto: ad

sollte sich – ebenso wie bei anderen Sportarten – vorab selbstkritisch fragen, ob er auch mit Details der Landessprache zurecht kommt. Bei Surfkursen liegt die maximale **Teilnehmerzahl** in der Regel bei acht Personen, Material und obligatorische Versicherung sind – falls nicht anders angegeben – im Preis enthalten. Als preislicher Anhaltspunkt für einen Fünf-Tages-Kurs in der Gruppe mit eineinhalb oder zwei Übungsstunden täglich sind zwischen 140 und 180 € für Erwachsene realistisch, 90-minütige Schnuppereinstiege werden („formule découverte" oder „séance découverte") ab 30–35 € angeboten, eine Privatstunde mit einem diplomierten Lehrer liegt in Bereichen um 45–70 €. Wer sich ein Brett ausleihen will, sollte von folgenden Tarifen ausgehen: eine Stunde ab 7 €, halbe Tage um 15 €, ganze Tage ab um 20–25 €. Zeitlicher Schwerpunkt der Surfkurse ist naturgemäß der Sommer, Einstiegsalter für Kinder sechs Jahre.

Tipp: Die Jugendherberge von Anglet (Mindestalter: 18 Jahre; www.fuaj.org) arbeitet mit der Surfschule John Archer zusammen (www.ecolesurf.com), die diverse Kurse anbietet.

●Unter **www.surfingfrance.com** bietet die Französische Surfvereinigung (Fédération Française de Surf) Hinweise auf Wettbewerbe.

Die küstennahen Seen versprechen gute Reviere für Windsurfer

Tauchen

Arcachon und die baskische Küste (Biarritz, Biscarrosse, Ciboure, Socoa und Hendaye) sind Ausgangspunkte für organisierte Tauchtrips. Diverse Tauchcenter (centres de plongée) bieten Einstiege für Anfänger und Fortgeschrittene an, die Erfahrensten gleiten beim Nachttauchen durchs Wasser. Für einen Tauchgang sollte man inklusive Material 45–50 € einkalkulieren, für ein Zehnerpaket um 300 €. Richtwerte für Kurse: Scuba Diver 260–300 €, Open Water 400–450 €.

●Unter **www.info-plongee.com** findet man Tauchclubs.

Tennis

Tennisspieler suchen sich gern ein Hotel oder einen Campingplatz mit angeschlossenen Courts aus, meist Aschen- oder Hartplätze. Vielerorts lassen sich Courts mieten, z.B. **städtische Tennisplätze** (courts de tennis municipaux).

In manchen Tennisclubs kann man **Einzelstunden** (leçons particulières) bzw. **Gruppenunterricht** (cours collectifs) mit diplomierten Tennislehrern nehmen. Außerdem gibt es wochenweise Ferienkurse (stages), vor allem im Hochsommer, mit bis zu zweieinhalb Stunden Praxis pro Tag.

●Im Land der French Open weist die Französische Tennisvereinigung (Fédération Française de Tennis) auf ihrer Homepage auf Tennisturniere hin: **www.fft.fr.**

Wandern

Franzosen zählen zur Gattung der begeisterten Wandervögel und haben

entsprechend viele Wege und Fernwanderwege *(Grandes Randonnées, GR)* in Mutter Natur gut markiert. Großer internationaler Beliebtheit erfreuen sich die verschiedenen Varianten auf dem **Jakobsweg** (franz. *Chemin de Saint Jacques,* ⇨Exkurs im Kap. „Land und Leute").

Die **Naturschutzgebiete** laden zu Erkundungen ein, so der 315.300 ha große Parc Naturel Régional des Landes de Gascogne. Als Wanderpardies gilt der von Bergriesen durchzogene **Pyrenäen-Nationalpark,** der Parc National des Pyrénées. Bergwanderungen in den Pyrenäen erfordern große Vorsicht, da stets mit raschen Wetterwechseln gerechnet werden muss.

Dünenwanderung
auf dem Dünenriesen von Pilat

Auch kleinere Naturschutzareale bürgen für besondere Wandererlebnisse, so z.B. die **Réserve Naturelle de l'Étang de Cousseau** (bei Maubuisson) und die **Site Naturel Protégé Domaine d'Abbadia** (bei Hendaye); detaillierte Infos mit Hinweisen auf empfehlenswerte Wegstrecken findet man in den Ortsbeschreibungen. Hoch im Kurs stehen ebenfalls die Wandergebiete rund ums **Becken von Arcachon,** speziell das Gebiet um den Vogelpark von Le Teich und der markierte Küstenweg *(Sentier du Littoral).* Zwischen Mont-de-Marsan und Gabarret ist ein vormaliges Stück Bahnstrecke in einen „Grünen Weg" (Voie Verte) verwandelt worden; der 50-km-Abschnitt ist für Radler und Wanderer geeignet.

Im Sommer veranstalten manche Urlaubsgemeinden **naturkundliche Wanderungen,** an denen auch Kinder teilnehmen können; Informationen erteilen die Touristinformationen.

Im Béarn haben sich ganze Heerscharen an **Wanderführern** auf die Nachfrage von Bewegungshungrigen eingestellt. Die Guides kann man in vielen Ortschaften kontaktieren; Infos bekommt man über die lokalen Fremdenverkehrsämter oder im jährlich neu herausgegebenen Freizeitführer für Baskenland und Béarn („Guide de loisirs Pays Basque & Béarn").

●Infos über die Naturschutzgebiete erteilen die Touristinformationen und das Maison du Parc in F-33830 Belin-Beliet, Tel. 05 57 71 99 99, www.parc-landes-de-gascogne.fr.
●Infos über den Pyrenäen-Nationalpark gibt es unter www.parc-pyrenees.com oder über den Sitz des Parc National des Pyrénées,

Reisetipps A–Z

Wellness-Glossar

Nachfolgend ein Wellness-Glossar, das die französische Tourismus-Zentrale *Atout France* erstellt und für das sie den Abdruck freundlicherweise erlaubt hat.

- **application de boues marines –** Maritime Fangopackungen
- **aquagym –** Aqua-Fitness
- **bain bouillonnant –** Sprudelbad
- **bain hydromassant –** Hydromassage-Bad
- **douche à affusion –** Vichy-Dusche
- **douche à jet –** Jet-Dusche
- **douche sous-marine –** Unterwassermassagebad
- **enveloppements d'algues marines –** Maritime Algenpackungen
- **enveloppements réfrigérants –** Frigi-Kältewickel
- **gommage du corps –** Körperpeeling
- **hydrojet –** Hydrojet-Massage
- **jet sous-marin –** Unterwasser-Jet
- **massage détente –** Entspannungsmassage
- **massage sous affusion –** Vichy-Massage
- **modelage drainant lymphatique –** Lymphdrainage
- **oxygénothérapie –** Sauerstofftherapie
- **réflexologie plantaire –** Fußreflexzonenmassage

2 rue du IV Septembre, F-65007 Tarbes, Tel. 05 62 54 16 40, www.parc-pyrenees.com.
- Unter Titeln wie „Itinéraires" und „Randonnées Pédestres" hält man in den Touristinformationen Faltblätter, Broschüren und Büchlein zum Wandern bereit. Manche werden kostenlos abgegeben, andere zu stattlichen Preisen verkauft.
- Unter **www.ffrandonnee.fr** gibt es mehr Informationen der Französischen Wandervereinigung (*Fédération Française de la Randonnée Pédestre); online* kann man verschiedene Regionalwanderführer und Regionalwanderkarten (*topoguides*) ordern.

Wellness

Ob erwärmtes Meerwasser oder heiße Quellen – dank der Kraft der Natur schwimmt der Südwesten Frankreichs erfolgreich auf der **Wellnesswelle.** Besonders unter Dampf steht die Stadt **Dax.** Schon die alten Römer aalten sich in den kalk- und schwefelhaltigen Thermen des Städtchens am Adour, 1871 wurde das erste **Thermalzentrum** eröffnet; zu Zeiten der Belle Époque begann auch andernorts die Blüte vieler Einrichtungen. Nach Dax kommen heute jährlich über 50.000 Gäste, um in rund fünfzehn Thermaleinrichtungen Rheuma und andere Leiden zu lindern. Basis vieler Anwendungen ist der „péloïde", ein aus dem Adourlehm gewonnener und in einem langen Prozess aufbereiteter **Naturschlamm,** der in Temperaturen zwischen 38° und 44° C auf die Körperzonen aufgetragen wird. Und schon spürt man inmitten des Gefühls von Wärme und Gelöstheit Lust auf eine kleine Schlummereinheit ...

Ob Schlamm- oder Schwitzbad, Heilgymnastik oder Hochdruckduschen – nicht nur Dax erfüllt alle Ansprüche an eine besondere Art der Erholung. Dabei bewegt sich die **Altersklasse** der Klientel nicht, wie oft fälschlich vermutet, zwischen Sechzig und Scheintot. Junge Manager und Wissenschaftler schöpfen gleichermaßen **neue Kraft** wie ganze Familien. Mitunter gibt es Spezialkurprogramme wie „Junge Mutter" („jeune maman"), „Mann spezial" („spécial homme"), „Anti-Stress" („anti-stress") und „Anti-Tabak" („anti-tabac").

Bekannte Thermalstation im Béarn ist das historische Salzstädtchen **Salies-de-Béarn.** Über die Küste verteilen sich zwischen Arcachon und Hendaye diverse **Thalassotherapie-Zentren,** darunter die Gruppe **„Biarritz Thalasso Resort"** mit Einrichtungen in Anglet und Biarritz (www.biarritz-tha lasso. com; siehe Exkurs zur Thalassotherapie im Kapitel „Baskisches Küstenland").

Viele Zentren stehen in einer Kombination mit Hotels, doch sind manche Pakete auch ohne Unterkunft buchbar. Außerdem lassen sich Thermal- und Thalassoanlagen samt ihren Meerwasser- und Whirlpools je nach Einrichtung **stunden- und tagesweise** nutzen, wobei die Angebote variieren. Die Spanne reicht vom Stunden- bzw. Zwei-Stunden-Ticket „Remise en forme" über den Tageseintritt bis zum Tagespaket mit mehreren Anwendungen.

Im Internet finden sich unter **www. allo-thalasso.com** Beschreibungen diverser Thalassozentren, einen Überblick über Thermaleinrichtungen gibt **www.france-thermale.org;** zur allgemeinen Info geeignet sind die Wellness-Themen auf der Homepage von Atout France – Französische Zentrale für Tourismus (http://de.francegui de.com).

Wintersport

In den Pyrenäen ist im Winter vielerorts Skisport möglich. Allein im Béarn stehen eine ganze Reihe von Stationen offen.

Zu den beliebten Skigebieten und -stationen zählen Artouste (www.os sau-pyrenees.com), Gourette (www. gourette.com), La Pierre-Saint-Martin (www.lapierrestmartin.com; ski nordisch in Issarbe) und Le Somport (www. lesomport.com; Langlauf, nahe dem Pass auf spanischer Seite Ski alpin in Candanchú).

Sprache und Verständigung

Wer mit den Einheimischen in Kontakt kommen will, wird an der französischen Sprache nicht vorbeikommen. Allerdings gehört jene strikte Verbohrtheit, nach der die Einheimischen einzig Französisch verstehen wollen, zu den angestaubten Klischees. Klar, dass es Ausnahmen gibt, doch vor allem jüngere Leute pflegen einen ungezwungenen Umgang und freuen sich mitunter sogar, ihre **Deutsch- oder Englischkenntnisse** zu testen. Im Umgang mit Behörden findet man die Vorurteile jedoch meist bestätigt.

Natürlich bricht man stärker und schneller das Eis, wenn man als Besucher Französisch spricht. Perfekte Kenntnisse setzt niemand voraus, allein Wille und Bemühen sorgen für Pluspunkte. Um dahingehend gut gerüstet zu sein, hilft schon eine kleine Nachhilfe daheim in Form eines Auffrischungskurses an der Volkshochschule. Die **Französisch-Sprachhilfe im Anhang** dieses Buches ist nicht zuletzt dazu gedacht, zur Entdeckung oder Wiederentdeckung dieser melodischen Sprache zu animieren.

Reisetipps A–Z

Baskisch-Sprachhilfe

Nachfolgend eine kleine Hilfe für jene, die ein paar Brocken Baskisch sprechen und verstehen wollen:

Willkommen!	*ongi etorri*
Guten Tag!	*egun on*
Guten Abend!	*arratsalde on; gau on*
Auf Wiedersehen!	*ikus arte*
Bis morgen!	*bihar arte*
ja	*bai*
nein	*ez*
danke	*eskerrik asko*
Vielen Dank!	*milesker*
Entschuldigung!	*barkatu*
Sprechen Sie langsam!	*emeki mintza zaitez!*
Ich verstehe nicht	*ez dut ulertzen*
Eingang	*sarrera*
Ausgang	*irteera*
eins	*bat*
zwei	*bi*
drei	*hiru*
vier	*lau*
fünf	*bost*
sechs	*sei*
sieben	*sazpi*
acht	*zortzi*
neun	*bederatzi*
zehn	*hamar*
hundert	*ehun*
tausend	*mila*

Auf **Französischkurse** mit Muttersprachlern und facettenreiche kulturelle Veranstaltungen setzen die französischen Kulturinstitute, die in Deutschland besonders verbreitet sind – von Aachen bis Tübingen, von Frankfurt bis Rostock. Im Internet kann man unter www.kultur-frankreich.de eine alphabetisch aufgeschlüsselte Liste abrufen (auch gute Veranstaltungshinweise).

Gascognisch und Baskisch

In der Gascogne hat sich das Gascognische erhalten, ein provenzalischer, also französischer, Dialekt. Im Béarn pflegt man Gascognisch als „bearnesische Variante" *(variété béarnaise)*.

Außer Französisch ist im südlichen Teil Südwestfrankreichs Baskisch verbreitet (⇨Exkurs „Euskera – baskische Sprache im Baskenland"). Das Baskische *(euskera)* gehört nicht zu den indogermanischen Sprachen und hat somit keinerlei Verwandtschaft mit dem Französischen, von einigen übernommenen Wörtern abgesehen. Von Ausländern werden keine Baskisch-Kenntnisse erwartet. Gleichwohl kommen Reisende mit *euskera* spätestens auf zweisprachig ausgewiesenen **Straßenschildern** in Berührung. Strand (franz. *plage*) heißt hier *hondartza*, der Hafen (franz. *port*) *portua*, das Rathaus (franz. *mairie*) *udala*, die lokale Polizei (franz. *police municipale*) *udaltzaingoa*, die Touristinformation (franz. *office de tourisme*) *turismo bulegoa*. Außerdem weichen baskische von französischen **Stadt- und Ortsnamen** ab. Für den Außenstehenden mag dies bei Bayonne – baskisch *Baiona* – noch ersichtlich sein, nicht aber bei Saint Jean-Pied-de-Port, dessen baskische Bezeichnung *Donibane Garazi* lautet.

Telefonieren

Das eigene **Mobiltelefon** lässt sich in Frankreich problemlos benutzen, denn die Mobilfunkgesellschaften haben Roamingverträge mit allen französischen Gesellschaften Bouygues, Orange oder SFR (alle bieten GSM 900/1800 MHz und 3G). Wegen hoher Gebühren sollte man bei seinem Anbieter auf der Web-Seite nachsehen, welcher der Roamingpartner günstig ist und diesen per **manueller Netzauswahl** voreinstellen. Nicht zu vergessen sind die **passiven Kosten,** wenn man von zu Hause angerufen wird (Mailbox abstellen!). Der Anrufer zahlt nur die Gebühr ins heimische Mobilnetz, die teure Rufweiterleitung ins Ausland zahlt der Empfänger.

Wesentlich preiswerter ist es, sich von vornherein auf **SMS** zu beschränken, der Empfang ist dabei in der Regel kostenfrei.

Wer statt des eigenen Handys, das im Regelfall automatisch auf den frequenzstärksten Netzbetreiber umstellt, auf traditionelle öffentliche **Telefonzellen** (cabines téléphoniques) angewiesen ist, stößt überall auf Kartentelefone der France Telecom. Die Telefonkarten (télécartes/cartes téléphoniques) sind in Postämtern und Tabakgeschäften erhältlich. Dabei haben Codes die einstigen Einheitenkarten abgelöst. Nach Eingabe eines allgemeinen Codes lässt man in der Kabine den persönlichen Kartencode folgen, erst danach kann man zur Gesprächsnummer übergehen. Zwischendurch gilt es, die automatischen Instruktionen zu befolgen. Mit den „Kertel"-Telefoncodekarten, wie sie bei der Post verkauft werden, lässt sich günstig ins Ausland telefonieren.

Französische Telefonnummern haben keine Vorwahl und setzen sich aus zehn Stellen zusammen, wobei die beiden ersten die Region verraten: 01 Île de France, 02 Nordwest, 03 Nordost, 04 Südost, 05 Südwest. Bei nationalen Gesprächen muss man stets die gesamten zehn Nummern wählen, auch innerorts. Kostenpflichtige Servicenummern beginnen mit 08, Handynummern mit 06.

Vorwahlnummern

Nach der Landeskennzahl entfällt immer die erste Null der eigentlichen Rufnummer bzw. Vorwahl. Das gilt gleichermaßen bei Gesprächen nach Frankreich wie aus Frankreich ins Ausland.

- **Deutschland:** 0049
- **Österreich:** 0043
- **Schweiz:** 0041
- **Frankreich:** 0033

Trinkgeld

Ein Trinkgeld (pourboire) ist immer willkommen, selbst wenn die Rechnung im Restaurant mitunter schon „Service inbegriffen" (service compris) ausweist. Ist dies nicht der Fall (service non compris), sollte man von bis zu 10 % der Gesamtsumme ausgehen. Auch Gepäckträger, Garderobendamen, Tourguides und Zimmermädchen freuen sich über ein finanzielles Zubrot – die Höhe hingegen sollte man stets an die erbrachte Leistung, Freundlichkeit und Aufmerksamkeit knüpfen.

Reisetipps A–Z

Unterkunft

In Südwestfrankreich kann man in alt-ehrwürdigen Häusern logieren wie Gott in Frankreich, in rustikalen Land-hotels unterschlüpfen, ein durchgele-genes Doppelbett in einer Pension austesten, auf dem Campingplatz sein Zelt aufschlagen oder ein fest ins-talliertes Mobil-Home mieten (⇨ „Cam-ping"), sein Quartier im bergsschlaf-saal oder in einem privaten Apparte-ment beziehen – eine breite Spanne für jeden Geschmack und Geldbeutel.

Private Gästezimmer sind als *chambres d'hôtes* ausgewiesen. Zu beach-ten ist, dass in manchen Hotels und Pensionen nur Saisonbetrieb herrscht, d.h. manche Häuser legen in der Win-terzeit häufig einen **Ruhemonat** ein oder sie öffnen ohnehin nur zwischen Frühjahr und Herbst.

Angesichts des Urlauberansturms in den Sommermonaten Juli/August ist es mancherorts ratsam, das Hotelzim-mer und auch die Ferienwohnung (*studio, résidence meublée*) Monate vor-her zu **reservieren.** Vieles lässt sich übers Internet abwickeln. Außerhalb der Schulferien bzw. vor Ende Juni und nach Anfang September ist es meist kein Problem, die Unterkunft ohne Re-servierung zu bekommen.

In der **Hauptsaison** ziehen die Über-nachtungspreise stark an und können

Gefälliges Interieur-Zimmer im Hôtel Parc Beaumont in Pau

185sf Foto: ad

bis zu 100 % über den Nebensaisonatarifen liegen. Die Touristinformationen halten aktuelle Unterkunftslisten *(guides hébergements touristiques)* bereit.

Individualisten müssen sich darauf einstellen, oft den **vollen Doppelzimmerpreis** für ein Zimmer zu bezahlen – egal, ob sie einzeln oder zu zweit darin nächtigen. Nur in Billighotelketten wie „Formule 1" dürfte diese Praxis zu verschmerzen sein, da sich der Übernachtungspreis hier um 30 € hält.

Das **Frühstück** *(pétit déjeuner)* ist in französischen Hotels gewöhnlich nicht im Preis inbegriffen.

Luxus: „Relais & Châteaux"

Im Luxusbereich angesiedelt sind die mit Gourmettempeln verbundenen Spitzenhotels der Kette „Relais & Châteaux" (www.relaischateaux.com). Hier einige Häuser in einer kleinen Übersicht, alphabetisch nach Orten geordnet:

- **Le Saint-James,** 3 place Camille-Hostein, F-33270 Bouliac, Tel. 05 57 97 06 00, Fax 05 56 20 92 58, stjames@relaischateaux.com.
- **Michel Guérard „Les Près d'Eugénie",** F-40320 Eugénie-les-Bains, Tel. 05 58 05 06 07, Fax 05 58 51 10 10, guerard@relaischateaux.com.
- **Relais de la Poste,** 24 avenue de Maremne, F-40140 Magesq, Tel. 05 58 47 70 25, Fax 05 58 47 76 17, poste@relaischateaux.com.
- **Château Cordeillan-Bages,** route des Châteaux, F-33250 Pauillac, Tel. 05 56 59 24 24, Fax 05 56 59 01 89, cordeillan@relaischateaux.com.
- **Michel Trama,** 52 rue Royale, F-47270 Puymirol, Tel. 05 53 95 31 46, Fax 05 53 95 33 80, aubergade@relaischateaux.com.
- **Le Parc Victoria,** 5 rue Cepé, F-64500 Saint Jean-de-Luz, Tel. 05 59 26 78 78, Fax 05

186sf Foto: ad

Reisetipps A–Z

Preiskategorien der Unterkünfte

In diesem Buch sind Unterkünfte preislich in **drei Kategorien** unterteilt, dargestellt durch Eurozeichen (**€**). Diese Preiskategorien haben mit der offiziellen Einteilung nach Sternen nichts zu tun; die Sterne werden bei den meisten Hotels aber zusätzlich angegeben. Die unten genannten Preise verstehen sich als Zimmerpreise, also für 2 Personen.

(**€**)	Doppelzimmer unter 80 €
(**€€**)	Doppelzimmer 80–130 €
(**€€€**)	Doppelzimmer über 130 €

59 26 78 08, parcvictoria@relaischateaux. com.
● **Les Pyrénées,** 19 place Général du Gaulle, F-64220 Saint Jean-Pied-de-Port, Tel. 05 59 37 01 01, Fax 05 59 37 18 97, pyrenees@relais chateaux.com.

Gleichförmig: Hotelketten

In Südwestfrankreich sind international bekannte Hotelketten wie „Best Western" vertreten. Auf soliderer Basis in der Preiskategorie darunter stehen „Ibis" und „Campanile". Ganz im Sinne preisgünstiger Zweckmäßigkeit für Zwischenübernachtungen bei der An- und Rückreise stehen Billighotelketten wie „Etap Hôtel", „Première Classe" und „Formule 1" (⇨Kap. „Vor der Reise, An- und Rückreise"). Für einen längeren Aufenthalt sind sie aber nicht geeignet.

Komfortabel: Hotels

Landesweit haben sich etwa 3000 Hotels mit jeweils angegliedertem Restaurant zum Verband **„Logis de France"** zusammengeschlossen, darunter allein 180 Häuser in Aquitanien.

Je nach Saison findet man ansprechende, bezahlbare Angebote. Die **Qualitätsstufen** der Hotels sind mit 1–3 Kaminen (cheminées) gekennzeichnet, meist befinden sie sich in dörflicher Lage. Innerstädtisch liegen manche Hotels direkt an stark befahrenen Straßen. Oft handelt es sich um kleine oder mittelgroße **Familienbetriebe,** die seit Jahrzehnten Lebenskunst à la française pflegen und im Durchschnitt knapp 20 Zimmer haben. Die Küchenchefs der Logis verstehen sich als Botschafter ihrer Region und machen ihren Gästen mit Hingabe typische Spezialitätengerichte schmackhaft. Die Qualitätsstufen der Restaurants sind mit 1–3 Symbolen von Schmortöpfen (cocottes) gekennzeichnet; eine vierte Kategorie (table table distinguée) weist ein Spitzenrestaurant aus.

Der aktuelle Führer „Logis de France" ist in der Regel gegen Versandkostenbeteiligung bei Atout France erhältlich (⇨Kap. „Vor der Reise: Informationsstellen"), außerdem direkt bei der Zentrale der Logis de France (Kontakt siehe unten; Versandkosten werden ebenfalls berechnet).

● **www.logis-de-france.fr** mit Online-Reservierungen; die Buchungszentrale hat ihren Sitz in Paris, Tel. 01 45 84 83 84.

Selbstversorgt: Ferienunterkunft

Wer Frankreich auf besonders authentische Art erleben will, quartiert sich in einer **gîte** (Unterkunft/Herberge) ein, die eine gute Alternative zu

Eine Spitzenunterkunft zum Spitzenpreis: das Hôtel du Palais in Biarritz

herkömmlichen Ferienwohnungen darstellt. Ein Pool aus rund 56.000 ländlichen Bleiben (*gîtes ruraux*), Gästezimmern (*chambres d'hôtes*) und dem beliebten Camping auf dem Bauernhof (*camping à la ferme*) sind bei **Gîtes de France,** dem größten und ältesten Verband Europas für Ferienunterkünfte auf dem Lande, zusammengeschlossen.

Die *gîtes ruraux* liegen oftmals im Gebirge oder auch in Meeresnähe. Dabei handelt es sich um Unterkünfte **mit Selbstverpflegung,** meist eine Wohnung mit einem oder mehreren Schlafzimmern, einem Wohn- und/oder Essraum, einer Kochecke bzw. Küche sowie adäquaten sanitären Anlagen. Eine *gîte rural* kann man für mindestens ein paar Tage, ein Wochenende oder auch für eine oder mehrere Wochen mieten, was während der französischen Schulferien besonders beliebt ist und den Tendenzen des „grünen Tourismus" (*tourisme vert*) entspricht.

Unter **www.gites-de-france.com** findet man alle Adressen. Statt mit Sternen hat man die Qualitätsstufen der Ferienunterkünfte je nach Einrichtung und Lage mit 1–5 Ähren (*épis*) klassifiziert, die Unterkünfte unterstehen einer strengen Kontrolle.

●**www.gites-de-france.com** mit Online-Reservierungen; die Zentrale hat ihren Sitz in Paris, Tel. 01 49 70 75 75.

Die Französische Zentrale für Tourismus vermittelt Anschriften von vielerlei deutschsprachigen Vermittlern von **Ferienhäusern und -wohnungen.** Als einer der großen kommerziellen Vermittler in Frankreich tritt „Inter Chalet" (www.interchalet.com) auf.

Urlaub auf dem Bauernhof

Wer Urlaub auf dem Bauernhof machen will, klickt sich am besten auf der Homepage des Netzes „Bienvenue à la ferme" durch (www.bienvenue-a-la-ferme.com; Sprachwahl auf Deutsch). Bei „Bienvenue à la ferme" haben sich über 5000 Landwirte zusammengeschlossen. Je nach Hof gibt es Fremdenzimmer, Camping- und Speisemöglichkeiten.

Praktisch: Schlafplatz für Wanderer

Über ganz Frankreich verteilen sich rund 2500 **gîtes d'étape;** hier handelt es sich um einfache Unterkünfte, die nur nichtmotorisierten Reisenden offen stehen und überwiegend von Wanderern genutzt werden. Dies verheißt schon ihre Lage an den populären **Fernwanderwegen** (*Grandes Randonnées*). Klar, dass die meisten Gäste die Bleibe nur für kurze Stopovers nutzen.

Diese Art der *gîtes* verfügt über Schlafräume bzw. Zimmer, sanitäre Ein-richtungen und mitunter Küche und Aufenthaltsraum. Unter **www. gite-etape.com** kann man die Herbergen in den einzelnen Départements durchsurfen. Die stets aktualisierten Karteien listen Kontaktadressen und grundsätzliche Kapazitäten auf. In der Hauptsaison sollte man es nicht versäumen, vor der geplanten Übernachtung telefonisch Kontakt aufzunehmen. Mitunter verfügen die *gîtes* nur über 15 bis 20 Schlafplätze. Unter

www.gites-refuges.com gibt es weitere Suchmöglichkeiten.

Jugendherbergen

Über Südwestfrankreich verteilen sich nur wenige Jugendherbergen *(auberges de jeunesse)*, die dem französischen Jugendherbergsnetz „Fédération Unie des Auberges de Jeunesse" (FUAJ) und somit dem Internationalen Jugendherbergsverband angeschlossen sind. Verfügt man über einen **internationalen Jugendherbergsausweis** aus dem Heimatland, schläft man auch bei diesen Jugendherbergen zum günstigeren Tarif, andererseits muss man eine Tagesmitgliedschaft erwerben. Hat man noch keine Jahresmitgliedschaft bei den Jugendherbergsverbänden daheim, kostet diese 12,50–21 € in Deutschland (www.jugendherberge.de), 10–20 € in Österreich (www.oejhv.or.at) und 22–55 SFr in der Schweiz (www.youthostel.ch).

● Auf der Homepage des **französischen Jugendherbergsverbandes FUAJ** (www.fuaj.org) findet man eine Übersicht sowie Adressen und detaillierte Beschreibungen aller Herbergen.

Verkehrsmittel

Ein eigener fahrbarer Untersatz ist für ausgiebige Entdeckungen in Südwestfrankreich so gut wie unverzichtbar, und sei es ein Fahrrad von Zuhause oder vom Radverleiher (⇨ „Fahrradfahren" in „Sport und Freizeit"). Wer ganz oder teilweise trotzdem auf Busse und Bahnen angewiesen ist, sollte sich im örtlichen Office de Tourisme die Standorte von Busterminal *(gare routière)* bzw. Bushaltestelle *(arrêt/bus stop)* sowie Bahnhof *(gare SNCF)* einzeichnen lassen.

Wichtiger Hinweis: Während der Sommersaison bieten manche Feriengemeinden **kostenlose Busverbindungen zu den Stränden** und entlasten damit den Straßenverkehr. Die Haltepunkte befinden sich dann oft auch in der Nähe von Campingplätzen.

Mancherorts rollen bereits umweltfreundliche **Elektrobusse.** Besonderes Fortbewegungsmittel in Bordeaux ist die **Straßenbahn** (tramway).

Regionalbusse und -bahnen

Regionalbusse verbinden wichtige Städte untereinander. Konkrete Verbindungen mit der schnellen Regionalbahn (Transport Express Régional) ruft man am besten unter www.ter-sncf.com ab.

Noch schneller als mit regulären Bussen und Bahnen ist man mit den TGV-Hochgeschwindigkeitszügen unterwegs, die auf der Achse Bordeaux – Dax – Biarritz – Saint Jean-de-Luz – Hendaye verkehren.

Übersichten über nationale Zugstrecken bei SNCF unter **www.sncf.com.**

Taxis

Taxis warten – ähnlich wie daheim – an Bahnhöfen und großen Plätzen. Es gibt unterschiedliche Tarife für Tagesfahrten (tarif de jour) und für Fahrten in der Nacht (tarif de nuit).

Reisetipps A–Z

Hausbootferien – unterwegs auf Frankreichs Flüssen

Wasserwege aus neuer Perspektive, im Schneckentempo an Wiesen und Rinderweiden vorbei – in Frankreich lässt sich der Wunschtraum, sein eigener Kapitän zu sein, problemlos erfüllen! Mit 8500 Fluss- und Kanalkilometern hat man es in Frankreich mit dem **größten befahrbaren Wassernetz Europas** zu tun. Kein Wunder, dass Hausbootferien besonders hoch im Kurs stehen – zumal den motorisierten Gästen keine bürokratischen Knüppel zwischen die Beine geworfen werden. Die offiziellen Bestimmungen besagen, dass man ein bewohnbares Boot **ohne Bootsführerschein** für ein Wochenende oder auch länger mieten darf. Voraussetzung ist, dass man sich einer detaillierten **Einweisung** unterzieht, die mitunter zwei Stunden dauert. Der Verleiher stellt eine Navigationskarte.

Hausboote werden gern für eine oder zwei Wochen gemietet. Die Maße liegen bei acht bis fünfzehn Metern, an Bord finden je nach Bootstyp **zwei bis zwölf Personen** Platz. Von kompletter Ausstattung kann man ausgehen: Kombüse samt Kühlschrank und Herd sowie Kochzubehör, Tischdecken, Spültücher, Bettzeug, Heizung sowie Bad mit Dusche und Toilette. Gelegentlich steht ein Safe zur Verfügung, eine Heckplattform erlaubt den Sprung ins erfrischende Nass.

Die wenigsten Passagiere werden an Bord gehen, um Kilometerrekorde zu brechen. **Nach Sonnenuntergang ist das Fahren verboten,** Anlegen ist an (fast) jedem beliebigen Ort möglich, Saison ist von Frühjahr bis Herbst.

Zu den befahrbaren Flüssen Südwestfrankreichs zählen Dordogne, Garonne und Lot. Eine Sonderrolle kommt dem Canal du Midi zu, der die Garonne bei Toulouse mit dem Mittelmeer bei Sète verbindet.

Auf der Suche nach dem geeigneten Flussboot-Vermieter lohnt sich ein Blick auf die Homepage der Organisation „Voie Navegable de France" (VNF), die sich um Pflege und Betrieb des französischen Flussnetzes kümmert. Unter www.vnf.fr kann man sich, aufgeschlüsselt nach Regionalzonen, zu Anbietern und zahlreichen weiteren Informationen durchklicken.

In Südwestfrankreich unterhalten mehrere Verleiher ihre Basen, darunter die Crown Blue Line in Condom Douelle und Le Mas d'Agenais (nahe Marmande). Im deutschsprachigen Raum vermittelt u.a. Hausboot Böckl Touren durch Aquitanien. Fragen zu Mietpreisen, Kaution, Mautgebühren auf den Flüssen, Preisnachlässen in der Nebensaison und bei Langzeitbuchungen, Versicherungen und Pannenhilfsdienst richtet man direkt an den jeweiligen Verleiher.

● **Crown Blue Line bzw. Le Boat,** Vertretung in Deutschland: Theodor-Heuss-Str. 53–63, Eingang D, 61118 Bad Vilbel, Tel. (06101) 55 791 75, Fax 55 791 22, www. crownblueline.de, www.leboat.de.

● **Hausboot Böckl,** Haizingerg 33, A-1180 Wien, Tel. 01 470 47 08, www.hausbootboeckl.at, Zeppelinstr. 73, D-81669 München, Tel. (089) 54 29 01 09.

● **Buchtipp:** Im Stürtz-Verlag (Verlagshaus Würzburg) ist 2010 die völlig überarbeitete Neuauflage eines Bildbands erschienen, der die Touren auf den französischen Wasserstraßen so richtig schmackhaft macht: „Reise durch Frankreich mit dem Hausboot". In etwa 250 Bildern zeigen die Fotografen Martin Schulte-Kellinghaus und Erich Spiegelhalter die Landschaften und idyllischen Dörfer und Städte entlang der Flüsse und Kanäle Frankreichs sowie das Leben an Bord. Die Texte stammen von Beate Kierey und Hubert Matt-Willmatt.

Mietwagen

Leihwagenfirmen findet man in größeren Städten und Urlaubsorten. An Flughäfen wie Biarritz-Anglet-Bayonne sind diverse Repräsentanzen von Verleihern ansässig, z.B. Avis, Budget, Europcar, Hertz, National und Sixt; Infos über die jeweilige Homepage (es funktioniert meist statt .de auch .at oder .ch), Vorbestellungen online oder über die nachfolgenden Reservierungshotlines. Es lohnt sich, Tarife und Service bei gängigen Vermittlern wie **Auto Europe** (Tel. in Deutschland 089 24 44 73 600, www. autoeurope.de) und **Holiday Autos** (Tel. in Deutschland 01805 17 91 91, Tel. in Österreich 01 29 29 234; http://holidayautos.de) zu vergleichen.

● **Avis,** www.avis.de, (D) Tel. (01805) 46 04 60, (A) Tel. 01 36 02 77 15 43, (CH) Tel. 0848 81 18 18.
● **Budget,** www.budget.de, (D) Tel. (01805) 14 43 88, (A/CH) Tel. (0043) 7242 777 74 16.
● **Europcar,** www.europcar.de, (D) Tel. (0180) 580 00, (A) Tel. 01 866 16 33, (CH) Tel. 0848 80 80 99.
● **Hertz,** www.hertz.de, (D) Tel. (01805) 93 88 14, (CH) Tel. 0848 82 20 20.
● **National,** www.national.de, (D) Tel. (0800) 464 73 36; für die Schweiz siehe Europcar.
● **Sixt,** www.e-sixt.de, (D) Tel. (0180) 525 25 25, (A) Tel. 00800 11 11 74 98, (CH) Tel. 0848 88 44 44.

Vor Ort sollte man auf gelegentlich auftauchende **Wochenendangebote** *(spécial week-end)* achten sowie darauf, ob der Preis Freikilometer, Steuern und Versicherungsleistungen einschließt. Man sollte bedenken, dass das Mindestalter bei der Fahrzeugmiete mitunter bei 25 Jahren liegen kann.

Zeitungen und Zeitschriften

Wer statt raschem Internetzugang auf die Homepage „seiner" Zeitung das Printprodukt bevorzugt, findet in Urlaubsorten auch **deutschsprachige** Zeitungen und Zeitschriften. In der Regel sind die auswärtigen Blätter etwa einen Tag nach Erscheinen erhältlich.

Wer mit Französisch vertraut ist, informiert sich in Zeitungen wie **„Le Monde"** über das Welt- und Landesgeschehen. Regionale Blätter, aus denen sich gut aktuelle Veranstaltungstipps und Wettervorhersagen filtern lassen, informieren über das Geschehen vor Ort. Weit verbreitet ist die in Bordeaux erscheinende Tageszeitung **„Sud-Ouest". Zeitungslädchen** sind mit dem Schriftzug „presse" gekennzeichnet.

Reisetipps A–Z

Land
und Leute

042sf Foto: ad

046sf Foto: ad

An der Küste der Pyrenäen ist das Wetter
zuweilen rau und wechselhaft

Frankreich gilt als kinderfreundlich – was
sich auch in der Geburtenrate niederschlägt

Tierische Begegnung am Wege –
auf Pyrenäenstraßen nicht selten

Geografie

Frankreich breitet sich auf einer Fläche von rund 544.000 km² aus, ist damit in etwa so groß wie Spanien und die Schweiz zusammen und wird von etwa 62 Millionen Menschen bewohnt. Weite Teile des Gebietes, das in diesem Buch beschrieben wird, gehören zum **Aquitanischen Becken,** das sich im Westen vom Atlantik und im Süden von den Bergflanken der Pyrenäen begrenzt sieht. Weiter östlich und nordöstlich geht es hinein ins Zentralmassiv, im hohen Küstennorden schließt sich die Vendée mit der Poitou-Schwelle sowie mehreren vorgelagerten Inseln (Noirmoutier, Oléron, Ré, Aix, Yeu) an.

Im Aquitanischen Becken wechseln sich die Hügelländer im Einzugsgebiet der **Flüsse Garonne** (647 km lang, Einzugsgebiet rund 94.000 km²) und **Dordogne** (490 km lang, Einzugsgebiet rund 24.000 km²) mit langen sandigen Strandweiten und Dünenwellungen ab. Als wahrer Gigant erhebt sich südwestlich von Arcachon zwischen Pinienwäldern und Ozean die **Dune du Pilat,** Europas mächtigste Düne.

Einen markanten Küsteneinschnitt formt das breite **Delta der Gironde,** die ihrerseits aus den Zusammenflüssen von Garonne und Dordogne gebildet wird. Als breites Band zieht sich die Gironde rund 75 km dahin, lässt das Médoc zur Linken und das Zitadellenstädtchen Blaye zur Rechten und erreicht in ihrem Mündungsgebiet eine maximale Breite von zwölf Kilometern. Mittendrin, auf der ersten

Weghälfte zum Atlantik, liegen Inseln wie die Île Verte, die Île de Patiras und die Île San Pain.

Südlich der Gironde-Mündung erstreckt sich eine knapp 250 km lange Küste, die einzig vom 155 km² umfassenden **Becken von Arcachon** sowie kleineren Flussmündungen wie der des Adour (bei Bayonne) unterbrochen wird; der **Adour** selbst entspringt in den Pyrenäen und ist mit seinen 335 Kilometern Länge alles andere als ein Flusszwerg.

Im südöstlichen Bereich nimmt das Becken von Arcachon den Flusslauf der **L'Eyre** auf, weiter im Inland strömt der in den Cevennen entspringende **Lot** dahin und mündet bei Aiguillon in die Garonne. Der Lot ist rund 500 km lang und umfasst ein über 11.000 km² großes Einzugsgebiet.

Andernorts haben sich im unmittelbaren Küstenhinterland **Binnenseen** gebildet. Die bedeutendsten dieser Wasserflächen sind der Lac d'Hourtin et de Carcans (bei Hourtin, Maubuisson und Carcans), der Lac de Lacanau (bei Lacanau), der Étang de Cazaux-Biscarrosse-Sanguinet (bei Biscarrosse), der Étang de Biscarrosse-Parentis (ebenfalls dort) sowie der Étang de Mimizan-Aureilhan (bei Mimizan).

Die weit ins Hinterland greifende Küstenebene zwischen der Gironde und dem Golf von Biscaya wird von den **Landes de Gascogne** geprägt, einem rund 14.000 km² großen Landstrich, dessen Name auf die ursprüngliche Vegetationsdecke aus Mooren und Heidekraut weist. Heute prägen die von Menschenhand angelegten

Land und Leute

04 4sf Foto: xd

Pinienwälder das Bild, viele Gebiete sind längst entsumpft.

Südlich der **Côte d'Argent** (Silberküste) schließt sich die stark zergliederte **baskische Küste** mit einigen Klippenlandschaften an. Der Fluss Bidassoa bildet die Grenze zu Spanien. Im Blickfeld liegen bereits die Pyrenäen (franz. *Pyrénées,* span. *Pirineos*), deren westliche Ausläufer hier ins Meer abfallen und die weiter landeinwärts Höhen von über 3400 m erreichen. Auf einer Breite von über 400 km bilden die Pyrenäen eine natürliche Sper-

re zwischen Frankreich und der Iberischen Halbinsel. Der Ursprung der Bergbarriere liegt in einem vor über 300 Millionen Jahren gebildeten Faltengebirge, das durch spätere Anhebungen weitere Veränderungen erfuhr. Zudem bildeten sich immer wieder **Höhlen,** von denen manche – wie die Grottes de Sare – zu besuchen sind.

Aquitanien und seine Départements

Zum Kernraum des Aquitanischen Beckens gehört die weit und breit größte Metropole **Bordeaux,** Hauptstadt der rund 41.309 km² umfassenden Großregion Aquitanien. Zu Aquitanien wiederum zählen die Départements (Verwaltungsgebiete) **Gironde**

Feuchtgebiete bei Le Teich

(10.000 km²; Hauptstadt Bordeaux), **Dordogne** (9060 km²; Hauptstadt Périgueux), **Landes** (9243 km²; Hauptstadt Mont-de-Marsan), **Lot-et-Garonne** (5361 km²; Hauptstadt Agen) und **Pyrénées-Atlantiques** (7645 km²; Hauptstadt Pau). Im Norden grenzt Aquitanien an Poitou-Charentes, im Nordosten an das Limousin, im Osten und Südosten an Midi-Pyrénées, im Süden an Spanien und im Westen komplett an den Atlantik.

Verwaltungstechnisch tragen die Départements **Kennzahlen**, hier eine kleine Übersicht:

- **Dordogne:** 24
- **Gironde:** 33
- **Landes:** 40
- **Lot-et-Garonne:** 47
- **Pyrénées-Atlantiques:** 64

Klima

Mit dem Begriff „stark wechselhaft" wird man dem Klima Südwestfrankreichs am ehesten gerecht. Mancherorts schlagen an der Atlantikküste bis zu 2500 Sonnenstunden jährlich zu Buche, doch vor Regen und Stürmen ist man nie gefeit. Der ständige Einfluss des Atlantiks sorgt für ein buntes **Wechselspiel aus Wolken und Sonne** und macht verlässliche Prognosen schwierig bis unmöglich. Selbst Erfahrungswerte sind wenig aussagekräftig, denn alle Extreme sind vertreten. So gab es im Baskenland in manchem Juli schon 28 reine Sonnentage und ebenso viele regendurchflutete Tage! Im Frühsommer können **Stürme** und verheerende Gewitter über die Silber-

186sf Foto: ad

Land und Leute

küste hinwegziehen, wie man sie im Normalfall nicht einmal im Herbst und Winter erlebt. Ähnlich wie in heimischen Gefilden muss im Sommer mit **Wärmegewittern** gerechnet werden.

Als grobe Faustregel bleibt: Je näher man den Pyrenäen auf den schroffen Pelz rückt, desto größere Feuchtigkeit ist zu erwarten. Doch es sind gerade die **Niederschläge** – örtlich vereinzelt

Typisch für das Küstenflachland Aquitaniens sind die Pinienhaine

Rau, frisch und beeindruckend: der Atlantik an der Silberküste

über 2000 mm pro Jahr –, die das Pflanzenkleid so herrlich frisch und grün halten! Selbst in Arcachon muss man im Sommer mit monatlich sieben bis neun Tagen rechnen, an denen Schauer niedergehen – dem stehen im selben Zeitraum im Tagesdurchschnitt allerdings acht bis neun Sonnenstunden entgegen ...

An der Küste kann man im Allgemeinen von **Tagestemperaturen** zwischen 19 und 20° C im Mai, 21–22° C im Juni, 24–25° C im Juli, 25° C im August, 22° C im September sowie 18–19° C im Oktober ausgehen. Ein Blick auf die Klimawerte der Nebensaison in einer Küstenstadt wie Biarritz zeigt, dass die täglichen Durchschnitts-

047sf Foto: ad

Flora, Fauna und Schutzgebiete

Mit Stränden, Sümpfen und Gebirgs-riesen blättert sich die Natur im Süd-westen Frankreichs facettenreich auf. Zusätze bieten ausgedehnte Pinien-wälder und Binnenseen, bei Arcachon bäumt sich die Düne von Pilat (auch: Pyla) spektakuläre 104 m hoch auf. Im tiefen Süden Südwestfrankreichs geht das Küstenflach- ins Pyrenäenvorland über, sandige Strandadern wechseln sich mit rauen baskischen Buchten und Klippen ab. Vor dem Hintergrund der Pyrenäen-Bergriesen markiert der Fluss Bidassoa den französisch-spani-schen Grenzverlauf. Kurz vor seiner Mündung verbreitert sich der nur 65 km lange Strom in der **Baie de Txingudy,** die als Réserve Naturelle unter Schutz steht und vielen Seevö-geln ebenso eine temporäre Heimat gibt wie die **Banc d'Arguin,** eine hell leuchtende Sandbank am Auslauf des Beckens von Arcachon. Auf ihrem Weg in die afrikanischen Winterquar-tiere machen hier immer wieder Zug-vögel Station.

temperaturen im Januar dort um 8–9° C und im April um 13° C liegen. Im Hochsommer steigt die Quecksilber-säule nicht allzu oft über die 30-Grad-Marke, der **Atlantik** erwärmt sich ge-meinhin selten über 20° C.

Die Baie de Txingudy und die Banc d'Arguin gehören ebenso zum Ver-bund **kleinerer Schutzgebiete** wie die Site Naturel Protegé Domaine d'Abba-dia bei Hendaye und die Réserve Na-turelle de l'Étang de Cousseau bei Maubuisson. Wichtigste und größte Naturschutzareale sind der **Parc Natu-rel Régional des Landes de Gasco-gne** und der **Parc National des Py-rénées.**

Stechginster zählt zu den verbreitetsten Pflanzenarten

An der Küste ist die Silbermöwe häufig zu finden

Auf Streifzügen durch die Naturvielfalt kann man sich am Himmelgewimmel der **Vögel** ebenso erfreuen wie an dem, was in Bodennähe kreucht und fleucht – von der Libelle bis zum Schmetterling. Südwestfrankreich ist allerdings kein Stück Tropenexotik! Zwangsläufig entdecken Besucher in Fauna und Flora manch **Altbekanntes aus der Heimat** wieder. Das gilt gleichermaßen für Fingerhüte und Farnwiesen, für Stechginster und Brombeerhecken, für Heidekraut und Seerosenteiche.

Obgleich man herrliche Küsten- und Waldlandschaften durchstreift und in reichlich **ökologische Nischen** vorstößt, darf man in Südwestfrankreich nicht von grundsätzlich „unberührten Gegenden" ausgehen. Allein im rund 315.000 ha großen Parc Naturel Régional des Landes de Gascogne leben rund 50.000 Menschen. Im Laufe der Jahrhunderte wurde die Forst- und Landwirtschaft vorangetrieben. So haben all die **Weingärten** und **Mais- und Sonnenblumenfelder** die Urnatur abgelöst, Abermillionen von Strandkiefern sind seit dem 19. Jh. der Harzgewinnung und Papierindustrie zum Opfer gefallen. Zu den ernüchternden Eindrücken in Aquitanien zählen einige Papierfabriken wie jene von Mimizan und Biganos, das militärische Sperrgebiet südlich von Biscarrosse sowie die Raffinerien und Industrien im Großraum Bordeaux. Demhingegen wirkt die gigantische **Aus-**

049sf Foto: xd

Weißstorch beim Landeanflug
im Vogelpark von Le Teich

ternzucht im Becken von Arcachon alles andere als störend, da sie zu den naturräumlichen Gegebenheiten passt.

Artenreiche Vogelwelt

Von Krähenscharben und Störchen, Reihern und Geiern

Zu den stattlichen Vertretern der Vogelwelt zählt die dunkel gefärbte Krähenscharbe *(Phalacrocorax aristotelis)*, die zur Familie der Kormorane gehört, eine Körperlänge von bis zu 75 cm erreicht und an einem langen Hakenschnabel erkennbar ist. Krähenscharben finden an den Küsten Südwestfrankreichs einen ebenso reich gedeckten Fischtisch wie der kleine, azurblaue **Europäische Eisvogel** *(Alcedo atthis)* und **Möwenarten** wie die grau-schwarz geflügelte Heringsmöwe *(Larus fuscus)* und die überwiegend weiß gefiederte Lachmöwe *(Larus ridibundus)*. Ein roter Fleck am gelben Schnabel verrät die silbrig-grau gefiederte Silbermöwe *(Larus argentarus)*.

Zur Familie der langbeinigen Schreitvögel gehören der bis zu einem Meter große und grau-weiß gefärbte **Graureiher** *(Ardea cinerea)*, der leuchtend weiße **Silberreiher** *(Casmerodius al-*

Land und Leute

405f Fotz.ad

bus) und der **Seidenreiher** (*Egretta garzetta*). Viele Reiher treten als Einzeljäger hervor und verharren vor dem raschen Beutestoß reglos in Lauerstellung – ein guter Beobachtungsmoment! Auf Rinderweiden sieht man den vergleichsweise klein gewachsenen **Kuhreiher** (*Bubulcus ibis*) in charakteristischer Duckhaltung.

An und um Binnengewässer und Sümpfe wimmelt es vor Enten, Gänsen und Schwänen. Verbreitet ist die bis zu 60 cm lange **Stockente** (*Anas platyrhynchos*), die kleine **Krickente** (*Anas crecca*), die **Knäkente** (*Anas querquedula*) und die mit einem breiten Löffelschnabel ausgestattete **Löffelente** (*Anas clypeata*). Im Pflanzendickicht von Flüssen und Bächen verschwindet

das entengroße **Blesshuhn** (*Fulica atra*), dessen weißer Stirnschild in deutlichem Kontrast zum schwarzen Gefieder steht. Lebensgenosse in Feuchtgebieten ist die **Graugans** (*Anser anser*).

Während aus heimischen Gefilden der **Höckerschwan** (*Cygnus olor*) und der **Buntspecht** (*Dendrocopos major*) bekannt sind, bieten der **Weiße Storch** (*Ciconia ciconia*) und der **Schwarze Milan** (*Milvus migrans*) eher ungewöhnliche Anblicke. In den Küstenregionen lassen sich der **Küstenstrandläufer** (*Calidris canutus*) und der rot-

Möglichkeiten zur Erkundung der Vogelwelt geben zahlreiche Gewässer, wie hier der See bei Saint Pée-sur-Nivelle

schnäbelige **Austernfischer** *(Haematopus ostralegus)* beobachten. Im felsigen Hinterland der Pyrenäen erheben **Gänsegeier** *(Gyps fulvus)*, **Bartgeier** *(Gypaetus barbatus)* und **Steinadler** *(Aquila chrysaetus)* ihre Schwingen.

Paradiese für Ornithologen

An der Küste findet man immer wieder kleine Unterstände und Aussichtsplateaus – Paradiese für Ornithologen. Idealfall ist der **Parc Ornithologique von Le Teich,** der mit seinen 120 ha einen Teil der natürlichen Ökosysteme zwischen dem L'Eyre-Delta und dem Bassin d'Arcachon einnimmt. Auf Rundwanderwegen durch Feuchtgebiete bietet dieser einzigartige Vogelpark Gelegenheit, sich mit allen erdenklichen Arten gefiederter Freunde vertraut zu machen – und das in absolut freier Wildbahn! In manchen Jahren registriert der Park bis zu **300.000 Zugvögel,** von 260 nachgewiesenen Arten nistet über ein Drittel hier. Je nach Jahreszeit und Glück erspäht man diverse Möwen- und Reiherarten, Haubentaucher und Wasserrallen, Bekassine und Bussarde. Eher den „Exoten" zuzuordnen sind Kraniche, Wildgänse und die zu den Kormoranen gehörigen Krähenscharben, die auf Holzstelzen gern ihre Flügel zum Trocknen ausbreiten.

Zwischen Sumpfschildkröten, Feuersalamandern und Pottok-Pferden

Abseits der Vogelwelten kommt in Feuchtgebieten ein Minireptil vor, die

2334f Fotoxad

Europäische Sumpfschildkröte (*Enys orbicularis*), deren Panzerlänge allenfalls 35 cm erreicht. Nahe am Wasser hält sich gern die **Ringelnatter** (*Natrix natrix*) auf, eine gefährlich aussehende und bis zu einen Meter lange Schlange, die absolut harmlos ist und gelbe Flecken am Hinterhaupt trägt. Giftig hingegen ist die **Kreuzotter** (*Vipera berus*), die ein dunkles Zickzackband auf dem Rücken trägt und sich überwiegend von Fröschen, Mäusen und Eidechsen ernährt. Leuchtend grün bis grün-blau gefärbt kommt die **Smaragdeidechse** (*Lacerta viridis*) daher, die es von Kopf bis Schwanz auf eine Länge von bis zu 40 cm bringt. Mit Glück bekommt man auch den schwarz-gelb gefärbten Feuersalamander (*Salamandra salamandra*) zu Gesicht. Nicht zu den Ratten, sondern zu den Wühlmäusen zählt die **Bisamratte** (*Ondatra zibethicus*), die an Flüssen wie der Garonne lebt und an ihrem langen, dicken Schwanz erkennbar ist.

In den Gebirgswäldern leben **Wildschweine** und **Rotwild,** auch die **Wildkatze** kommt mancherorts noch vor. Zu den Besonderheiten der Pyrenäen zählen die halbwilden **Pottok-Pferde,** eine kleinwüchsige und extrem robuste Rasse. In den Berggegenden tragen andere Pferde und auch Schafe ein klimaresistentes Fellkleid. Autofahrer müssen auf Straßenbegegnungen mit **Schaf- und Rinderherden** gefasst sein.

Bisamratte an der Garonne

Aus den Tiefen des Meeres

Ein Blick auf den Teller im Restaurant reicht meist, um der Atlantikfauna auf den Grund zu gehen. Aus professioneller Zucht stammen **Austern und Miesmuscheln,** „wild" aus dem Ozean zieht man **Sardinen, Seehechte** und **Makrelen.** Haupthafen für **Thunfische** ist das baskische Städtchen Saint Jean-de-Luz. Im Süßwasser bringt man Forellen, Aale und Karpfen an Land.

Immer wieder kommt es an der Küste zu Anspülungen von **Seegras** – für Badende nicht das angenehmste Erlebnis, doch für die Selbstreinigung der Gewässer sind die Pflanzen unentbehrlich. Besonders üppige Seegras-Anschwemmungen sind in Hendaye zu verzeichnen.

Geschichte und Gegenwart

Steinzeitmenschen und Basken

Was für den Steinzeitler gut war, soll für den Menschen des dritten Jahrtausends recht und billig sein: Die einen waren, die anderen sind vom Südwesten Frankreichs begeistert. Nicht alle Vorväter und -mütter folgten vor rund 20.000 Jahren jedoch ausschließlich niederen Instinkten und beschränkten sich auf muntere Kopulationen und Nahrungssuche. Mitunter schufen sie auf steinernen Wänden und Decken fantastische Kunstwerke, man denke nur an die Grotten von Isturitz-Oxocelhaya und Lascaux. Letztgenannte ge-

Land und Leute

Der Jakobsweg – vom Pilgerpfad zur sportlichen Herausforderung

Das Apostelgrab

Es begab sich zu Beginn des 9. Jh., als ein Eremit namens *Pelayo* auf wundersame Weise das vergessene Grab des **Apostels Jakobus** wiederentdeckte. Der Ort: ein abgeschiedenes Fleckchen Erde im äußersten Nordwesten Spaniens, dem heutigen **Santiago de Compostela.** Warum gerade dort? Weil der Apostel Jakobus – der Legende zufolge – nach seinem Märtyrertod im Heiligen Land von seinen Getreuen auf einem Engelsschiff bis ins galicische Padrón und auf einem Ochsenkarren ein Stück weiter ins Landesinnere gebracht worden war. Nun war das Grab neu aufgefunden, Bischof *Teodomiro* und das herrschende asturisch-leonesische Königshaus bestätigten die **Echtheit des Grabes** und ließen eine erste kleine Kapelle errichten – die Geburt des Wallfahrtsortes Santiago de Compostela.

Ein Wunder, eine Sensation? Kritische Jakobswegforscher wie *Rolf Legler* bringen die Geschehnisse nüchterner auf den Punkt und zielen eher auf eine gelungene PR-Strategie im Mittelalter ab. In seinem Buch „Sternenstraße und Pilgerweg" schreibt *Legler*: „Jakobus der Ältere war zu Beginn des 9. Jh. ein fast vergessener Apostel. Er war sozusagen verwendungsfrei. Deshalb konnte man auch, per Legendenbildung, nicht ohne Zwischenschaltung eines Wunders, sein Grab in Compostela propagieren."

Beginn der Wallfahrt

Die Kunde des sensationellen Fundes verbreitete sich wie ein Lauffeuer durch Europa. Schubwirkung erhielt der Kult um Jakobus (span. *Santiago,* franz. *Saint-Jacques*) dadurch, dass der Heilige von den spanischen Christen zum **Schutzheiligen im Kampf gegen die Mauren** erhoben wurde. Schließlich soll er schon Mitte des 9. Jh. entscheidend in die Schlacht von Clavijo eingegriffen und als Schwert schwingender Schlächter gezeigt haben, wie man die Feinde besiegt! Ein Vorbild, dem jeder Kämpfer auf den Schlachtfeldern der Reconquista, der Rückeroberung Spaniens, nachzueifern versuchte. Noch heute findet man sonderbare Darstellungen des „Maurentöters Santiago" an vielerlei Kirchen. Beflügelt von all den Pilgerscharen, stieg Santiago de Compostela bald zum **drittwichtigsten christlichen Wallfahrtsziel** im Abendland auf und wurde einzig von Rom und Jerusalem übertroffen.

050bf Foto: ad

Chemin de Saint-Jacques de Compostelle

Voie de Soulac

Littoral Aquitain

Itinéraire Culturel Européen

Eine der Varianten des Jakobsweges läuft nahe der Küste entlang

Pilgerrouten und kulturelle Zentren

Frankreich ist seit jeher Durchzugsgebiet der Pilger gewesen. Schon früh brachten Mönche aus Cluny den Stein ins Rollen und organisierten die ersten internationalen **Pilgerzüge,** die im Laufe des 10. Jh. wesentlich Gestalt annahmen. Später traf sich in Frankreich und Spanien halb Europa auf dem Weg nach Santiago: Deutsche und Holländer, Italiener und Engländer. Im Mittelalter zogen sich mehrere **Hauptpilgerwege durch Frankreich** in Richtung Pyrenäen. Zu den Ausgangs- bzw. Bündelungspunkten gehörten Paris, Le Puy, Vézelay und Arles. Die beiden Hauptpässe über die Pyrenäen waren Ibañeta (1057 m) und Somport (1640 m). Beide Hauptwege vereinten und vereinen sich im navarresischen Puente la Reina westlich von Pamplona.

Die Pilger belebten den **Handel,** sorgten für monumentalen Reichtum und kulturelle Einflüsse aller Art. Entlang der Straßen und Wege ließen regionale Herrscher Klöster, Kathedralen, Krankenhäuser, Kirchen, Kapellen, Hospize und Brücken errichten. Kirchen und Klöster erhielten Schenkungen aus ganz Europa, von denen wiederum Bauwerke und Wallfahrer profitierten. Viele **Klöster** stiegen zu **geistigen und kulturellen Zentren** auf, die Kirche schuf sich eine Position geistlicher und weltlicher Macht. Zu den schönsten **Kirchen** am *Chemin de Saint Jacques* zählt jene von **Oloron-Sainte-Marie,** ein Bauwerk aus dem 12.–14. Jh. mit kunstvoll gearbeitetem Portal und kleinen Kuriositäten wie dem Weihwasserbecken der Aussätzigen (*benitier des lépreux*).

Ein historischer Pilgerbericht

Eindrucksvolles Zeugnis einer Jakobswegtour hin und zurück durch Frankreich mit Wendepunkt am Grab des Apostels legt der 1495 erschienene Pilgerbericht **„Die walfart und Straß zu sant Jacob"** ab (heutiger Nachdruck: „Pilgerführer nach Santiago de Compostela", Nink-Verlag, Solingen), ein höchst amüsantes

Werk. Sein Autor, der Servitenmönch *Hermann Künig van Vach,* beschreibt u.a. den Weg ab Toulouse (Tolosa), gibt diverse Einkehr- und Unterkunftstipps, weist auf unvermeidbare Ausgaben wie den Wegezoll hin und erwähnt den seinerzeitigen „Schusterort" Larceveau. Eine von ihm genannte Meile entspricht etwa 6,1 km:

„Du bist eben 30 Meilen von Tolosa gegangen | Danach findest du ein Dorf über eine Meile und ein Spital | über eine Meile findest du eine Taverne, da musst du den Wein bezahlen | Über eine Meile kommst du nach Salus terra (Anm.: Sauveterre) das merke eben | da musst du von den Gulden Zoll geben | Danach sollst du gehen über eine Brücke | Und sollst dein Säckel mit Coronaten (Anm.: damalige Münzen in Navarra) schmücken | Einen Coronaten musst du geben überzufahren | Auch magst du wohl dein Geld sparen | Über eine Meile findest du ein Spital bei einer Brücke | Wieder über eine Meile sollst du nach Sankt Blasio (Anm.: Saint-Palais) weiterziehen | Danach über eine Meile findest du ein Spital fern | Wieder über eine Meile findest du 4 Tavernen | Da findest du ein Spital, das sollst du nicht verfehlen | Nach 2 Meilen liegt ein Städtlein da macht man Nägel | Die die Brüder in die Schuhe schlagen."

Von Kathedrale zu Kathedrale – moderner Erlebnisurlaub

Der Jakobsweg-Reichtum hat sich in Frankreich in Form von **romanischen und gotischen Bauten** bis heute erhalten. Manche Orte und Städte am Weg wirken unverändert wie Museen unter freiem Himmel. 1998 wurden die französischen Achsen des Jakobsweges von der Unesco zum **Weltkulturerbe** ernannt.

Nicht nur der katholische Glaube versetzt bis in unsere Zeit hinein Berge. Vor dem Hintergrund spiritueller Neuorientierungen, sportlicher Herausforderungen

Land und Leute

und individueller Selbstfindungen in den Hightech- und Hochstressgesellschaften feiert der Jakobsweg als **Wander- und Fahrradroute** seit den 1990er Jahren eine ungeahnte Renaissance. Außerdem ist dies – Hand aufs Herz – eine recht preisgünstige Form des Erlebnisurlaubs, bei dem man Kontakte zu Mitwanderern und Mitradlern aus aller Welt knüpfen kann.

Die Kathedrale in Oloron-Sainte-Marie zählt zu den Highlights am Jakobsweg

Unterwegs auf dem Jakobsweg

Wanderer sollten nicht mehr als **zehn Kilogramm Gepäck** schultern und sich nur mit gut eingelaufenen – keinesfalls brandneuen – **Schuhen** auf den Weg machen. Empfehlenswerte **Wandersaison** ist Frühjahr und Herbst, dies vor allem als Hinweis für jene, die es in wochenlangem Marsch tatsächlich bis nach Santiago de Compostela schaffen wollen. Natürlich braucht man es den Pilgern des Mittelalters nicht gleich zu tun, die seinerzeit auf Schusters Rappen auch wieder zurück in die Heimat mussten. Ab Santiago bieten sich **Flüge** und internationale **Busse** für die Rückkehr in die Heimat an. Auskünfte über die Französischen Jakobswege erteilt:

●**Association de Coopération Interrégionale Les Chemins de Saint Jacques-de-Compostelle,** 4 rue Clémence Isaure, F-31000 Toulouse, Tel. 05 62 27 00 05, www.chemins-compostelle.com.

Die Routen durch Südwestfrankreich

Auf dem Weg zum spanischen Sehnsuchtsziel Santiago de Compostela laufen in Frankreichs Südwesten mehrere Jakobswegstrecken zusammen und ziehen sich in **zwei Hauptachsen** über die Pyrenäen: ab Oloron-Sainte-Marie über den 1640 m hohen Somport-Pass hinab nach Jaca sowie ab Saint Jean-Pied-de-Port über den 1057 m hohen Ibañeta-Pass Richtung Roncesvalles und Pamplona. Die Strecke über den Pyrenäenpass Ibañeta ist die meistbegangene Variante und längst nicht so kräfteraubend wie die Strecke über den Somport. Im Winter kann der Somport-Pass wegen Eis und Schnee gesperrt sein.

Von Nord nach Süd zieht sich die aus Tours herführende Jakobswegvariante **Via Turonensis** durch Südwestfrankreich. Sie führt durch die Weinbaugebiete um Blaye und durch Bordeaux und weiter über Labouheyre, Dax und Peyrehorade nach Ostabat. Dort vereint sich die Via Turonensis mit der **Via Lemovicensis** (aus Périgueux, Bazas, Mont-de-Marsan, Orthez, Sauveterre-de-Béarn, Saint-Palais) und der **Via Podiensis** (aus Cahors, Condom, Aire sur l'Adour). Die bei Ostabat verschmelzenden Achsen ziehen sich nun als eine einzige nach Saint Jean-Pied-de-Port und zum Ibañeta-Pass.

Weiter östlich vereinen sich in Oloron-Sainte-Marie die **Via Tolosana** (aus Toulouse, Auch, Lescar) und der **Pyrenäenweg** (aus Carcassonne, Saint-Lizier, Lourdes), ehe es hinaufgeht zum Pass von Somport.

Eine Sonderrolle nimmt der **Küstenweg** ein, der sich mit dem in diesem Buch beschriebenen Zielen deckt und seit jeher von Engländern, Holländern und Nordfranzosen benutzt wird. Allerdings setzten Sand und Sümpfe den Altvordern zu. Als Anhaltspunkt dient **Soulac-sur-Mer,** dann geht es gen Süden bis zur französisch-spanischen Grenze über folgende Stationen: Hourtin, Carcans, Lacanau, Lège-Cap Ferret, Biganos, Le Teich, Biscarrosse, Mimizan, Aureilhan, Moliets, Capbreton, Bayonne, Biarritz, Saint Jean-de-Luz und **Hendaye.**

Der Pilgerweg in Spanien

Von den Pyrenäenübergängen bis Santiago de Compostela verbleiben etwa 760 km (Ibañeta) bzw. 858 km (Somport). Das Netz der spanischen **Pilgerherbergen** ist vorzüglich ausgebaut und setzt die Benutzung eines **Pilgerausweises** zwingend voraus. Dieser Pilgerausweis ist bei diversen Jakobusweggesellschaften im deutschen Sprachraum erhältlich, u.a. bei:

●**Deutsche St. Jakobus-Gesellschaft,** Tempelhofer Straße 21, D-52068 Aachen, Tel. 0241 47 90 127, Fax 47 90 112, www.deutsche-jakobus-gesellschaft.de.

●**Fränkische St. Jakobus-Gesellschaft,** Ottostr. 1 – Kilianeum, D-97070 Würzburg, www.jakobus-gesellschaften.de.

●**Freundeskreis der Jakobuspilger – Hermandad Santiago Paderborn,** Am Niesenteich 9, D-33100 Paderborn, Tel. 05251 4625, www.jakobusfreunde-paderborn.eu.

●**Sankt-Jakobusbruderschaft Düsseldorf,** Lützowstr. 245, D-42653 Solingen, nur Fax 0212 81 57 47, www.jakobusbruderschaft.de.

●**St. Jakobusbruderschaft Trier,** Krahnenufer 19, D-54290 Trier, nur Fax 0651 94 51 217, www.sjb-trier.de.

Literaturtipps

Zum Jakobsweg gibt es mittlerweile eine riesige Bandbreite an Literatur. Mehrere Wanderführer durch Frankreich hat *Hein-*

rich Wipper verfasst (Dumont aktiv; „Der Jakobsweg von Trier nach Le Puy", „Wandern auf dem französischen Jakobsweg Via Podiensis"). Als Reisebegleiter für Ziele jenseits der Pyrenäen empfiehlt sich der im REISE KNOW-HOW Verlag erschiene Band **„Nordspanien und der Jakobsweg".** Mit Legenden und mysteriösen Geschichten stimmt das im Innsbrucker Tyrolia-Verlag erschienene Lesebuch **„Geheimnisse am Jakobsweg"** auf die Ziele ein. Beide sind vom Autor dieses Reisehandbuchs verfasst worden. **„Abenteuer Jakobswege in Frankreich"** heißt ein schöner, preisgünstiger Bildband, der die maßgeblichen Strecken und Monumente vorstellt. Die Fotos stammen von *Martin Schulte-Kellinghaus* und *Erich Spiegelhalter,* die Texte von *Andreas Drouve;* erschienen ist der Band im Stürtz-Verlag, Würzburg (www.verlagshaus.com).

Auf Jakobswegliteratur hat sich der **Versandbuchhandel Zentgraf** spezialisiert (In den Böden 38, D-97332 Volkach, Tel. (09381) 4492, Fax (09381) 6260, www.jakobuspilger-zentgraf.de).

Auf der Homepage von „Aquitanien-Tourismus" (www.tourisme-aquitaine.fr) werden die verschiedenen Wegstrecken im Südwesten Frankreichs kurz vorgestellt (inklusive downloadbarer Broschüre).

Für die praktische Reisevorbereitung eignen sich entweder einschlägige Wanderbücher (guter Überblick unter www.amazon.de) oder spezielle **Wanderführer** (topoguides), die auf Französisch erschienen und per Internet auf der Homepage der Französischen Wandervereinigung (*Fédération Française de la Randonnée Pédestre,* www.ffrandonnee.fr) zu bestellen sind. Zu den Strecken auf dem Weg nach Santiago de Compostela („Sentier vers Saint-Jacques-de-Compostelle") kommen einige Bände in Betracht, darunter „Le Puy – Figeac", „Figeac – Moissac", „Moissac – Ronceveaux" und „Vézelay – Montréal-du-Gers".

236elf Foto: ad

Ins Pflaster eingelegte Jakobsmuscheln zeigen in Bordeaux den Verlauf des Jakobsweges durch die Innenstadt an

hört, etwas außerhalb des in diesem Buch beschriebenen Gebietes, zum Flusstal der Vézère, das sich wiederum Wiege des **Cro-Magnon-Menschen** nennt – und der war bekanntermaßen kein Geringerer als ein Extremtypus des frühen Homo sapiens sapiens!

In direkter Abstammungslinie des Cro-Magnon-Menschen könnten die Basken stehen, die sich selbst die **„ältesten Europäer"** nennen. Warum? Weil, so wollen sie glaubhaft machen, sie sich diesseits und jenseits der Pyrenäen aus sich selbst heraus entwickelt haben. Andere Theorien besagen, dass sie von anderen Völkern aus Osteuropa bis zu den Pyrenäen getrieben wurden oder aus dem vorderindogermanischen Volk der Liguren hervorgegangen sein könnten. Wie dem auch sei, ihre wahre Herkunft und die ihrer **Sprache Euskera** (⇨Exkurs „Euskera – baskische Sprache im Baskenland") geben bis heute Rätsel auf. Die historischen Siedlungsgebiete der Basken umfassen Teile des Départements Pyrénées-Atlantiques sowie die spanischen Autonomen Gemeinschaften Baskenland und Navarra. Ihrer Sonderrolle entspricht es, dass sie nach wie vor ein unverwechselbares **folkloristisches Gut** pflegen. Die ersten fassbaren Zeugnisse dieses Volkes weisen auf Zeiten vor etwa 10.000 bis 8000 Jahren. Im Zuge ihrer religiösen Praktiken (Totenkult) hinterließen sie monumentale Steinkonstruktionen in Gestalt von Dolmen und Menhiren.

Römer und Franken

Auf ein längeres Gastspiel der Kelten im ersten vorchristlichen Jahrtausend folgten die Römer und zementierten nach den letzten großen Eroberungszügen 56 v. Chr. unter *Julius Caesar* ihre Macht. Es dauerte nicht lange, bis Bordeaux, das vormalige „Burdigala", zum Dreh- und Angelpunkt der bis an die Loire heranreichenden **römischen Provinz Aquitanien** aufstieg. In überschwänglichem Rückblick bezeichnen manche das Bordeaux jener Ära als „das kleine Rom". Die römische Herrschaft auf französischem Boden währte ein gutes halbes Jahrtausend.

Den Römern folgten im 5. Jh. die Westgoten, die sich bald darauf von den Franken abgelöst sahen. Im Jahre 507 trug *Chlodwig I.,* **Begründer des Frankenreiches,** bei Poitiers den entscheidenden Sieg über die Westgoten davon und sicherte sich und den Seinen die Gebiete zwischen Loire und Garonne.

235sf Foto: ad

Land und Leute

Darstellung Karls des Großen
auf einem Buntglasfenster
in der Kapelle der Festung von Lourdes

Karl Martell und seine Streiter bewahrten 732 durch die Schlacht von Tours und Poitiers das Frankenreich vor den feindlichen Mauren, die nur zwei Jahrzehnte zuvor weite Teile der Iberischen Halbinsel unter ihre Kontrolle gebracht hatten. Mit Martell (688–741) setzte der Aufstieg der **karolingischen Dynastie** ein, dank des

Statue von Heinrich IV.
vor dem Schloss von Pau

historischen Sieges war die Großmachtstellung des **Fränkischen Reiches** gesichert. Auf dieser Schiene fuhr Karl der Große (747–814) weiter, König der Franken und Römischer Kaiser. Von Expansionseifer gezeichnet, erweiterte er das Imperium bis zum Oberlauf des Ebro. Allerdings mussten seine Kämpfer 778 bei der legendären Schlacht von Roncesvalles eine empfindliche Niederlage einstecken. In den Pyrenäen, oberhalb von Saint Jean-Pied-de-Port, geriet die von Roland angeführte Heeresnachhut in einen tödlichen Hinterhalt. Ob es Basken oder Mauren oder beide mit vereinter Kraft waren, ist im Dunkel der Geschichte verhüllt geblieben. Eine weitere Episode ist für Lourdes verbürgt. Laut Überlieferung hatten sich die Mauren nach der Schlacht von Tours und Poitiers auf das Felsenkastell zurückgezogen und lebten dort Jahrzehnte in Ruhe, bis die Armee Karls des Großen auftauchte. Der Monarch ordnete die Belagerung an, doch das Geschehen nahm letztlich einen unblutigen Ausgang. Gegen Zusicherung vielfacher Privilegien nahm Maurenführer Mirat den christlichen Glauben an und gab die Burg friedlich aus der Hand.

Unwesentlich später diente das historische Siedlungsgebiet der Basken ganz anders gesonnenen Durchzüglern: **Jakobspilger** machten sich auf den Weg zum Apostelgrab nach Santiago de Compostela. Für Bedrohung von außen sorgten gelegentliche Einfälle von Normannen, so 848 in Bordeaux.

Wirren des Mittelalters

Von innen heraus sah sich Frankreichs Südwesten im Mittelalter nicht als geschlossener Block, was sich durch die Teilung in die beiden **Herzogtümer Aquitanien und Gascogne** ausdrückte. Mitte des 11. Jh. wurden sie vereint, das politische Fahrwasser schien ruhiger.

Ein Jahrhundert später kam es jedoch zu ganz **neuen Machtkonstellationen.** Nach Annullierung der 1137 in Bordeaux geschlossenen Ehe zwischen Frankreichs König *Ludwig VII.* (1120–80) und *Eleonore von Aquitanien* (1122–1204) verlor der Herrscher die reiche west- und südwestfranzösische Erbschaft Eleonores. Doch das war nicht alles. Eleonore, die nebenbei die Troubadourdichtung maßgeblich beeinflusste, schloss einen neuerlichen Bund fürs Leben: diesmal mit *Heinrich Plantagenet* (1133–89), Graf von Anjou und aufgrund seines Erbes ab 1154 König *Heinrich II.* von England.

Somit fielen **weite Teile Frankreichs an England** und bewirkten dauerhaft schwelende Konflikte, eine Stadt wie Bayonne blieb gleich drei Jahrhunderte unter feindlicher Herrschaft. Was nicht heißt, dass die lokalen Autoritäten darüber besonders unglücklich waren – denn die Engländer waren weit weg, wenn es um die Beschneidung der örtlichen Freiheiten ging. Eleonore von Aquitanien war im Übrigen Mutter von **Richard Löwenherz** (1157–99), der in jungen Jahren die Herzogswürden von Aquitanien und Poitiers annahm. Ab 1189 verteidigte Richard I. Löwenherz den englischen Festlandsbesitz gegen den französischen König *Philipp II. August.* Später war Aquitanien besser bekannt unter dem Namen Guyenne.

Englands Festlandsbesitz in Frankreich war Auslöser des **Hundertjährigen Krieges** (1337/39–1453), der auf französischem Boden Bauernaufstände und Machtkämpfe des Adels mit sich brachte. Im Bordeaux des 14. Jh. bezog *Eduard „der Schwarze Prinz",* Sohn von Englands König *Eduard III.,* sein Quartier und startete erfolgreiche Kriegs- und Beutezüge. Die von *Jeanne d'Arc* (um 1410–31) bewirkte **Befreiung von Orléans** führte zur Wende und schließlich zum Sieg der Franzosen im Hundertjährigen Krieg. Erst Mitte des 15. Jh. kamen Städte wie das seinerzeit bereits vom Weinhandel geprägte Bordeaux und auch Bayonne wieder in französische Hand. In Castillon-la-Bataille ruft alljährlich das pompöse Historienschauspiel „Bataille de Castillon" das Ende des Hundertjährigen Krieges ins Gedächtnis.

Glaubenskriege und Absolutismus

Siegesgestärkt durch den letztendlichen Erfolg im Hundertjährigen Krieg, richtete Frankreich in der frühen Neuzeit sein Augenmerk auf weitere territoriale Gewinne und schuf die Basis absolutistischer Strukturen. Die aus Pau gebürtige *Johanna von Albret* (1528–72) führte den **Calvinismus** ein, dem rasch ein eisiger Wind entgegenstrich. Die Glaubenskonfrontationen eskalierten, bald schlugen sich die Franzosen gegenseitig gegen die Köpfe ein.

Land und Leute

Im Zeichen des Kreuzes standen sich Katholiken und Hugenotten (calvinistische Protestanten) gegenüber, 1562 begannen die **Hugenottenkriege.**

Als besonders tragischer Markstein ist die **Bartholomäusnacht** („Pariser Bluthochzeit") in die Geschichte eingegangen. Damals, 1572, waren die Hugenotten um Admiral *Gaspard de Coligny* anlässlich einer außergewöhnlichen Hochzeit zusammengekommen: die des ursprünglich protestantischen und aus Pau gebürtigen *Heinrich von Navarra* (später König *Heinrich IV.,* 1553–1610) mit *Margarete von Valois.* Auf Geheiß *Katharina von Medicis* wurden Coligny und die Seinen zu Tausenden ermordet.

Zu Beginn der französischen Königsherrschaft **Heinrichs IV.,** 1589, fiel die vormalige südwestfranzösische Vizegrafschaft Béarn offiziell an die Krone. Wenige Jahre später trat Heinrich IV. offiziell zum **Katholizismus** über („Paris ist eine Messe wert") und wahrte damit Frankreichs nationale Einheit. Indes gewährte er den Hugenotten durch das 1598 erlassene Edikt von Nantes **freie Religionsausübung,** was nicht gleichbedeutend war mit dem Ende des Glaubensstreits. Zu Zeiten von *Ludwig XIII.* (1601–43) war der umtriebige **Kardinal Richelieu** (1585–1642) vor allem darauf bedacht, die Sonderstellung der unliebsamen Hugenotten zu beseitigen. Mit dem Fall des hugenottischen La Rochelle erreichten die Konflikte 1628 einen neuerlichen traurigen Höhepunkt. Richelieu ließ ihnen im Gnadenedikt von

Alès (1629) zumindest die kirchliche Organisation. Wenige Jahre später griff er in den **Dreißigjährigen Krieg** (bis 1648) ein und bekämpfte die Übermacht des Hauses Habsburg.

Richelieus Politik stand ganz im Zeichen des Absolutismus und ließ König **Ludwig XIV.** (1638–1715) in ein gemachtes Nest fallen. Der Leitspruch des „Sonnenkönigs" hat Geschichte gemacht: „L'État c'est moi" (Der Staat bin ich). Mit dem Aufbau einer mächtigen Kriegsflotte, der Ausweitung des französischen **Kolonialreiches,** diversen Eroberungskriegen sowie schier unübertrefflichem **höfischem Prunk** an der Heimatfront durfte sich Ludwig XIV. fürwahr auf der Sonnenseite des Lebens fühlen.

Nach langen kriegerischen Jahren mit Spanien bescherte ihm der 1659 bei Hendaye geschlossene **Pyrenäenfriede** territoriale Zugewinne in Form von Roussillon und Artois. An den Pyrenäenfrieden war ein Heiratsvertrag geschlossen, der sogleich erfüllt wurde: In Saint Jean-de-Luz ehelichte Ludwig XIV. die spanische Infantin **Maria Theresia,** Tochter des spanischen Königs *Philipp IV.* Diese Heirat sollte den Weg frei machen für spätere **Erbansprüche des Hauses Bourbon** auf den spanischen Thron.

Trotz des Hochzeitsschauplatzes Saint Jean-de-Luz dümpelte Frankreichs Südwesten dennoch eher als Randregion durch die Zeiten, das Scheinwerferlicht der Geschichte richtete sich vor allem auf Paris und Versailles. Mit der 1678 erfolgten Ernennung von Baumeister *Sébastien le Prestre de Vauban* (1633–1707) zum Generalinspekteur des Festungswesens erhielten zahlreiche Zitadellen – wie jene in Blaye und Saint Jean-Pied-de-Port – eine unverwechselbare Gestalt.

Finanzdesaster und Revolution

Was mit politisch-kultureller Vorherrschaft in Europa begann, endete zu Beginn des 18. Jh. im Desaster: Ludwig XIV. hinterließ zerrüttete Staatskassen. Gleichwohl hielt sein Nachfolger *Ludwig XV.* (1710–74) an Verschwen-

Das Girondistendenkmal in Bordeaux

Napoléon Bonaparte stammte aus Korsika

Land und Leute

dungssucht und aufwendiger Kriegspolitik fest, territoriale Verluste und Mätressenwirtschaft riefen seine Kritiker auf den Plan. Allerdings traten die Vertreter der Aufklärung nicht in geschlossener Front gegen Monarchie und katholische Kirche auf. Während des **Siebenjährigen Krieges** (1756–63) ging es um den Kolonialkonflikt zwischen **Briten** und Franzosen, wobei Erstgenannte klar die Oberhand behielten und überseeische Besitztümer in Indien und Nordamerika an sich rissen.

Die politisch-gesellschaftliche Großwetterlage änderte sich mit der **Französischen Revolution** 1789; der Sturm auf die Bastille am 14. Juli jenen Jahres wird noch heute als hochheiligster **Nationalfeiertag** begangen. Nach Ausrufung der Republik wurden König *Ludwig XVI.* und seine Frau *Marie Antoinette* ebenso hingerichtet (1793) wie maßgebliche Vertreter der **Girondisten,** benannt nach jenen Abgeordneten aus dem Département Gironde, die zu den gemäßigten Republikanern der Französischen Revolution gehörten. Das große Girondistendenkmal in Bordeaux ruft bis heute jene düsteren Ereignisse ins Gedächtnis, auf die der machthungrige *Maximilien de Robespierre* (1758–94) hingearbeitet hatte – doch der Lauf der Geschichte rächte sich, er wurde selbst hingerichtet. Bereits zu Zeiten der Revolution stellte Paris mit über einer halben Million Einwohnern alles andere in den Schatten; auf Rang zwei der Bevölkerungsstatistik folgte Lyon, immerhin auf Platz drei Bordeaux.

Napoléon – Wahn und Untergang

Kleiner Mann ganz groß und größenwahnsinnig: Der aus dem korsischen Ajaccio stammende *Napoléon Bonaparte* (1769–1821) hatte bereits eine glänzende Militärkarriere hinter sich, als ihm der Staatsstreich von 1799 oberste Machtbefugnisse bescherte. Sein Aufstieg verlief unaufhaltsam, 1804 krönte er sich in Paris zum **„Kaiser der Franzosen".** Was folgte, waren Napoléons goldene Herrscher- und Expansionsjahre. Europaweit trieb es ihn und die Seinen an die verschiedensten Fronten, er selbst befehligte Aufgebote von hunderttausenden Soldaten. Ein ums andere Mal war Frankreichs Südwesten Truppendurchlaufstation.

Seine Geschwister setzte der selbsternannte Kaiser an diversen Schaltzentralen der Macht ein. Sein ältester Bruder *Joseph* fungierte 1808–13 als König Spaniens, *Louis* wurde König von Holland, *Jérôme* König von Westfalen, *Caroline* Königin von Neapel, *Elisa* Fürstin von Lucca und Piombino. Napoléons Anfang vom Ende läutete der Russlandfeldzug ein, der 1812 mit dem Untergang der „Großen Armee" endete. 1813 folgte die verheerende **Niederlage in der Völkerschlacht bei Leipzig,** 1814 dankte er zwangsweise ab und wurde auf die Insel Elba verbannt. Noch einmal, im März 1815, kehrte Napoléon nach Paris zurück, doch drei Monate darauf erlebte er sein Waterloo. Nun brachten ihn die Engländer als Gefangenen auf die Südatlantikinsel Sankt Helena, wo er 1821 sein einsames Leben aushauchte.

Wechselbäder im 19. Jh.

Nach der Ära Napoléon traten im weiteren Verlauf des 19. Jh. Machtkämpfe auf höchster politischer Ebene ebenso zu Tage wie ein verschärfter sozialer Unfriede. Auch einer aus der Napoléon-Dynastie mischte wieder mit: des verbannten Ex-Potentaten Neffe *Charles Louis Napoléon Bonaparte* (1808–73), der dem **Zweiten Kaiserreich** seinen Stempel aufdrückte und 1852–70 als Kaiser *Napoléon III.* den Thron bestieg. Gemeinsam mit seiner Gemahlin *Eugénie* (1826–1920), einer spanischen Grafentochter, wählte er das sturmumtoste südwestfranzösische Atlantiknest **Biarritz als Sitz eines kaiserlichen Palastes** aus – und legte gleichsam den Grundstein für ein Seebad, das bis heute Weltruf genießt und die Geldelite aller Herren Länder anlockt.

Tiefer im Inland trugen sich Ereignisse zu, die von der breiten Öffentlichkeit zunächst unbeachtet blieben. Man schrieb den 11. Februar 1858, als einem jungen Mädchen, *Bernadette Soubirous,* beim Holzsammeln in einer Grotte der Ortschaft **Lourdes** die **heilige Jungfrau Maria erschien** – so ist es verbürgt. Bis Mitte desselben Jahres folgten weitere Erscheinungen, die erst vier Jahre später von der Kirche offiziell anerkannt wurden. Damit war der Weg geebnet zu einem der weltweit bekanntesten Marienwallfahrtsziele. Bis heute verehrt man auch die **heilige Bernadette** (1844–1879).

Zurück zum Kaiserpaar Eugénie und Napoléon III. Dieses trieb sein Land in den **Deutsch-Französischen Krieg** 1870/71. Nach der Gefangennahme Napoléons III. 1870 in Sedan war die Revolution nicht mehr zu stoppen, der linksgerichtete *Léon Gambetta* (1838–1882) rief die Dritte Republik aus – doch aus gesellschaftlicher und wirtschaftlicher Sicht änderte sich so gut wie nichts. Mit seiner Kolonialpolitik in Nordafrika und Indochina fing Frankreich verlorenes Kolonialterrain auf, während in den 1890er Jahren der Finanzskandal um *Lesseps'* missglückten Bau des Panamakanals und die antisemitisch bestimmte Affäre um *Alfred Dreyfus* für politische Beben sorgten.

Schwerer Weg durch das 20. Jh.

Anfang des 20. Jh. kam es zur gesetzlich verankerten **Trennung von Staat und Kirche,** ehe der **Erste Weltkrieg** 1914–18 Elend und Schrecken brachte: allein 1,5 Mio. Tote und drei Mio. Verwundete auf französischer Seite. Aus anderer Sicht gehörte Frankreich zu den Gewinnern, bekam per Versailler Vertrag Elsass-Lothringen zugesprochen und durfte sich einer starken Position im Völkerbund wähnen. In der kurzen Epoche danach sah man Bilder, die in anderen Ländern ähnlich abliefen: Weltwirtschaftskrise, wechselnde Kabinette, Radikalisierung. Zu Beginn des **Zweiten Weltkriegs** 1939–45 sah sich Frankreich zunächst von der deutschen Wehrmacht überrannt, ehe die Landung der Alliierten in der Normandie (1944) die Wende einleitete. Noch 1945 kam es seitens der Alliierten zum verheerenden **Bombardement von Royan,** da man hier deutsche Truppen vermutete.

Land und Leute

Nach **Ende des Zweiten Weltkriegs** trat General *Charles de Gaulle* (1890–1970) Ende 1945 bis Anfang 1946 eine kurzzeitige Präsidentschaft an, dann setzte während der Vierten Republik (bis 1958) ein buntes Wechselspiel von Regierungen ein. Das Jahr 1958 brachte eine neue Verfassung und **General de Gaulle als Ministerpräsident** der Fünften Republik zurück an die Macht (bis 1969).

Die 1959 erfolgte Gründung der **baskischen Terrororganisation ETA** nahm man allenfalls am Rande zur Kenntnis (Ziel der Radikalen war vor allem das diktatorische Franco-Regime im benachbarten Spanien) und konzentrierte sich auf das Wesentlichere: die afrikanischen Kolonien ab Ende der 1950er Jahre in die Unabhängigkeit zu entlassen und gleichwohl seiner internationalen Rolle als **Großmacht** gerecht zu werden. General de Gaulle näherte sich sowohl Deutschland (Deutsch-Französischer Vertrag 1963) als auch den Staaten des Ostblocks an, doch Studententumulte und ein Generalstreik läuteten den Anfang seines politischen Endes ein. 1969 trat de Gaulle zurück.

Sein Nachfolger, der Gaullist *Georges Pompidou* (1911–74), legte die Schwerpunkte seiner Arbeit auf die **wirtschaftliche Modernisierung** des Landes und die Erweiterung der **Europäischen Gemeinschaft.** Pompidous Nachfolger, *Valéry Giscard d'Estaing* (geb. 1926), hielt sich 1974 bis 1981 am höchsten politischen Ruder, Zeit genug für diverse Reform- und Kernenergieprogramme. 1981 nahm der Hochgeschwindigkeitszug TGV seinen Betrieb auf, ein Paradepferd der französischen Hightech. Zu Beginn des 21. Jh. trat Altpräsident Giscard d'Estaing im Übrigen als einer der Väter des **europäischen Verfassungsentwurfs** hervor.

Prägende Gestalt der 1980er und -90er Jahre war der Sozialist **François Mitterrand** (1916–96), während dessen zweiter siebenjähriger Amtszeit das Referendum zum **Vertrag von Maastricht** hauchdünn ausging (51 % Ja- und 49 % Nein-Stimmen). 1995 folgte **Jacques Chirac** (geb. 1932) als neuer Staatspräsident nach, ein Gaullist, der lange Jahre das Amt des Bürgermeisters von Paris inne hatte. Nach den französischen **Atomtestreihen** in der Südsee geriet er zu Beginn seiner Amtszeit ins internationale Kreuzfeuer. Nach dem Wegfall des konventionellen Wehrdienstes (1997) gab es nun Ersatzdienst auf den Gebieten Humanitäre Hilfe, Internationale Kooperation und Sicherheit. Für zwischenzeitlichen Freudentaumel sorgten **Frankreichs Fußballer,** die 1998 im eigenen Land den Weltmeister- und 2000 auch noch den Europameistertitel holten. In den letzten Jahren des Jahrtausends gab es einen steten Wirtschaftsaufschwung zu verzeichnen – Frankreich als Konjunkturlokomotive in der EU.

Frankreich im dritten Jahrtausend

2002 wurde Staatspräsident Jacques Chirac von seinen Landsleuten wiedergewählt; im selben Jahr beginnt Frankreich seine Ära als Euro-Land und führt die 35-Stunden-Woche ein.

Frankreichs
Geschichte im Überblick

- **Etwa 20.000–15.000 v. Chr.:** Im Flusstal der Vézère (Département Dordogne) werden Höhlen von Menschen genutzt; in Grotten wie Lascaux und Font-de-Gaume hinterlassen sie künstlerische Zeugnisse ersten Grades.
- **Ab etwa 8000 v. Chr.:** Erste fassbare Spuren der Basken im Bereich der Pyrenäen
- **Ab etwa 4000 v. Chr.:** Kultische Errichtung von Dolmen und Menhiren
- **1. Jahrtausend v. Chr.:** Ausdehnung der Kelten
- **56 v. Chr.:** Eroberung Aquitaniens (Teil Galliens) zu Zeiten von *Julius Caesar;* Ende der Kelten-Kultur
- **28 v. Chr.:** Burdigala (Bordeaux) steigt zur Hauptstadt der Provinz Aquitania auf.
- **1.–4. Jh. n. Chr.:** Romanisierung und Christianisierung des Landes
- **310:** In Burdigala kommt der Dichter *Decimus Magnus Ausonius* (gest. 395) zur Welt.
- **5. Jh.:** Verstärkte Völkerwanderungen, Ablösung der Römer durch die Westgoten
- **6. Jh.:** Ablösung der Westgoten durch die Franken, 507 unterwirft der fränkische König *Chlodwig I.* das Westgotenterritorium zwischen Loire und Garonne.
- **Beginn 7. Jh.:** Merowinger unterwerfen die Vaskonen und gliedern die Gascogne in Aquitanien ein.
- **732:** Schlacht von Tours und Poitiers, bei der die Truppen von *Karl Martell* die Mauren am weiteren Vordringen nach Zentraleuropa hindern.
- **768:** *Karl der Große* (747–814) wird König der Franken und bleibt es bis zu seinem Tod.
- **778:** Die vom legendären *Roland* angeführte Truppennachhut Karls des Großen gerät in den Pyrenäen in einen tödlichen Hinterhalt; die Geschehnisse gehen später ins älteste französische Heldenepos („Rolandslied") ein.
- **800:** Kaiserkrönung Karls des Großen
- **Ab dem 9. Jh.:** Einfälle von Normannen, u.a. 848 in Bordeaux
- **Anfang 9. Jh.:** Entdeckung des Apostelgrabes von *Jakobus dem Älteren* im nordwestspanischen Santiago de Compostela; Beginn der Pilgerfahrten, die im weiteren Verlauf des Mittelalters durch den Südwesten Frankreichs verlaufen.
- **820:** Unter *Ludwig dem Frommen* wird das Béarn Vizegrafschaft.
- **Mitte 11. Jh.:** Die eigenständigen Herzogtümer Gascogne und Aquitanien vereinen sich.
- **Ab dem 11. Jh.:** Im Zuge des internationalen Jakobswegbooms Bau zahlreicher Kirchen und Klöster auch im Südwesten Frankreichs
- **Ab dem 12. Jh.:** Verbreitung der Troubadourdichtung, maßgeblich beeinflusst von Aquitaniens Herzog *Wilhelm IX.* (1071–1127) und *Eleonore von Aquitanien*
- **1137:** In Bordeaux ehelicht die Erbtochter *Wilhelms X.* von Aquitanien, Eleonore von Aquitanien (1122–1204), König *Ludwig VII.* (1120–80) und bringt als Mitgift u.a. die Gascogne und das Poitou mit ein.
- **1152:** Eleonore von Aquitanien heiratet *Heinrich Plantagenet* (1133–89), ab 1154 König *Heinrich II.* von England. Weite Teile des Landes fallen an England. Beginn langer kriegerischer Zeiten.
- **1157:** Aus der Verbindung Eleonores mit Heinrich II. geht *Richard Löwenherz* (gestorben 1199) hervor, der später den englischen Festlandsbesitz gegen den französischen König *Philipp II. August* verteidigt.
- **1314:** Tod von Papst *Klemens V.,* der in der Stiftskirche von Uzeste beigesetzt ist.
- **1337:** Beginn des Hundertjährigen Krieges zwischen Frankreich und England um die Vorherrschaft in Westeuropa; Kämpfe auch in Südwestfrankreich.
- **1348:** Verheerende Pestepidemie

Land und Leute

- **1362:** *Eduard,* Sohn von Englands König *Eduard III.* und Prinz von Wales, erhält als Herzog von Aquitanien die englischen Besitzungen in Südwestfrankreich und macht Bordeaux zu seinem Stützpunkt.
- **1453:** Ende des Hundertjährigen Krieges, das heute noch beim Historienschauspiel „Bataille de Castillon" nachgestellt wird. Mit dem Ende der englischen Fremdherrschaft gehen Städte wie Bayonne und Bordeaux zurück in französischen Besitz.
- **1527:** *Margarete von Angoulême* (1492–1549), die Schwester von König *Franz I.* von Frankreich, heiratet *Heinrich von Albret.*
- **1562:** Beginn der Hugenottenkriege
- **1572:** Bartholomäusnacht, Anführer des hugenottischen Adels und Tausende von Glaubensgenossen werden ermordet.
- **1582–86:** Der Schriftsteller und Philosoph *Michel de Montaigne* (1533–92) ist Bürgermeister von Bordeaux.
- **1589:** Beginn der Herrschaft König *Heinrichs IV.,* das Béarn fällt an die Krone.
- **1593:** Heinrich IV. tritt zum Katholizismus über, belässt den Hugenotten jedoch freie Ausübung ihrer Religion (Edikt von Nantes, 1598).
- **Ab Anfang 17. Jh.:** Frankreich wird aufstrebende Kolonialmacht.
- **1628:** Fall der Hugenottenhochburg La Rochelle
- **1635:** Gründung der Académie Française
- **1643:** Beginn der Herrschaft des „Sonnenkönigs" *Ludwig XIV.* (1638–1715), Frankreich auf dem Höhepunkt des Absolutismus.
- **1648:** Ende des Dreißigjährigen Krieges
- **1659:** Pyrenäenfrieden zwischen Frankreich und Spanien, gefolgt von der prunkvollen Heirat von Ludwig XIV. und der spanischen Infantin *Maria Theresia* in Saint Jean-de-Luz

- **1678:** *Sébastien le Prestre de Vauban* (1633–1707) wird zum Generalinspekteur des Festungswesens ernannt, zahlreiche Zitadellen (u.a. Blaye) bekommen eine neue Gestalt.
- **1685:** Aufhebung des Ediktes von Nantes, was zur Flucht vieler Hugenotten führt
- **1689:** Auf dem Château de La Brède Geburt des Aufklärers und Staatstheoretikers *Charles de Montesquieu* (gest. 1755); sein Hauptwerk „Vom Geist der Gesetze" erscheint 1748.
- **1756–63:** Siebenjähriger Krieg unter König *Ludwig XV*
- **1789:** Französische Revolution, Sturm auf die Bastille am 14. Juli
- **1792:** Ausrufung der Republik
- **1793:** König *Ludwig XVI.* wird in Paris hingerichtet.
- **1801:** Laut erster offizieller Volkszählung wird Frankreich von 29,4 Millionen Menschen bewohnt.
- **1804:** *Napoléon Bonaparte* (1769–1821) krönt sich selbst zum „Kaiser der Franzosen".
- **1812:** Vernichtender Russlandfeldzug der napoleonischen Truppen, Untergang der „Großen Armee"
- **1815:** Schlacht von Waterloo und Verbannung Napoléons nach Sankt Helena
- **1828:** Der wenige Jahre zuvor aus seiner Heimat Spanien emigrierte Maler *Francisco José de Goya* stirbt in Bordeaux.
- **1854:** Der kaiserliche Palast von Kaiserin *Eugénie* und *Napoléon III.* entsteht in Biarritz, das bald zum Seebad aufsteigt.
- **1858:** Marienvisionen der jungen Bernardette (1844–79) in einer Höhle in Lourdes; mit der kirchlichen Akzeptanz der Erscheinungen (1862) Beginn der Wallfahrten
- **1867:** Erste Reblausplagen, die rund um Bordeaux Weinernten vernichten
- **1870/71:** Deutsch-Französischer Krieg, Ende des französischen Kaiserreiches, Proklamation der Republik

- **1901:** Auf dem Château de Malromé (Département Gironde) stirbt der Maler und Grafiker *Henri de Toulouse-Lautrec*.
- **1914–18:** Erster Weltkrieg; 1,5 Mio. Franzosen sterben, 3 Mio. werden verwundet.
- **1939–45:** Zweiter Weltkrieg
- **1940:** Entdeckung der Höhle von Lascaux (Département Dordogne)
- **1944:** Landung der Alliierten in der Normandie
- **1945:** Bombardement von Royan durch die Alliierten, die dort deutsche Truppen vermuten
- **1945/46:** Kurzzeitige Präsidentschaft von *Charles de Gaulle* (1890–1970)
- **1946–58:** Vierte Republik mit mehr als zwei Dutzend verschiedenen Regierungen
- **1952:** Nobelpreis für Literatur an den aus Bordeaux stammenden Schriftsteller *François Mauriac* (1885–1970)
- **Ab Ende der 1950er Jahre:** Biarritz steigt zu einem der europäischen Top-Surf-Spots auf.
- **1958:** Fünfte Republik, neue Verfassung, *General de Gaulle* wird Präsident und bleibt es bis 1969.
- **1959:** Gründung der baskischen Terrororganisation ETA, Abkürzung für Euskadi ta Askatasuna („Baskenland und Freiheit")
- **1963:** Deutsch-Französischer Vertrag als Zeichen der Aussöhnung
- **1969:** Studentenumulte, nationale Revolte, Rücktritt de Gaulles
- **1969–74:** Präsidentschaft von *Georges Pompidou*
- **1974–81:** Präsidentschaft von *Valéry Giscard d'Estaing*
- **1981:** *François Mitterrand* wird Nachfolger von Giscard d'Estaing.
- **1992:** Referendum zum Vertrag von Maastricht; 51 % Ja- und 49 % Nein-Stimmen
- **1994:** Entdeckung der Höhle von Combe d'Arc mit bis zu 20.000 Jahre alten Tierbildern

- **Ab den 1990er Jahren:** Renaissance des Jakobswegbooms, von der das Tourismusgeschäft in Südwestfrankreich profitiert
- **1995:** *Jacques Chirac* wird Nachfolger von François Mitterrand.
- **1995/96:** Französische Atomtestreihen in der Südsee beschwören weltweite Proteste herauf und führen zum Kaufboykott von Bordeauxweinen.
- **1996:** Tod von Ex-Staatspräsident François Mitterrand
- **1997:** Wegfall des konventionellen Wehrdienstes
- **1998:** Frankreich wird im eigenen Land Fußball-Weltmeister. Der Jakobsweg wird von der Unesco zum Weltkulturerbe erklärt.
- **2000:** Frankreichs Starkicker erringen die Fußball-Europameisterschaft.
- **2002:** Frankreich ist Euro-Land. Beginn der weiteren Amtszeit von Staatspräsident Chirac
- **2003:** Frankreich stellt sich gegen den Irak-Krieg.
- **2004:** Das zwischen Frankreich und Spanien geschlossene Anti-Terror-Bündnis tritt in Kraft und verstärkt die bilaterale Zusammenarbeit von Polizei und Justiz.
- **2005:** Ergebnis des französischen Referendums zur Europäischen Verfassung: mehrheitlich „Nein"
- **2005/2006:** Sozialkrawalle gegen den „Ersteinstellungsvertrag"
- **Seit 2006:** Verhaftung zahlreicher terroristischer Eta-Spitzen in Frankreich
- **2007:** *Nicolas Sarkozy* wird Staatspräsident; Ernennung von Bordeaux zum Weltkulturerbe der UNESCO
- **2008:** Frankreichs „First Lady" wird das Ex-Model *Carla Bruni*; Literaturnobelpreis an *Jean-Marie Le Clézio*; Einführung des Rauchverbots
- **2009/2010:** Die Wirtschaftskrise trifft u.a. die Absatzmärkte der Weinbauern und den Immobilienmarkt

Land und Leute

Eine stärkere bilaterale Zusammenarbeit mit Spanien führt zu zahlreichen Festnahmen von Mitgliedern der Terrororganisation ETA, eine Tendenz, die bis heute anhält; immer wieder verschanzen sich Terroristen in Frankreich, mieten Wohnungen an und begehen Auto- und Sprengstoffdiebstähle.

Das unter Chirac 2004 in Kraft getretene **Anti-Terror-Bündnis** hat eine weitreichendere Zusammenarbeit von Polzei und Justiz zum Ziel. Dabei geht es nicht nur um das terroristische Netzwerk der ETA, sondern auch um Drogenschmuggel, organisierten Menschenhandel und radikale Auswüchse des Islam. 2005 brechen Sozialkrawalle, Schüler- und Studentenproteste gegen den sogenannten „Ersteinstellungsvertrag" (Contrat première embauche) aus, die sich auch 2006 fortsetzten und nicht zuletzt Ministerpräsident Dominique de Villepin in Bedrängnis brachten. Nach langen Protesten sieht sich die französische Regierung genötigt, dem Druck der Straße zu beugen und ersetzt das umstrittene Gesetz zum Ersteinstellungsvertrag durch eine Initiative zur **Berufsförderung benachteiliger Jugendlicher.**

Bei der 2007 angesetzten Wahl zum Staatspräsidenten sticht der Konservative **Nicolas Sarkozy** seine sozialistische Widersacherin Ségolène Royal aus und folgt auf Chirac; Premierminister wird François Fillon. Der quirlige, umtriebige Sarkozy (Jahrgang 1955) macht nicht nur durch seine eiserne, selbstgerechte Art und die Einführung umstrittener Steuermaßnah-

men auf der Politibühne von sich reden. Nach seiner Scheidung heiratet er 2008 das einstige Fotomodell Carla Bruni, die auch als Sängerin hervorgetreten war – ein gefundenes Fressen für die Regenbogenpresse.

In den ersten Teil der Amtszeit Sarkozys fallen Massenstreiks, die Massenabschiebungen illegaler Einwanderer, die Einführung des Rauchverbots in öffentlichen Gebäuden und Restaurants, der Staatsbesuch von Papst Benedikt XVI. anlässlich des 150-jährigen Jubiläums der Marienerscheinungen von Lourdes (2008) sowie bis 2010 hinein die Auswirkungen der Finanz- und Wirtschaftskrise, die u.a. das Konsumverhalten, den Immobiliensektor und die Absatzmärkte der Bordeaux-Weinbauern empfindlich trifft. Sarkozys Gegenmittel: ein geschnürtes Konjunkturpaket und muntere Optimismusverbreitung.

Wirtschaft

Misswirtschaft und das Beamtentum mit einem unmäßig aufgeblähten behördlichen Wasserkopf spielen bei Frankreichs jüngerer wirtschaftlicher Negativentwicklung eine wichtige Rolle. Die Wirtschaftserträge schrumpfen, werden jedoch weitestgehend von einer soliden Binnennachfrage aufgefangen. Andererseits: Bei der gebremsten Wirtschaftsentwicklung, die durch die internationale Finanz- und Wirtschaftskrise verschärft worden ist, klagt man natürlich auf einem hohen Niveau ...

Land und Leute

057-f Foto: ad

Zum Glück für die Zukunft des Landes liegt Frankreich nicht nur beim Haushaltsdefizit an der EU-Spitze, sondern auch bei den **Geburtenraten.** Nicht zuletzt die ausgezeichnete finanzielle Unterstützung von Familien macht dies möglich.

Unumstößlich größter demografischer und wirtschaftlicher **Ballungsraum** in Südwestfrankreich ist **Bordeaux.** Ein florierender Weinhandel und ein ausgiebiger Dienstleistungs-

Das Fischerhandwerk ist an der Atlantikküste in stetem Rückgang begriffen

sektor gehören ebenso zum Gepräge wie Fahrzeug-, Maschinen-, Apparate-, Nahrungsmittel- und chemische Industrie. Dort, wo es Arbeit gibt, herrscht dichte Besiedlung: im Großraum Bordeaux.

Über den **traditionellen Weinhandel** hinaus haben sich in Aquitanien pfiffige Geschäftsleute neue Geldquellen erschlossen. Im Aufschwung steht die **Kaviarproduktion.** Auf landwirtschaftlichem Sektor pflanzt man häufig **Mais und Sonnenblumen** an, im Hinterland (vor allem in den Pyrenäen) spielen **Rinder- und Schafzucht** noch eine wichtige Rolle. Fischfang hat an Boden verloren, viele Gründe sind schlichtweg überfischt.

Größere **Fischerhäfen** findet man heute noch in Arcachon, Capbreton/Hossegor und Saint Jean-de-Luz.

Eine lukrativere Einnahmequelle bedeutet der **Tourismus,** auf den nicht zuletzt viele Menschen auf dem Land setzen. Um in Krisenzeiten konkurrenzfähig zu bleiben, müssen vielerorts die Preise gesenkt und „Sonderangebote" offeriert werden.

Die **Arbeitslosigkeit** bewegt sich gegenwärtig im Bereich der Zehn-Prozent-Marke.

Gravierendes Problem ist und bleibt die **Jugendarbeitslosigkeit,** die sich im Landesdurchschnitt auf über 20 %

Stellensuchende unter 25 Jahren beläuft; Maßnahmenpakete der Regierung haben bis heute nicht entscheidend gegriffen. Jungen Hochschulabsolventen bleibt oft nichts anderes übrig, als sich bis auf Weiteres als Briefträger, Verkäufer oder Hamburger-Bräter in Fast-food-Tempeln zu verdingen.

Bevölkerung

Über **Aquitanien** verteilen sich etwa **3 Mio. Menschen,** was im Südwesten des Landes einer Bevölkerungsdichte von etwa 70 Einwohnern pro km² entspricht. Innerhalb Aquitaniens ist das Département Gironde das am dichtesten besiedelte. Hier konzentrieren sich

Schafzucht spielt nach wie vor eine Rolle

allein 750.000 Menschen auf den Großraum Bordeaux. Zum Vergleich: Pau, Hauptstadt des Départements Pyrénées-Atlantiques, bringt es gerade einmal auf etwa 85 000 Einwohner.

Erhebungen zufolge verteilen sich rund 3,5 Mio. Ausländer über das Land, was einem Bevölkerungsanteil von etwa 6 % entspricht. Besonders stark sind Portugiesen, Algerier und Marokkaner vertreten, ferner Italiener, Spanier und Tunesier. Ganz deutlich erkennbar wird das Multikulti-Miteinander in der südwestlichen Metropole Bordeaux, wesentlich stärker indes in der Hauptstadtregion Ile-de-France.

Ein Randvölkchen besonderer Art sind die Basken, die im westlichen Teil des Départements Pyrénées-Atlantiques leben. Schätzungen zufolge kann man im Südwesten Frankreichs von **etwa 100.000 Basken** ausgehen, wobei etwa fünf- bis sechsmal so viele auf der spanischen Seite des Baskenlands leben. „Eingefleischte" Basken pflegen nach wie vor ihre **eigene Sprache und Volkskultur.** Weitere sprachliche Besonderheit ist das nach wie vor in der Gascogne anzutreffende **Gascognisch.**

Annäherungen an die Mentalität

Die Mentalität der Franzosen im Südwesten des Landes entspricht gemeinhein den gemäßigteren Breiten Mitteleuropas – doch sollte man sich hüten, drei Millionen Menschen samt ihren Empfind- und Befindlichkeiten über einen Kamm zu scheren! Manche geben sich herzerfrischend offen, andere verschlossen und unzugäng-

lich. Ältere sind oftmals häuslich und finden sich allenfalls zu einem gesetzteren geselligen Beisammensein bei Rotwein und guter Küche ein, während sich Jüngere gern in ihren Disco- und Fiesta-Rausch stürzen – vor allem während der Sommermonate, wenn es aus einigen regelrecht herausbricht.

Franzosen sind eines bestimmt nicht: verkrustet, verklemmt oder prüde. *Plaisir* (Vergnügen) und *amour* (Liebe) sind vielbesungen und werden oft handfest praktiziert, ob in längerer Beziehung oder als One-night-stand. Vor der Ehe tobt man sich nach Herzenslust aus und fackelt nicht lange, bis das Sofa wackelt. Oder die Zeltwand.

Der **französischen Freizügigkeit** entsprechen die Gepflogenheiten an manchen Stränden, wo man raushängen lässt, was – der Ästhetik wegen – besser in Hose und Badeanzug gehörte. Andererseits pflegen viele Franzosen **Stil und Eleganz,** man denke nur an die Einkehr in feine Schlemmertempel. Allen Franzosen ist gemein, dass sie ihren Hauptferienmonat August regelrecht zelebrieren und während der Urlaubszeit nicht unnötig sparen. Dann genießt man besonders sein Gläschen Rotwein oder Pastis, den Kaffee oder das frisch gezapfte Bier zwischendurch. Endlich kann man sich Zeit nehmen für die Familie, für die umfangreichen Freizeitaktivitäten – während man übers Jahr genauso unter Strom und Stress steht wie im nördlicheren Europa.

Gemeinhin zeichnen sich Franzosen durch eine **höfliche, zuvorkommende und verbindliche Art** aus. Das gilt

Land und Leute

gleichermaßen für Senioren wie für Kinder und Jugendliche. Der häufige Gebrauch von „danke" *(merci)* und „bitte" *(s'il vous plaît* in der Siez- und *s'il te plaît* in der Duz-Form) gehört zu den Selbstverständlichkeiten des guten Tons.

Gern schaltet man von den Schnelllebigkeiten des Alltags ab, trifft sich im Café oder in der Brasserie auf einen Espresso oder Wein. Auch die Gabe, sich lange zum Tafeln niederzusetzen und in der ausgedehnten Speisefolge zwischen Aperitif und Käse nicht zu knausern, versinnbildlicht das **Savoir-vivre.** Ob ein Zusammenhang besteht zwischen diesem typisch französischen Lebensstil und der außeror-

Kaum einem Reisenden dürfte entgehen, dass Franzosen mit Talent und Geschmack ihr besonderes Faible für die **Ausgestaltung ihrer Orte** pflegen: mit reichlich Blumentöpfen und bunten Blütengehängen an Fassaden, Plätzen und Brückengeländern. In ausgiebiger Dekorationsfreude kleidet man Garageneinfahrten und ganze Häuserfassaden in einen grünen Mantel, pflegt Türklopfer alten Stils und setzt ein Plätzchen oder eine Gasse mit verschnörkelten Laternchen ins rechte Licht.

Kunst und Architektur

Für Kunst- und Kulturschübe hat seit jeher der zum Weltkulturerbe ernannte Jakobsweg gesorgt, an dessen verschiedenen Achsen sich bedeutende **Abteien und Kirchen** wie an einer Perlenschnur aufreihen. Als einer der Höhepunkte der romanischen Kirchenbaukunst sticht die Kirche des Hôpital Saint Blaise hervor. Auf dem von Soulac-sur-Mer nach Hendaye verlaufenden Küstenweg nahm das von seiner gotischen Kathedrale überragte Bayonne die Jakobspilger auf, während Bordeaux als bedeutende Station auf der Inlandsachse „Via Turonensis" lag. In Aquitaniens größter

dentlich hohen Lebenserwartung, kann allerdings nur vermutet werden. Wie dem auch sei: Frankreichs Männer werden durchschnittlich über 76 und Frauen gar 84 Jahre alt – europäische Spitzenwerte! Kinder schließt man ins Herz, der Nachwuchs ist gern gesehen und trifft vielerorts vorzügliche Spielplätze an.

Einen Großteil der Franzosen zieht es im Hauptferienmonat August an die Küste

Land und Leute

Traditionen der Basken – Kraftsport, Pelota und eingängliche Rhythmen

Die spinnen, die Basken – mag man meinen, wenn man als Zaungast archaische Landsportwettbewerbe dieser Kraftmenschen erlebt. Zu den befremdlichen Disziplinen gehören Steinestemmen und Baumstammzerlegen, Tauziehen und Milchkannenlaufen. Warum solch wunderliche Dinge, die man gern mit den Worten „force basque" („baskische Kraft") bündelt und als große Veranstaltung ankündigt? Weil die Basken Naturmenschen und traditionsgemäß in bäuerlichem Umfeld aufgewachsen sind. Klar, dass man sich dereinst im Anschluss an vollbrachtes Tageswerk nach Freizeitgestaltung sehnte. Waren die Bäume gerodet, die Felder bestellt und die Tiere im Stall, kamen Fragen nach Freizeitspaß und Zeitvertreib auf. Wer konnte am besten mit Milchkannen sprinten, wer die dicksten Steine heben, wer am schnellsten sensen? So wurden sportliche Wettstreits geboren, die bis heute ihr neugieriges Publikum finden. Im Sommer fechten die baskischen Provinzen sogar ihr **Force-basque-Championnat** aus ...

Die sonderbare Spezies der **Steinestemmer** (bask. *harrijasotzailes*, franz. *leveurs des pierres*) gehört nicht gerade zu den Federgewichten. Wer sechs Zentner und mehr auf die Schultern wuchten will, muss selbst gut im Futter stehen und ähnelt mit seinen Fleisch- und Muskellandschaften einem Verschnitt aus Gouverneur *Schwarzenegger* und Sumo-Ringer.

Filigraner als die *harrijasotzailes* kommen die **Baumstammzerleger** (bask. *aizkolaris*, franz. *coupeurs des troncs*) daher, die meterlange Stämme zu Kleinholz zertrümmern. Millimetergenau hämmern sie die messerscharfen Klingen zwischen ihren Füßen ins vorab gerindete Holz und

stehen dabei auf Trittbrettern, die in den Stamm eingelassen sind – ein kurioser Anblick, denn sie arbeiten sich Schlag für Schlag und Span für Span von oben nach unten. Was bedeutet, dass sie ein paar Meter über dem Boden in schwindelnden Höhen beginnen, während die Fußstützen bedrohlich vibrieren. Holzfällerakrobatik à la basque ...

Zur schweißtreibenden Force-basque-Show zählen ferner der Wettkampf der **Milchkannenläufer** (bask. *txinga*, franz. *course de bidon de lait*) mit ihren bleischweren Gewichten an Händen sowie das **Tauziehen** (bask. *soka-tira*, franz. *tir à la corde*) zwischen zwei Teams.

Schmuggel im spanisch-französischen Grenzgebiet und Flucht vor den Zöllnern sind die Ursprünge des kuriosen **„Schmuggler-Crosslaufs"** (*cross des contrebandiers*) am dritten Sonntag im August im Pyrenäendorf Sare. Heute schicken die Dörfer der Grenzregion ihre besten Läufer an den Start – jeder ausstaffiert mit einem acht Kilogramm schweren „Schmugglersack"! Dem entgegen steht die Softie-Variante des weniger ernst gemeinten *lancer de bérets*, **Weitwurf der Baskenmütze** ...

Haudraufdisziplin par excellence ist der baskische Nationalsport Pelota (franz. *pelote*), ein **Schlagballspiel**, das in mehreren Variationen mit Gummi- oder Lederbällen praktiziert wird: mit einem Handschuh samt bananenförmiger Fang- und Wurfröhre aus Weidengeflecht und Leder (*chistera*), diversen knochenschweren Holzrackets (*pala, pala corta, paleta*) oder gar mit der blanken Hand (*main nue*). Pelota ist eine (Sport-)Wissenschaft für sich, das Fachvokabular gewöhnungsbedürftig und an dieser Stelle längst nicht zu Ende! Die

060sf Foto: ad

bis zu 900 Gramm schwere Handschuh-Röhren-Kombi z.B. kann groß oder klein sein *(petit chistera* bzw. *grand chistera)* und wird bei unterschiedlichen Spielarten wie *cesta punta, chistera, joko garbi* und *rebot* eingesetzt.

Fast jedes Dorf verfügt über ein eigenes Spielfeld, den **Fronton.** Die Spezialisten unterscheiden diverse Stätten, die den unterschiedlichen **Spieldisziplinen** dienen: die einfache Open-air-Mauer auf dem freien Platz *(place libre;* hier u.a.: *pala, main nue),* das überdachte Feld mit Einbezug aller vier Wände *(trinquet;* hier u.a. *main nue, paleta),* den kleineren überdachten oder unüberdachten Drei-Wand-Fronton *(mur à gauche;* hier u.a. *pala, joko garbi, main nue)* sowie den größeren überdachten Drei-Wand-Fronton *(jaï alaï;* hier u.a.

cesta punta und *main nue).* Alles klar? Falls nicht: einfach ansehen und auf den Seitentribünen mitjubeln! Oder mitleiden. Kein Match *main nue* geht schmerzfrei ab, die Bälle wiegen knapp hundert Gramm. Pflaster mögen da allenfalls das Gröbste lindern! Hier glühen die Handflächen rot, nach Jahren gnadenloser Matches haben sich bei Pelota-Profis – auch die gibt es, und zwar gut bezahlt – längst die Finger gekrümmt! In manchen Spielanlagen ist der Boden ein wenig gefedert bzw. mit Holz ausgelegt, ansonsten hat man es mit einer knallharten Betonspielwiese zu tun.

Der baskische Nationalsport Pelota wird in großen Hallen (frontons) gespielt

Das **Pelota-Spielprinzip** ist denkbar einfach und dem des **Squash vergleichbar.** Man nehme einen Ball und schleudere ihn zwischen die markierten Linien der Stirnwand. Nun ist der Gegner gefordert und befördert ihn nach maximal einer Bodenberührung auf die gleiche Fläche zurück, wobei er sämtliche Wände mit einbeziehen kann – ein kräftezehrendes Hin und Her bis zum Punktgewinn. Im Gegensatz zu Squash spielt man Pelota auch im Doppel. Manch einer spricht vom baskischen Nationalsport als dem **schnellsten Ballspiel der Welt.** Mit der *chistera* erreichen die Bälle die höchsten Geschwindigkeiten, die Spieler tragen daher Helme.

Auf der Suche nach den **Wurzeln des Pelota-Spiels** spannt sich der Bogen der Geschichte weit zurück. Zu Zeiten der Römer nannte man den Sport *pila,* im alten Frankreich *jeu de paume.* Schon der römische Dichter *Vergil* und Frankreichs König *Heinrich IV.* sollen exzellente Spieler gewesen sein. In früheren Zeiten bekriegte man sich mit Bällchen aus Leder und Wolle, meist unter freiem Himmel und mit der bloßen oder handschuhbedeckten Hand. Später wurden Gummibälle eingeführt, die Weiterentwicklung brachte Mitte des 19. Jh. die *grand chistera* ans Licht. Pelota ist bei mehreren Olympiaden Demonstrationssportart gewesen. Überdies ermittelt man regelmäßig seine Weltmeister, die nicht selten aus Nord-, Mittel- und Südamerika kommen. Im Zuge baskischer Emigration hat sich das Spiel dorthin ausgedehnt – von den USA über Mexiko bis Argentinien.

Pelota-Spieler gehören durchweg zur Kategorie der grobmotorischen Dauerknüppler. Mit sanften Stoppbällchen gewinnt man hier die wenigsten Punkte, allenfalls beim *main nue.* So steht die raue Disziplin – ähnlich wie der Landsport – gleichsam als **Sinnbild für ein grobes**

baskisches Wesen. Doch dahinter verbirgt sich nicht selten ein weicher Kern, den wiederum Tänze und samtig-weiche Gesänge symbolisieren mögen. So wie der grazile Begrüßungs- und Ehrentanz *(aurresku)* und der Auftritt eines Verseschmieds *(bertsulari).* **Verseschmiede** sind seit Urzeiten bekannt und tragen in sanften, eingängigen Tönen improvisierte Sprechgesänge vor, die zwischen Schalk und Sozialkritik pendeln. Dabei folgen sie strengen Reim- und Metrikregeln und haben bei der mündlich tradierten Überlieferung der baskischen Sprache eine ganz besondere Rolle gespielt.

Der Gebrauch der **Sprache** (⇨Exkurs „Euskera – baskische Sprache im Baskenland"), ist ebenso als Ausdruck baskischer Eigenständigkeit zu verstehen wie das Hissen der **eigenen Fahne,** der *ikurriña.* Auf rotem Hintergrund, Symbol für das Volk, sieht man ein grünes und ein weißes Kreuz, die als Sinnbilder für Gesetz und christlichen Glauben stehen.

Auf **musikalischem Gebiet** heben sich die baskischen Traditionen ebenfalls bewusst von anderen ab. Mit dem *txistu* zaubert man hohe Flötenklänge hervor, mit seiner *trikitixa* gibt der Akkordeonspieler den rhythmischen Ton an.

Stadt haben die Kirchenfürsten einst monumentale Bauten vorangetrieben: zwischen dem 11. und 15. Jh. die Kathedrale Saint André, im 14. und 15. Jh. die Basilique Saint Michel, im 18. Jh. den Erzbischofspalast Palais Rohan.

Andernorts legen gigantische **Festungsanlagen** Zeugnis von kriegerischen Zeiten ab – aber auch von einer einzigartigen architektonischen Blüte! Allen voran jener von Baumeister *Sébastien le Prestre de Vauban* (1633–1707), dessen Aufstieg 1678 mit der Ernennung zum Generalinspekteur des Festungswesens begann. Auf Vauban gehen ausgeklügelte Zitadellen wie Blaye zurück. Vielfältige **Burgen und Schlösser** runden die architektonischen Bilder vergangener Zeiten ab – ob das im 14. Jh. begonnene Château von Pau oder eine kleinere Anlage wie das von *Eugène Viollet-le-Duc* um 1860 konzipierte Château d'Antoine d'Abbadie bei Hendaye. Ebenfalls auf die zweite Hälfte des 19. Jh. geht die Wallfahrtsbasilika in Lourdes zurück. Zu den Zeugnissen der **moderner Architektur** zählt das spiegelverglaste „Welt-Weinzentrum", die Cité Mondiale du Vin in Bordeaux.

Mit Bordeaux sind einheimische Maler wie **Odilon Redon** (1840–1916) und **Albert Marquet** (1875–1947) ver-

Die Kathedrale von Bayonne

Land und Leute

06i2sf Foto: ad

knüpft. Vier Jahre vor seinem Tod kehrte der spanische Maler, Lithograf und Radierer **Francisco José de Goya** (1746–1828) seiner spanischen Heimat den Rücken und fand im Zentrum von Bordeaux eine neue Bleibe: am Cours de l'Intendance Nummer 57. Zeitgenossen, die sich, wie König *Fernando VII.* in seinem Spanien, grenzenlose Autorität anmaßten, widerten ihn an. Konsequent distanzierte er sich von den Auswüchsen des Absolutismus, innerlich und geografisch. Das bekannteste Werk aus seiner französischen Epoche schuf er ein Jahr vor seinem Tod: das impressionstisch anmutende „Milchmädchen von Bordeaux", *La Laitière*. 1919 wurden Goyas sterbliche Reste nach Spanien überführt.

Mit dem bei Langon gelegenen Château de Malromé ist der Maler und Grafiker **Henri de Toulouse-Lautrec** verbunden, der auf dem Schloss im Jahre 1901 sein junges Leben aushauchte. Toulouse-Lautrec, einem alten Adelsgeschlecht entstammend und früh zum Krüppel geworden, wurde nicht einmal 37 Jahre alt.

In Bayonne machte später der Maler und Kunstsammler **Léon Bonnat** (1833–1922) von sich reden, auf den sich die bedeutende Sammlung des dortigen Musée Bonnat gründest.

Gebürtig in Mont-de-Marsan war der Bildhauer **Charles Despiau** (1874–1946), der jahrelang mit *Auguste Rodin* zusammenarbeitete; ein Teil seiner Werke ist in seiner Heimatstadt im Musée Despiau-Wlérick zu sehen. In der Tradition der Impressionisten sah sich **Georgette Dupouy** (1902–92), der heute ein Kunstzentrum in der Thermalstadt Dax gewidmet ist. Aus Dax stammte auch der Maler **Léon Gischia** (1903–91), dessen Werke in der örtlichen Chapelle des Carmes gezeigt werden.

Literatur

Zu den frühen literarischen Aushängeschildern des französischen Südwestens zählen der aus Burdigala (Bordeaux) gebürtige römische Dichter **Decimus Magnus Ausonius** (310–95) sowie der aus der Dordogne stammende Schriftsteller und Philosoph **Michel de Montaigne** (1533–92), der sogar einige Jahre lang das Bürgermeisteramt von Bordeaux bekleidete. Darüber hinaus kam im Mittelalter die **Troubadourdichtung** auf, zu deren wichtigsten Vertretern der aquitanische Herzog *Wilhelm IX.* (1071–1127) gehörte.

Auf dem südlich von Bordeaux gelegenen Château de La Brède kam 1689 **Charles de Montesquieu** zur Welt

Das Schloss von Pau zählt zu den trutzigsten Anlagen in Frankreichs Südwesten

Land und Leute

(gest. 1755), der sich im Laufe des 18. Jh. einen Namen als Schriftsteller, Aufklärer und Staatstheoretiker machte. Auch einem guten Tropfen seiner Heimat schien er nicht abgeneigt zu sein und schrieb: „Die Luft, die Trauben und der Wein von den Ufern der Garonne sind ein ausgezeichnetes Gegenmittel gegen Melancholie."

Untrennbar mit Cambo-les-Bains verbunden ist der französische Dramatiker **Edmond Rostand** (1868–1918; „Cyrano de Bergerac"), der lange Jahre in der heute besuchbaren und von herrlichen Gärten umgebenen Villa Arnaga lebte und arbeitete. Hendaye ist als Sterbeort des aus Rochefort gebürtigen Romanciers und Marineoffiziers **Pierre Loti** (eigentlich *Julien Viaud,* 1850–1923; „Roman eines Kindes", „Islandfischer", „Madame Chrysanthème") verzeichnet, während der aus Pau stammende Erzähler und Lyriker **Paul-Jean Toulet** (1867–1920) in Guéthary verstarb. In Ciboure stößt man auf die letzte Ruhestätte des

063sf Foto: ad

Schriftstellers **Pierre Benoit** (1886–1962; „Das Fräulein von La Ferté", „Der Jakobsbrunnen"), dem in Saint Paul-les-Dax ein eigenes kleines Museum gewidmet ist.

In der moderneren literarischen Reihe stehen gleich mehrere aus Bordeaux stammende „große Tiere" des französischen Kulturbetriebs: der Dramatiker **Jean Anouilh** (1910–87; „Becket oder die Ehre Gottes", „Seltsame Vögel"), der Lyriker, Drehbuchautor und Romancier **Jean Cayrol** (1911–2005 „Die Fremdkörper", „Die kalte Sonne") sowie **François Mauriac** (1885–1970). Mauriac verfasste Romane wie „Natterngezücht" und „Der Aussätzige und die Heilige" und erhielt 1952 den Literatur-Nobelpreis; sein Sohn **Claude Mauriac** (1914–96) trat als Journalist, Romancier und Kritiker hervor.

Stimmen der Begeisterung

Immer wieder hat Reisende und Literaten gerade Frankreichs Südwesten in ihren Bann gezogen. Im Deutsch jener Ära zeichnete der deutsche Philosoph **Wilhelm Freiherr von Humboldt** (1767–1835) im Jahre 1801 sein poetisches Bild von Biarritz: „Was man von einer schönen Meeresansicht erwarten kann, findet sich hier vereint, mahlerische Gestalten eines felsigen Ufers in der Nähe und ein unbeschränkter Blick auf die ungeheure Fläche." Später schwärmte der Franzose **Henri Beyle Stendhal** (1783–1842) in Bordeaux vom „Schauspiel der Hafentätigkeit und all den vielen Schiffen, die jeden Tag aus allen Teilen der Welt einlaufen". Sein Landsmann und Zeitgenosse **Victor Hugo** (1802–85) lobte sowohl Bayonne („Die Stadt könnte nicht anmutiger gelegen sein") als auch Biarritz („Ich wüsste keinen Ort, der reizvoller und herrlicher wäre") und schwärmte auch von Bordeaux in höchsten Tönen: „Das moderne Bordeaux strahlt Größe aus wie Versailles, das alte Bordeaux atmet Geschichte wie Antwerpen." Selbst Vergleiche mit Paris brauchte die Stadt nicht zu scheuen, folgt man den 1870 entstandenen Notizen von **Émile Zola** (1840–1902): „Hier im Café de Bordeaux und auf den Bürgersteigen am Theater geht es zu wie auf dem Boulevard des Italiens in Paris."

Mit einer speziellen weingespeisten Bordeaux-Begeisterung hielt der US-Amerikaner **Henry James** (1843–1916) nicht hinterm Berg: „Als Umschlagplatz des besten Weines der Welt ist es wahrhaftig eine heilige Stadt – geweiht dem Kult des Bacchus in diskretester Form." Den begnadeten deutschen Schriftsteller **Kurt Tucholsky** (1890–1935) ließen die Bergblicke nicht los: „Von der Terrasse der Place Royale in Pau über die Ebene zu sehen – auf die Gebirgskette der Pyrenäen: das ist wie eine Symphonie in A-Dur." **Wolfgang Koeppen** (1906–96) wiederum hatten es „schöne Straßen und charmante Plätze" in Bordeaux angetan.

Dörfliches Steinhaus im Blütenmeer – dafür haben die Franzosen etwas übrig

Land und Leute

191sf Foto: ad

Bordeaux und Umgebung

192sf Foto: ad

066sf Foto: ad

Place de la Bourse in Bordeaux

Kaminpanorama in Bordeaux

In Talmont, einem malerischen Städtchen
an der „Grünen Route"

Bordeaux

⇗ V/C2-3

Überblick

Weingärten ohne Ende, dazwischen der Dreh- und Angelpunkt Bordeaux mit seiner langen Geschichte als Zentrum des südwestfranzösischen Weinhandels. **Aquitaniens Hauptstadt** sticht als einzige Metropole in Südwestfrankreich hervor und bietet alles, was das Städterherz begehrt: Museen und Monumente, Shoppingpflaster und Altstadtwinkel, Nightlife, Märkte und erlesene Restaurantadressen.

Die Metropole an der Garonne wurde einst in sumpfigem Gebiet auf einem subterranen Wald aus Eichenpfählen erbaut und ist heute enorm weit ausgeufert. Noch heute pflegt man hier die geflügelten Sätze bekannter Literaten. „Nehmen Sie Versailles, fügen Sie Antwerpen hinzu und Sie haben Bordeaux", so zitiert man gerne *Victor Hugo* (1802–85). Und *Henry James* (1843–1916) schrieb über die Weinmetropole: „Als Umschlagplatz des besten Weines der Welt ist es wahrhaftig eine heilige Stadt – geweiht dem Kult des Bacchus in diskretester Form."

Orientierung

Für Autofahrer gestaltet sich das Zurechtfinden in Bordeaux nicht allzu schwierig, da die Stadt von einem weitläufigen **Autobahnring** (ausgeschildert als „rocade") umschlossen wird. Auf dem Weg Richtung City orientieren sich Autofahrer am besten am Lauf der **Garonne,** einen guten Orientierungspunkt bietet die zentrale

Bordeaux

Flussbrücke **Pont de Pierre**. Tagesausflügler mit eigenem fahrbaren Untersatz sollten einen **Parkplatz im Uferbereich** nahe der Esplanade des Quinconces wählen, Übernachtungsgäste nach Möglichkeit eine Unterkunft mit hauseigenem Stellplatz oder Garage buchen.

Auch wenn es auf den ersten Blick nicht den Anschein hat, lassen sich die maßgeblichen städtischen Highlights in einem Kurzprogramm (und vereinzelt unterstützt von einer Straßenbahnfahrt) **an einem Tag zu Fuß** ansteuern – bei ausgedehnten Museumsbesuchen braucht man natürlich mehr Zeit. Die wesentlichen Sehenswürdigkeiten liegen in einem weiten Viereck mit folgenden Begrenzungen: Jardin Public im Norden, Garonne im Osten, Cours Victor Hugo im Süden und Hôtel de Ville (Palais Rohan) im Westen der Innenstadt. Im engeren Zentrumsbereich durchstreift man **traditionsreiche Stadtviertel** (*quartiers*): das Quartier des Chartrons (altes Weinhändlerviertel zwischen Jardin Public und Garonne), das Quartier de Saint-Michel (um die Basilique Saint-Michel), das Quartier Sainte-Croix (um die Abteikirche Sainte-Croix), das Quartier Saint Eloi (Bereich Rue Saint James) und das Quartier des Grands Hommes (um die Place des Grands Hommes), das Quartier de l'Hôtel de Ville (um das Rathaus).

Bordeaux wird oft etikettiert als Tummelplatz des wohlsituierten Bürgertums vergangener Zeiten. Oder als moderne Kultur-, Kongress- und Weinmetropole. Allerdings sei nicht verschwiegen, dass es auch abgewracktere **Gegenden** gibt, in denen man die Abrissbirne oder zumindest tonnenweise frische Farbe herbeisehnt. Kleiner Survivaltipp für den Alltag: **Vorsicht, Straßenbahnen!** Ob von links oder rechts. Daran ist heute nicht mehr jeder gewöhnt. In Bordeaux hat das Transportmittel Straßenbahn (*tramway*) eine ausgiebige Wiederbelebung erfahren.

Girondistendenkmal

Geschichte und Gegenwart

Die Fäden der Historie des antiken **Burdigala** – später Bordeaux, abgeleitet von *bord d'eaux* (Wasserufer) – spinnen sich in keltische Zeiten zurück. Strategischer Pluspunkt war stets die Garonne, über die sich Waren problemlos Richtung Atlantik transportieren ließen.

Ab 56 v. Chr. brachte die römische Herrschaft einen maßgeblichen Aufschwung des Handelszentrums mit sich; auf die alten Römer soll der Beginn des lukrativen Weinbaus zurückgehen. Zu römischen Zeiten war Bordeaux als „kleines Rom" Kardinalpunkt der Provinz Aquitanien, später auch **Hauptstadt des gleichnamigen Herzogtums.** 848 war das Jahr eines großen Normanneneinfalls.

Im Jahre 1137 heirateten in der Kathedrale König *Ludwig VII.* und *Eleonore von Aquitanien.* Zwischen Mitte des 12. und Mitte des 15. Jh. zählte die Garonne-Stadt zu den französischen Besitzungen Englands, Schuld war Eleonores zweite Ehe mit *Heinrich Plantagenet,* als *Heinrich II.* später König von England. Im 14. Jh. startete der englische „Schwarze Prinz" von hier aus zu seinen Beutezügen. Erst das **Ende des Hundertjährigen Krieges** (1453) brachte Bordeaux wieder in ruhigeres politisches Fahrwasser, obgleich die Engländer den Ortsansässigen zuvor zahlreiche Privilegien zugestanden hatten. Ende des 16. Jh. bekleidete der Schriftsteller und Philosoph *Michel de Montaigne* (1533–92) einige Jahre lang das städtische Bürgermeisteramt.

Im Mittelalter hatte die Jakobswegvariante **„Via Turonensis"** für Auf-

Treffpunkt Office de Tourisme

Franzosen haben eine sichere Hand für die Vermarktung ihrer Errungenschaften und Stätten. Die Bordeauxweine sind eine, die Aktivitäten des Fremdenverkehrsamtes von Bordeaux eine andere Geschichte. Jeden Morgen um 10 Uhr werden vom lokalen Office de Tourisme **Rundgänge** bzw. **Rundfahrten** angeboten, um Besuchern die Schönheiten der Stadt näherzubringen. Ein gutes, zweistündiges Kompaktprogramm zu fairem Preis. Darüber hinaus arrangiert man **Boots- und Radtrips,** leitmotivisch **geführte Touren** im Stil von „Goya in Bordeaux" und „Mauriac in Bordeaux" sowie **Ausflüge in die Umgebung** mit Besuchen von Weingütern, inklusive Verkostung. Neu hinzugekommen ist das Pauschalangebot „Bordeaux découverte" zur **Entdeckung der Metropole:** zu festem Preis zwei Nächte im Doppelzimmer in einem Zwei-, Drei- oder Viersternehotel, zwei Besichtigungen, darunter eine Stadtführung und eine Weintour, ein Pass für den kostenlosen Eintritt in die wichtigsten Baudenkmäler und Museen sowie eine Fahrkarte für die freie Nutzung der öffentlichen Verkehrsmittel.

● **Informationen und Reservierungen im Office de Tourisme,** 12 cours du XXX Juillet, Tel. 05 56 00 66 00, Fax 05 56 00 66 01, www.bordeaux-tourisme.com.

schwung im Pilgerbusiness gesorgt. Viele Wallfahrer Richtung Santiago de Compostela machten im Hospital Saint-James Station und bewunderten die Portale der Kathedrale Saint André. Allerdings kam nur den höchsten Gästen die Ehre zu, die Kathedrale durch das Königsportal zu betreten. Anziehungspunkte der Gläubigen waren ferner die Abtei Sainte-Croix, die Basilika Saint-Seurin und die in gotischem Stil begonnene Basilika Saint-Michel mit ihrem 114 m hohen Glockenturm.

„Wir sind in Bordeaux angekommen, der Luxus ist enorm", berichtete *Rochefoucauld* in seiner „Voyage en France" (1781–83). Kein Wunder, denn im Laufe des 18. Jh. hatte man das Stadtbild ohne Unterlass verändert und an allen Ecken und Enden herausgeputzt: mit prachtvollen Plätzen, Alleen und Herrenhäusern. Für kontinuierlichen Wohlstand sorgten Hafen und (Übersee-)Handel. **Reeder und andere Finanzmagnaten** gaben sich ein munteres Stelldichein, an den Ufern der Garonne machten stolze Dreimaster fest, stattliche Flotten liefen in die Kolonien aus. Für ein ungewollt tragisches Intermezzo sorgten Abgeordnete der Girondisten, gemäßigte Republikaner der Französischen Revolution, von denen rund zwei Dutzend hingerichtet wurden.

Zwischen dem Ende des 18. und Beginn des 20. Jh. stieg die **Einwohnerzahl von Bordeaux** von rund 80.000 auf 250.000, in unseren Tagen kann man im Großraum von etwa 750.000 ausgehen (Kerngebiet etwa 220.000).

Somit ist rund ein Viertel aller Bewohner Aquitaniens in oder um die Garonne-Stadt ansässig, darunter zahlreiche Studenten, die der Stadt junges Leben einhauchen. Die Statistik besagt, dass 40 Prozent der Zuzüglinge der Altersstufe der 24- bis 40-jährigen angehören.

Besuchern bietet sich ein kontrastreiches und zuweilen gegensätzliches Miteinander. **Gepflegte Prachtmeilen** wechseln sich mit erstaunlich toten und alles andere als scheckheftgepflegten Gassenzonen ab, Cafés und Brasserien bürgen für typisch französischen Lebensstil.

Kaum einem wird entgehen, welch polyglotten Charakter die Stadt trägt. Schwarz- und Nordafrikaner haben hier ebenso eine Heimat gefunden wie Portugiesen und Spanier. Für Beschäftigung sorgen der Dienstleistungssektor und die zahlreichen Industrien von Chemie über Nahrungsmittelproduktion bis Apparate- und Maschinenbau. Im nördlich der Innenstadt gelegenen Viertel Le Lac konzentriert sich ein modernes Kongress- und Messegelände mit adäquatem Hotelangebot. Insgesamt bietet Bordeaux eine stattliche Anzahl von rund 170 Hotels mit über 5500 Gästezimmern.

In jüngerer Vergangenheit haben die Stadtsanierer ein besonderes Augenmerk auf die Kais und das dortige Großreinemachen von städtebaulichen Altlasten gelegt – was Bordeaux ein freundlicheres, einladenderes Gepräge beschert hat. Die Flusspromenaden sind wahre Vorzeigeansichten, parallel rollt die Straßenbahn.

Schwung ins Rathaus hat ein alter politischer Bekannter gebracht: Bürgermeister *Alain Juppé,* der frühere französische Außen- und Premierminister. Dass er wegen einer Parteispendenaffäre zu einer Bewährungsstrafe und zu einem vorübergehenden Ämterverbot verurteilt worden war – nun ja, darüber breitet man in Bordeaux lieber den Mantel des Schweigens.

Etwa drei Millionen Besucher kommen jährlich nach Bordeaux, das in die Liste des **Weltkulturerbes** der UNESCO aufgenommen worden ist: die Anerkennung für den Wert und die Einheit des Kulturerbes einer Stadt, die auf einen Reichtum von annähernd 350 historischen Bauwerken blickt.

Sehenswertes

Quartier des Chartrons

Nördlich der historischen Altstadt taucht man ins Viertel **Chartrons** ein, wo sich die Grossisten einst am Bordeaux-Wein gesund stießen und ihren Wohlstand mit Fassaden und kunstvollen Balkonen herauskehrten. Der Name des Viertels geht auf Kartäusermönche (Chartreux) zurück, die Ende des 14. Jahrhunderts auf der Flucht vor Kriegswirren aus dem Périgord kamen und sich in Bordeaux niederließen.

Im Bereich der Rue Notre Dame stehen Antiquare in den Fußstapfen der geschäftigen Weinhändler von einst. Bedeutendes Bauwerk an der Rue Notre Dame ist die **Église Saint-Louis des Chartrons,** ein neogotischer Kirchbau, der die Handschrift des Bordelaiser Architekten Pierre-Charles Brun trägt und 1880 geweiht wurde. Im Innern des weiten Kirchenraums fällt der Blick auf die Glasfenster, die Szenen aus dem Leben Jesu (in der Apsis) sowie zahlreiche Heilige zeigen, darunter den Namensgeber des Gotteshauses, Frankreichs König Ludwig IX. den Heiligen. Eine der Darstellungen zeigt ihn auf Kreuzzug.

Als natürliche Orientierungslinie im Chartrons-Viertel dienen die Straße Quai des Chartrons und das Flussufer der Garonne. Ganz in der Nähe erhebt sich die **Cité Mondiale du Vin,** das „Welt-Weinzentrum", mit seinen Kongress- und Konferenzhallen und einem reichlich sterilen Vorplatz. Mit seiner modernen Architektur und der spiegelverglasten Front hat die Cité Mondiale das homogene Bild des Viertels aufgemischt – nicht gerade zum Vorteil, sagen die Kritiker. Um beim Wein im Bilde zu bleiben: Es gibt auch ein **Weinmuseum** in der Rue Borie 41 (Musée du Vin et du Négoce, tägl. 10–18 Uhr, donnerstags auch Abendbesuche bis 22 Uhr; www.mvnb.fr).

Nördliche Flussuferzone und Cap Sciences

Es lohnt sich, ab dem Chartrons-Viertel der Flussuferstraße ein Stück nordwärts zu folgen, ob mit der Straßenbahn oder zu Fuß. Dort setzen sich dank der umfangreichen Stadtbereinigungsmaßnahmen die Jogging- und Flanierpromenaden fort. „Les Hangars

193sf Foto:ad

des Quais – Quai des Marques" heißt ein großer Einkaufskomplex, wo sich viele Geschäfte auf Outlet-Ware spezialisiert haben (Mo. geschl.). Schließlich ist das Cap Sciences erreicht, ein wissenschaftlich-technologisches Zentrum, das den Rahmen für Wechselausstellungen abgibt (Quai de Bacalan, Hangar 20, Di.–Fr. 14–18 Uhr, Sa. und So. 14–19 Uhr; www.capsciences.net).

Spiegelfront der Cité Mondiale du Vin

Zentrale Flussuferzonen

Bordeauxs innerstädtische Flussuferzonen erstrecken sich von der Höhe des Chartrons-Viertels (Quai des Chartrons) bis zum **Pont de Pierre,** einer langgestreckten und vielbogigen Steinbrücke vom Beginn des 19. Jh. Dazwischen, an der Uferstraße, liegen zwei große Plätze, die dem Stadtbild ihren Stempel aufdrücken und an wichtige Citybereiche anbinden: die säulenflankierte Esplanade des Quinconces und die Place de la Bourse. In den künstlichen, flachen Wassergärten steht bei Windstille das Spiegelbild der Place de la Bourse – besonders schön bei Dunkelheit. In der Nähe, am Ponton Richelieu, starten je nach Jahreszeit Boote zu Flusstouren (promenades fluviales).

Die Flussuferbereiche und Wiesenflächen südlich der Pont de Pierre (in Richtung Pont Saint-Jean) sind zum Treffpunkt vieler junger Sportfans erwachsen.

Esplanade des Quinconces

Die Esplanade des Quinconces öffnet sich zwischen Allées de Bristol und Allées de Munich als 12 ha umfassendes Freiplatzrechteck, das auf das **Monument aux Girondins** zuläuft. Das monumentale Denkmal ist von Bassins und Bronzeskulpturen umzogen, wurde 1894 bis 1902 errichtet und erinnert an die zu Zeiten der Französischen Revolution ermordeten Girondisten. Die zentrale Säule steigt rund 50 m in den Himmel von Bordeaux. Die Freiheitsstatue sprengt symbolisch die Ketten, im Unterbereich stiebt Pferden das Wasser aus den Nüstern. Das Skulpturenwerk auf der Esplanade runden Statuen des Literaten und Philosophen Michel de Montaigne (1533–92) sowie des Aufklärers und Staatstheoretikers Charles de Montesquieu (1689–1755) ab, beides bildhauerische Werke von Louis Maggesi.

Erbaut an der Stelle eines vormaligen Schlosses, bietet die Esplanade des Quinconces heute eine stratetisch günstige Verbindung zum Cours du XXX Juillet mit der **Touristeninformation** und weiter zur Place de la Comédie mit dem Grand Théâtre. Flusswärts ebnet ein Brückenstück ab der Esplanade den Weg über Fahrbahn und Straßenbahnschienen zur breiten Promenade hin.

Place de la Bourse

Die Place de la Bourse, der Börsen-Platz, ist ein architektonisches Glanzstück aus dem 18. Jh. und wurde später mit dem Brunnen der drei Grazien versehen. Sein vormaliger Name Place Royale, „Königlicher Platz", verweist auf die monarchistisch geprägte Ideologie, auf der seine Anlage fußte. Väter der Idee waren Stadtchef Claude Bouchet und der Architekt Jacques Gabriel. Der Marquis de Tourny und Gabriels Sohn Jacques-Ange setzten das Werk fort. Das Börsen- und das einstige Zollgebäude klammern den Platz ein, verleihen ihm ein geschlossenes Bild und eine majestätische Ansicht.

Musée National des Douanes

An der Place de la Bourse Nr. 1 findet man den Eingang zum Musée National des Douanes, dem **Zollmuseum,** das die Geschichte des französischen Zollwesens anschaulich aufbereitet.

●**Musée National des Douanes,** Di.–So. 10–18 Uhr; www.musee-douanes.fr.

Porte Cailhau

Zwischen Place de la Bourse und Pont de Pierre gelangt man an die Porte Cailhau, ein einstiges Stadttor mit baulichem Ursprung Ende des 15. Jh. Die Skulptur in der Außenansicht zeigt König Charles VIII. Aus einer Höhe von über 20 m bietet sich ein schöner Rundblick.

194sf Foto: ad

● **Porte Cailhau,** nur zwischen Anfang Juni und Ende September tägl. 14–19 Uhr.

Rund um den Jardin Public

Bordeauxs grünes Herz schlägt zwischen Cours de Verdun und Rue de la Course: in Gestalt des Jardin Public, eines rund 10 ha großen **Parks,** der sich zum vielbefahrenen Cours de Verdun mit einem Zaungitter abschirmt, dem goldene Spitzen aufsitzen. Die Anlage dieses nett aufbereiteten Kleinods geht auf die Mitte des 18. Jh. zurück. Hier lässt sich der Großstadttrubel

rasch vergessen, große Kastanienbäume spenden Schatten. Jogger drehen ihre Runden, der Nachwuchs tobt sich beim Fußball auf den Wiesen aus, Einheimische und Auswärtige legen auf Bänkchen und Wiesenflächen eine wohlverdiente Pause ein. Ein ausgedehnterer Streifzug durchs Grün führt an den zentralen Enten- und Schwanenteich. Hier nehmen Kinder Wippen und Klettergerüste in Angriff, Mini-Bootstouren führen um die „Insel". Eingegliedert in das unregelmäßig geformte Parkfünfeck sind das Musée d'Histoire Naturelle und ein kleiner Botanischer Garten. Der Park ist zwischen den Morgen- und Abendstunden frei zugänglich, zu einer Rast zwischendurch lädt die Orangerie ein.

Schmuckvolles Zaungitter am Parc Public

Musée d'Histoire Naturelle

Im Naturgeschichtlichen Museum gibt es eine **zoologische Sammlung** und regional bedeutsame **Fossilien** zu sehen. Seit 1862 ist das Museum im Hôtel de Lisleferme untergebracht, einem Prunkbau vom Ende des 18. Jh. Es gibt immer wieder auch Wechselausstellungen, die sich thematisch um die Naturgeschichte drehen. Bei Redaktionsschluss wegen Renovierungsarbeiten bis voraussichtlich 2012 geschlossen.

Palais Gallien

Etwas abseits des Stadtparks, bei der Rue du Docteur Albert Barraud, liegt der Palais Gallien, der Relikte aus dem römischen Burdigala bewahrt. Das Amphitheater brachte es auf eine Länge von 130 und eine Breite von 110 Metern und konnte bis zu 15.000 Besucher fassen. Öffnungszeiten: nur Anfang Juni bis Ende September tägl. 14–19 Uhr.

Musée d'Art Contemporain

Zwischen Stadtpark und Garonne kommt man in der Rue Ferrère Nr. 7 am Musée d'Art Contemporain (CAPC) vorbei, dem **Museum für Zeitgenössische Kunst.** Den interessanten und vorbildlich restaurierten Museumsrahmen bildet ein riesiges Lager *(Entrepôt Réel des Denrées Coloniales)*, in dem sich noch im 19. Jh. Kolonialwaren stapelten. Der Fundus des Museums konzentriert sich auf die Zeit seit den 1970er Jahren und umfasst mehr als 700 Werke aus den Berei-

195sf Foto: ad

Bordeaux

chen Malerei, Bildhauerei, Installationen und Video. Vertreten sind etwa 140 internationale Künstler, darunter *Richard Long* und *Mario Merz.* In ständig neuen Zusammensetzungen werden Teile der Sammlung gezeigt, hinzu gesellen sich wechselnde Ausstellungen.

● **Musée d'Art Contemporain,** Di.–So. 11–18 Uhr, mittwochs bis 20 Uhr. Der Eintritt in die ständige Sammlung ist frei.

Herzstücke der City

Grand Théâtre

Innenstädtischer Nabel und idealer Ausgangspunkt für einen Bummel durch einen Teil der weitläufigen Fußgängerzonen ist die **Place de la Comédie,** an der sich die prächtige Säulenfront des Grand Théâtre erhebt. Bordeaux großes Theater, kulturelles Aushängeschild par excellence, geht auf das Ende des 18. Jh. und einen Entwurf des Architekten *Victor Louis* zurück; im April 1780 wurde das Haus mit einer Aufführung von *Jean Racines* biblischem Drama „Athalie" eingeweiht. Die Kolonnaden erinnern an einen griechischen Tempel, nicht fehlen darf reiches Skulpturenwerk in Form der neun Musen und der drei Göttinnen Venus, Juno und Minerva. Hinter der neoklassizistischen Fassade hält sich die gute alte Epoche mit entsprechendem Dekors lebendig. Im Grand

Théâtre finden – vom Ballett über die Oper bis zur Komödie – zahlreiche, vielfältige Aufführungen statt. Über geführte Theaterbesuche informiert das nahe Office de Tourisme am Cours du XXX Juillet Nr. 12; hier kann man sich gleichzeitig einen Stadtplan besorgen. An den Theaterplatz grenzt das in historischen Gemäuern untergebrachte Prachthotel „The Regent", moderne Akzente setzt die Straßenbahn.

Église Notre-Dame

An der Place de la Comédie verlaufen die breiten, Mitte des 18. Jh. angelegten Allées de Tourny nordwestwärts Richtung Place de Tourny. Die unscheinbarere Rue Mautrec hingegen leitet auf den Vorplatz der Église Notre-Dame, einer zwischen 1684 und 1707 errichteten Kirche mit skulpturenreicher Fassade und reich ausstaffierten Seitenkapellen.

Von dort aus ist es nicht weit bis zur Place des Grands Hommes mit dem modernen Einkaufscenter **Galerie des Grands Hommes** und einem Markt im Quartier des Grands Hommes.

● **Église Notre-Dame,** meist nur montags bis freitags nachmittags 14.30–17.30 Uhr.

Fußgängerzonen

Zurückgekehrt auf die Place de la Comédie, geht es geradewegs hinein in die geschmackvoll aufbereiteten Fußgängerzonen: entweder auf dem Cours de l'Intendance Richtung Place Gambette oder hinein in die extrem langgestreckte **Rue Sainte Cathérine.** Hier reihen sich Cafés und Boutiquen

Glaskuppel im Einkaufscenter Grands Hommes

Bordeaux

auf; Straßenmusiker haben es auf die klingende Münze der Passanten abgesehen. Beim weiteren Bummel dient die Schneise der Rue Sainte Cathérine als Orientierungsachse, wenn man sich in der Altstadt in einem munteren Rechts- und Links-Hopping ergeht. Wer sich von den Vorzeigeansichten abwendet, wird mancherorts abstoßende Fassaden mit bröckelndem Putz entdecken – auch das gehört zu Bordeaux: mal pompös und mal außerordentlich schäbig.

Von der Rue Saint Cathérine lohnt sich ein Schlenker zur **Place du Parlament** mit stimmungsvoller Einkehrzone und Anbindung flusswärts an die hufeisenförmig angelegte Place de la Bourse; etwas abseits liegt die Église Saint-Pierre (15./16. Jh.). In diesen Bereichen lernt man die typisch altstädtischen Gassengeflechte kennen. Zu den freundlicheren Plätzen im Altstadtbunde gehört die **Place Camille Jullian,** über die man sich wieder der Rue Sainte Cathérine nähert. Ein Stück weiter kreuzt die Rue Sainte Cathérine den Cours d'Alsace et Lorraine und schließlich den Cours Victor Hugo, bis die Geschäftigkeit an der 1748–1769 unter *André Portier* gestalteten Place de la Victoire verebbt. Die Porte d'Aquitaine, ein freistehender Torbogen, markiert am Platz den Austritt der Jakobspilger aus der Innenstadt. Der Verlauf des Weges wird auch in Bordeaux immer wieder durch Jakobsmuschelsymbole angezeigt.

Tour Pey-Berland

Centre National Jean Moulin

Der weitere Spaziergang führt auf die Place Saint Projet und in die heimeligere Shoppingzone um die Rue des Trois Conils, bis man bald darauf die Cathédrale Saint-André erreicht. Im Vorbereich, bei der Place Jean Moulin, ruft das Centre National Jean Moulin die schweren Zeiten des Zweiten Weltkriegs und vor allem die französische Widerstandsbewegung *(Résistance)* ins Gedächtnis.

●**Centre National Jean Moulin,** Eingang in der 48 rue Vital Carles, Di.–So. 14–18 Uhr, Eintritt frei.

Palais Rohan

Im Bereich der **Place Pey-Berland** eröffnet sich ein **monumentales Ensemble:** mit der Cathédrale Saint-André, dem Tour Pey-Berland und dem 1772–84 erbauten Palais Rohan, dem einstigen Erzbischofspalast mit seinem großen Vorhof und dem majestätischen Grand Salon, seit Mitte des 19. Jh. Sitz des **Hôtel de Ville** (Rathaus). Somit stehen sich geballte kirchliche und weltliche Macht gegenüber.

●**Palais Rohan (Hôtel de Ville),** Führungen meist nur Mittwochnachmittag 14.30 Uhr, Infos über das Office de Tourisme.

Cathédrale Saint-André

Die Cathédrale Saint-André, Ende des 11. Jh. geweiht, ist romanischen Ursprungs und wurde im Laufe der Zeit kontinuierlich erweitert und verändert. Der massige Baukörper erreicht Maße von 124 m Länge und 44 m Breite, gotische Spitzentürmchen nehmen der Außenansicht ein wenig die Schwere. Im Jahre 1137 war die Kathedrale Schauplatz der legendären Heirat von Frankreichs König *Ludwig VII.* und *Eleonore von Aquitanien.* Sehenswert sind die beiden wichtigsten und mit reichlich Skulpturenschmuck ausstaffierten Portale: das Nordportal und das Königsportal mit seiner Darstellung des Jüngsten Gerichts. Im Innern fühlt man sich warm aufgenommen, das Licht fällt durch viele schöne Glasfenster.

●**Cathédrale Saint-André,** wechselnde Öffnungszeiten, in der Regel kann man von folgenden ausgehen: Mo. 14–19.30 Uhr, Di./Do./Fr. 10–12 und 14–18 Uhr, Mi. und Sa. 10–12 und 14–19.30 Uhr, So. 9.30–12 und 14–18 Uhr.

Tour Pey-Berland

Zur Kathedrale gehört der etwas abseits stehende und hoch aufgerissene **Glockenturm** Tour Pey-Berland, der besteigbar ist und eine gute Aussicht erlaubt. Der Turm ist in gotischem Stil gehalten, sein Bau geht auf die Jahre 1440 bis 1466 zurück. Die Turmspitze mit dem Bildnis der Notre Dame d'Aquitaine datiert aus dem 19. Jh.

●**Tour Pey-Berland,** Juni tägl. 10–13.15 und 14–18 Uhr, Juli bis September tägl. 10–18 Uhr, Oktober bis Mai Di.–So. 10–12.30 und 14–17.30 Uhr.

Musée des Beaux-Arts

Im näheren Umkreis der Kathedrale liegen das Musée des Beaux-Arts, das Musée des Arts Décoratifs, die Galerie des Beaux-Arts (Ausstellungszentrum an der Place du Colonel Raynal) und die Place de la République mit ihrem altem **Palais de Justice.**

Kunstfreunde sollten einen Besuch des Musée des Beaux-Arts einplanen, des an einem inwärtigen Park gelegenen **Museums der Schönen Künste.** Die Säle splitten sich in zwei Großbereiche mit der auf Süd- und Nordflügel verteilten Ständigen Sammlung auf. Darüber hinaus werden Wechselausstellungen initiiert.

Der Südflügel gibt französischen, niederländischen und flämischen Meistern des 16. bis 18. Jh. Raum, darunter *van Dyck* und *Peter Paul Rubens.* Besonders schön: eine Fluss- und Uferansicht von dem aus Bordeaux stammenden Maler *Pierre Lacour le Père* (1745–1814). Die Wände in den Sälen wirken teils etwas überfrachtet. Der Nordflügel beherbergt Werke aus dem 19. und 20. Jh.; vertreten sind u.a. *Henri Matisse* und *Oskar Kokoschka* sowie die Bordelaiser Maler *Odilon Redon* (1840– 1916) und *Albert Marquet* (1875– 1947). Wiedereröffnung des Nordflügels nach Renovierung 2011.

●**Musée des Beaux-Arts,** 20 cours d'Albert, Mi.–Mo. 11–18 Uhr.

Musée des Arts Décoratifs

Als Ergänzung zum vorgannnten Museum kann man das Musée des Arts Décoratifs sehen, das **Kunstgewerbemuseum.** Interessant ist schon allein der Rahmen, der mit dem Leben der Bordelaiser Aristokratie vertraut macht: das Hôtel de Lalande, ein privater Prunkbau von 1779, Werk des lokalen Architekten *Etienne Laclotte.* Auftraggeber war der Parlamentarier *Pierre de Raymond de Lalande,* nach dessen Tod das Haus von Besitzer

zu Besitzer wanderte und schließlich von der öffentlichen Hand gekauft wurde. Zu den ständigen Exponaten zählen Mobiliar, Keramik und Porzellan. Schwerpunkte liegen auf dem Bordeaux des 18. und 19. Jh. sowie auf den 1930er und 1950er Jahren; außerdem gibt es es immer wieder Wechselausstellungen zu sehen.

● **Musée des Arts Décoratifs,** 39 rue Bouffard, Mi.–Mo. 14–18 Uhr, für Wechselausstellungen gelten ausgedehntere Öffnungszeiten: Mo. sowie Mi.–Fr. 11–18 Uhr, an den Wochenenden wie oben (14–18 Uhr).

Grosse Cloche

Die südliche Altstadt sieht sich durch die Rue de Cursol und den Cours Victor Hugo abgeschlossen. Fast unmittelbar am Cours Victor Hugo öffnet der klobige, alte **Rathausturm** Grosse Cloche seinen Schlund und gibt den Weg frei in die Rue Saint James. Die Ursprünge des Turms reichen ins Mittelalter zurück, die Glocke stammt aus dem Jahr 1778 und bringt 7800 kg auf die Waage.

Musée d'Aquitaine

Ganz in der Nähe der Grosse Cloche, am Cours Pasteur Nr. 20, betritt man das museale Aushängeschild der Region, untergebracht in der einstigen Fakultät für Literatur und Wissenschaften: das Musée d'Aquitaine. Der bauliche Rahmen datiert vom Ende des 19. Jh. und geht auf den Architekten *Pierre-Charles Durand* zurück. Auf archäologischer, historischer und ethnografischer Schiene macht das Museum mit der **Geschichte Aqui-taniens** zwischen Prähistorie und Gegenwart

vertraut. Es ist übersichtlich aufgebaut und informativ, die Ausstellungsfläche nimmt nicht weniger als 5000 m² ein. Über die Regionalbezüge hinaus sind gesonderte Räumlichkeiten dem historischen Überseehandel (inklusive dem unliebsamen Thema Sklaverei) gewidmet. Wechselausstellungen runden die Eindrücke ab.

Das Musée Goupil, im selben Gebäudekomplex wie das Musée d'Aquitaine, ist nur auf Anfrage bzw. im Rahmen von Wechselausstellungen zugänglich; die Bestände umfassen Zehntausende Dokumente (Drucke aller Art, Fotografien) aus der Zeit der mit Paris verbundenen **Zeitungsdynastie Goupil** (1827–1920).

● **Musée d'Aquitaine,** Di.–So. 11–18 Uhr.

Couvent de l'Annonciade

Besucher mit Interesse an Sakralbaukunst legen einen kleinen Schlenker zum Couvent de l'Annonciade in der Rue Magendie 54 ein. Dabei handelt es sich um ein 1519 begründetes **Nonnenkloster,** in dem der Kreuzgang hervorsticht. Statt regelmäßiger Öffnungszeiten gibt es zwischen Anfang Juni und Ende September jeweils mittwochs um 16 Uhr einen geführten Besuch; Treffpunkt am Haupteingang.

Außerhalb der City

Basilique Saint-Seurin

Ein Stück nordwestlich der Place Gambetta, an der Place des Martyrs de la Résistance, liegt die Basilique Saint-Seurin, in deren Vorhalle interessante Kapitelle aus dem 12. Jh. zu sehen sind. Ebenfalls beachtenswert sind die romanische Krypta (11. Jh., Sarkophage) und die Kapelle Notre-Dame de la Rose von 1444. Zur Basilika gehört die **Site Archéologique de Saint Seurin.** Im Umfeld einer unterirdischen Nekropole sieht man archäologische Ausgrabungen, ein interessantes Zeugnis des uralten Bordeaux und gewissermaßen die Lokalwiege des Christentums.

Vom Quartier Saint Seurin aus kann man über die teils begrünte Place Gambetta in die geschäftigeren Zonen zurückkehren. Folgt man der netten Rue des Remparts, ist bald wieder die Kathedrale erreicht.

● **Basilique Saint-Seurin,** wechselnde Öffnungszeiten, meist kann man von folgenden ausgehen: nur samstags 14.30–18 Uhr, Site Archéologique de Saint Seurin Anfang Juni bis Ende September tägl. 14–19 Uhr.

Quartier Saint-Michel

Bewegt man sich von der City zum Bahnhofsviertel Saint-Jean, kommt man nahe dem Garonne-Ufer automatisch durch das Viertel Saint-Michel mit seinem prägnanten Vielvölkercharakter und umherfliegenden Sprachfetzen afrikanischer, asiatischer und portugiesischer Einwanderer.

Im Mittelpunkt des Stadtteils und selbst aus weiter Entfernung nicht zu übersehen ist der „Bordelaiser Michel". Hier schaut man auf zur himmelsstürmenden Flèche Saint-Michel, der 114 m hohen Spitze des gotischen Glockenturms, der zur nebenliegenden **Basilique Saint-Michel** gehört. Der Bau des riesigen Gotteshauses

geht auf das 14. bis 16. Jh. zurück. Vom Turm aus bietet sich aus knapp 50 m Höhe ein lohnendes Panorama über Stadt und Fluss.

● **Basilique Saint-Michel,** wechselnde Öffnungszeiten, meist kann man von folgenden ausgehen: Mo. 9.30–12.30 und 14–17.30 Uhr, an den anderen Tagen nur nachmittags 14–17.30 Uhr; Glockenturm nur Anfang Juni bis Ende September tägl. 14–19 Uhr, Di.–Fr. zusätzlich vormittags 10.30–13 Uhr.

Quartier Sainte-Croix

Gegen das vorgenannte monumentale Ensemble wirkt die weiter Richtung Quartier Saint-Jean an der Place Renaudel gelegene **Église Sainte-Croix** (im Regelfall nur montags 14.30–17.30 Uhr) wie ein Zwerg. In der Kirche geht die Reise quer durch die Epochen: vom Portal aus dem 12. Jh. bis zum angesetzten Glockenturm aus dem 19. Jh. Die Seitenschiffe sind mit wertvollen Werken sakraler Malerei dekoriert, die Orgel stammt aus dem Jahre 1744.

Im Quartier Sainte-Croix liegen einige Kulturpole des künstlerischen Nachwuchses, so die **École des Beaux-Arts** und das **Centre Dramatique National.**

Quartier Le Lac

Ein paar Kilometer nördlich der City stößt man ins Quartier Le Lac vor: ein modernes Viertel mit **großem See** und Wassersportangeboten, Einkaufscenter und Casino, Hotelzone, Messegelände (Parc des Expositions) und Palais des Congrès (Kongresspalast).

Praktische Tipps

Informationen

- **Office de Tourisme,** 12 cours du XXX Juillet, Tel. 05 56 00 66 00, Fax 05 56 00 66 01, otb@bordeaux-tourisme.com, www.bordeaux-tourisme.com. Aktuelle Infos zu Führungen und organisierte Stadtrundfahrten, ebenfalls zu Besichtigungstouren von nahen Weingütern. Das Büro hat täglich geöffnet; vgl. auch den Info-Kasten „Treffpunkt Office de Tourisme".
- **Weitere Infobüros:** 28 rue des Argentiers, Tel. 05 56 48 04 24; Gare Saint-Jean (Bahnhof), rue Charles Domercq, Tel./Fax 05 56 91 64 70, otb.gare@bordeaux-tourisme.com. Zwischen Juni und September öffnet ein Touristenbüro am Flughafen, Tel. 05 56 34 58 07, Fax 05 56 34 58 08.
- **www.bordeaux.fr,** die Homepage der Stadt bietet viele Infos (nur auf Französisch).

Diplomatische Vertretungen

- **Deutsches Konsulat,** 377 boulevard du Président Wilson, Tel. 05 56 17 12 22, www.bordeaux.diplo.de.
- **Schweizer Konsulat,** 2 place de la Bourse, Tel. 05 56 79 44 44.

Unterkunft

- **Grand Hôtel The Regent** (€€€), 2–5 place de la Comédie, Tel. 05 57 30 44 44, Fax 05 57 30 44 45, www.theregentbordeaux.com. In exponierter Lage genau gegenüber dem Stadttheater, gepflegte Eleganz mit Palastambiente, Ballsaal mit schweren Kristallleuchtern. Zwischendurch federt man über Teppiche und Läufer. Das Innendesign geht auf *Jacques Garcia* zurück. Ausgefeiltes Frühstücksbüffet, Spa-Bereich. Eine Idealadresse für all jene, die es sich leisten können. Beliebter Treffpunkt im Erdgeschoss ist die Brasserie.
- **Grand Hôtel Français** (€€€), 12 rue du Temple, Tel. 05 56 48 10 35, Fax 05 56 81 76 18, www.grand-hotel-francais.com. Ein weiteres stilvolles Haus, drei Sterne, in einem Stadtpalais aus dem 18. Jh. 35 geräumige Zimmer, Frühstücksbüffet, Komfort der Best-Western-Kette.
- **Petit Hôtel Labottière** (€€€), 14 rue François Martin, Tel. 05 56 48 44 10, Fax 05 56 48 44 14, www.chateauxcountry.com, auf der Homepage findet man auch einige weitere Häuser im Großraum Bordeaux). Für Gäste mit erlesenem Geschmack. Preisgekrönte Unterkunft in einem historisch wertvollen Bau aus dem 18. Jh., der zu den Kulturdenkmälern Bordeauxs gehört und auf den Architekten *Etienne Laclotte* zurückgeht. Nahe dem Jardin Public gelegen, nur zwei Suiten, reservieren!
- **Hôtel Majestic** (€€€), 2 rue de Condé, Tel. 05 56 52 60 44, Fax 05 56 79 26 70, www.hotel-majestic.com. In idealer strategischer Lage im Zentrum, hauseigene Garage (gegen Reservierung, moderater Tagestarif). Am besten, man wählt ein Zimmer zur ruhigeren Rue de Condé hin.
- **Résidence Adagio Bordeaux Gambetta** (€€), 40 rue Edmond Michelet, Tel. 05 57 30 47 47, Fax 05 57 30 47 48, www.adagio-city.com. 111 Appartements und Studios, zentrale Lage. Gut für jene, die mehrere Tage bleiben wollen.
- **Hôtel Continental** (€€), 10 rue Montesquieu, Tel. 05 56 52 66 00, Fax 05 56 52 77 97, www.hotel-le-continental.com. Gute Zentrumslage nahe dem Einkaufszentrum Grands Hommes. Solide eingerichtet, zwei Sterne, kleines Bad, etwas altmodisch.
- **Ecolodge des Chartrons** (€€), 23 rue Raze, Tel. 05 56 81 49 13, www.ecolodgedeschartrons.com. Gepflegtes, kleines Gästehaus im Chartrons-Viertel. Nur fünf Zimmer.
- **Acanthe Hôtel** (€–€€), 12–14 rue Saint Rémi, Tel. 05 56 81 66 58, Fax 05 56 44 74 41, www.acanthe-hotel-bordeaux.com. Einfaches 20-Zimmer-Haus, zwei Sterne. In der Nähe liegen viele Restaurants, auch der Börsenplatz und das Flussufer sind in nächster Reichweite.
- **Ibis Lac** (€–€€), rue du Petit Barail, Tel. 05 56 50 96 50, Fax 05 56 39 63 52, www.accorhotels.com. Hotel mit 116 Zimmern. Gewohnt solide Qualität der „Ibis"-Kette

beim modernen Ausstellungs- und Kongress-bereich weit im Norden der City (Stadtviertel Le Lac). Angebote auf der Webseite be-achten!

● **Ibis Bordeaux Centre Mériadeck** (€–€€), 35 cours du Maréchal Juin, Tel. 05 56 90 74 00, Fax 05 56 96 33 15. Auch hier sollte man auf der Homepage www.accorhotels.com auf die preisermäßigten Tarife achten.

● **Hôtel Le Dauphin** (€), 82 rue du Palais Gallien, Tel. 05 56 52 24 62. Fax 05 56 01 10 91, www.coalachr.com. Hier darf man keine allzu hohen Ansprüche stellen. Immerhin sind die 13 Zimmer jeweils mit Dusche und Toilette ausgestattet. Die Lage ist zentral.

Essen und Trinken

● **Restaurant Le Pressoir d'Argent** (€€€), 2–5 place de la Comédie, Tel. 05 57 30 44 44, www.theregentbordeaux.com. Eine der edelsten und teuersten Einkehradressen in Bordeaux, integriert ins Grand Hôtel The Regent. Hier geht nichts unter einem drei-stelligen Betrag. Dafür darf man eine gedie-

gen-herrschaftliche Salonatmosphäre in Voll-kommenheit und perfekt zubereitete Fische und Krustentiere erwarten; Fleischgerichte spielen eine untergeordnete Rolle. So. und Mo. sind Ruhetage.

● **Philippe Chez Dubern** (€€–€€€), 44 allées de Tourny, Tel. 05 56 79 07 70, www.philippe-chez-dubern.com. Eine der Traditionsadressen. In einer breiten Preis-spanne werden Menüs aufgefahren.

● **Restaurant L'Entrecôte** (€€), 4 cours du XXX Juillet, Tel. 05 56 81 76 10. Der Name ist kein Zufall – Paradies für „Fleischeslust".

● **Le Bar du Boucher** (€€), 5 rue du Parla-ment, Tel. 05 56 81 37 37. Bekannt wegen der Fleischgerichte, gute Weinauswahl.

● **Restaurant Mélodie** (€–€€), 3 rue des Faussets, Tel. 05 56 52 47 25, www.restaurant-melodie.fr. Nett und klein, verschiedene Menüs, gelegen in einer stark von den Einhei-mischen frequentierten Restaurantzone. In derselben Straße wird man zu ähnlichen Prei-sen auch an anderen Stellen fündig.

● **Chez Jean** (€–€€), 1 place du Parlament, Tel. 05 56 44 44 43. Typisch südwestfranzösi-sche Küche in bezahlbarem Rahmen, stark von den locals frequentiert.

● **Chez Dupont** (€–€€), 45 rue Notre-Dame, Tel. 05 56 81 49 59. Alles, was frisch vom Markt kommt. Schmackhaft, mit Pfiff. Unter den Einheimischen sehr beliebt. Ruhe-tage sind Sonntag und Montag.

● **L'Orangerie** (€), Parc Public, cours de Ver-dun, Tel. 05 56 48 24 41. Guter Mittagstreff am Stadtpark, aber auch für einen kalten Drink oder heißen Tee (große Auswahl) zwi-schendurch.

● **Café Napoléon 3** (€), 6 cours de XXX Juil-let, Tel. 05 56 81 52 26. Getragenes Ambien-te, regionale Spezialitäten, zentral. Durch-gehend geöffnet, sonntags Ruhetag.

● **Café Populaire** (€), 1 rue Kléber, Tel. 05 56 94 39 06. Traditionstreff für alle Altersstufen, eine Institution, kurz „Café Pop" genannt.

073sf Foto: ad

Vor dem Restaurant: handschriftlicher Anschlag des Tagestellers (plat du jour)

Bordeaux

Märkte und Shopping

Sesam- und Senfkörner, Schwämme und Ledergürtel, hausgemachter Honig, Käse und Würste, Austern, Blumen und getragene Schuhe – Bordeauxs Wochen-, Trödel- und Allerleimärkte lassen kaum Wünsche offen. Wer nichts kaufen möchte, sollte zumindest einmal hineinschnuppern und in Form von Geräuschen und Gerüchen Bekanntschaft mit den geschäftigen Seiten der Multikulti-Metropole machen.

Über das lebendige Marktgeschehen hinaus finden Interessenten eine breite Auswahl an Boutiquen und Juwelieren, Schuhgeschäften und kleinen Weinlagern, Delikatessen- und Süßwarenshops, Parfümerien und Lederwarengeschäften. In der Reihe der Geschäftszentren steht die **Galerie des Grands Hommes,** ein Geschäftsrund in zeitgenössischer Architektur, das sich an der Place des Grands Hommes über mehrere Ebenen erstreckt. Das **Centre Comercial Saint Christoly** in der Rue Père Louis de Jabrun Nr. 17 bündelt rund 40 Geschäfte. Freunde von **Antiquitäten** wird es im Chartrons-Viertel in den Bereich der Rue Notre Dame ziehen, doch hier wie auch andernorts verstehen sich Bordeauxs Antiquare auf ihr Geschäft!

Nachfolgend einige Ideenanstöße für den Einkaufsbummel durch Bordeaux:

Märkte

● **Marché Biologique des Quais,** kleiner Biomarkt unter freiem Himmel, Do. am Quai des Chartrons, in der Regel 6–16 Uhr.

Krebse im Becken eines Restaurants

●**Marché Biologique Meunier,** kleiner Bio-markt Fr. von etwa 6.30–13 Uhr an der Place Lucien Victor Meunier.

●**Marché Brocante,** täglich außer Sa. und Mo. zwischen etwa 7 und 16 Uhr an der Place Canteloup et Meynard. Allerleimarkt, professionelle Händler. Sonntags gibt es an selber Stelle den größeren „Sonntagsmarkt" (Brocante du Dimanche), auf dem ebenfalls nur Profis am Werk sind.

●**Marché des Bouquinistes,** rund um die Place des Grands Hommes, immer mittwochs zwischen ca. 7 und 19 Uhr. Die Schwerpunkte liegen auf Kunst, Postkarten und Büchern.

●**Marché du Soir,** Abendmarkt (immer freitags etwa 16–21 Uhr) an der Allée de Serr.

●**Marché du Grand Parc,** kleiner Allerleimarkt samstags 7–13 Uhr an der Place de l'Europe.

●**Marché des Quais,** einer der beliebtesten Open-air-Märkte sonntags zwischen 7 und 16 Uhr (die Nahrungsmittelstände schließen etwas früher), Quai des Chartrons.

●**Marché des Capucins,** Wochenmarkt (Markthalle), place des Capucins, Di.–So. vormittags.

●**Obst** und **Gemüse** gibt es samstags vormittags an der Place Gaviniès, **Fisch** und anderes Meeresgetier freitags morgens an der Rue de Turenne.

Wein

●**La Vinothèque,** 8 cours du XXX Juillet, Tel. 05 56 52 32 05; die Vielzahl der Tropfen macht die Auswahl schwer. Eine andere große Vinothek liegt an den Allées de Tourny 2.

Süßwaren

●**Chocolatier Darricau,** 7 place Gambetta, Tel. 05 56 44 21 49, www.darricau.com; schon im Jahre 1915 gegründet.

Nightlife und Veranstaltungen

Die Epizentren des Bordelaiser Nachtlebens verteilen sich über die Bereiche Bassin à Flots, Bahnhofsviertel oder das kleine Ausgehdreieck zwischen Place du Parlament, Place Camille Jullian und Place Saint Pierre. Im Bereich der Place da la Victoire geht man gerne einen trinken, ebenso um die Rue de Saint Rémi. Ausdauernde Nachtschwärmer lassen ihren Streifzug frühmorgens auf dem Marché des Capucins (samstags ab 5.30, sonntags ab 6 Uhr) ausklingen: bei einer Portion Austern oder Kaffee oder beidem.

●**La Dame de Shanghai,** Bassin à Flots 1, Quai Armand Lalande, www.damedeshanghai.com. Eine der angesagtesten Diskotheken; es gibt auch einen Restaurantbereich.

●**Ice Room,** Hangar 19, Quai de Bacalan, www.iceroom.fr. Eisbar, Drinks bei -10° C bis zwei Uhr morgens.

●**Cinéma Utopia,** 5 place Camille Jullian, www.cinemas-utopia.org. Alternatives Kino.

●**Le Comptoir du Jazz,** 57 quai de Paludate; Jazz, Blues.

Theater

●Bordeaux trumpft mit reichhaltigen Kulturangeboten auf, die sich nicht allein auf das **Grand Théâtre** an der Place de la Comédie beschränken. Einbezogen sind auch das **Théâtre Fémina** (10 rue de Grassi, www.theatrefemina.fr), das **Théâtre du Pont Tournant** (13 rue Charlevoix de Villiers, www.theatreponttournant.com), das **Théâtre des Quatre Saisons** (Parc de Mandavit, Gradignan, www.t4saisons.com, der **Palais des Sports** (place de la Ferme de Richemont). Veranstaltet von der **Ópera National de Bordeaux,** sind alljährlich rund 200 Termine mit Konzerten aller Art, Ballett, Oper, Operette etc. angesetzt. Infos unter www.opera-bordeaux.com, Tel. 05 56 00 85 95.

Konzerte

● in der Rockschool Barbey (18 cours Barbey, Tel. 05 56 33 66 00, www. rockschool-barbey.com), im Cercle des Arts Traditionnels (kurz CAT, 24 rue de la Faïencerie, Tel. 05 56 39 87 74, www.catbordeaux. com), im Patinoire de Mériadeck/Axel Vega (95 cours du Maréchal Juin, Tel. 05 57 81 43 70, auch Sporttreff), im Conservatoire (22 quai Sainte Croix, Tel. 05 56 92 96 96), im Molière Scène d'Aquitaine (33 rue du Temple, Tel. 05 56 01 45 66) und in der Base Sous-Marine (boulevard Alfred Daney, Tel. 05 56 11 11 50).

Sport und Freizeit

● **Skatepark:** am Quai des Chartrons.
● **Fahrradverleih** bei den Agenturen von Holiday Bikes, u.a. 232 boulevard du Président Roosevelt, Tel. 05 56 94 05 00, sowie 37 rue Charles Domercq, Tel. 05 56 31 21 11; www.holiday-bikes.com
● **Schwimmbäder:** Piscine du Grand Parc (60 cours de Luze; Do. geschl.), Piscine Galin (3 rue Galin; freitags geschl.), Piscine Georges Tissot (46 rue Léon Blum; dienstags geschl.), Piscine Judaïque (164 rue Judaïque; montags geschl.). Im Juli und August hat folgendes Freibad geöffnet: Piscine Stéhelin (217 avenue Maréchal de Lattre de Tassigny).
● **Fußballmatches** der ersten französischen Liga im Stadion des Traditionsclubs Girondins Bordeaux. Außerdem in der sportbegeisterten Stadt Veranstaltungen wie **Rugby, Pferde- und Radrennen.** Aktuelle Infos über das Office de Tourisme.

Feste

● Im Juni (meist nach dem 20.) je nach Jahren abwechselnd das **Flussfest** (Fête de Fleuve; ungerade Jahre, www.bordeaux-fete-le-fleuve.com) oder das **Weinfest** (Fête de Vin; gerade Jahre; www.bordeaux-fete-le-vin.com). Als Schaufenster zeitgenössischer Kunst versteht sich **„Evento",** eine alle zwei Jahre stattfindende, etwa zehntägige Veranstaltung im Oktober (ungerade Jahre) **Sommerfestival; Weihnachtsmarkt** auf den Allées de Tourny.

Weitere Reisetipps

Post

● **Hauptpost (PTT),** 58 rue Saint Rémi.

Autoverleih

● Büros von Autoverleihern am Flughafen und am Gare Saint-Jean.

Parken

● **Parken,** zahlreiche öffentliche Parkplätze mit insgesamt 10.000 Plätzen u.a. am Ufer der Garonne (nahe Esplanade des Quinconces) und noch zentraler „Les Grands Hommes". Außerdem: Allées de Tourny und Place de la Bourse.

Verkehrsanbindung

● **Flughafen:** etwa 12 km von der Innenstadt entfernt im westlichen Vorort Mérignac, nationale und internationale Verbindungen, Tel. 05 56 34 50 50, www.bordeaux. aeroport.fr. Airport Shuttle *(navette)* u.a. ab/bis Gare Saint-Jean; 7 € einfach bzw. 12 € hin und zurück. Täglich regelmäßige Verbindungen zwischen 6.45 und 21.45 Uhr (ab Gare Saint-Jean; Sa./So. morgens erst ab 7.30 Uhr) und zwischen 7.45 und 22.45 Uhr (ab Flughafen) ca. alle 45 Minuten; Sa./So. erst ab 8.30 Uhr.
● **Bahnhof:** Gare Saint-Jean, etwa 2 km südöstlich der Innenstadt nahe der Pont Saint Jean, Tel. 3635. Verbindungen u.a. nach Bayonne, Biarritz, Dax, Hendaye und Paris.
● **Busse:** entweder Bahnhof Saint-Jean oder Gare routière de Quinconces (im Zentrum nahe Esplanade des Quinconces, Netz „Trans' Gironde").
● Innerstädtischer Verkehr mit **Bussen** und **Tramway** (Straßenbahn).
● **Flussrundfahrten:** z.B. an Bord der „Burdigala" ab dem Ponton du quai Richelieu nahe Porte Cailhau (s. Karte); Infos im Office de Tourisme oder unter Tel. 05 56 49 36 88; www.evolutiongaronne.fr.

Umgebung von Bordeaux

Überblick

Unter den Ausflugszielen der Umgebung lockt Saint Émilion vollkommen zurecht die Besuchermassen an. Dieses malerische Städtchen liegt ebenso im Bordeaux-Weinanbaugebiet wie das von seiner Zitadelle beherrschte Blaye. Eine interessante Weintour führt durchs Médoc, wo Weingüter (*châteaux*) immer wieder ihre Tore für Besichtigungen öffnen. Hier kann man die erlesenen Tropfen gewissermaßen direkt an der Quelle kosten und sich gleich mit ein paar Flaschenladungen eindecken. An Entdeckungsfreudige mit etwas mehr Zeit richten sich rund um Saint Émilion Touren durch den Landstrich Libournais, ein umfangreicher Abstecher in die Dordogne und die „Grüne Route" von Libourne über Blaye bis hinauf nach Marennes in die Charente-Maritime.

Ab Bordeaux bindet man rasch an die populären Feriengebiete an der nördlichen Atlantikküste an (Schwerpunkt um Lacanau-Océan, rund 60 km nordwestlich) und erreicht auf dem Kurs Westsüdwest über Autobahn und Nationalstraße nach etwa 65 km das Städtchen Arcachon am Bassin d'Arcachon. Südöstlich von Bordeaux führt eine weitere Tour entlang der Garonne über Cadillac und Langon nach Agen, unterwegs kommen Abstecher zu lohnenden Monumenten wie der Stiftskirche von Uzeste und dem Schloss von Roquetaillade in Betracht.

Fast unendlich dehnen sich
die Weingärten aus

La Brède   ↗ V/D3

Parkanlage und Wassergräben komponieren das Umfeld des **Château de La Brède,** eines Prachtschlosses, dessen historische Wurzeln ins Mittelalter reichen. Im Jahre 1689 wurde hier *Charles de Secondat Montesquieu* geboren, das Schloss bewahrt bis heute seine Erinnerungen an den Baron. Montesquieu begann seine Karriere als Parlamentsrat, bekleidete 1716 bis 1726 das Amt des Senatspräsidenten in Bordeaux und trat bis zu seinem Tod 1755 als Schriftsteller und Staatsphilosoph hervor. Sein Hauptwerk „Vom Geist der Gesetze" datiert aus dem Jahr 1748. La Brède liegt rund 20 km südlich von Bordeaux, rascheste Anfahrt Richtung Langon.

● **Château de La Brède,** stark wechselnde Zugangszeiten, die man am besten auf der Webseite des Schlosses checkt (www. chateaulabrede.com). Anhaltspunkte für die Teilnahme an Führungen sind folgende: Mitte April bis Anfang Mai Mi.–Mo. 14–18.30 Uhr, Anfang Mai bis Ende Mai nur Sa./So. 14–18.30 Uhr, Anfang Juni bis Ende September Mi.–Mo. 14–18.45 Uhr, Anfang Oktober bis Mitte November nur Sa./So. 14–18.30 Uhr (im November bis 17.30 Uhr), während des übrigen Jahres geschlossen.

Information

● Das für die Gegend maßgebliche **Office de Tourisme** findet man im nahen Martillac: 3 place Marcel Vayssière, Tel. 05 56 78 47 72, Fax 05 56 78 46 69, www.otmontesquieu. com.

Bordeaux, Umgebung

075sf Fotn: ad

Weintour durch das Médoc

In und um Bordeaux herum liegt der – in französischem PR-Deutsch: – „größte und älteste Weingarten feiner Weine dieser Welt". Wobei das Wort *Garten* ein wenig untertrieben scheint, denn die gegenwärtig kultivierte Fläche nimmt rund 120.000 ha ein. Die **Anbaugebiete der Spitzentropfen** liegen dort, wo es Flüsse gibt: nördlich von Bordeaux und dort wiederum westlich der Gironde (z.B. Médoc, Haut-Médoc, Listrac Médoc) und östlich der Gironde (z.B. Côtes et Premières Côtes de Blaye) bzw. südlich von Bordeaux im Einzugsgebiet der Garonne (z.B. Premières Côtes de Bordeaux, Bordeaux Supérieur). Im Süden reichen die Anbaugebiete Vignoble de Bordeaux bis hinter Langon und östlich von Bordeaux bis auf die Höhe von Castillon-la-Bataille. Bei den weiter unten vorgestellten Ausflügen nach Blaye und Saint Émilion werden weitere Rebenreiche präsentiert.

Die Trauben werden von der Sonne verwöhnt, erfreuen sich eines durchweg milden Klimas und der kalk-, kies- und lehmhaltigen Böden. Zu unterscheiden gilt es zwischen knapp 60 **kontrollierten Herkunftbezeichnungen** (*Appellation d'Origine Contrôlée*). Pro Jahr beläuft sich sich Produktion im Weinanbaugebiet Bordeaux auf **über fünf Millionen Hektoliter,** die Zahl der Winzer liegt bei 10.000 und jene der direkt und indirekt durch den Weinbau Beschäftigten bei 56.000. Genug der Zahlenspiele.

Die allgemeine Weinpalette umfasst gleichermaßen trockene Rote wie liebliche Rosés und trockene Weiße, die Rebsorten reichen von **Merlot** bis **Cabernet-Sauvignon.** In Bordeaux gibt es eine eigene **Weinschule** (*École du Vin*), Studien füllen ganze Bände und Listen mit Produzenten ganze Broschüren. Internetseiten wie www.vinsbordeaux.fr und www.medoc-wines.com machen mit den guten Tropfen vertraut – doch kosten muss man sie natürlich selbst!

Die **Weingüter** (*châteaux*) wirken manchmal wie kleine Prunkschklösser und öffnen Besuchern zuweilen ihre heiligen Hallen. Bei Führungen geht es in die Lager (*chais*) hinein, hier steht die fast obligatorische Verkostung (*dégustation*) an – natürlich geknüpft an den Anspruch, etwas zu verkaufen. Einfach probieren und sich verabschieden, nein, das zählt in Frankreich nicht zum guten Ton. Während der Weinlese im Herbst haben jedoch die wenigsten Weingutverantwortlichen Zeit für Besucher. Das Office de Tourisme in Bordeaux **arrangiert Weinguttrips.** Zu beachten ist, dass manche Weingüter eine **Vorab-Reservierung** für den Besichtigungstermin verlangen.

Routenvorschläge

Einer der Routenklassiker führt im Norden von Bordeaux entlang dem Westufer der Garonne bzw. der Gironde durch das Médoc, das „Land der Mitte" zwischen offenem Atlantik und geschützten Flüssen: über **Blanquefort,**

Bordeaux, Umgebung

Die Franzosen sind stolz auf ihre Weine

Cussac-Fort-Médoc und **Pauillac** bis hinauf in die Gegend um **Valeyrac.** Viele Orte im Weingebiet Médoc stoßen nicht einmal an die 1000-Einwohner-Marke – ein ideales Umfeld, um sich mit dem Landleben und mitunter knapp 1000-jährigen kleinen Kirchen vertraut zu machen. Weiter im Flusshinterland setzen sich die Anbauzonen bis **Castelnau-de-Médoc, Saint Laurent-Médoc, Lesparre-Médoc** und **Saint Vivien-de-Médoc** fort.

Eine gute und sehr **ausgedehnte Rundtour** ab/bis Bordeaux sähe wie folgt aus: Bordeaux – Blanquefort – Macau – Labarde – Margaux – Lamarque – Cussac-Fort-Médoc – Pauillac – Saint Estèphe – Valeyrac – Saint Vivien-de-Médoc – Lesparre-Médoc – Saint Laurent-Médoc – Moulis-en-Médoc – Castelnau-de-Médoc – Le Taillan-Médoc – Bordeaux. Wer nach einer Tour durch die Weinwelten des Médoc nicht nach Bordeaux zurückkehren möchte, sollte sich entweder die Küste samt dahinter liegendem Seengebiet vornehmen (⇨Kap. „Nördliche Atlantikküste") oder in **Lamarque** mit der Autofähre über die Gironde in die Zitadellenstadt **Blaye** übersetzen. Auf der anderen Flussseite locken weitere Weingärten!

Interessante Orte im Weinland

Nachfolgend eine kleine, alphabetisch geordnete Auswahl von interessanten Gemeinden im Weinland mit Stichworten zu den **Sehenswürigkeiten** und Adressen von **Weingütern.**

● **Blanquefort,** Festung aus dem 11.–14. Jh., Parc Majolan.
● **Cantenac,** Port d'Issan, Château d'Issan aus dem 17. Jh. (Weingut, Tel. 05 57 88 35 91, www.chateau-issan.com).
● **Castelnau-de-Médoc,** Kirche aus dem 12. Jh.
● **Cussac-Fort-Médoc,** Fort Médoc aus dem 17. Jh., ein Werk des berühmten Festungsbaumeisters *Vauban*; im Château Lanessan Weinbesichtigungstour, weitere Thementouren und das Musée du Cheval (Pferdemuseum mit historischen Kutschen und Stallbereich; Tel. 05 56 58 94 80, www.lanessan.com). Zu den weiteren Weingütern zählen Château du Moulin Rouge (Tel. 05 56 58 91 13), Château Aney (Tel. 05 56 58 94 89) und die Cave Coopérative Les Viticulteurs du Fort-Médoc (Tel. 05 56 58 92 85, www.cave-fort-medoc.fr).

• **Labarde,** Kirche Saint Martin aus dem 18. Jh. Weingut Château Giscours (Tel. 05 57 97 09 20).

• **Lamarque,** Château de Lamarque aus dem 12.–14. Jh., Autofähre nach Blaye. Weingut Château Haut-Bellevue (Tel. 05 56 58 91 64, www.chateauhautbellevue.fr).

• **Lesparre-Médoc,** Tour de l'Honneur aus dem 11./12. Jh. Weinfest im August.

• **Le Taillan-Médoc,** Château du Taillan aus dem 17./18. Jh. (Tel. 05 56 57 47 00, www.chateaudutaillan.com.

• **Macau,** Port de Macau, romanischer Glockenturm. Weingut u.a. Château Cambon la Pelouse (Tel. 05 57 88 40 32, www.cambon-la-pelouse.com).

• **Margaux,** Weingüter u.a. Château Margaux (Tel. 05 57 88 83 83, www.chateau-margaux.com) und Château Labégorce (Tel. 05 57 88 71 32, www.chateau-labegorce.fr).

• **Moulis-en-Médoc,** Romanische Wehrkirche. Im Château Maucaillou das Musée des Arts et Métiers de la Vigne et du Vin (Museum des „Winzerhandwerks"; Öffnungszeiten im Sommer im Regelfall tägl. 10–17 Uhr, sonst Besuche um 10, 11, 14, 15 und 16 Uhr, am besten vorab telefonischer Kontakt unter Tel. 05 56 58 01 23, www.chateaumaucaillou.eu). Hier stehen auch einige wenige Gästezimmer zur Verfügung.

• **Pauillac,** Kais, Yachthafen, Samstagvormittag Wochenmarkt. Im Mai Lamm- und Weinfest (Fête de l'Agneau et du Vin), diverse Sommeraktivitäten. Besuch von Weingütern u.a. bei Château Fonbadet (Tel. 05 56 59 02 11, www.chateaufonbadet.com), Château Pédesclaux (Tel. 05 57 73 64 66, www.chateau-pedesclaux.com) und Château Béhéré (Tel. 05 56 59 11 19). Eine Besichtigung des bekannten Château Lafite Rothschild ist nur per schriftlicher Anfrage mindestens 15 Tage vorher möglich (Fax 05 56 59 26 83, visites@lafite.com; www.lafite.com).

• **Saint Estèphe,** Port de Saint Estèphe. Weingüter u.a. Château Lafon-Rochet (Tel. 05 56 59 32 06, http://blog.lafon-rochet.com) und Château Tour des Termes (Tel. 05 56 59 32 89, www.chateautourdestermes.com).

• **Saint Laurent-Médoc,** Église de Benon aus dem 12./13., Église de Saint-Laurent aus dem 13./14. Jh., Markt freitags vormittags.

• **Saint Sauveur,** romanische Kirche. Weingut u.a. Château La Fon du Berger (Tel. 05 56 59 51 43, www.lafonduberger.com).

• **Saint Seurin-de-Cadourne,** Port de la Maréchale. Weingut u.a. Château Verdus (Tel. 05 56 73 17 31, www. chateau-verdus.com).

• **Saint Vivien-de-Médoc,** Mittwochvormittag Wochenmarkt.

• **Saint Yzans-de-Médoc,** Port de Laména, Colonne à la Vierge, Reste aus der Römerzeit. Weingüter u.a. Château Loudenne/Domaines Lafagrette (Tel. 05 56 73 17 97, www.lafragette.com) und Château Bois de Roc (Tel. 05 56 09 09 79).

• **Valeyrac,** Port de Goulée. Weingüter u.a. Château Le Temple (Tel. 05 56 41 53 62) und Château Bellerive (Tel. 05 56 41 52 13, www.chateau-bellerive.com).

Praktische Tipps

Information

• **Offices de Tourisme** im Médoc u.a. in **Cussac-Fort-Médoc** (avenue du Haut-Médoc, Tel. 05 56 58 91 30, office.tourisme.cussac.medoc@wanadoo.fr), **Lesparre-Médoc** (37 cours du Maréchal de Lattre deTassigny, Tel. 05 56 41 21 96, www.tourisme-coeurmedoc.com), **Pauillac** (La Verrerie, Tel. 05 56 59 03 08, Fax 05 56 59 23 38, www.pauillac-medoc.com), **Saint Laurent-Médoc** (5 rue du Général de Gaulle, Tel. 05 56 59 92 66, www.ville-saint-laurent-medoc.fr).

• **Weinhäuser (Maisons du Vin)** sind eine weitere gute Kontakt-, Info- und gegebenenfalls Kaufadresse, z.B. in **Listrac-Médoc** (36 avenue de Soulac, Tel. 05 56 58 09 56, Fax 05 57 88 84 20, vins.listrac@wanadoo.fr), **Margaux** (place de la Trémoille, Tel. 05 57 88 70 82, Fax 05 57 88 38 27), **Moulis-en-Médoc** (Le Bourg, Tel. 05 56 58 32 74), **Pauillac** (selbe Adresse wie Office de Tourisme, s.o.) und **Saint Estèphe** (place de l'Église, Tel. 05 56 59 30 59, www.vins-saint-estephe.com).

Unterkunft

Blanquefort:

• **Hôtel des Criquets** (€€), 130 avenue du 11 Novembre, Tel. 05 56 35 09 24, Fax 05 56 57 13 83, www.lescriquets.com 21 Zimmer, mit Restaurant. Hier sind auch Arrangements mit Halb- oder Vollpension möglich.

Le Pian-Médoc:
● **Hôtel Le Pont Bernet** (€–€€), 1160 route de Soulac, Tel. 05 56 70 20 19, Fax 05 56 70 22 90, www.pont-bernet.fr. 18 Zimmer, Restaurant, im Verband „Logis de France", nahe Golfplatz „Golf du Médoc". Mit Sommerpool.

Margaux:
● **Hôtel Le Relais de Margaux** (€€€), chemin de l'Île Vincent, Tel. 05 57 88 38 30, Fax 05 57 88 31 73, www.relais-margaux.fr. Luxushaus, 63 Zimmer, eingefasst in ein weites Parkgelände, Gourmetrestaurant.

Pauillac:
● **Hôtel Château Cordeillan-Bages** (€€€), route des Châteaux, Tel. 05 56 59 24 24, Fax 05 56 59 01 89, www.cordeillanbages.com. Gebäude aus dem 18. Jh., 28 Zimmer, Spitzenrestaurant. Betriebsferien Anfang Dezember bis Mitte Februar.
● **Complexe Hôtelier de France et d'Angleterre et Le Vignoble** (€–€€), 3 quai Albert Pichon, Tel. 05 56 59 01 20, Fax 05 56 59 02 31, www.hoteldefrance-angleterre.com. 49 Zimmer, beliebtes Restaurant. Ist dem Verbund „Logis de France" angeschlossen. Mitte Dezember bis Mitte Januar geschlossen.

Queyrac:
● **Hôtel des Vieux Acacias** (€), 4 rue du Cocteur Donèche, Tel. 05 56 59 80 63, Fax 05 56 59 85 93, www. vieuxacacias.fr. Familiär geführt, jedes Zimmer ist in einer anderen Dekoration gehalten. Außerdem Appartements, dort Preise auf Anfrage.

Camping

● **Camping Municipal Les Gabarreys,** Pauillac, route de la Rivière, Tel. 05 56 59 10 03, camping.les.gabarreys@wanadoo.fr. Geöffnet Anfang April bis Anfang Oktober.
● **Camping Le Paradis,** route de Lesparre, Saint-Laurent Médoc, Tel. 05 56 59 42 15, http://leparadis-medoc.com. Geöffnet Anfang April bis Ende Oktober, auch Vermietung von Mobile-homes verschiedener Größe.

Blaye   ⚓ V/C1

Blaye, ein 5000 Einwohner starkes Städtchen am Ostufer der Gironde, trumpft mit einem der prächtigsten Beispiele südwestfranzösischer Militärarchitektur auf: mit der **Citadelle de Vauban,** jener Zitadelle, die die Handschrift des berühmten Festungsbaumeisters *Sébastien le Prestre de Vauban* (1633–1707) trägt. Sie wurde zwischen 1685 und 1689 erbaut und formte zusammen mit dem Fort Pâté und dem Fort Médoc ein ausgeklügeltes Verteidigungssystem an der Gironde.

Am besten, man stellt sein Fahrzeug auf dem Großparkplatz nahe dem Office de Tourisme ab und betritt von dort aus den Festungsring. Da sich im Innern der Zitadelle ein richtiger kleiner Wohnort befindet, ist der Eintritt frei und jederzeit möglich. Man sollte die Passagen über die Burggräben in Angriff nehmen, sich von den Festungstoren Porte Dauphine oder Porte Royale schlucken lassen und die Welten der alten Mauern und Wachttürme erkunden, die sich über dem Fluss erheben.

Das Gassen- und Wegenetz führt an die **Plaçe d'Armes** heran, an den Couvent des Minimes und an die **Tour de l'Eguillette.** Rundherum bietet sich eine gute Aussicht auf die Gironde, die als breites, braunes Band vorbeizieht. Blaye vorgelagert sind die Flussinseln Île Sans Pain, Île Nouvelle und Île Bouchaud. Heute sind die kriegerischen Zeiten passé. Das Innenleben der Zitadelle bietet friedlich-beschauliche

Bordeaux, Umgebung

Bilder. Mittendrin gibt es das Hôtel La Citadelle und den örtlichen Mini-Campingplatz, Kunsthandwerkerläden bzw. -ateliers, ein Ausstellungszenrum rund um das Gironde-Delta („Estuaire Vivant") sowie das Archäologisch-Historische Museum im vormaligen Gefängnis (März bis Oktober tägl. 10–12.30 und 13.30–19 Uhr, sonst Mo.–Fr. 13.30–17.30 Uhr, Sa. 13.30– 18.30 Uhr und So. 10.30–12.30 und 13.30–18.30 Uhr). Ende August findet das Theaterfestival in der Zitadelle statt.

Die Citadelle de Vauban in Blaye liegt direkt am braunen Strom der Gironde

Im näheren Einzugsbereich von Blaye erstrecken sich weite **Weinanbaugebiete.** Kenner schätzen sowohl die Rot- als auch die Weißweine „Premières Côtes de Blaye". Aufschluss geben Besuche einzelner Weingüter (Infos im Office de Tourisme von Blaye) und Blayes örtliches Weinhaus.

Information

● **Office de Tourisme,** allées Marines, Tel. 05 57 42 12 09, Fax 05 57 42 91 94, www.tourisme-blaye.eu; hier auch Infos zu Führungen durch die Zitadelle.
● **Weinhaus:** Maison du Vin des Premières Côtes de Blaye, cours Vauban, Tel. 05 57 42 91 19, www.blaye-cotes-de-bordeaux.com.

Unterkunft

● **Hôtel La Citadelle** (€€), plaçe d'Armes, Citadelle de Blaye, Tel. 05 57 42 17 10, Fax 05

57 42 10 34, www.hotellacitadelle.com. Im Innern der Zitadelle, 21 Zimmer, Restaurantbetrieb mit Spezialitäten der Region.

Camping

●**Camping Municipal,** Citadelle de Blaye, Tel. 05 57 42 00 20. Sehr klein, geöffnet Anfang Mai bis Mitte/Ende September.

Verkehrsanbindung

●Ab Blaye regelmäßige **Fahrzeugfähre** (bac) über die Gironde nach Lamarque, die letzte Fähre verlässt Blaye meist um 18 Uhr (im Sommer meist 19.30 Uhr). Aktuelle Fahrpläne und Tarife auf der städtischen Homepage unter „Horaires et tarifs du Bac" (www.tourisme-blaye.eu).

In der Umgebung

Blaye liegt rund 45 km nordwestlich von Bordeaux und ist an die touristisch interessante Strecke **Route Verte** angeschlossen, die im Wesentlichen parallel zur Gironde verläuft (siehe Exkurs). Blaye ist auch Start- bzw. Durchgangspunkt diverser Wanderwege.

In der näheren Umgebung führen Ausflüge zum Maison Forte du Boisset in **Berson,** einer Schlossanlage aus dem 13.– 15. Jh. (Führungen Mitte Juni bis Mitte Oktober nur samstags bis dienstags nachmittags 15–17 Uhr) oder zu den gallo-römischen Villen von **Plassac,** deren älteste Bauteile aus dem 1. Jh. stammen (Mai bis September tägl. 9–12 und 14–19 Uhr, April und Oktober tägl. außer So. vormittags 9–12 und 14–18 Uhr). **Saint Martin-Lacaussade** hat eine Templerkirche aus dem 12. Jh. In **Cars** gibt es den Glockenturm der Église Saint-Pierre mit farbglasierten Ziegeln zu bewundern und **Cartelègue** wartet mit

dem romanischen Schmuckstück Église Saint-Romain auf, eine historische Station von Jakobswegpilgern.

Saint Émilion und das Libournais   ⌖ VI/A2

Eines der schönsten **mittelalterlichen Städtchen** im Südwesten Frankreichs, eingefasst in ein weitläufiges Weinbaugebiet, mittendrin ein Traumgeflecht aus Gassen und Plätzen – das ist Saint-Émilion, rund 35 km östlich von Bordeaux gelegen. An Sommertagen können sich allerdings die Menschenmassen in den Gassen stauen; übers Jahr verteilt kommen zwischen 800.000 und einer Million Besucher in den Ort aus Stein. Die malerischen Ansichten des einstmals stark befestigten Fleckens sind eben kein Geheimnis. Türme und Mauern, Ziegeldächer und ineinander verschachtelt wirkende Häuser komponieren die typischen Bilder Saint Émilions. In der kleinen Altstadt haben sich Weinshops wie Restaurants auf die starke Nachfrage eingestellt. Insbesondere die Bereiche um Place de l'Église Monolithe und Place du Clocher laden zur Einkehr ein.

Die Lokalgeschichte reicht ins 8. Jh. zurück, als sich ein Eremit namens *Émilion* hier niederließ und sein bescheidenes Dasein in einer Grotte fristete – doch schon er hatte keine dauerhafte Ruhe. Dem Einsiedler folgten im Laufe der Jahrhunderte weitere Glaubensgenossen wie Augustiner und Franziskaner. Mit Fakten belegbar ist allerdings nicht, dass Émilion jemals

Bordeaux, Umgebung

Route Verte – die „Grüne Route" von Libourne nach Marennes

Libourne, eine 22.000-Einwohner-Stadt mit mittelalterlicher Vergangenheit als Bastide, bildet den Auftakt zur Route Verte: der „Grünen Route", die sich 167 km nordwestwärts bis nach Marennes an der Atlantikküste zieht und bedeutsame Städte wie Blaye und Royan durchläuft.

Von Libourne nach Blaye

Auf dem ersten, knapp 50 km langen Teilstück von Libourne nach Blaye geht es durch üppige Weinanbauzonen mit folgenden Stationen (mitunter ein wenig abseits der Hauptstrecke):

● **Fronsac,** Château de Fronsac.

● **La Rivière,** romanische Kirche, Château de La Rivière aus dem 16. Jh.

● **Cadillac-en-Fronsadais,** Château Branda aus dem 14. Jh.

● **Lalande-de-Fronsac,** romanische Kirche.

● **Saint André-de-Cubzac,** Geburtsort des französischen Meeresforschers und Dokumentarfilmers *Jacques Cousteau* (1910–97); romanische Kirche (geht auf den Orden der Benediktiner zurück); Cloître des Cordeliers aus dem Jahre 1626; Château Robillard aus dem 16. Jh., prachtvolle und von Architekt *Victor Louis* entworfene Schlossanlage des Château du Bouilh mit schöner Parkanlage (18. Jh.; Führungen meist nur Do., Sa., So. 14.30–18.30 Uhr), zwischen Mitte Juli und Mitte August in der Regel nachmittags täglich 14.30–17.30 Uhr.

● **Saint Gervais,** romanische Kirche, Rathaus (vormals Château Julie).

● **Prignac-et-Marcamps,** Prähistorische Bilder von vor mehr als 25.000 Jahren in der Grotte de Pair-non-Pair (saisonal stark wechselnde Öffnungszeiten; hier geht es nur im Rahmen von Führungen hinein; in der Regel Mitte Juni bis Mitte September acht Führungen tägl. zwischen 10 und 17.30 Uhr, sonst Führungen meist nur um 10, 11.15, 14.30 und 16 Uhr).

● **Bourg-sur-Gironde,** Crypta de la Libarde (11. Jh.), Zitadelle, Flusshafen; Altes Waschhaus (Vieux Lavoir); Stadtmauern; Museum „Au temps des Calèches" (Pferdegespanne; Juli bis Mitte September tägl. 10–13 und 14–19 Uhr, März bis Mai sowie Oktober nur an den Wochenenden.

● **Gauriac,** romanische Kirche.

● **Villeneuve,** Château de Mendoce, Glockenturm aus dem 14. Jh.

● **Plassac,** Gallo-römische Villen, dokumentiert seit dem 1. Jh. (Mai bis September tägl. 9–12 und 14–19 Uhr, April und Oktober tägl. außer So. vormittags 9–12 und 14–18 Uhr); es gibt außerdem ein Museum (9–12 und 14–18 Uhr).

● **Blaye** mit seinem architektonischen Schmuckstück, der Zitadelle, verdient einen längeren Stopp (s. vorherige Seiten).

Von Blaye nach Marennes

Weiter nördlich löst sich die „Grüne Route" von der unmittelbaren Flussumgebung und bindet erst wieder bei Mortagne-sur-Gironde an die Gironde an. Wegbegleiter durch seichtes Hügelland bleiben die Weingärten, auf dem fruchtbaren Boden gedeihen auch Mais und Sonnenblumen. Nördlich von Saint Ciers-sur-Gironde verlässt man das Département Gironde und fährt in die Charente-Maritime ein, zu deren Strandaushängeschildern Saint Georges-de-Didonne und die Urlaubshochburg **Royan** zählen. In und um das an der Gironde-Mündung gelegene Royan findet man zahlreiche Übernachtungsmöglichkeiten in Hotels und auf Campingplätzen. Unterwegs stehen gelegentlich Wein, Käse und Pineau des Charentes (Mix aus Traubenmost und Cognac) direkt vom Erzeuger zum Verkauf.

Bordeaux, Umgebung

079sf Foto: ad

Ebenfalls positiv: Der zwischen Blaye und Royan verlaufende Streckenabschnitt der „Grünen Route" ist normalerweise touristisch nicht allzu stark frequentiert.

Streng genommen gehört die Charente-Maritime nicht mehr in dieses Reisehandbuch, der Vollständigkeit halber seien nachfolgend jedoch alle wesentlichen Stationen der „Grünen Route" auf den verbleibenden 120 Kilometern von Blaye bis Marennes erwähnt.

● **Saint Ciers-sur-Gironde,** an der Gironde Port des Callonges!

● **Saint Bonnet-sur-Gironde,** Kirche romanischen Ursprungs.

● **Saint Thomas-de-Conac,** Moulin de la Croix von 1820 (Windmühle); Château de Conac.

● **Saint Dizant-du-Gua,** Château de Beaulon (15. Jh.); Naturquellen Fontaines Bleues.

● **Saint Fort-sur-Gironde,** Église Saint-Fortunat aus dem 12.–15. Jh.; Port Maubert.

● **Mortagne-sur-Gironde,** netter Flusshafen; Ermitage Monolithe.

● **Les Monards,** Flusshafen.

● **Talmont-sur-Gironde,** einer der malerischsten Orte der Charente-Maritime, denkmalgeschützt und für Fahrzeugverkehr gesperrt (Parkplatz am Ortsrand). Die beeindruckende romanische Kirche Sainte Radegonde thront auf einem Felsplateau über dem Wasser, zum Gassengeflecht gehören üppige Rosenstöcke vor kalkweißen Häusern.

● **Meschers-sur-Gironde,** Grottes du Régulus et des Fontaines.

● **Saint Georges-de-Didonne,** Conche de Saint Georges und weit geschwungener Sandstrand mit schöner Promenade; Kiefernhaine des Fôret de Suzac, mehrere Campingplätze.

● **Royan,** Seebad an der Mündung der Gironde mit ausgedehnten Sandstrandarealen an der Hauptbucht Grande Conche. Im Jahr 1945 verheerende Kriegszer-

Weinanbaugebiete an der Route Verte

störungen, 17.000 Einwohner. Weitere und etwas verstecktere Stadtstrände wie Foncillon und Pontaillac, Casino, reges Sommer-Nightlife, ausgedehnter Hafen, große Markthalle, moderne Kirche, viele Restaurants und Hotels. Ausflugsmöglichkeit per Boot zum Phare de Cordouan, einem 67 m hohen Leuchtturm. Regelmäßige Autofähre *(bac)* über die Gironde-Mündung nach Pointe de Grave/Le Verdon-sur-Mer, ab dort Anbindung an populäre Feriengebiete wie Soulac-sur-Mer und Carcans-Maubuisson.

● **Saint Palais-sur-Mer,** Feriengemeinde der „Fünf Strände".

● **La Palmyre,** Gebiet der „Wilden Küste" (Côte Sauvage), Sandstrand Bonne Anse,

Royal bezaubert mit Stränden und Sporthafen

Hafen; modern aufbereiteter Zoologischer Garten mit 1600 Tieren, tägl. geöffnet 9–18 Uhr, im Sommer abends bis 19 Uhr, www.zoo-palmyre.fr; Promenaden, Kiefernwälder, in der Umgebung gute Radtourmöglichkeiten und Ausflug zum 64 m hohen Phare de la Coubre (Leuchtturm).

● **Marennes,** Regionale „Austern-Hauptstadt", Anbindung an die lohnende Insel Oléron und weiter nordwärts nach Rochefort und La Rochelle.

Information

● **Offices de Tourisme** an der „Grünen Route" u.a. in **Blaye** (siehe dort), **Bourg-sur-Gironde** (place de la Libération, Tel. 05 57 68 31 76, www.bourg-gironde.net, **Libourne** (40 place Abel Surchamp, Tel. 05 57 51 15 04, Fax 05 57 25 00 58, www.libourne-tourisme.com), **Royan** (avenue des Congrès, Tel. 05 46 23 00 00, Fax 05 46 38 52 01, www.ot-royan.fr) und **Saint André-de-Cubzac** (44 rue Dantagnan, Tel. 05 57 43 96 37, www.saint-andre-de-cubzac.fr).

Bordeaux, Umgebung

lebte und vermeintlich im Jahre 767 verstarb ...

Sehenswertes

Gassen und Plätze mögen malerisch sein – doch nicht minder interessant zeigen sich die **unterirdischen Denkmäler,** die einzig bei organisierten Führungen über das Fremdenverkehrsamt zugänglich sind. Hinter der Dreifaltigkeitskapelle (Chapelle de la Trinité, 13. Jh.), die ihrerseits an die Place de l'Église Monolithe stößt, führen 25 Stufen hinab in die **Einsiedlergrotte des Émilion** (Grotte de l'Ermitage), über die sich ein niedriges Felsendach wölbt. Das Licht ist gedämpft, es gibt einen Brunnen, Moos hat sich über die Steine gelegt. Zurückgekehrt ans Tageslicht, geht es in die Dreifaltigkeitskapelle, die in romanisch-gotischem Übergangsstil gehalten und mit Gewölbemalereien über den Glasfenstern ausgeschmückt worden ist.

Ein separater Zugang nahe der Dreifaltigkeitskapelle geht ab in die **Katakomben** (Catacombes), die nach dem Tod Émilions geschaffen wurden. Seile wurden verwendet, um die Verstorbenen hinunterzutransportieren. In schummerigen Licht sind heute zwar noch an den Seiten die Reste der Nischengräber, aber keine Gebeine mehr zu sehen.

Zwischen den Galerien der Katakomben und der imposanten **Felsenkirche** (Église Monolithe) liegt ein Verbindungszugang. Das Besondere: Die Kirche wurde gegen Ende des 11. Jh. nicht in herkömmlichem Stil „erbaut", sondern im Wesentlichen innerhalb

von zwei Jahrzehnten in schier übermenschlicher Kraftanstrengung aus dem Fels ausgehöhlt. Wegen Einsturzgefahr und des Drucks durch den oberliegenden Glockenturm hat man die massigen Kirchbögen in moderne Metallkorsette gefasst. Von den Kirchenverzierungen vergangener Zeiten hat sich bis auf einige Basreliefs, die den Kampf des Guten gegen das Böse thematisieren, nichts erhalten. Die Felsenkirche dient heute gelegentlich als Rahmen für Konzerte und religiöse Zeremonien.

Zum monumentalen Gepräge des Ortes zählen weiterhin: der über 192 Stufen besteigbare Glockenturm der Felsenkirche **Clocher de l'Église Monolithe,** der romanisch-gotische Kreuzgang der Stiftskirche (Cloître de l'Église Collégiale) und die Stiftskirche selber, in der die schönen Glasfenster über dem Altarbereich hervorstechen. Etwas abseits des Ortskerns um die Place du Clocher liegen der mittelalterliche Turm des Château du Roy und der im 14. Jh. begonnene Kreuzgang des Franziskanerklosters **Cloître des Cordeliers.** Im unterirdischen Töpfereimuseum **Musée Souterrain de la Poterie** sind südwestfranzösische Keramikarbeiten aus diversen Jahrhunderten zu sehen (tägl. 10–19 Uhr, www. saint-emilion-museepoterie.fr). Ebenfalls interessant: die Bogenstrukturen der alten Markthalle, die an die Place de l'Église Monolithe stoßen.

Ordensgemeinschaften findet man heute nicht mehr in Saint Émilion, doch es gibt nicht nur bauliche Hinterlassenschaften. Den Ursulinen verdankt man das Rezept der Makronen *(macarons),* die in vielen Geschäften verkauft werden.

● **Église Monolithe, Catacombes, Chapelle de la Trinité,** nur im Rahmen von organisierten Führungen, die auf Französisch oder Englisch stattfinden (Deutsch auf Anfrage) und regelmäßig über das Office de Tourisme arrangiert werden.

Saint Émilion ist eines der romantischsten Städtchen in ganz Südwestfrankreich

Information

● **Office de Tourisme,** place des Créneaux, Tel. 05 57 55 28 28, Fax 05 57 55 28 29, www.saint-emilion-tourisme.com. Auch Infos zu Fahrradverleih, organisierten Weingutbesichtigungen, Privatunterkünften auf umliegenden Weingütern und Wandermöglichkeiten im Umland.

Unterkunft

● **Auberge de la Commanderie** (€€–€€€), 2 rue Porte Brunet , Tel. 05 57 24 70 19, Fax 05 57 74 44 53, www.aubergedelacomman

Bordeaux, Umgebung

derie.com, 17 Zimmer, mittendrin im Geschehen, Betriebsferien etwa Mitte Dezember bis Mitte Februar.

●**Hôtel Au Logis des Remparts** (€€–€€€), 18 rue Guadet, Tel. 05 57 24 70 43, Fax 05 57 74 47 44, www.logisdesremparts.com. Komfortabel, 20 Zimmer. Meist Mitte Dezember bis Mitte Januar geschlossen.

●**Hôtel du Palais Cardinal** (€€–€€€), place du 11 Novembre 1918, Tel. 05 57 24 72 39, Fax 05 57 74 47 54, www.palais-cardinal.com. Lage im unteren Ortsteil, mit Restaurant und kleinem Sommerpool. Gute Angebote in der Nebensaison.

Camping

●**Camping Domaine La Barbanne,** route de Montagne, Tel. 05 57 24 75 80, Fax 05 57 24 69 68, www.camping-saint-emilion.com, 160 Stellplätze, Anfang April bis Mitte September, kleine Poollandschaft..

Essen und Trinken

●**Restaurant Amelia Canta** (€–€€), 2 place de l'Église Monolithe, Tel. 05 57 74 48 03, www.ameliacanta.com. Im Herzen des Ortes, sommerlicher Terrassenservice, verschiedene Menüs.

●**Bistrot du Clocher** (€–€€), 3 place du Clocher, Tel. 05 57 74 43 04. Beliebter Terrassentreff, doch auch im Innern lässt sich tafeln.

Verkehrsanbindung

●**Bahnhöfe** in Saint Émilion und Libourne mit Verbindungen nach Bordeaux, Tel. 36 35.

In der Umgebung

Nimmt man Saint Émilion als Ausgangspunkt, kann man im Landstrich Libournais zu weiteren Entdeckungstouren starten. Die Gegend ist reich an **Baudenkmälern.** Über einen Umkreis von etwa 20 km um Saint Émilion verteilen sich weit mehr als 40 Kirchen, einige Schlösser und Windmühlen sowie Spuren der Vorgeschichtler

in Form von Dolmen, Megalithen und Menhiren.

Westlich von Saint Émilion

●**Libourne** mit Bastide Libourne aus dem 13. Jh., Tour Richard, Porte du Grand Port, Église Saint-Jean (14./15. Jh.), Place du Marché mit Rathaus, Arkaden, Fußgängerzone um die Rue Gambetta, Museum der Schönen Künste, Zusammenfluss von Isle und Dordogne. Office de Tourisme Libourne, 40 place Abel Surchamp, Tel. 05 57 51 15 04, Fax 05 57 25 00 58, www.libourne-tourisme.com.

●**Vayres** an der Dordogne mit Schloss, Ursprünge im Mittelalter und Erweiterungen bis ins 17. Jh. hinein, einstmals Besitztum von König *Heinrich IV.,* mit herrlichen Parkanlagen ausstaffiert (nur Ostern bis Ende Oktober So. 14–18.30 Uhr, Anfang Juli bis Mitte September tägl. 14–18.30 Uhr; www.chateau devayres.com.

Nordöstlich von Saint Émilion

●**Saint Georges** mit Château Saint Georges (18. Jh., Ursprung im Mittelalter) und kleiner romanischer Kirche.

●**Montagne** mit romanischer Kirche und Ecomusée du Libournais, einem Ökomuseum rund um den Weinbau (wechselnde Öffnungszeiten).

●**Parsac** mit romanischer Kirche und mittelalterlichen Burgruinen (Ruines de Malagin).

●**Lussac** mit vorgeschichtlichem Mégalithe de Picampeau.

●**Petit-Palais** mit romanischer Kirche und Glockenturm.

●**Puisseguin** mit romanischer Kirche.

Südöstlich von Saint Émilion

●**Castillon-la-Bataille** mit Flusslandschaft der Dordogne; Barockkirche; Mitte Juli bis Mitte August mit Dutzend Termine mit Aufführungen des **Historienschauspiels „Bataille de Castillon"** in Erinnerung an die hiesige Schlacht und das damit verbundene Ende des Hundertjährigen Krieges im Jahre 1453 (www.batailledecastillon.com). Es empfehlen sich rechtzeitige Reservierungen über das Bureau de la Bataille, Tel. 05 57 40 14 53.

Weinbaugebiete

Einen Besuch lohnen die Weinbaugebiete um Saint Émilion, auf denen meist die Rebsorten Merlot, Carbernet-Franc und Cabernet-Sauvignon kultiviert werden. Einen besonderen Reiz verströmt der Herbst, wenn die Zeit der Weinlese ansteht. In der Gegend findet man zahlreiche besuchbare **Weingüter,** u.a. in und um Saint Émilion selbst, um Saint Sulpice-de-Faleyrens, Saint Pey-d'Armens, Libourne, Montagne, Saint Christophe-des-Bardes, Saint Laurent-des-Combes und Saint Étienne-de-Lisse. Die Zahl aller Weingüter beläuft sich auf 1500. In besuchbaren Anlagen sind **Führungen** mitunter nur nach Voranmeldung *(avec rendez-vous)* möglich und erlauben den Einblick in Fässerlager *(chais à barriques)*. Nicht fehlen darf die abschließende Verkostung; aktuelle Infos über das Office de Tourisme in Saint Émilion.

Eine besondere wirtschaftlich-soziale Rolle fällt der seit dem Mittelalter dokumentierten Winzerzunft *(jurade)* des Bezirks Saint Émilion zu, die sich zu feierlichen Anlässen nach wie vor in rote Roben kleidet, während des Frühlingsfestes ihr Urteil zum neuen Weinjahrgang proklamiert und im Herbst die Weinlese eröffnet.

Abstecher in die Dordogne

Urzeitliche Höhlen und mittelalterliche Städte, Klöster und Mauerringe, Birkenwälder und Walnussbäume, romantische Gärten und Flüsse – dies und vieles mehr wartet in der Dordogne auf, die im weiten Osten von Bordeaux beginnt. Zwischen Bordeaux und der Département-Hauptstadt **Périgueux** liegen rund 120 Straßenkilometer.

Auch ein zweiter markanter Begriff geistert durch die Landschaft: **Périgord.** Denn wer von der Dordogne spricht, meint das Périgord und umgekehrt. Richtig ist beides, denn *Dordogne* bezeichnet heute das Département im nordöstlichen Aquitanischen Becken, das aus dem historischen Gebiet Périgord um die Flüsse Vézère, Dordogne und Isle hervorgegangen ist. Einheimische hören den Ausdruck *Périgord* lieber. Der Name weist Jahrhunderte zurück auf jene Grafschaft, die – wegen ihrer Lage im Grenzland – zwischen England und Frankreich hart umkämpft war und unter *Heinrich IV.* mit der französischen Krone vereint wurde.

Spezialisten unterscheiden heute vier Lokalregionen: das vom Weinbau geprägte **Périgord Pourpre** (Purpurrotes Périgord) im Süden und Südwesten, das an Wäldern und Wasser reiche **Périgord Vert** (Grünes Périgord) im Norden, das zentrale **Périgord Blanc** (Weißes Périgord) der Kalksteinplateaus und das von dunklen Höhlen durchlöcherte **Périgord Noir**

(Schwarzes Périgord) im Südosten. Über den gesamten Landstrich verteilen sich Dutzende sehenswerter Schlösser, z.B. das Château des Milandes, das Château de Castelnaud oder das Château de Biron. Zu den kulinarischen Schätzen zählen Trüffel und Gänseleber. Das Périgord ist durchweg ländlich-bäuerlich geprägt. Außer Weingärten findet man vornehmlich Gemüse-, Getreide- und Tabakfelder. Als größte Städte weit und breit stechen Bergerac und Périgueux hervor.

Bergerac ♫ VII/D2

Das rund 30.000 Einwohner zählende Bergerac wartet auf mit einer kleinen Altstadt, dem nahen **Schloss Monbazillac,** dem **Cloître des Récollets** (Struktur aus dem 17./18. Jh.; heute mit Weinhaus) sowie dem Angedenken an *Cyrano de Bergerac* (1619–55). Jenen Vorreiter der Aufklärung und Meister der Satire ließ Dramatiker *Edmond Rostand* Jahrhunderte später als Bühnenfigur aufleben, Frankreichs Filmstar *Gérard Depardieu* hauchte der langnasigen Gestalt unnachahmliches Leben auf der Leinwand ein.

Die Kulturgeschichte des Tabaks bringt in Bergerac an der Place du Feu das **Musée d'Anthropologie du Tabac** näher.

Östlich von Bergerac liegen das **Schloss von Lanquais** und die im 12. Jh. begründete **Abtei von Cadouin** mit einem prächtigen Kreuzgang. Richtung Norden lässt sich die Weiterfahrt nach Périgueux mit einem Schlenker zum stolzen **Château de Montréal** kombinieren.

● **Informationen** im Office de Tourisme, 97 rue Neuve d'Argenson, Bergerac, Tel. 05 53 57 03 11, Fax 05 53 61 11 04, www.bergerac-tourisme.com.

Périgueux

Wesentlich mehr zu bieten als Bergerac hat das unwesentlich größere Périgueux (ca. 35.000 Einwohner), dessen Geschichte sich zurück bis in die Römerzeit spannt. Nicht weit von der Isle entfernt liegt die geschäftige Altstadt, in der man sich warm aufgenommen fühlt und lohnende Ziele ansteuert: Renaissancehäuser im Bereich der Rue des Farges sowie die weithin von ihrem Glockenturm überragte **Cathédrale Saint-Front** samt Kuppeln und Ziertürmchen. Zweites großes Sakralbauwerk ist die im 11. Jh. begonnene **Église Saint-Etienne-de-la-Cité.** An die Ära der Römer erinnern der Tempelturm **Tour de Vésone** und die Reste des **Amphitheaters.** Die Stadt ist überdies für ihre zahlreichen Märkte bekannt.

● **Informationen** im Office de Tourisme, 26 place Francheville, Périgueux, Tel. 05 53 53 10 63, Fax 05 53 09 02 50, www.tourisme-perigueux.fr.

Weitere sehenswerte Orte

Périgueux dient als ideales Sprungbrett zu kleinen Highlights im Norden, so **Bourdeilles** (Festung, Renaissancepalais) und **Brantôme** (Benediktinerkloster). Richtung Südosten stößt man nach **Les-Eyzies-de-Tayac** und somit ins Tal der Vézère und zur Wiege des Cromagnon-Menschen vor. Hier zeigt sich nachdrücklich: Schon die Vorgeschichtler wussten in der Dordogne zu

Bordeaux, Umgebung

leben und verwandelten eine Grotte in eine Kunstgalerie, indem sie dort monumentale Stiermotive auf die Wände auftrugen: in der erst 1940 entdeckten **Höhle von Lascaux,** die ebenso zum **Weltkulturerbe** der UNESCO gehört wie die nahen Grotten Font-de-Gaume, Combarelles und Rouffignac. Wermutstropfen: Eine Weltattraktion wie Lascaux ist längst für den Publikumsverkehr geschlossen, Trost spendet ein Höhlennachbau.

In Les-Eyzies-de-Tayac bieten sich Besuche der Höhlen **Font de Gaume** und **Combarelles** an. Ergänzend dazu: das Nationalmuseum der Vorgeschichte (Musée National de Préhistoire; www.musee-prehistoire-eyzies.fr).

●**Weitere Infos** über das Fremdenverkehrsamt in Les-Eyzies-de-Tarnac: Office de Tourisme, 19 rue de la Préhistoire, Tel. 05 53 06 97 05, Fax 05 53 06 90 79, www.leseyzies.com und http://eyzies.monuments-nationaux.fr.

Im tiefen Südosten des Périgord warten mit Domme und Sarlat-la-Canéda zwei Ziele mit besonders schönem mittelalterlichem Gepräge auf. Die Ende des 13. Jh. begründete Bastide **Domme** erhebt sich hoch über dem Flusstal der Dordogne, das Geflecht aus Mauern und Gassen sowie die herrlichen Ausblicke rechtfertigen einen Abstecher von weither. Unterhalb der Bastide liegt die größte natürliche Grotte im Périgord Noir (Führungen).

Ein interessanter Ausflug führt westwärts zum majestätischen **Château de Castelnaud** in Castelnaud-la-Chapelle.

●**Informationen vor Ort** im Office de Tourisme, place de la Halle, Tel. 05 53 31 71 00, Fax 05 53 31 71 09, www.ot-domme.com. Ab dem Office de Tourisme machen Führungen mit dem einstigen Gefängnis der Tempelritter (Prison aux Templiers) und ihren „Graffitis" vertraut.

Sarlat-la-Canéda ist auf malerischste Weise verwinkelt und zieht Besucher mit Plätzen und efeuumrankten Häuserzeilen in seinen Bann – ein Gedicht in Stein, in dem es nicht an Einkehrmöglichkeiten mangelt. Zusätzlichen Anreiz für einen Besuch gibt der große Samstagsmarkt.

●Alle maßgeblichen Informationen im Office de Tourisme von Sarlat-la-Canéda: rue Tourny, Tel. 05 53 31 45 45, Fax 05 53 59 19 44, www.sarlat-tourisme.com

Sport und Freizeit

●Auch ohne direkten Kontakt zum Meer hat die Region im Bereich Sport und Freizeit eine ganze Menge zu bieten: allein knapp 5000 km Wanderwege, 1000 km Mountainbikewege, Hunderte Kilometer empfohlener Strecken zum Reiten bzw. für mehrtägige Pferdewagentouren (roulotte à cheval) sowie gute Möglichkeiten des Kanuwanderns auf der Dordogne und der Vézère.

Sarlat-la-Canéda in der Dordogne

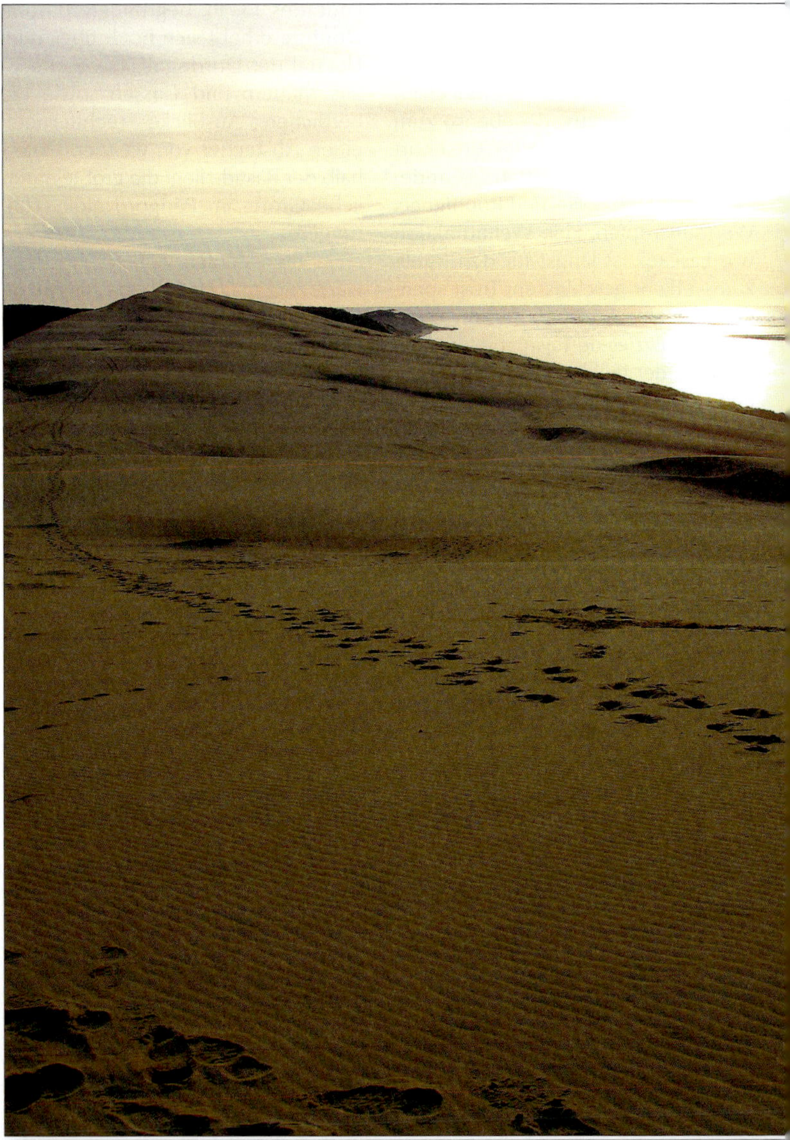

198sf Foto: ad

Nördliche Atlantikküste

199sf Foto: ad

085sf Foto: ad

Am Abend auf der Düne von Pilat

Blesshühner im Vogelpark von Le Teich

Badefreuden am Lac de Lacanau

Überblick

In Arcachon werden Urlaubsträume wahr, hier wartet eine der prickelndsten Städte der Atlantikküste auf – vorausgesetzt, man reist während der wärmeren Jahreszeit an. In der Wintersaison zeigt Arcachon ein gänzlich anderes Gesicht, ausgestorben bis mausetot. Oder, positiv formuliert: ein ideales Umfeld für Ruhesuchende und eine gute Gelegenheit, die Einsamkeit im nahen Vogelpark von Le Teich oder auf den Wanderwegen zu genießen! Von klirrender Kälte kann im Winter keine Rede sein. Im Dezember und Januar halten sich die Mittelwerte um 10 °C und im Februar um 12 °C. Etwa zur selben Zeit setzt die Mimosenblüte ein. Im Juli und August bewegen sich die **Spitzenwerte um den 25 °C-Bereich.** Insgesamt verzeichnet das Becken von Arcachon ein angenehmes Jahresmittel von 2000 Sonnenstunden.

Im Sommer gibt es an der nördlichen Atlantikküste ein **riesiges Freizeitangebot.** Man sollte also wissen, auf was man sich einlässt, und sich nicht beklagen, wenn einem eine Urlaubshochburg wie Lacanau-Océan an manchen Tagen überfüllt vorkommt. Genau das Richtige ist es für den, der pulsierendes Leben sucht! Nicht ganz so ausschweifend geht es dagegen in kleineren Orten wie Maubuisson zu.

Zum Glück für alle dehnen sich die sandigen **Strände** zwischen Soulac-sur-Mer – im Norden nahe der Gironde-Mündung – und Cap Ferret, Südzipfel und Westbegrenzung des Bassin d'Arcachon, angenehm weit aus, sodass sich die Wasserratten und Sonnenanbeter verteilen. Sardinendoseneffekte bleiben in der Regel aus.

Alternativen zu den Atlantikstränden bilden die dicht hinter der Küste gelegenen **großen Binnenseen** Lac de Lacanau und Lac d'Hourtin et de Carcans, die beide bei Wassersportlern hoch im Kurs stehen. Wer in den See- und Strandgemeinden des nördlichen Küstenabschnitts Station macht, hat es nicht weit zu den **Weinbaugebieten** des Médoc (⇨Kap. „Bordeaux und Umgebung").

Arcachon   ⬈ VIII/A1

„Es gibt auf der ganzen Welt wohl kaum einen anderen Ort, der faszinierender ist als die Bucht von Arcachon", heißt es in einer lokalen Broschüre. Dieses Loblied ist natürlich maßlos übertrieben, doch Arcachon und das **Bassin d'Arcachon** verströmen wirklich ihre Reize.

Arcachon liegt quicklebendig auf der Höhe der Zeit, ein traditioneller Ferienkracher, den die ausgehfreudige Jugend ebenso in ihren Bann zieht wie Familien mit Nachwuchs. Ob sandige Strände oder breite Promenaden, Kinderclubs oder Nightlife, Bootstouren oder kulinarische Genüsse mit frisch geernteten Austern – für jeden Geschmack hält das Städtchen samt Umgebung sein Angebot bereit: für Wassersportfreunde wie Sonnenhungrige, für Jogger wie Gourmets. Spaziergänger und stramme Wanderer können

Nördliche Atlantikküste

die Wege um die ausgedehnte und wegen ihrer Austernzucht berühmte Bucht angehen, die 155 km² einnimmt und bei Ebbe bis auf eine Fläche von etwa 40 km² leer läuft. Der Buchtrandweg erstreckt sich 80 km bis Cap-Ferret, der Radweg dorthin ist etwas länger (ca. 100 km). Einzig geschichtliche Spurensucher dürften enttäuscht sein, denn Arcachon fährt wenig historische Substanz auf und hat weder imposante Monumente noch Museen zu bieten. Als kleine Ausnahmen mag man die Basilique Notre-Dame und die Villen in der „Winterstadt" (Ville d'Hiver) anführen.

Die Orientierung in Arcachon fällt denkbar einfach. Der kleine Stadtkern breitet sich zwischen der Place Roosevelt/Esplanade Georges Pompidou (Touristeninformation) und dem Ufer aus, wo Promenaden und Sandstrände warten. Die Hauptstrände werden von den beiden Molen Eyrac und Thiers unterteilt, Startpunkte von **Bootsausflügen.** Der große **Sporthafen** liegt etwa 1,5 km östlich der City, während man westlich der Innenstadt zu weiteren **Stränden** vorstößt: Plage Pereire, Plage des Abatilles, Plage des Arbousiers und Plage du Moulleau. Diese

An der Jetée d'Eyrac, einer der beiden zentralen Molen von Arcachon

Strandgebiete leiten in den **Vorort Py-la-sur-Mer** über, an den sich südwärts der Sandgigant der Dune du Pilat (auch: Dune du Pyla) anschließt. Der Aufstieg auf **Europas mächtigste Düne** ist im Anschluss an dieses Kapitel beschrieben. Ein Tipp vorab: Eine Fahrt dorthin aus der Stadt im Linienbus erspart die Parkplatzsuche auf dem gebührenpflichtigen Areal.

Südlich von Arcachon bricht man Richtung Biscarrosse und Mimizan zu den Strandschätzen der Côte d'Argent auf (⇨Kap.„Südliche Atlantikküste"), während man auf dem Weg gen Norden das weite Becken von Arcachon umfährt. Wer sich mit einer dosierten Ration Großstadt begnügt, kann Bordeaux durchaus als Tagesausflug ab Arcachon angehen (hin und zurück etwa 130 km). In umliegenden Orten wie Gujan-Mestras und Cap Ferret kann man alternativ zu Arcachon Quartier beziehen; Arès, Lanton und Andernos-les-Bains sind unter Campingfreunden beliebt.

Geschichte und Gegenwart

Eine **Legende** führt ins frühe 16. Jh., als *Thomas Illyricus* auf seinen apostolischen Reisen in Frankreich unterwegs war. Ursprünglich stammte er aus Illyrien an der Adriaküste, war dem Ruf Gottes gefolgt und dem Orden der Franziskaner beigetreten. Während seines Wirkens predigte er mit Eifer und ohne Unterlass und wählte die Einsamkeit der Wälder von Arcachon als Hort für sein Eremiten-Dasein. Eines Tages, als der Einsiedler entlang

der Küste spazierte und seinen frommen Gedanken nachhing, zog unverhofft ein schwerer Sturm auf. Bald bemerkte er in der Ferne zwei Schiffe, die Wind und Wellen hoffnungslos ausgeliefert zu sein schienen und immer weiter auf die Sandbänke zugetrieben wurden. Das tödliche Schicksal schien unaufhaltbar. Da kniete sich Thomas Illyricus nieder, zeichnete ein Kreuz in den Sand und rief Gott um Hilfe für die Seeleute an. Sogleich flaute der Sturm ab, die Wellentäler glätteten sich, die Schiffe steuerten zurück aufs offene Meer. Aus tiefster Seele dankte der fromme Mann dem Allmächtigen, als er plötzlich vor seinen Füßen ein Bildnis der heiligen Jungfrau Maria entdeckte – **das Wunder von Arcachon,** das sich gegen 1519 ereignet haben soll!

Bruder Thomas, so setzt die Legende fort, errichtete der Madonna zu Ehren eine schlichte Holzkapelle und betete die Statue ein ums andere Mal voller Liebe und Ehrfurcht an. So entstand das **Sanctuaire Notre-Dame d'Arcachon,** das „Heiligtum Unserer Lieben Frau von Arcachon", das später von zahlreichen Gläubigen verehrt wurde. Die erste Kapelle des Thomas Illyricus fiel 1624 einem neuerlichen Sturm zum Opfer, der steinerne Nachfolgebau versank 1721 im Sand – in beiden Fällen konnte das Marienbildnis auf wundersame Weise gerettet werden. Im Jahre 1722 wurde mit der **Chapelle des Marins,** der „Kapelle der Seeleute", das dritte kleine Gotteshaus errichtet, das bis heute ungebrochen Wallfahrer aus nah und fern anlockt.

Nördliche Atlantikküste

Das Casino von Arcachon

Seit Mitte des 19. Jh. wird die Kapelle von der großen Basilique Notre-Dame ummantelt.

Sieht man einmal vom Marienheiligtum ab, herrschte in der Gegend im Wesentlichen das blanke Nichts vor. Erst Mitte des 19. Jh. begann sich Arcachon an der weit ausgreifenden Bucht gleichen Namens herauszubilden. Was mit ein paar dahingewürfelten Villen für die wohlbetuchten Schichten und als Ort der Austernzucht begann, ist heute auf die 12.000-Einwohner-Marke geklettert – eine Zahl, die während der Sommermonate um ein Vielfaches ansteigt!

Von den guten alten Zeiten legt die ein Stück landeinwärts versetzte **Ville d'Hiver,** die Winterstadt, Zeugnis ab. Sie ist heute nichts weiter als ein Viertel, das sich im Grün ausbreitet und etwa 200 Villen und Ferienhäuser umfasst. Manche stellen ihre kunstvoll gestalteten Fassaden zur Schau und halten die Erinnerung an die Bourgeoisie des 19. Jh. lebendig.

Fremdenverkehr, Austernzucht und Fischfang formen in unserer Zeit die Stützpfeiler der regionalen Wirtschaft. Überall sind Ferienwohnkomplexe und Villen zu sehen. Im Sommer verzeichnen Hotels, Restaurants, Bars, Brasse-

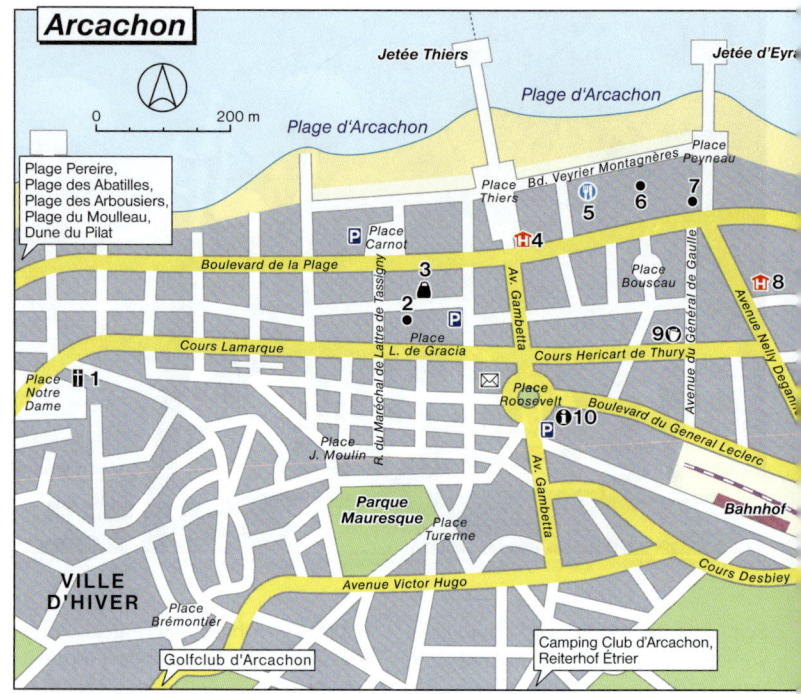

Arcachon

0   200 m

Jetée Thiers

Jetée d'Eyra

Plage d'Arcachon

Plage d'Arcachon

Place Peyneau

Plage Pereire,
Plage des Abatilles,
Plage des Arbousiers,
Plage du Moulleau,
Dune du Pilat

Bd. Veyrier Montagnères

Place Thiers

5 **6** **7**

Place Carnot

Boulevard de la Plage

4

3

Place Bouscau

8

2

Place L. de Gracia

Av. Gambetta

Cours Lamarque

Cours Hericart de Thury

9

Avenue du Général de Gaulle

Avenue Nelly Deganne

Place Notre Dame

1

R. du Maréchal de Lattre de Tassigny

Place Roosevelt

10

Boulevard du Général Leclerc

Place J. Moulin

Av. Gambetta

Bahnhof

Parque Mauresque

Place Turenne

Cours Desbiey

VILLE D'HIVER

Avenue Victor Hugo

Place Brémontier

Golfclub d'Arcachon

Camping Club d'Arcachon,
Reiterhof Étrier

rien und Campingplätze einen Boom und machen das Geschäft des Jahres – kein Wunder, dass im Winter viele Einrichtungen ihre Pforten schließen.

Tipp für die Fortbewegung im Stadtgebiet: die umweltfreundlichen, kostenlosen „Ého"-Elektrobusse.

Sehenswertes

Promenaden, Hauptstrände und City

Arcachons praller Sommertrubel konzentriert sich auf die Flaniermeilen längs der Strände, also den **Boulevard de la Plage** und den verkehrsfreien Bereich um Place Thiers und Boulevard Veyrier Montagnères. Hier spürt man die sommerliche Leichtigkeit des Seins am besten, hier wehen verführerische Restaurant- oder simple Frittendüfte um die Nase – über Tag und nach Einbruch der Dunkelheit. An Sommerabenden heißt es „Bühne frei" für Performancekünstler, Musiker, Maler, Henna-Tätowierer. Man sollte sich Zeit nehmen, sich ein Päuschen oder einen Terrassendrink gönnen, die Blicke auf die Bucht genießen und das bunte Boulevardtreiben an sich vorbei-

ii 1 Basilique Notre-Dame
● 2 Hôtel de Ville
⚓ 3 Les Arcades de la Ville d'Été
🏨 4 Grand Hôtel Richelieu
🎭 5 Restaurantzone
● 6 Palais des Congrès
● 7 Casino
🏨 8 Hôtel de la Plage
🎭 9 Theater Olympia
ℹ10 Office de Tourisme
🏨11 Hôtel Le Dauphin
🏨12 Arc Hôtel sur Mer
🏨13 Hôtel Orange Marine

Nördliche Atlantikküste

ziehen lassen, das nach den immer gleichen Regeln des Sehen und Gesehenwerden abläuft!

Wer sich ein Gläschen oder eine Mahlzeit genehmigt, sollte wissen, dass das Ambiente natürlich seinen Preis hat. In den örtlichen Speisetempeln kann man nicht gerade mit den günstigsten Angeboten rechnen, manches wirkt schlicht überteuert und fällt unter die Kategorie Touristennepp.

An den **Molen** *(jetées)* stechen Ausflugs- und Linienboote in See, die zentral gelegenen Stadtstrände sind zum Baden und Sonnenbaden akzeptabel.

Im Rücken der Strandpromenade liegen das **Casino** und der moderne **Palais des Congrès,** der Kongresspalast.

Von der Place Thiers fließt die Avenue Gambetta ab und schiebt sich an Cafés und Boutiquen vorbei bis zur Place Roosevelt mit dem **Office de Tourisme.** Als Ergänzung zum Schaufensterbummel auf der Avenue Gambetta bietet sich ein Streifzug durch den brandneuen Komplex „Les Arcades de la Ville d'Été" an, mit dem sich Arcachon hinter dem Rathaus (Hôtel de Ville) selbst auf Hochglanz poliert. Hier entsteht bis 2011/2012 ein

5600 m² großer Geschäftsbereich inklusive neuer Markthalle. Eine weitere betriebsame Zone eröffnet sich um die Rue du Maréchal de Lattre de Tassigny. Wer sich für die regionale Meeresflora und -fauna interessiert, findet das kleine Musée-Aquarium nahe dem Casino in der Rue du Professeur Jolyet 2 (März bis Okt. tägl.). Die Einrichtung wird vom Ozeanografischen Labor der Universität Bordeaux wissen-

Glasfenster mit Marienmotiv
in der Basilique Notre-Dame

schaftlich unterstützt; Weltbewegendes darf man nicht erwarten.

Basilique Notre-Dame

Abseits des sommerlichen Strand- und Citytrubels erhebt sich die spitztürmige Basilique Notre-Dame auf einem kleinen Plateau am Ende der Allée de la Chapelle an der Place Notre Dame. In den Baukörper der Basilika eingefasst ist die **Seefahrerkapelle Chapelle des Marins,** in der die Gläubigen noch heute der heiligen Jungfrau für dargebrachten Schutz danken und mitunter Ehrengaben hinterlassen. Mit welchen Worten manche Wallfahrer die Notre-Dame d'Arcachon und die himmlische Instanz verehren, führt ein kirchliches Faltblatt vor Augen: „Oh, unsere Liebe Frau, meine Mutter und meine Königin, mit welcher Freude werfe ich mich zu deinen Füßen nieder. Keiner kann die Wunder erzählen, die du jeden Tag für die anflehenden Seelen machst. Welches Vertrauen, welche Liebe beseelt alle deine Kinder. Stern des Meeres, schütze den Seemann vor den Gefahren der See und führe ihn in den Hafen!"

In ihren historischen Ursprüngen gründet sich die Chapelle des Marins auf den Einsiedler *Thomas Illyricus* und seinen wundersamen Fund eines Marienbildnisses. Die jetzige Kapelle datiert aus dem Jahr 1722 und wurde nach einem Brand 1986 erneut geweiht. Der Bau der dreischiffigen Basilika erfolgte 1856 bis 1861. Das Besucherauge bleibt an den schönen Glasfenstern hängen. Gelegentlich sind in der Basilika **Konzerte** angesetzt.

Hafenbereich

Über den Boulevard de la Plage erreicht man ca. 1,5 km östlich der Innenstadt den großen Hafenbereich, auf den der **Petit Port** ein Vorspiel gibt. Zwischen April und September arrangiert das Office de Tourisme montags und donnerstags morgens Besuche der Fischauktion *(criée)* in der kleinen Fischerhafenzone. Der eigentliche **Sporthafen** (Port de Plaisance) bietet rund 2600 Liegeplätze und zählt damit zu den größten an der französischen Atlantikküste. Von hier aus kann man sich zu organisierten Segeltörns, Tauchtrips und zum Hochseefischen aufmachen.

Bootsausflüge – Bassin d'Arcachon

Von den beiden Zentralmolen **Jetée Thiers** und **Jetée d'Eyrac** legen sowohl Linienboote (z.B. nach Cap Ferret) als auch Ausflugsboote zu Rundfahrten durch die Bucht ab. Insgesamt umfasst das Bassin d'Arcachon eine Fläche von 155 km² und erlebt bei jedem Wechsel von Ebbe und Flut einen Wasseraustausch von 230 Mio. Kubikmetern – ein richtiges Binnenmeer! Die üppigen **Austernparks** bilden das ökonomische Rückgrat für viele Menschen. Insgesamt gibt es heute 330 Austernzucht-Konzessionen, und jeder Austernpark gibt Arbeit für zwei bis fünf Personen.

Während der Buchttrips steuern die Boote auf die mitten im Becken gelegene **Vogelinsel** *(Île aux oiseaux)* und auf die typischen **Watthütten** *(cabanes tchanquées)* zu. Die auf einem stabilen System aus hölzernen Stelzen ru-

henden Hütten dienten ursprünglich als Unterschlupf für das Wachpersonal der Austernparks.

An den Rändern der Bucht reihen sich zahlreiche kleine Häfen auf, die sowohl Freizeitsportlern als auch Austernfischern dienen. Allein auf die Gemeinde Gujan-Mestras entfallen sieben kleine Häfen, angeführt vom Port de Larros mit seinem „Austernhaus" *(Maison de l'Huître)*. Während manche Segler auf protzigen Schiffen unterwegs sind, setzen die Austernzüchter nach wie vor auf ihre *pinasses,* traditionelle **Arbeitskähne** mit zuweilen farbenfrohem Anstrich und sehr geringem Tiefgang. Das ist angesichts des Tidenhubs auch nötig: Bei Ebbe herrscht vielerorts wirklich Ebbe und die Boote liegen unweigerlich auf dem Trockenen. Wohl dem, der das verästelte Kanalrinnensystem der Bucht kennt!

Südwärts führt ein vergleichsweise schmaler Auslauf zwischen dem Kap **Pointe du Cap Ferret** und Pyla-sur-Mer von der Bucht hinaus aufs offene Meer. Als markante Anhaltspunkte dienen das Leuchtturmörtchen Cap Ferret an der West- und die **Düne von Pilat** an der Ostflanke. Dem Sandriesen vorgelagert ist die hell leuchtende Sandbank Banc d'Arguin, die vor allem wegen ihrer Funktion als Vogelrastplatz zum Naturschutzreservat erklärt worden ist. Auf längeren Bootstrips nimmt man Kurs auf diese **Réserve Naturelle du Banc d'Arguin** und hat somit gute Gelegenheit, den Dünengiganten von der Seeseite her abzulichten.

Abendstimmung über dem Port de Larros, einem der Häfen von Gujan-Mestras

●**Union des Bateliers Arcachonnais,** Tel. 05 57 72 28 28, www.uba-bateau-arcachon.com.
●Alternative zu einem organisierten Ausflug bietet der zwischen Arcachon und Cap Ferret pendelnde **Linienbootverkehr Transbassin,** ganzjährig, im Juli und August auch Abendfahrpläne. Eine gute Übersicht über die stark wechselnden Fahrzeiten bietet die Webseite www.uba-bateau-arcachon.com.

La Teste-de-Buch

In Arcachons südöstlicher Nachbargemeinde La Teste-de-Buch spielt sich das bekannteste Marktgeschehen in der Gegend an der Kirche ab; Juli und August tägl. 8–13 Uhr, sonst Di.–So., besonders lebhaft Do., Sa. und So. Zur Gemeinde gehört außerdem der **Zoo de la Teste** mit Bären und Raubtieren (Anfang April bis Mitte September tägl. 10–19 Uhr, sonst unregelmäßig; www.zoodubassindarcachon.com).

Praktische Tipps

Information

●**Office de Tourisme,** esplanade Georges Pompidou, Tel. 05 57 52 97 97, Fax 05 57 52 97 77, www.bassin-arcachon.com, www.arcachon.com. Deutschsprachige Broschüre zur Bucht von Arcachon, außerdem Auskünfte zu Ferienwohnungen und privaten Gästezimmern, Organisation von diversen Führungen wie zur Source Sainte Anne des Abatilles und zu den Fischauktionen im Hafen.

Unterkunft

● **Arc Hôtel sur Mer** (€€–€€€), 89 boulevard de la Plage, Tel. 05 56 83 06 85, Fax 05 56 83 53 72, www.arc-hotel-sur-mer.com. Luxuriöses Haus über der kleinen Plage d'Eyrac, zwischen City und Sporthafen gelegen. 30 Zimmer, privater Parkplatz, Freibad, Whirlpool, Sauna, Terrasse. Interieur etwas altmodisch, Zimmer nicht eben groß, schöne Balkonblicke auf Hafen und Meer. Vier Sterne.

● **Grand Hôtel Richelieu** (€€–€€€), 185 boulevard de la Plage, Tel. 05 56 83 16 50, Fax 05 56 83 47 78, www.grand-hotel-richelieu.com. Zentraler geht's nicht, 45 Zimmer, Promenaden und Strände direkt vor der Tür – mit allen Vor- und Nachteilen! Zimmer wahlweise mit Meer- oder Seiten-/Parkplatzblick. Hoteleigener Parkplatz, geöffnet Mitte März bis Anfang November.

● **Hôtel de la Plage** (€–€€), 10 avenue Nelly Deganne, Tel. 05 56 83 06 23, Fax 05 56 83 41 47, www.hotelarcachon.com. Heißt zwar „Strandhotel", liegt aber nicht am Strand, sondern ca. 300 m von der Meerespromenade entfernt in der Nähe des Casinos. Die Zimmer sind recht klein, aber mit Balkon ausstaffiert. 53 Zimmer, Tiefgarage, kleiner Fitnessaal und Computerraum im Keller, ordentliches Frühstücksbüffet. Gut ist der Verleih von hauseigenen Fahrrädern zu fairem Preis.

● **Hôtel Le Dauphin** (€–€€), 7 avenue Gounod, Tel. 05 56 83 02 89, Fax 05 56 54 84 90, www.dauphin-arcachon.com. Eingerichtet in einer Villa aus dem 19. Jh. Die für die Nebensaison gültige Preiskategorie € bewegt sich an der Obergrenze.

● **Hôtel Orange Marine** (€–€€), 35–37 boulevard Chanzy, Tel. 05 57 52 00 80, Fax 05 57 52 00 78, www.hotel-orange-marine.com. Kleines 21-Zimmer-Hotel nahe dem Hafenbereich. Kein Luxus, zweckmäßig, schlicht. Über Winter geschlossen.

Camping

● **Camping Club d'Arcachon,** allée de la Galaxie, Tel. 05 56 83 24 15, Fax 05 57 52 28 51, www.camping-arcachon.com. In Grünzonen eingefasstes Areal etwa 2 km außerhalb der Innenstadt landeinwärts. Pool, Mitte November bis Mitte Dezember geschlossen. Wochenweise Vermietung von Bungalows und Mobile-homes.

Essen und Trinken

● **Restaurant Chez Yvette** (€€–€€€), 59 boulevard du Général Leclerc, Tel. 05 56 83 05 11. Hier deckt der Atlantik den Tisch – und das schon seit mehr als drei Jahrzehnten. Gepflegte Küche, gute Weinauswahl.

● **Restaurant Chez Pierre** (€€), boulevard Veyrier Montagnères, Tel. 05 56 22 52 94. In Arcachons klassischer Bar- und Restaurantmeile gelegen, Fisch und anderes Meeresgetier gehören zum Standard, im Sommer Terrassenservice, oftmals Massenbetrieb.

● **Restaurant La Cabane du Tchanquet** (€€), 8 rue du Professeur Jolyet, Tel. 05 56 83 97 70. Fischsuppe, Austern, reichlich Fisch, verschiedene Salate und Menüs.

● **Restaurant Cap'tain Aldo** (€–€€), boulevard Veyrier Montagnères, Tel. 05 56 83 78 81. Sommerlicher Terrassenservice mitten im Flanierleben, reichlich Meeresfrüchte inklusive Austern und Muscheln, diverse Menüs.

Nightlife

● **Casino,** 163 boulevard de la Plage.

● Populär bei Nachtschwärmern sind die Diskotheken **Cotton Club** (4 boulevard Mestrézat) und **Le News** (177 boulevard de la Plage).

● Im modernen **Théâtre Olympia** (21 avenue du Général de Gaulle, Tel. 05 57 52 97 75) vielfältiges Programm von Tanzveranstaltungen und Theater bis zu Oper und klassischen Konzerten. Gelegentlich auch Chansonabende.

Sport und Freizeit

● **Fahrradverleih:** Locabeach 33, 326 boulevard de la Plage, Tel. 05 56 83 39 64, www.locabeach.com.

● **Fallschirmspringen:** Paraclub Arcachon, Aérodrome de Villemarie, La Teste-de-Buch, Tel. 05 56 54 73 11, www.paraclub-arcachon.com. Alternative ist Wafou Parachutisme (Tel. 05 56 83 20 71, www.wafou.fr; auch Tandemsprünge).

- **Golf Club d'Arcachon,** 35 boulevard d'Arcachon, La Teste-de-Buch, 18-Loch-Anlage mit Einzel- und Gruppenkursen, Tel. 05 56 54 44 00, Fax 05 56 66 86 32, www.golfarcachon.org.
- **Reiten:** Étrier d'Arcachon, avenue Pierre Frondaie, Tel. 05 56 83 21 79, etriersportif@wanadoo.fr. Kurse für Anfänger/Fortgeschrittene, Erwachsene und Kinder, Spazierritte, Ponyreiten.
- **Seekayak:** Arcachon Kayak Adventure, Port de Plaisance, Centre Nautique Pierre Mallet, Tel. 06 25 08 44 37, arcakayakaventure.free.fr. Halb- und Ganztagestouren.
- **Segeln:** Cercle de la Voile d'Arcachon, Centre nautique Pierre Mallet, Port de Plaisance (Sporthafen), Tel. 05 56 83 05 92, Fax 05 56 22 59 09, www.voile-arcachon.org; eine durchweg gute Anlaufstelle. Weitere Segelclubs verteilen sich über die ganze Bucht.
- **Surfen:** Surf en Buch, 183 boulevard de la Plage, Tel. 06 80 05 46 95, www.ecoledesurf-arcachon.com. Diverse Kurse.
- **Tauchen:** VSM / L'Océana, 14 quai du Capitaine Allègre, Port de Plaisance (Sporthafen), Tel. 05 56 83 98 95, Fax 05 57 52 05 46, http://oceana.fr, bietet auch Süßwassertauchen im Étang de Cazaux et de Sanguinet, Padi-Zertifikate, Einzel- und Gruppenkurse.
- **Tennis:** Tennis Club d'Arcachon, 7 avenue du Parc, Tel. 05 57 72 09 50, Fax 05 56 83 81 98, tcarcachon@free.fr, hat über 20 Plätze, Privat- und Gruppenstunden. Tennis Club de la Source des Abatilles, 163 boulevard de la Côte d'Argent, Tel. 05 56 83 68 86, www.tennisdelasource.com, Kurse, Courtmiete zu moderatem Preis.
- **Thalassotherapie:** Thalazur Arcachon, avenue du Parc, Tel. 05 57 72 06 66, Fax 05 57 72 06 60, www.thalazur.fr.

Feste und Veranstaltungen

- **Fête d'Arcachon** (Stadtfest) um den 25. März, am 14./15. August **Fête de la Mer** (Meeresfest), im September **„Cadences"-Festival** mit Tanzaufführungen, im Dezember **Weihnachtsdorf** und Schlittschuhbahn.

Post

- **Hauptpost (PTT),** place Roosevelt.

Verkehrsanbindung

- **Bahnhof:** nahe Place Roosevelt, Tel. 3635, regelmäßig Züge nach Bordeaux.
- **Bootsverbindungen:** ganzjährig über die Bucht zwischen Arcachon und Cap Ferret entweder ab der Jetée Thiers oder der Jetée d'Eyrac.

Pyla-sur-Mer und die Düne

↗ VIII/A1

Südlich von Arcachons Vorort Pyla-sur-Mer bäumt sich eine der spektakulärsten Sehenswürdigkeiten Frankreichs in ganzer Allgewalt auf: die **Dune du Pilat** (auch: *Pyla*), ein sandiger Riese von 104 m, der eine Breite von 500 m und eine Länge von 2700 m einnimmt, aus 60 Millionen Kubikmetern Sand besteht und als **„höchste Düne Europas"** vermarktet wird. Der blühende Dünenkommerz beginnt schon vor dem kräftezehrenden Anstieg: Abzweig auf den gebührenpflichtigen Megaparkplatz, dahinter durch ein Nadelöhr aus Snackbars und Souvenirshops an die weißgelbe Sandwand heran. Mitunter sind es regelrechte Menschenkarawanen, die dem Gipfel entgegenziehen. Von den oberen Rückenpartien des Riesen bieten sich grandiose Aussichten über den Ozean und das Bassin d'Arcachon, auf das **Naturschutzgebiet Banc d'Arguin** und Cap Ferret mit seinem Leuchtturm. In der Ferne punktieren Segelboote das Meeresblau weiß, landeinwärts breitet sich ein grünes Meer aus Pinien aus und setzt sich zum größten derartigen Waldgebiet Frankreichs zusammen.

Auf der Düne gibt es keinen Gipfel im klassischen Sinne, sondern ein **Ensemble aus sandigen Buckeln.** Immer wieder wechseln die Bilder, verändert sich je nach Windrichtung und Jahreszeit sogar die Höhe der Düne. Bis zu welchem Punkt man seinen Streifzug durch den tiefen Sand ausdehnt, ist nicht zuletzt Konditionssache. Platz und Auslauf sind auf alle Fälle genug da. Man sollte sich Zeit für eine Rast lassen, die Panoramen in sich aufsaugen – bevor man seine Fußspuren auf dem Weg zurück mit denen der Tagesvorgänger vermengt.

Eine Ausflugstour zur Dune du Pilat lässt sich gut mit einem Abstecher zu den südlichen **Stränden** Arcachons verbinden: zur Plage Pereire, der Plage des Abatilles, der Plage des Arbousiers und der Plage du Moulleau. Südlich der Düne schließen sich mit der Plage du Petit Nice, der Plage de la Lagune und der Plage de la Salie Nord weitere Strände an; letztgenannte liegen bereits auf dem Weg nach Biscarrosse (⇨Kap. „Südliche Atlantikküste").

Information

●**Office de Tourisme,** rond-point du Figuier, Pyla-sur-Mer, Tel. 05 56 54 02 22.

Unterkunft

●**Hôtel Etche-Ona** (€–€€), 255 boulevard de l'Océan, Tel. 05 56 22 72 18, Fax 05 56 22 16 97, www.etche-ona.com. 14-Zimmer-Haus, mit Restaurant, direkt an der Zufahrtstraße aus Arcachon. Ganzjährig geöffnet.
●**Hôtel Ttiki-etchea** (€–€€), 2 boulevard Louis Gaume, Pyla-sur-Mer, Tel. 05 56 22 71 15, www.hotel-ttiki-etchea.com. Eingefasst in Pinienforst, 28 zweckmäßige Zimmer, geöffnet von Ostern bis Ende September.

Camping

●**Camping de la Dune,** route de Biscarrosse, Pyla-sur-Mer, Tel. 05 56 22 72 17, Fax 05 56 22 74 01, www.campingdeladune.fr. Auf diesem Drei-Sterne-Platz lassen sich auch kleine Chalets und fest installierte Mobil-Homes mieten. Geöffnet Ende März bis Anfang Oktober.
●**Pyla Camping,** route de Biscarrosse, Pyla-sur-Mer, Tel. 05 56 22 74 56, Fax 05 56 22 10 31, www.pyla-camping.com. Direkter Strandzugang, im Sommer vielfältige Sportangebote, geöffnet Ende März bis Anfang Oktober.

Sport und Freizeit

●**Segeln:** Cercle de Voile de Pyla-sur-Mer, place Daniel Meller, Tel./Fax 05 56 54 00 29, www.voilepyla.com.

Cazaux ⤢ VIII/A1/2

Über La Teste-de-Buch erreicht man von Arcachon kommend das kleine Örtchen Cazaux am Nordufer des **Étang de Cazaux et de Sanguinet.** Dieses rund 5600 ha große Binnengewässer ist über den Canal des Landes mit dem Becken von Arcachon verbunden, bietet einen Strand und einen Sporthafen, Tretbootverleih sowie mehrere Campingplätze. In seinen südlichen Ausläufern stößt der Étang de Cazaux et de Sanguinet an die Feriengemeinde Biscarrosse (⇨Kap. „Südliche Atlantikküste"). Die Gegend um Cazaux ist eingefasst in ein über 10.000 ha umfassendes Forstgebiet, in dem Pinienbestände vorherrschen.

Information

●**Office de Tourisme,** place Jean Hameau, La Teste-de-Buch, Tel. 05 56 54 63 14, www.tourisme-latestedebuch.fr; während der Saison öffnet überdies eine kleine Infostelle

in Cazaux (Point Information Tourisme, place du Génèral de Gaulle, Tel. 05 56 22 91 75).

Camping

● **Camping Municipal du Lac,** rue Osmin Dupuy, Cazaux, Tel. 05 56 22 22 33, Fax 05 56 22 27 33. Kleines Areal mit Pinien, geöffnet Anfang April bis Ende September.
● **Camping Cap de Mount,** route de la Teste, Cazaux, Tel./Fax 05 56 22 94 79. Klein und einfach.

Fußspuren auf der Düne von Pilat

Kleiner Hafen nahe dem Eingang zum Vogelpark von Le Teich

Le Teich 🖉 VIII/B1

Kleiner Ort ganz groß – zumindest, was die Naturvielfalt angeht. In Le Teich, knapp 15 km östlich von Arcachon am südöstlichsten Zipfel des Bassin d'Arcachon gelegen, kann man sich als Ziele den vorzüglichen Vogelpark und das für Kanuten ideal geeignete **L'Eyre-Delta** vormerken. Außerdem geht der Wanderweg „Sentier Littoral" vorbei. Das außerhalb des Ortskerns gelegene Naturkundehaus **Relais Nature** dient als Ausgangspunkt zu **Wandertouren** durch die Sumpf- und Flusslandschaften des malerisch verästelten Deltagebiets der L'Eyre (auch: Leyre). Nach einer Reise von rund 90 km mündet das Flüsschen ins Becken von Arcachon, das Delta gehört zu den nordwestlichen Ausläufern des Parc Naturel Régional des Landes de Gascogne (⇨Kap. „Südliche Atlantikküste"). Der malerische **kleine Hafen** von Le Teich liegt in der Nähe des Eingangs zum Vogelpark.

Parc Ornithologique

Der an 365 Tagen im Jahr geöffnete **Vogelpark** von Le Teich steht für pures Naturerleben, wobei der Terminus „Park" unglücklich gewählt ist und sich eher nach Volieren oder Zucht anhört. In Wirklichkeit hat man es hier mit einem einzigartigen **Naturreservat und freier Wildbahn** zu tun! Dank Zugvögeln, Jahreszeiten und Tidenhub wechselt die Natur ständig ihr Gesicht in diesem Parc Ornithologique, der sich über eine Fläche von 120 ha ausbreitet und die flachen Feuchtgebiete

zwischen dem L'Eyre-Delta und dem Bassin d'Arcachon umfasst. Überall bieten sich vorzügliche Chancen, Vögel zu beobachten! Der bequem begehbare Hauptrundweg ist 6 km lang, spannt sich über Stege und Holzbrückchen und führt an insgesamt 20 Beobachtungsplätzen vorbei. Mit etwas Glück – und je nach Nist- bzw. Zugsaison – bekommt man Löffler und Uferschnepfen zu Gesicht, Krähenscharben (Kormorane), Kuhreiher, Alpenstrandläufer, Blesshühner, Haubentaucher, Wasserrallen, Kraniche, Wildgänse, Fisch- oder Seidenreiher. Von den Unterständen aus kann man in aller Ruhe Ausschau halten (Fernglas mitbringen). Ruhe lautet dort das oberste Gebot. In manchen Jahren werden im Park bis zu 300.000 **Zugvögel** registriert. Auch der Sumpfbiber ist hier heimisch.

Nördliche Atlantikküste

Die Wege sind im Winter nicht minder interessant, während der Juli als magerster Beobachtungsmonat gilt.

● **Parc Ornithologique,** am Ende der Rue du Port, Juli/August 10–20 Uhr, Mitte April bis Ende Juni sowie erste Septemberhälfte 10–19 Uhr, Mitte September bis Mitte April 10–18 Uhr. Ideale Besuchszeiten sind morgens oder spät nachmittags, am Eingang Verleih von Ferngläsern *(jumelles)* und Möglichkeit zur Einkehr in die Brasserie Le Delta, www. parc-ornithologique-du-teich.com.

Information

● **Office de Tourisme,** place Pierre Dubernet, Tel. 05 56 22 80 46, office-de-tourisme-le-teich@wanadoo.fr.

Camping

● **Camping Ker Helen,** avenue de la Côte d'Argent, Tel. 05 56 66 03 79, Fax 05 56 66 51 59, www.kerhelen.com. Strategisch günstige Lage, ausgewiesene Zufahrt direkt von der Hauptstraße. Im Sommer Pool und abendliches Entertainment, Restaurant-Bar, Sportturniere, Pétanque, wochenweise Vermietung von Chalets und Mobil-Homes. Geöffnet Anfang April bis Anfang November.

Sport und Freizeit

● **Maison de la Nature du Bassin d'Arcachon,** am Eingang zum Vogelpark, Tel. 05 56 22 80 93, Fax 05 56 22 69 43, www.canoes urlaleyre.com. Hier lassen sich während der Sommersaison allerlei **Kanutouren** durch das L'Eyre-Delta arrangieren. Kanutrips auch über Villetorte Loisirs, 30 rue du Pont Neuf, Tel. 05 56 22 66 80, www.villetorte.com.

Rund um das Bassin d'Arcachon ⤢ IV/A3

Rings um die Bucht von Arcachon spannen sich Urlaubs- und Austernzuchtorte mit ihren kleinen Häfen und großen Angeboten an Sport- und Freizeitgestaltung. Wanderer kommen ebenso auf ihre Kosten wie Radler, Kanuten und Segler. Auch Tennisspieler und Reiter finden ausreichend Betätigungsfelder, vielerorts stechen Ausflugsboote in See. Als Wanderroute ist der Küstenweg „Sentier Littoral" ausgeschildert. Angereichert wird das ganze Erleben durch umfangreiche Festprogramme der Gemeinden, vor allem zwischen Mai und September.

Mögen Besiedlung und sommerliches Urlauberaufkommen vergleichsweise hoch sein und manche Orte unmittelbar miteinander verschmelzen, ist gleichwohl nicht alles dicht bebaut und zwangsläufig vermarktet um das Bassin d'Arcachon mit seiner über 80 km langen Küstenlinie. Pinienwälder breiten sich bis an die Wasserfront aus, zwischen den Ansiedlungen eröffnen sich Naturschutzareale wie das am Ostrand des Beckens von Mooren und Lagunen durchsetzte L'Eyre-Delta bei Le Teich sowie im äußersten Norden die Réserve Naturelle des Prés Salés d'Arès-Lège. Insgesamt haben Ornithologen rund 300 verschiedene Vogelarten gezählt, darunter viele Durchzügler auf dem Weg zu den warmen Winterquartieren in Afrika. Östlich von Arcachon beginnt eine Tour um das Becken mit La Teste-de-

Buch; der Hafen ist direkt von der Hauptstraße D 650 einsehbar.

Eine besondere Rolle fällt fortan der **Austernzucht** zu. Glibbergourmets folgen immer wieder den Stichsträßchen zu kleinen Austernhäfen wie dem zur Gemeinde Gujan-Mestras gehörigen **Port de Larros,** wo sich Austern direkt bei den Produzenten einkaufen oder kosten lassen. Bei den Proben kommen ein halbes oder ein ganzes Dutzend Austern auf den Tisch, begleitet von Brot, Zitrone und einem Gläschen Weißwein. Port de Larros sticht nicht nur als kleiner malerischer Hafen mit einem tiefen Längseinschnitt hervor, sondern auch als Sitz des Austernhauses (Maison de l'Huître, Mo.–Sa. 10–12.30 und 14.30–18 Uhr, Juni bis August auch sonntags geöffnet; www.maisondelhuitre.fr). Das **Maison de l'Huître** macht mit Geschichte und Zuchttechniken vertraut. Ein kleiner Hafenbummel führt an den Holzhausreihen der Austernzüchter entlang bis zu einer winzigen Promenade mit einem Christuskreuz.

Familien mit Kindern zieht in es **Gujan-Mestras** an den Lac de la Magdaleine und an den während der Saison bewachten Strand von La Hume. Von Mitte April bis Anfang November öffnet der Tier- und Vergnügungspark La Coccinelle mit „Minifarm", Rutschen sowie Zaubershows in der Hauptsaison (www.la-coccinelle.fr). Weitere Freizeitspaß-Attraktionen, vor allem für jüngere Besucher, sind der **Wasserpark Aqualand** (geöffnet ca. 20. Juni bis Anfang September; www.aqualand.fr), der **Abenteuerpark Bassin Aventures** mit seinen Baumparcours (Mitte April bis Anfang November, www.bassinaventures.com) und der **Kid Parc** (Mitte April bis Anfang November; www.kidparc.com). Im grünen Gujan-Mestras verdient auch der Parc de la Chêneraie einen Besuch.

Wanderungen sind auch um **Biganos** möglich, wo man überdies eine Kartstrecke findet. Über Biganos kann man auf dem Radweg bis Lège-Cap Ferret fahren und an den dortigen Forêt Domaniale de Lège et Garonne anbinden. Die nahe Zellulosefabrik dämpft allerdings erheblich die Eindrücke.

An der Ost- bzw. Nordostflanke der Bucht reihen sich in einem Wiesen- und Villenland weitere typische Gemeinden auf, so **Audenge** mit seinem Austernfischerhafen und den von Deichen umgebenen Salzmooren, die nunmehr als Naturschutzgebiete fungieren: Domaine de Graveyron und Domaine de Certes. Darauf folgt **Lanton** mit seinen Austernhäfen Cassy und Taussat sowie der im 12. Jh. begonnenen Kirche Notre-Dame de Lanton.

Treffpunkte in **Andernos-les-Bains** sind die Plage des Quinconces, der Hafen der Austernfischer (Port Ostréicole), die Fußgängerzone und die Strandpromenade mit der Place Louis David. Die Mole bringt es auf eine Länge von 232 m. Ende Juli steigt das bekannte Jazzfestival.

In **Arès** sollte man ebenfalls beim Austernhafen vorbeischauen. Die einstigen Salzgärten dienen heute als **Réserve Naturelle des Prés Salés d'Arès-Lège,** ein Naturschutzreservat mit artenreicher Vogelwelt. Nordwest-

Nördliche Atlantikküste

lich von Arès führt ein Abstecher zur **Plage Grand Crohot Océan** – hier wartet ungeschützter Atlantikstrand!

Bei Arès und Lège-Bourg stoßen Landstraßen aus Richtung Bordeaux und Le Porge hinzu, je nach Saison nicht gerade das erfreulichste Erleben. Im Sommer können sich die Verkehrsströme trotz gut ausgebauter Straße fortan ziemlich zäh abwärts wälzen bis zur äußersten Landspitze **Pointe de Cap Ferret;** Waldgebiete wechseln sich mit hoffnungslos zugebauten Zonen und verstreuten Ferienvillen ab. Die Halbinsel verengt sich kontinuierlich, es geht durch Dörfer wie Claouey, Les Jacquets und Le Canon. Überall lassen sich Austern kosten, Rad- und Wanderstrecken ziehen sich bis zum Kap.

Südlich der Bootsablegestelle Bélisaire erreicht man das von einem Landsaum von der Bucht getrennte Quartier Ostréicole du Mimbeau und den 1947 erbauten **Leuchtturm von Cap Ferret** mit 53 m Höhe, dessen Licht es auf eine Reichweite von 50 km bringt. Eine Besteigung über atemschwere 258 Stufen ist möglich (Juli und August tägl. 10–19.30 Uhr, April bis Juni und September tägl. 10–12.30 und 14–18.30 Uhr, während des übrigen Jahres nur Mi.–So. 14–17 Uhr). In den Wintermonaten gewinnt die Gegend ihre Beschaulichkeit zurück.

Der Leuchtturm stößt an Kiefer- und Villenzonen, die sich bis zum äußersten Südzipfel der Halbinsel fortsetzen; man folgt den Schildern „La Pointe". Die Landspitze trennt das ruhige Becken von Arcachon von den rauen,

ungeschützten Atlantikstränden, auf die das unter Naturschutz stehende Dünengebiet von Cap Ferret einen Vorgeschmack gibt. Der Blick schweift von dort hinüber bis zum Dünenriesen von Pilat. Hinter dem grünen Gürtel des Forêt Domaniale de Lège et Garonne wendet sich die Westflanke der Halbinsel über 25 Strandkilometer dem Atlantik zu. Die Strände heißen Plage l'Horizon (nordwestlich von Cap Ferret), Plage du Truc Vert (etwa auf der Höhe von Grand Piquey) und Plage Grand Crohot Océan (nordwestlich von Arès). Der Anmarsch von Parkplätzen an der Straße führt teils mühsam und lang durch tiefen Sand.

Information

Offices de Tourisme:

● **Andernos-les-Bains,** esplanade du Broustic, Tel. 05 56 82 02 95, www.andernoslesbains.fr.

● **Arès,** esplanade Dartiguelongue, Tel. 05 56 60 18 07, www.ares-tourisme.com.

● **Audenge,** 24 allées de Boissière, Tel. 05 56 26 95 97, Fax 05 56 26 94 91, www.tourisme-audenge-lanton.com.

● **Biganos,** rue Jean Zay, Tel. 05 57 70 67 56, Fax 05 57 70 67 01, www.otbiganos.com.

● **Gujan-Mestras,** 19 avenue du Maréchal de Lattre de Tassigny, Tel. 05 56 66 12 65, Fax 05 56 22 01 41, www.gujanmestras.com.

● **Lanton,** 1 route du Stade, Tel. 05 57 70 26 55, Fax 05 57 70 27 58, www.tourisme-audenge-lanton.com.

● **Lège-Cap Ferret**, 1 avenue du Général de Gaulle, Tel. 05 56 03 94 49, Fax 05 57 70 31 70, www.lege-capferret.com.

Unterkunft

● **Hôtel La Maison du Bassin** (€€–€€€), 5 rue des Pionniers, Lège-Cap Ferret, Tel. 05 56 60 60 63, Fax 05 56 03 71 47, www.lamai

sondubassin.com. Kultivierter und vielleicht etwas überteuerter Charme, Zimmer mit individueller Dekoration.

● **Hôtel La Frégate (€€),** 34 avenue de l'Océan, Lège-Cap Ferret, Tel. 05 56 60 41 62, Fax 05 56 03 76 18, www.hotel-la-frega te.net. Zwei-Sterne-Hotel mit Sommerpool und Parkplatz. Die ganz unterschiedlich ausgestatteten Zimmer entsprechen ebenso unterschiedlichen Preiskategorien und sind saisonalen Schwankungen unterworfen; die hier mit €€ angegebene Kategorie ist am Durchschnittspreis ausgerichtet.

● **Hôtel Le Colibri (€€),** 59 rue du Général de Gaulle, Arès, Tel. 05 56 60 22 46, Fax 05 56 60 18 66, www.hotelcolibri.net. Auswahl zwischen Standardzimmern und voll eingerichteten Studios. Grünanlagen, Freiluftpool.

● **Hôtel La Guérinière (€€€),** 18 cours de Verdun, Gujan-Mestras, Tel. 05 56 66 08 78, Fax 05 56 66 13 39, www.lagueriniere.com. An der Straße gelegen, Pool, 27 Zimmer in gepflegtem Haus. Mit Restaurant, das demselben Standard entspricht und unter Feinschmeckern einen guten Ruf besitzt.

● **Hôtel du Mauret (€–€€),** 12 boulevard de la République, Andernos-les-Bains, Tel. 05 56 82 22 70, Fax 05 56 82 04 88, www.hotel-du-mauret.com. Einfacheres Haus, 14 Zimmer, ganzjährig. Mit Restaurant.

● **Jugendherberge** (auberge de jeunesse), 87 avenue de Bordeaux, Cap Ferret, Tel./Fax 05 56 60 64 62, www.fuaj.org; gelegen zwischen etwa 1 km entfernten Bassin d'Arcachon und 500 m entfernten Atlantik, 60 Betten, nur geöffnet im Juli und August.

Camping

● **Camping La Canadienne,** 82 rue du Général de Gaulle, Arès, Tel. 05 56 60 24 91, Fax 05 57 70 40 85, www.lacanadienne.com. Pool, Vermietung von Mobil-Homes und Hütten. Mit seinen vier Sternen steht der Platz qualitativ und preislich auf höchstem Standard, in der Regel geöffnet Anfang Februar bis Ende November.

● **Camping Le Truc Vert,** route du Truc Vert, Lège-Cap Ferret, Tel. 05 56 60 89 55, Fax 05 56 60 99 47, www.trucvert.com. Pflanzenreiches, bewaldetes 10-ha-Areal, wenige 100 m

vom Atlantikstrand entfernt. Bar, Restaurant, Kinderspielplatz, Pool. In der näheren Umgebung Möglichkeiten zum Reiten, Radfahren und Surfen; Anfang Mai bis Ende September. Mit vier Sternen dekoriert.

● **Camping Le Coq Hardi,** avenue de la République, Lanton Cassy, Tel. 05 56 82 01 80, Fax 05 56 82 82 93, www.campingcoq-har di.com. Spielanlagen für Kinder, Schwimmbecken, Sportangebote, Vermietung von Mobil-Homes und fest installierten Wohnwagen. Mitte März bis Anfang/Mitte Oktober.

● **Camping Fontaine Vieille,** 4 boulevard du Colonel Wurtz, Andernos-les-Bains, Tel. 05 56 82 01 67, Fax 05 56 82 09 81, www.fontaine-vieille.com. Drei-Sterne-Platz mit kleinem Pool, Vermietung von Mobile-homes. Geöffnet Anfang April bis Ende September.

Essen und Trinken

● **Restaurant** Le Mirador (€€), avenue Est, Cap Ferret, Tel. 05 56 60 64 19. Gut gelegen am Dünengebiet von Cap Ferret, großer Terrassenbereich.

● **Restaurant L'Escale (€€),** Jetée Bélisaire, Lège-Cap Ferret, Tel. 05 56 60 68 17. Fisch, Meeresfrüchte, Aussicht auf die Bucht.

Sport und Freizeit

● **Fahrradverleih:** Locabeach 33, Embarcadère Bélisaire, Cap Ferret, Tel. 05 56 60 49 46, www.locabeach.com.

● **Karting:** Circuit de Biganos, Top Gun Évasion, N 250, Tel. 05 56 26 75 20, http://kar ting.topgun-evasion.com. Der Circuit de Biganos ist 1,1 km lang und hat im Juli und August tägl., sonst Mi.–Mo. geöffnet.

● **Segeln:** Centre Nautique du Ferret, Lège-Cap Ferret, Tel. 05 56 60 44 06; Sport Nautique Andernos, Andernos-les-Bains, Tel. 05 56 82 07 03; Club Nautique, Arès, Tel. 05 56 60 05 37.

● **Wandermöglichkeiten:** sowohl rund um Le Teich als auch auf dem markierten Küstenrandweg (Sentier du Littoral), der sich um das Bassin d'Arcachon windet und bei Arès mit dem Fernwanderweg GR-8 vereint. An der Westflanke des Beckens von Arcachon führen Wander- und Fahrradwege durch den Forêt Domaniale de Lège et Garonne.

Feste und Veranstaltungen

- 23./24. Juni **Sonnenwendfeste** u.a. in Andernos-les-Bains und Arès
- Ende Juni **Stadtfest in Lège**
- Mitte Juli **Austernfest** von Lanton
- Ende Juli **Jazzfestival** in Andernos-les-Bains
- Mitte August **Austernfest** in Arès sowie **Hafenfest** in Audenge
- Im Oktober **Kürbis- und Herbstfest** in Lanton
- Im Dezember **Weihnachtsmärkte** in Audenge und Gujan-Mestras

Verkehrsanbindung

- **Linienboote** ab Cap Ferret (Embarcadère Bélisaire) ganzjährig über die Bucht hinüber nach Arcachon. Übersicht über die Fahrpläne im Internet unter www.uba-bateau-arcachon.com, Tel. 05 57 72 28 28.

Le Porge ⤢ IV/B2

Le Porge ist eine typische Feriengemeinde zwischen dem Bassin d'Arcachon und Lacanau, die dem üblichen Muster entspricht: landeinwärts der Hauptort Le Porge und an der Küste die weiten sandigen Strandbereiche von **Le Porge-Océan,** im Sommer populär und im Winter wie auf Eis gelegt. Rund 10 km trennen den blassen Hauptort von den Strandbereichen. Endstation: die Riesenparkplätze im Piniengürtel, von wo aus man sich durch eine kleine **Bar- und Restaurantmeile** und durch Dünen ans trubelige Strandleben herankämpft. Nach Bad und Sonnenbad kann man sich Pizza, Eis oder eine Muschelportion gönnen. Außerhalb der Saison kann man den Küstenstrich (fast) ganz für sich allein genießen und zu ausgedehnten **Strandwanderungen** aufbrechen. So

oder so ist Le Porge-Océan vornehmlich unter Tagesausflüglern beliebt – es sei denn, man ist FKK-Freund und richtet es sich während der Sommersaison im „Domaine Résidentiel Naturiste de la Jenny" (www.lajenny.fr) häuslich ein.

Über die Gemeinde verteilen sich nicht weniger als 13.000 ha bewaldetes Gelände, das zu **Rad- und Wandertouren** einlädt. Der Hauptort bietet mit seiner im 19. Jh. erbauten Kirche Saint-Seurin einen kleinen Kulturzusatz. Eine direkte Küstenstraße von Le Porge-Océan ins nördlich gelegene Lacanau-Océan gibt es nicht, der Weg führt unweigerlich durchs Inland über Le Porge.

093:sf Foto: ad

Information

● **Office de Tourisme,** 3 place Saint Seurin, Le Porge, Tel. 05 56 26 54 34, www.lepor ge.fr.

Camping

● **Camping Municipal La Grigne,** Le Porge-Océan, Tel. 05 56 26 54 88, Fax 05 56 26 52 07, www.leporge.fr, camping@leporge.fr. Eingefasst in Pinienforst, Saisonbetrieb. Anfang April bis Ende September.

Rund um Lacanau ⤢ IV/B2

Süß- oder Salzwasser, See- oder Meeresstrand, Waldwege oder Promenaden – die Gegend um Lacanau bietet ideale touristische Facetten mit allen erdenklichen Sport- und Freizeitmöglichkeiten und steht in der Urlaubergunst vollkommen zurecht obenan. Alljährlich zur Sommerzeit rollt eine riesige Ferienwelle über die Pinien-Dünen-Strandgebiete hinweg. Der Hauptort Lacanau interessiert dabei nur am Rande. Die Epizentren der saisonalen Beben liegen in **Lacanau-Océan,** dem stimmungsvollsten Ausgehstädtchen weit und breit, sowie am landeinwärts gelgenen **Lac de Lacanau.** Hinter den Dünengürteln erstrecken sich ausgedehnte, breite Sandweiten, die Gemeinde nennt immerhin 14 km Strände ihr Eigen. Unterkunftsuchende soll-

ten während der Hauptsaison tunlichst vorbuchen!

In Lacanau-Océan laufen alle Fäden zusammen, es mangelt schlichtweg an nichts: Cafés und Crêpes-Tempel, Boutiquen und Restaurants, Eissalons und Spielhallen. In der Hochsaison fahren die städtischen Organisatoren ein reiches Sport- und Entertainmentprogramm auf, das einer Immer-was-los-Garantie gleichkommt und **Konzerte** und **Zirkus** ebenso umfasst wie **Straßentheater** und **Sportturniere.**

Jederzeit kann man eine Flanierrunde über den **Boulevard de la Plage** bzw. über die Holzstegwege oberhalb des Strands einschieben, sich ins Getümmel der Fußgängerzone oder eine Stufe tiefer an den Strand stürzen. Der Hauptstrand heißt **Plage Centrale,** weiter nördlich liegt die **Plage Nord** (vom Inland her recht weiter Zugangsweg durch die Dünen), südlich schließen sich die **Plage Sud** und die **Plage Super Sud** an. Wie stets am Atlantik, ist auch hier beim Baden angesichts von Wind und Wellen Vorsicht geboten.

Natur- und Sportfans kommen in Lacanau und Umgebung ganz gewiss auf ihre Kosten. Der **Fernwanderweg GR-8** verläuft ebenso durch Wald- und Dünengebiete wie herrliche Radstrecken. Das **Radwegenetz** bringt es auf eine beachtliche Länge von rund 100 km, bindet von Lacanau-Océan aus nordwärts an Carcans-Plage und den Lac d'Hourtin et de Carcans an, nordöstlich an Maubuisson und gen Osten an den Lac de Lacanau. Am besten man besorgt sich im Office de

Am Strand von Le Porge-Océan

Nördliche Atlantikküste

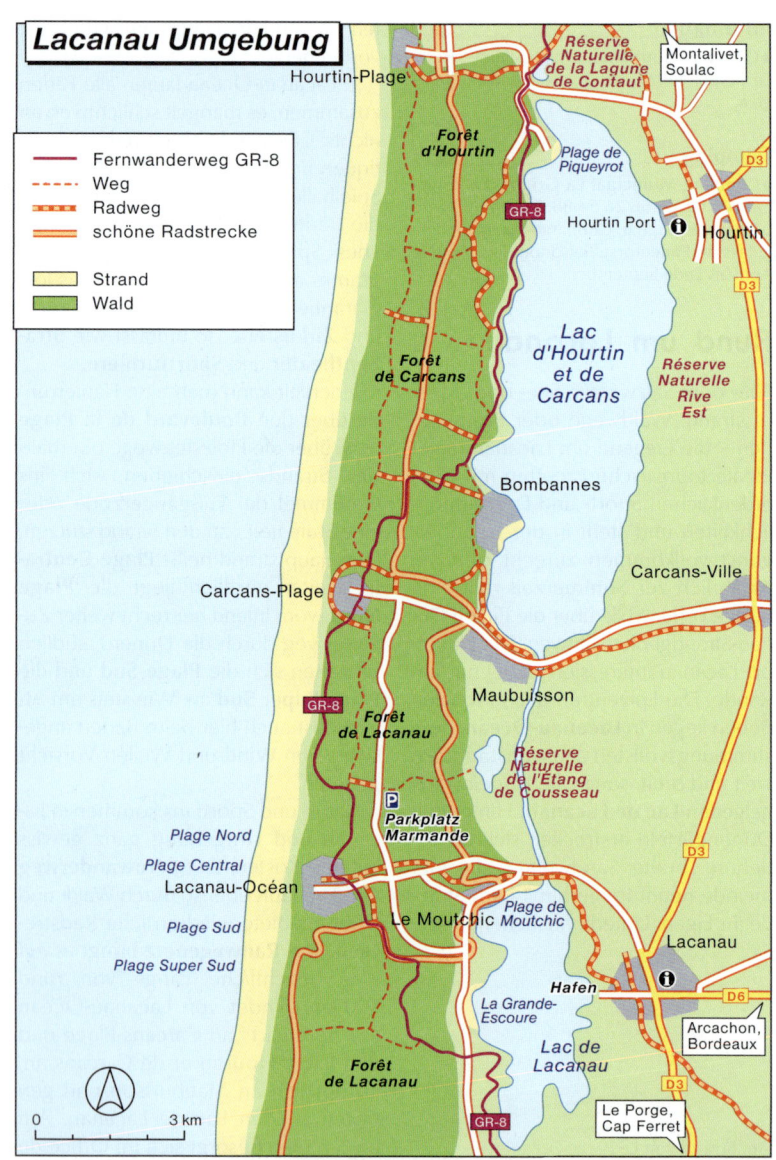

Lacanau Umgebung

Hourtin-Plage

Réserve
Naturelle
de la Lagune
de Contaut

Montalivet,
Soulac

Forêt
d'Hourtin

Plage de
Piqueyrot

D3

GR-8

Hourtin Port ℹ Hourtin

Legende:
- Fernwanderweg GR-8
- Weg
- Radweg
- schöne Radstrecke
- Strand
- Wald

D3

Forêt
de Carcans

Lac
d'Hourtin
et de
Carcans

Réserve
Naturelle
Rive
Est

Bombannes

Carcans-Ville

Carcans-Plage

GR-8

Maubuisson

Forêt
de Lacanau

Réserve
Naturelle
de l'Etang
de Cousseau

P
Parkplatz
Marmande

D3

Plage Nord

Plage Central

Lacanau-Océan

Plage de
Moutchic

Plage Sud

Le Moutchic

Lacanau

ℹ

Plage Super Sud

Hafen

D6

La Grande-
Escoure

Arcachon,
Bordeaux

Lac de
Lacanau

D3

Forêt
de Lacanau

Le Porge,
Cap Ferret

GR-8

0   3 km

Tourisme einen Radwegeplan der Gegend (*Plan des Pistes Cyclables*).

Binnensee

Der **Lac de Lacanau** breitet sich zwischen Lacanau und Lacanau-Océan über eine Fläche von 2000 ha im Grün aus und steht bei Wassersportlern hoch im Kurs. **Le Moutchic** heißt das Örtchen an der Nordflanke. Das abgegrenzte Schwimmareal der Plage de Moutchic lädt zum Bad ein. Ein ausgesprochen schöner Strand liegt in La Grande-Escoure an den Westufern des Sees. Weitere Sportangebote in der Gemeinde richten sich an Tretbootfahrer (Le Moutchic), Reiter, Surfer, Tennisspieler, Wasserskifans und Golfer.

Information

● **Office de Tourisme,** place de l'Europe, Lacanau-Océan, Tel. 05 56 03 21 01, Fax 05 56 03 11 89, www.medococean.com und www.lacanau.com. Im Büro erhältlich sind Broschüren mit Gästezimmern, Familienpensionen sowie möblierten Studios und Appartements.

Unterkunft

● **Hôtel Vitanova** (€€), route du Baganais, Lacanau-Océan, Tel. 05 56 03 80 00, Fax 05 56 26 35 55, www.hotel-vitanova.com. Drei-Sterne-Haus mit Wellness-Einrichtungen, geöffnet Mitte Februar bis Ende Dezember. Auch wochenweise Vermietung von Studios, Bungalows und Appartements.
● **Hôtel Côte d'Argent** (€–€€), 3 boulevard de la Plage, Lacanau-Océan, Tel. 05 56 03 21 58, www.lacanauhca.com. Kein übermäßiger Luxus, dafür an der Meeresfront gelegen. 26 Zimmer.

Camping

● **Camping-Caravaning Airotel de l'Océan,** rue du Repos, Lacanau-Océan, Tel. 05 56 03

24 45, Fax 05 57 70 01 87, www.airotel-ocean.com, info@ lacanau-airotel.com. Großer Platz mit Restaurant, Bar, Sommerpool, Vermietung von Wohnmobilen. Geöffnet Anfang/Mitte April bis Ende September. Vier Sterne.
● **Camping de l'Ermitage,** Le Moutchic, Tel. 05 56 03 00 24. Einfacher, kleiner Platz nahe dem See. Nur Juli und August.
● **Yelloh! Village Les Grands Pins,** Plage Nord, Lacanau-Océan, Tel. 05 56 03 20 77, Fax 05 57 70 03 89, www.lesgrandspins.com. Spitzenareal, Kapazität für über 1800 Personen, Zugang zum nahen Ozean, Tennis, Pool, Restaurant, Vermietung von Mobil-Homes. Geöffnet Mitte April bis Ende September. Vier Sterne.

Baden, Sonnenbaden, Surfen – die Strände um Lacanau bieten alle Möglichkeiten

Essen und Trinken

- **Restaurant Hôtel du Golf Lacanau** (€€€), Domaine de l'Ardilouse, Lacanau-Océan, Tel. 05 56 03 92 92, www.golf-hotel-lacanau.fr. Hier tafelt man auf höchstem Niveau, das Ambiente enttäuscht nicht.
- **Restaurant Le Kayoc** (€–€€), über dem Strand, Lacanau-Océan, Tel. 05 56 03 20 75. Pluspunkt ist die große Freiluftterrasse, schöne Blicke übers Meer.

Sport und Freizeit

- **Fahrradverleih:** Locacycles, 11 avenue de l'Europe, Lacanau-Océan, Tel. 05 56 26 30 99.
- **Reiten:** Anfängerreiten und organisierte Ausritte: Centre Hippique de Lacanau-Talaris, Lacanau-Lac, Tel./Fax 05 56 03 52 74, www.lacanau-equitation.org.
- **Surfschulen** in Lacanau-Océan: Lacanau Surf Club, boulevard de la Plage, Tel. 05 56 26 38 84, http://surflacanau.com; Surf sans Frontières, 105 Résidence Horizon Marin, Tel. 05 56 03 27 60, www.ssf.fr.

- **Wasserski:** Lacanau Ski Club, route de l'Océan, Lacanau, Tel. 05 56 03 09 01, www.lacanau-loisirs-nautique.com; Ski Nautique Lacanau Guyenne, La Grande-Escoure, Tel. 06 89 61 56 58, http://snlg.free.fr.

Rund um Carcans ↗ IV/B1

Nördlich von Lacanau-Océan setzen sich die schier endlos scheinenden Pinien- und Strandgebiete in der Gemeinde Carcans-Maubuisson fort. Die sommerlichen Zuströme kanalisieren sich vor allem in den Feriendörfern und auf den Campingplätzen. Der nächste Küstenzugang ist **Carcans-Plage** (auch: Carcans-Océan), wo die Zufahrtstraße vom Inland her endet und nur während der Sommersaison das pralle Leben herrscht. Je nach Monat findet man Bar- und Restaurantbetrieb, Fahrrad- und Bodyboardverleih. Hinter den Parkplätzen spannen sich Holzstege durch den Dünengürtel zum Sandstrand, ein ausgesprochen schönes Areal mit Liegeflächen zur freien Auswahl. Man sollte den grundsätzlichen Hinweis zur Atlantikküste beherzigen, vorsichtig beim Meeresbad zu sein – trotz eines flachen Einstiegs ins Wasser und der Sommerpräsenz der Lebensretter. Mangels vorhandenem Schatten empfiehlt es sich, Sonnenschutz mitzubringen.

Im Hinterland von Carcans-Plage führt das Sträßchen nach **Maubuisson,** ein äußerst gefälliges Ferienörtchen an den Südufern des **Lac d'Hourtin et de Carcans.** Der See ist knapp 20 km lang und bis zu 4 km breit, er umfasst eine Fläche von über 6000 ha – das Dreifache des Lac de Lacanau! Im Herzen des Örtchens Maubuisson bündelt sich alles auf leicht überschaubarem Raum: die kleine Café- und Restaurantzone, die Uferpromenade sowie der Seestrandbereich mit abgegrenztem Schwimmareal und Tretbootverleih.

Weiter nördlich schließt sich mit **Bombannes** das nächste typische Urlaubsgebiet an. Ostwärts geht es nach

Carcans-Ville, über das sich einige weitere Campingplätze verteilen.

Das Sportangebot in der Gegend ist reichhaltig und umfasst Segeln und Surfen ebenso wie Wasserski und Paragliding. Radler finden traumhafte Verhältnisse in Form von 120 Wegekilometern vor, viele Strecken führen durch Pinienwälder. Das **Radwegenetz** erstreckt sich nordwärts nach Hourtin-Plage und südlich in die Gemeinde Lacanau, die in Maubuisson abgehende Südroute Richtung Lac de Lacanau ist besonders schön (im Office de Tourisme nach der örtlichen Radwegekarte, *Plan des Pistes Cyclables,* fragen).

Wanderer können einen Teil des an der Westflanke des Sees vorbeiführenden **Fernwanderwegs GR-8** unter die Schuhsohlen nehmen, während sich das südlich von Maubuisson gelegene Naturschutzgebiet um den kleinen **See von Cousseau** (*Réserve Naturelle de l'Étang de Cousseau*) ideal für eine kürzere Etappe eignet.

Wanderung am Étang de Cousseau

Ausgangspunkt für eine ca. 7 km lange Rundwanderung ist der Parkplatz „Marmande", gleich an der Landstraße zwischen Maubuisson und dem Lac de Lacanau. Unter den schattigen Nadelschirmen der Pinien dringt man tief in den Forst ein, immer wieder hört man Vogelgezwitscher. Die Wälder sind Lebensraum von **Rot- und Schwarzwild,** mit Glück erspäht man eine Smaragdeidechse. Abseits von Motorenlärm flankieren Stechginster und Erika den Weg, der sich in Teilen

Historische Villa in Lacanau-Océan

Nördliche Atlantikküste

mit einem Radweg *(piste cyclable)* und auch einer Jakobswegstrecke deckt. Sandige Passagen rühren von der befremdlich wirkenden **Binnendüne L'Espéron** her. Über einen etwas schmaleren Waldpfad federt man dem Étang de Cousseau entgegen. Ein erhöht gelegenes **Aussichtsplateau** *(observatoire)* macht den malerischen See schmackhaft, ein Weg windet sich an den ufernahen Schilfgrasgürtel hinab. Gleichermaßen zur Vegetation des Sees gehören Seerosen, Eichen, Birken und Farne. Man folgt den Schildern zur großen Lichtung „Clairière de Cousseau" und später zurück zum „Parking de Marmande".

Information

● **Office de Tourisme,** 127 avenue de Maubuisson, Maubuisson, Tel. 05 56 03 34 94, Fax 05 56 03 43 76, www.medococean.com und www.carcans-maubuisson.com. Im Büro Infos zum Sommerprogramm und naturkundliche Führungen.

Unterkunft

● Außer **Ferienclubs** wie Belambra und Ternélia findet man in der Gegend **private Zimmervermieter,** darunter folgende Familien (Preiskategorie **€**): *François* (18 rue des Genêts d'Or, Maubuisson, Tel. 05 56 03 49 19), *Grosset* (41 route de Bordeaux, Carcans, Tel. 05 56 03 33 72; nur im Sommer) und *Samazeuilh* (14 rue des Sapins Verts, Carcans-Océan, Tel. 06 61 59 38 82).

Camping

● **Camping de Maubuisson,** 81 avenue de Maubuisson, Maubuisson, Tel. 05 56 03 30 12, Fax 0 5 56 03 47 93, www.camping-maubuisson.com. Schöne Anlage nahe dem See, geöffnet März bis Mitte November.

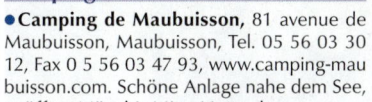

Am Étang de Cousseau

● **Camping de la Dune Bleue,** Domaine de Bombannes, Tel. 05 57 70 12 12, Fax 05 57 70 12 10, www.camping-dunebleue.com. Zwei-Sterne-Platz mit 280 Stellplätzen, geöffnet Anfang Mai bis Ende September. Auch Vermietung von kleinen Bungalows.
● **Camping Les Mimosas,** 173 route de la Barrade, Carcans-Ville, Tel. 05 56 03 39 05, Fax 05 56 03 37 25, www.les-mimosas-camping.com. Mai bis September, auch Vermietung von Mobil-homes und fest installierten Großzelten.
● **Camping Les Pins,** route de la Barrade, Carcans-Ville, Tel. 05 56 03 38 72, Fax 05 56 03 37 94, www.campinglespins-carcans.com. Zwei-Sterne-Platz, zugänglich Mitte März bis Mitte November.
● **Camping Le Lierre,** 1 route de Philibert, Carcans, Tel. 05 56 03 40 09. Sehr einfacher, kleiner Platz.

Sport und Freizeit

● **Fahrradverleih: i**n der Saison in Maubuisson bei Bicyc'lque, 111 avenue de Maubuisson, Tel. 05 56 03 43 23, http://pagesperso-orange.fr/bateco/bl/bicycloue.htm, Fun Bike, route de Bombannes, Tel. 05 56 82 96 74. Weiterhin in Maubuisson bei Nice Bike (Rond-point du Mail, Tel. 05 56 03 42 76) und Petit Mousse (81 boulevard du Lac, Tel. 05 56 03 31 91).
● **Segeln:** in Maubuisson bei Au Petit Mousse, 81 boulevard du Lac, Tel./Fax 05 56 03 31 91, www.petitmousse.fr, und Cercle de Voile de Bordeaux, Tel. 05 56 03 30 19, Fax 05 56 03 45 01, www.cerclevoilebordeaux.com.
● **Surfen:** über die Surfschulen Les Loubines (Tel. 06 03 24 47 90) und Carcans Océan Surf Club (Tel. 05 56 03 41 81, www.carcanssurfclub.com), beide in Carcans-Plage.
● **Wasserski:** Ski Nautique Club Carcans Bombannes, Domaine de Bombannes, Tel. 06 62 74 76 49 (nur im Hochsommer in Betrieb).

Feste und Veranstaltungen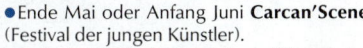

● Ende Mai oder Anfang Juni **Carcan'Scene** (Festival der jungen Künstler).
● Ende Juni **Fête de Saint Jean** (Gemeindefest).

Rund um Hourtin ↗ II/B3

Strände, Dünen, Pinienforst und der Nordteil des **Lac d'Hourtin et de Carcans –** starke Argumente für die 3000-Einwohner-Gemeinde Hourtin, die sich in den gleichnamigen Hauptort Hourtin und die Strandzonen von **Hourtin Plage** splittet. Hier findet man zahlreiche Campingplätze, Feriendörfer, ein reich gefülltes Sommerprogramm und diverse Sportmöglichkeiten von Kanu und Kajak über Segeln bis Surfen. In Hourtin herrscht ein lebhaftes Treiben, der am nordöstlichen Seeufer gelegene Sporthafen **Hourtin-Port** bietet mehrere hundert Anlegeplätze. Auf der Kinderinsel (*Île des Enfants*) kann sich der Nachwuchs nach Lust und Laune austoben. Zwischen Hourtin und Hourtin-Plage führen Radstrecke und Fernwanderweg GR-8 an der **Réserve Naturelle de la Lagune de Contaut** vorbei, im Ortsteil Piqueyrot findet man einen weiteren Seestrand.

Information

● **Office de Tourisme,** place du Port, Hourtin, Tel. 05 56 09 19 00, Fax 05 56 09 22 33, www.hourtin-medoc.com. Auskunft zu jedweden sportlichen Aktivitäten.

Camping

● **Camping de la Côte d'Argent,** Hourtin-Plage, Tel. 05 56 09 10 25, Fax 05 56 09 24 96, www.camping-cote-dargent.com. Nur wenige Hundert Meter vom Strand entfernt, 20-ha-Gelände mit Pinienwald. Poolkomplex, Bar, Restaurant, Tennisplätze, Kinderspielplatz. Mitte Mai bis Mitte September.
● **Camping L'Orée du Bois,** route d'Aquitaine, Tel./Fax 05 56 09 15 88, www.camping-loreedubois.com. Recht kleines Drei-Sterne-Gelände mit Pool, Mai bis September, auch Vermietung von Mobile-homes und Chalets.

Sport und Freizeit

● **Fahrradverleih:** Le Garage à Vélos, 108 avenue du Lac (nahe dem Hafen), Tel. 05 56 09 69 60.
● **Reiten:** Centre Equestre du Cardin, 520 chemin des Bécassines, Tel. 05 56 09 20 75, http://ceducardin.com
● **Surfen:** Hourtin Surf Club, Maison de la Glisse, rue des Sables, Tel. 05 56 09 24 16, www.hourtinsurfclub.com.

Farne prägen das Bild in den niedrigeren Bewuchszonen

Soulac-sur-Mer und Gironde-Mündung ⬀ II/A1

Sandige Strände ohne Ende, Dünen, Pinien im Hinterland, Sportmöglichkeiten von Wandern und Radeln über Surfen bis Reiten: In altgewohnter Komposition der nördlichen Atlantikküste zeigt sich auch Soulac-sur-Mer, eine 3000-Einwohner-Gemeinde, die im Sommer beträchtlich anwächst und sich mit 2600 Sonnenstunden pro Jahr den Vorzügen eines Mikroklimas erfreut. Über die 7 km lange Strandlinie verteilen sich bewachte Großabschnitte, mit Hotels und Campingplätzen zeigt man sich auf den sommerlichen Ansturm gerüstet. Bedeutendstes Bauwerk ist die **Basilique Notre Dame de la Fin des Terres,** deren Wurzeln ins 11./12. Jh. und somit in eine Boom-Epoche des Jakobuskultes reichen; Soulac-sur-Mer liegt am historischen Küstenweg ins spanische Santiago de Compostela. Die im Laufe der Zeit versandete Basilika wurde im 19. Jh. wieder instand gesetzt, ihre Fassade dient heute im August als Rahmen für eine Ton- und Lichtschau („Son et Lumière").

Der Küste vorgelagert ist der 67 m hohe **Phare de Cordouan,** ein sagenhafter Leuchtturm, der einsam aus dem Wasser ragt und von Felsplattformen umzogen ist. Schon im 14. Jh. warnte der historische Vorläufer Schiffe vor den Gefahren. Das Licht des heutigen Turms bringt es auf eine Reichweite von 45 km. **Bootsausflüge** zum Phare de Cordouan starten im

Nördliche Atlantikküste

Regelfall zwischen April und Oktober, ab dem Bereich Pointe de Grave (mit dem Boot „La Bohème", Tel. 05 56 09 62 93, www.vedettelaboheme.com).

Die Ausflugsfahrten sind wetterabhängig und dauern etwa dreieinhalb Stunden (nicht billig!).

Südlich von Soulac-sur-Mer schließen sich der Ortsteil **L'Amélie-sur-Mer** und die Feriengemeinde Vendays-Montalivet mit **Montalivet-les-Bains** an, nordwärts geht es hinauf an die Gironde-Mündung mit der **Pointe de Grave** und **Le Verdon-sur-Mer.** Südöstlich rückt man ins Médoc-Gebiet vor (⇨Kap. „Bordeaux, Umgebung").

Strand- und Dünengebiete in der Nebensaison

Information

- **Office de Tourisme Soulac-sur-Mer,** 68 rue de la Plage, Tel. 05 56 09 86 61, Fax 05 56 73 63 76, www.soulac.com.
- **Office de Tourisme Vendays-Montalivet,** 62 avenue de l'Océan, Tel. 05 56 09 30 12, Fax 05 56 09 36 11, www.ot-vendays-monta livet.fr.
- **Office de Tourisme Le Verdon-sur-Mer,** 2 rue des Frères Tard, Tel. 05 56 09 61 78, www.littoral33.com/le_verdon.htm.

Unterkunft

- **Hôtel Des Pins** (€–€€), L'Amélie, Soulac, Tel. 05 56 73 27 27, Fax 05 56 73 60 39, www.hotel-des-pins.com. Strandnahes Zwei-Sterne-Haus. 31 Zimmer, solide Qualität, geöffnet März bis Ende Dezember.
- **Hôtel La Dame de Coeur** (€), 103 rue de la Plage, Soulac-sur-Mer, Tel. 05 56 09 80 80, www.hotel-ladamedecoeur.com. Günstig, klein, schnörkellos, zentral.

Camping

- **Camping Les Lacs,** route des Lacs, Soulac-sur-Mer, Tel. 05 56 09 76 63, Fax 05 56 09 98 02, www.camping-les-lacs.com. Komfort, geöffnet Anfang April bis Anfang November.
- **Camping de l'Océan,** allée de la Négade, L'Amélie-sur-Mer, Tel. 05 56 09 76 10, Fax 05 56 09 74 75, http://pagesperso-orange.fr/ camping.ocean. Anfang Juni bis Mitte September.
- **Camping Le Lilhan,** allée Michel de Montaigne, zwischen Soulac-sur-Mer und L'Amé-lie-sur-Mer, Tel. 05 56 09 77 63, Fax 05 56 09 78 78, www.lelilhan.com. Drei Sterne, komfortabel. Auch Hüttenvermietung. Geöffnet Anfang April bis Mitte September.
- **Camping Des Pins,** passe de Formose, Soulac-sur-Mer, Tel. 05 56 09 82 52, Fax 05 56 73 65 58, www.campingdespins.fr. Im Pinienwald gelegen. Geöffnet Ostern bis Ende September.

Nightlife

- Nachtschwärmer zieht es in Soulac-sur-Mer ins **Casino** integriertem Night-Club (in der Hauptsaison täglich bis 4 Uhr morgens geöffnet).

Sport und Freizeit

- **Fahrradverleih:** in Soulac-sur-Mer bei Cyclo'star, 9 rue Fernand Lafargue, Tel. 05 56 09 71 38.
- **Fallschirmspringen:** Centre de Parachutisme, Aérodrome, Soulac-sur-Mer, Tel. 05 56 73 60 53, www.parachutisme-altitude.com. Kurse, Tandemsprünge.
- **Surfen:** Kurse über die Soulac Surf School, Soulac-sur-Mer, Tel. 05 56 09 86 61, www. soulac-surf.com. Außerdem in Soulac-sur-Mer: OSC École de Surf, 9 rue du 8 Mai 1945, Tel. 05 56 09 56 04, www.soulacsurf.fr.

Verkehrsanbindung

- Ganzjährig verkehrende **Autofähre** (bac) über die Gironde-Mündung zwischen Pointe de Grave und Royan; recht hohe Tarife, dafür Ersparnis einer langen Überlandstrecke. Kürzere Fährpassage im östlichen Médoc von Lamarque nach Blaye. Selbst in der Nebensaison gibt es mindestens sechs tägliche Verbindungen, Mo.–Fr. ist die früheste Abfahrt ab Le Verdon im Regelfall um 7.15 und Sa./So. um 8 Uhr; im Juli und August morgens bis abends Abfahrten alle 30–45 Minuten. Aktuelle Fahrpläne und Tarife unter www. bernezac.com/passages_eau.htm.

Nördliche Atlantikküste

Am Oberlauf der Garonne

100sf Foto: ad

101sf Foto: ad

Etwa auf Höhe der Universität nimmt der Garonne-Seitenkanal in Agen die Gestalt eines Sees an

Am Adour in Aire-sur-l'Adour

Die Cathédrale Saint-Caprais in Agen

102sf Foto: ad

Die Départements Gironde und Lot-et-Garonne

Leitmotiv Fluss: Südöstlich von Bordeaux verlaufen diesseits und jenseits der Garonne flussnahe Straßen Richtung Cadillac und Langon und weiter nach Agen. Hier liegen **Weinbaugebiete** wie die „Premières Côtes de Bordeaux et Cadillac", östlich von Langon schließen sich „Bordeaux et Bordeaux Supérieur" an. Immer wieder bietet sich Gelegenheit zum Besuch von Weingütern (*châteaux*). Die Westroute entlang der Garonne nach **Langon** kann man mit einem Besuch des Wasserschlosses von La Brède kombinieren (⇨Kap. „Bordeaux und Umgebung"). Immer wieder bieten die Gegenden reichlich **Kulturelles** und es lohnt sich, **Abstecher** von der **Route entlang der Garonne** zu machen: ob nördlich von Cadillac tiefer in die Region Entre-deux-Mers nach Créon (Bastide) und La Sauve (vormalige Benediktinerabtei) oder südlich von Langon zum Schloss von Roquetaillade und zur Stiftskirche von Uzeste. In

Die Wege am Seitenkanal der Garonne in Agen sind ein beliebtes Terrain für Jogger und Radler

Agen wartet eine ausgesprochen grüne Stadt mit Rad- und Spazierwegen an Fluss- und Kanalufern. Von hier bieten sich schöne Ausflüge in die Gegend des **Lot** an.

Cadillac

♫ X/A1

Die Kleinstadt Cadillac am östlichen Garonne-Ufer ist ab Bordeaux am besten erreichbar auf der Landstraße D 10 über **Langoiran** (Château de Langoiran, Ursprünge im 13. Jh.) und **Rions,** einst ein stark befestigter mittelalterlicher Flecken (Église Saint-Seurin). Der Weg führt mitten durch die Weinbaulandschaften „Premières Côtes de Bordeaux" und „Premières Côtes de Bordeaux et Cadillac".

Cadillac hat seinen Ursprung als Bastide im Jahr 1280, als es von *Jean de Grailly* im Auftrag des Königs von England gegründet wurde. Von unruhigen Zeiten künden heute die Reste der Verteidigungsanlagen, während das **Château des Ducs d'Épernon** für bauliche Gewalt und Eleganz zugleich steht. Das Schloss geht im Wesentlichen auf den Beginn des 17. Jh. zurück und ist der Öffentlichkeit zugänglich.

Südöstlich von Cadillac bewahrt das Örtchen **Loupiac** Reste aus der Römerzeit (Villa et Thermes, 2.–5. Jh.). Vier Kilometer nordöstlich (Straße Richtung Targon) liegt ein kleiner See, der Lac de Laromet.

● **Château des Ducs d'Épernon,** wechselnde Zeiten, meist Juni bis September tägl. 10–18, sonst Di.–So. 10–12.30 und 14–17.30 Uhr.

Information

● **Office de Tourisme de Pays Cadillacais,** 9 place de la Libération, Cadillac, Tel. 05 56 62 12 92, Fax 05 56 76 99 72, www.cadillac-tourisme.com. Ergänzend dazu lohnt sich ein Blick auf die Seite der Region Entre-deux-Mers: www.entre2mers.com (Kultur).
● Auskunftsbüro auch in **Langoiran** an der place du Docteur Abaut, Tel. 05 56 67 56 18.

Unterkunft

● **Hôtel Château de la Tour** (€€–€€€), 2 avenue de la Libération, Béguey, Tel. 05 56 76 92 00, Fax 05 56 62 11 59, www.hotel-restaurant-chateaudelatour.com. Drei-Sterne-Haus mit Charme und Stil, nahe Cadillac in Béguey in einen 3-ha-Park gefasst. Mit Pool und Restaurant. 32 Zimmer.

Wein

● **Weinhaus:** Maison des Vins, La Closière, Cadillac, www.cadillacgrainsnobles.com; geöffnet Mo.–Do. 9–12 und 14–17 Uhr, Fr. 9–12 Uhr. In der Gegend findet man außerdem eine Reihe besuchbarer Weingüter, dazu Infos im Fremdenverkehrsbüro von Cadillac.

In der Umgebung

Cadillac ist ein strategisch günstiger Ausgangspunkt zu weiteren Entdeckungen der Region Entre-deux-Mers. So kann man nördlich des Städtchens einen Abstecher angehen, der durch weitere Weingärten führt und folgenden Verlauf hat: Capian – Créon – La Sauve – Majeure – Targon – Cadillac.

In **Capian** liegen die romanische Kirche Saint Saturnin und das Château du Grand Banet am Weg, **Créon** empfängt als Bastide aus dem 14. Jh. Hier spielt sich das Leben im Bereich des arkadengesäumten Hauptplatzes ab, die Kirche zeigt eine gotische Struktur. Weiter westlich, in **Sadirac,** macht das

Töpfereimuseum mit der lokalen Keramikkunst vertraut (Maison de la Poterie, place Fouragnan, Di.–Sa. 14–17.30 Uhr, von Mai bis September auch sonntags, www.maisonpoteriesadirac.com). Die Lokalgeschichte von **La Sauve-Majeure** ist unweigerlich mit den Benediktinern verbunden, die hier in romanischem Stil ihre Abbaye de La Sauve-Majeure errichteten. Besonders sehenswert sind die Kapitelle.

● **Abbaye de La Sauve-Majeure,** Juni bis September tägl. 10–18 Uhr, sonst Di.–So. 10.30–13 und 14–17.30 Uhr; www.la-sauve-majeure.monuments-nationaux.fr.

Information

● **Office de Tourisme** in Créon, La Gare, 62 boulevard Victor Hugo, Tel. 05 56 23 23 00, www.tourisme-creonnais.fr.

Sport und Freizeit

● **Fahrradverleih:** in Créon, Point Relais Vélo, boulevard Victor Hugo, Tel. 05 57 34 30 95.

Wein

● In La Sauve-Majeure findet man das Weinhaus **Maison des Vins de l'Entre-deux-Mers** (rue de l'Abbaye, Tel. 05 57 34 32 12, www.vins-entre-deux-mers.com). Hier und im Office de Tourisme in Créon (s.o.) Informationen zu besuchbaren Weingütern in der Gegend.

Langon   ⚓ X/A1

Langon liegt an der Garonne, der Kern des 6000-Einwohner-Städtchens breitet sich am Flussufer mit der Plaçe du Port und der Plaçe du Général de Gaulle aus. An der Plaçe d'Horloge erhebt sich das Rathaus, in der Zone der Quais das Marktgebäude. Dank seiner günstigen Lage blickt Langon auf eine lange Geschichte als regionales Weinhandelszentrum zurück. Fassbares Zeugnis vergangener Zeiten bietet die ursprünglich romanisch-gotische **Kirche Saint-Gervais;** das Bild der „Immaculée Conception" schreibt man dem berühmten spanischen Maler *Francisco de Zurbarán* zu, die Glasfenster wurden nach dem Zweiten Weltkrieg erneuert. Alljährlich Ende Juli erklingen bei den **„Atypischen Nächten"** *(nuits atypiques)* von Langon Musikinstrumente aus aller Welt.

Information

● **Office de Tourisme,** 11 allées Jean-Jaurès, Tel. 05 56 63 68 00, Fax 05 56 63 68 09, www.sauternais-graves-langon.com.

Unterkunft

● **Hôtel Claude Darroze** (€€), 95 cours du Général Leclerc, Tel. 05 56 63 00 48, Fax 05 56 63 41 15, www.darroze.com. Solide Qualität, angeschlossenes Restaurant in gehobenem Stil.
● **Hôtel Horus** (€–€€), 2 rue des Bruyères, Tel. 05 56 62 36 37, Fax 05 56 63 09 99, www.hotel-restaurant-horus-sauternes.com. Zwei Sterne, 33 Zimmer, mit Restaurantbetrieb. Im Verband „Logis de France".

Essen und Trinken

● **Chez Cyril** (€–€€), 62 cours des Fossés, Tel. 05 56 76 25 66. Regionale Küche.
● **Restaurant Au Langonnais** (€–€€), 78 cours du Maréchal de Tassigny, Tel. 05 56 76 27 75. Zentral gelegenes Restaurant, wegen seiner Atmosphäre auch unter den Einheimischen beliebt.

Sport und Freizeit

● In Langon und Umgebung gibt es eine Reihe von **Wandermöglichkeiten,** Informationen im Office de Tourisme. Beliebte Wanderstrecken sind der „Circuit Le Halage" (Castets – Castillon-de-Castets, 5 km), der „Circuit

Les Gabares" (Langon – Barie, 19 km) und der „Circuit Les Brumes d'Or" (Antonion – Bommes, 12 km). Außerdem gibt es Radstrecken in der Gegend, z.B. ab Roaillan (nach Bazas) oder an einem Seitenkanal der Garonne entlang (ab Castets en Dorthe).

In der näheren Umgebung

Zu den sehenswerten Orten in der näheren Umgebung von Langon gehören das mittelalterlich geprägte **Saint Macaire,** der schön gelegene Weinort **Sainte Croix-du-Mont** mit Schloss und Kirche, **Saint Maixant** mit der Domaine de Malagar (Landgut mit Erinnerungen an Literatur-Nobelpreisträger *François Mauriac*), das **Château de Malle** mit seinen italienisch inspirierten Gärten (17. Jh.), das mittelalterliche **Château de Budos** und **Barsac** mit seiner Kirche aus dem 16./17. Jh.

Südöstlich von Langon führt die Strecke durch die Garonne-Ebene über **Marmande** und Tonneins Richtung Agen. Unterwegs sind ab Marmande Abstecher sowohl nach Norden zum **Château de Duras** (Schlossanlage, Ursprung 12. Jh.) als auch nach Süden zum **Château de Malvirade** (15. Jh.) möglich.

Unterkunft

●**Apparthôtel Les Tilleuls** (€), 16 allées des Tilleuls, Saint Macaire, Tel. 05 56 62 28 38, Fax 05 56 76 14 28, www.tilleul-medieval. com. Appartements für zwei bis fünf Personen, Restaurant.

Die Gegend um Villandraut und Bazas

Südlich von Langon eröffnet sich ein kleines Kulturdreieck mit den Punkten Château de Roquetaillade, Villandraut und Bazas. Zwischen beiden letztgenannten Orten liegt überdies der Kirchenort Uzeste, von wo aus sich noch ein Abstecher Richtung Süden zum sehenswerten Château de Cazeneuve anbietet.

Château de Roquetaillade   X/A1

Mit seinem steinernen Schachtelwerk wirkt das bei Mazères gelegene Château de Roquetaillade wie eine überdimensionale Spielzeugburg aus dem Kinderzimmer. Rundtürme und zentraler Festungsturm ragen aus dem Grün des großzügig gehaltenen Parks. Die Anlage des Schlosses geht ins 12.–14. Jh. zurück, Führungen machen mit dem kostbaren Interieur vertraut.

●**Château de Roquetaillade,** Juli/August tägl. 10.30–19 Uhr, Ostern bis Oktober ausschließlich nachmittags, sonst meist nur an Sonn- und Feiertagen nachmittags, recht hoher Eintritt; http://chateauroquetaillade.free.fr.

Bazas   X/A2

Bazas wird von seiner prächtigen gotischen **Cathédrale Saint-Jean-Baptiste** dominiert, die Frontportale wenden sich zur schönen arkadenbeflankten Place de la Cathédrale hin. Gleich neben der Kathedrale liegt der Jardin du Chapitre. Ausgrabungen und das Stadtmuseum (meist nur im Hochsommer geöffnet: Di.–Sa. 10–12 und 14.30–18 Uhr) machen mit der langen Geschichte des Ortes vertraut, der als befestigter Platz schon unter den Römern einen gewissen Stellenwert genoss. In der Gegend ganz gute Wandermöglichkeiten.

Oberlauf der Garonne

Information

● **Office de Tourisme,** place de la Cathédrale, Bazas, Tel. 05 56 25 25 84, Fax 05 56 25 95 59, www.ville-bazas.fr.

Unterkunft

● **Hôtel Le Relais Bazadais** (€), Route Nationale 524, Bazas, Tel. 05 56 25 25 59, Fax 05 56 25 08 52, www.le-relais-bazadais.com. Gut für eine Zwischenübernachtung bei Bazas, 18 Zimmer, zwei Sterne, Restaurant.

Château de Roquetaillade

● **Camping du Grand Pré,** route de Casteljaloux, Bazas, Tel. 05 56 65 13 17, http://pagesperso-orange.fr/legrandpre. Kleiner Campingplatz, geöffnet Anfang April bis Ende September.

Uzeste ⊿ IX/D2

Dreh- und Angelpunkt in dem ansonsten blassen Uzeste ist die **Collégiale d'Uzeste,** die gotische Stiftskirche mit dem Mausoleum des 1314 verstorbenen Papstes *Klemens V.* Auf ihn geht die Residenz der Päpste im

Avignonischen Exil zurück, während seiner Amtszeit wurde der Orden der Tempelritter untersagt. Das Marmorgrabmal des obersten Kirchenfürsten befindet sich hinter dem Altar.

Château de Villandraut   ⚔ IX/D2

Auf Papst Klemens V. gründet sich auch das zu Beginn des 14. Jh. erbaute Wehrpalais in Villandraut, zu dessen Gepräge mächtige Rundtürme zählen.

● **Château de Villandraut,** Juli bis September tägl. 10–19 Uhr (im Juli/August außerdem Nachtbesuche und „theatralisierte" Besuche), Mai, Juni und September täglich Führungen zur vollen Stunde zwischen 14 und 17 Uhr, sonst unregelmäßig, Nachfragen unter Tel. 05 56 25 87 57; www.assoadi chats.net.

Château de Cazeneuve   ⚔ IX/D2

Ab Villandraut oder Uzeste erreicht man weiter südlich in **Préchac** ein nicht ganz so altes Schloss: das Château de Cazeneuve, einstiges Königsschloss von *Heinrich IV.* mit schönem Mobiliar und Gärten.

● **Château de Cazeneuve,** Anfang Juni bis Ende September 14–18 Uhr, während des übrigen Jahres im Normalfall nur an den Wochenenden geöffnet (14–18 Uhr), nicht gerade geringer Eintritt (!); www.chateaude cazeneuve.com.

Information

● **Office de Tourisme,** place du Général de Gaulle, Villandraut, Tel. 05 56 25 31 39, Fax 05 56 25 89 33, www.cc-villandraut.fr.

Unterkunft

● **Hôtel Le Casalet** (€–€€), rue Jean Dupuy, Tel. 05 56 25 46 94, Fax 05 56 25 07 44, Villandraut, www.lecasalet.fr. Acht Zimmer, Landhauscharakter aus dem 19. Jh.

Im Zentrum und Osten der Region Entre-deux-Mers

Nordöstlich von Langon sind die **Weingebiete** Wegbegleiter durch jenen Teil der Region Entre-deux-Mers, der sich bis an die Gironde heranzieht. Vorschlag für eine Erkundung: Langon – Le Pian-sur-Garonne – Saint André-du-Bois – Sauveterre-de-Guyenne – Blasimon – Sauveterre-de-Guyenne – Saint Ferme – Monségur – La Réole – Saint Martin-de-Sescas – Langon. Zu beachten ist, dass man diese Tour gut mit einem Abstecher an die Dordogne in den Landstrich Libournais und das mittelalterliche Vorzeigestädtchen Saint Émilion kombinieren kann (⇨Kap. „Bordeaux und Umgebung").

Saint André-du-Bois   ⚔ X/A1

Saint André-du-Bois, genauer gesagt das **Château de Malromé,** pflegt sein Andenken an *Henri de Toulouse-Lautrec* (1864–1901), jenen weltberühmten Maler und Grafiker, der hier recht jung an Jahren verstarb.

● **Château de Malromé,** Besuche nur nach Vereinbarung unter Tel. 05 56 76 44 92; www.malrome.com.

Sauveterre-de-Guyenne   ⚔ VI/B3

Sauveterre-de-Guyenne, als Bastide Ende des 13. Jh. gegründet und während des Hundertjährigen Krieges einem Hin und Her zwischen Franzosen und Engländern unterworfen, präsentiert seine Vergangenheit in Form des Zentralplatzes und vier befestigten Toren. Der Ort kann als Sprungbrett für kleinere Ausflüge dienen: ins südwestlich gelegene **Gornac** mit seinem Mühlenmuseum (Moulin-Musée du Haut-Benauge; im Regelfall nur Mitte Juni bis Mitte September Sa. 17–19 und So. 16–19 Uhr, sonst nur nach Vereinbarung unter Tel. 05 56 61 96 15), nördlich Richtung Saint Émilion nach **Rauzan** (Grotte Célestine und Château des Duras) sowie zum Bastidenort **Blasimon** mit seiner romanisch-gotischen Kirche der alten Benediktinerabtei.

Saint Ferme   ⚡ VI/B3

Östlich von Sauveterre-de-Guyenne führt die Tour nach Saint Ferme mit seiner dominanten **Abbaye de Saint Ferme,** einem Bauwerk mit Ursprung im 11. Jh. Die Abtei lag einst in Händen von Benediktinern, die Jakobspilger auf ihrem Weg ins spanische Santiago de Compostela aufnahmen. Ein weiterer Abstecher geleitet über **Pellegrue** (Bastide, 13. Jh.) nordostwärts an die Dordogne nach **Sainte Foye-la-Grande,** einer 1255 gegründeten Bastide mit schönem Ortsbild.

●**Abbaye de Saint Ferme,** Öffnungszeiten stark wechselnd, in der Regel Anfang Juni bis Ende September tägl. außer Di., erster So. im Monat 10–12 und 14–19 Uhr, sonst Sa. 9–12 und 14–18 Uhr.

Monségur   ⚡ VI/B3

Bastidenvergangenheit prägt auch das nette Monségur. Mit dem **Château de Guilleragues** im nahen Saint Sulpice-de-Guilleragues hat die Gegend auch ein Schloss zu bieten.

Information

●**Office de Tourisme de l'Entre-deux-Mers,** 4 rue Issartier, Monségur, Tel. 05 56 61 82 73, Fax 05 56 61 89 13, http://tourisme.ent redeuxmers.com.

La Réole   ⚡ X/B1

In La Réole erreicht man wieder die Garonne und folgt den Spuren einer tausendjährigen Geschichte als Flusshandelsplatz. Markante Bauwerke: das Château des Quat'Sos (Ursprung im 13. Jh.) und der Komplex der alten Benediktinerabtei. Über Saint Martin-de-Sescas geht es westwärts zurück nach Langon.

Information

●**Office de Tourisme,** place Richard Coeur de Lion, La Réole, Tel. 05 56 61 13 55, www.lareole.fr.

Agen   ⚡ XI/D3

Das Grün des Umlands und die Wasserläufe der **Garonne** und des **Seitenkanals** der Garonne (Canal Latéral à la Garonne) bestimmen die Gesichter von Agen. Rad- und Spazierwege entlang der Ufer halten die Einwohner auf Trab. Legt man das ausgedehnte und vorbildlich angelegte Wegenetz zu Grunde, so dürfte ihr Fitnessgrad besonders hoch sein. Insbesondere zwischen dem **Sporthafen** (Port de Plaisance) und der **Kanalbrücke** (Pont Canal) wird gejoggt und geradelt, was Lungen und Fitness hergeben. Die hohe Lebensqualität wurde im denkwürdigen Jahr 1990 geadelt, als man Agen zur „glücklichsten Stadt Frankreichs" wählte.

Agen, nüchtern auf den Punkt gebracht, liest sich so: Hauptstadt des Départements Lot-et-Garonne, 35.000 Einwohner, rund 140 km östlich von Bordeaux gelegen und ab Langon er-

Oberlauf der Garonne

reichbar über die Autobahn A 62 oder die Nationalstraße N 113.

Geschichte und Gegenwart

Die städtischen Ursprünge des vormaligen Aginnum liegen rund um das bewaldete Felsplateau im Norden der Stadt. Schon zu römischen Zeiten war das über 2000-jährige Agen wichtige Station auf der Achse Bordeaux – Toulouse und stand im späten Mittelalter stets auf der Kippe zwischen Franzosen und Engländern – hier wechselten die Herrscher nicht weniger als elf Mal. Eine wichtige Rolle für die regionale Wirtschaft spielte der Flusshandelsverkehr. Im 19. Jh. wurde der 211 km lange Seitenkanal der Garonne zwischen Toulouse und Castets-en-Dorthe angelegt, ein architektonisches Meisterstück mit über 50 Schleusen und der 23-bögigen Kanalbrücke von Agen.

Heute herrschen Textil- und Nahrungsmittelindustrie vor, an der Universität streben rund 2000 Studenten dem Berufsleben entgegen. Wer von Süden her über die Straße anreist, passiert das Ausstellungs- und Messegelände *(Parc des Expositions)* und

Viel Grün und viel Wasser: Agen

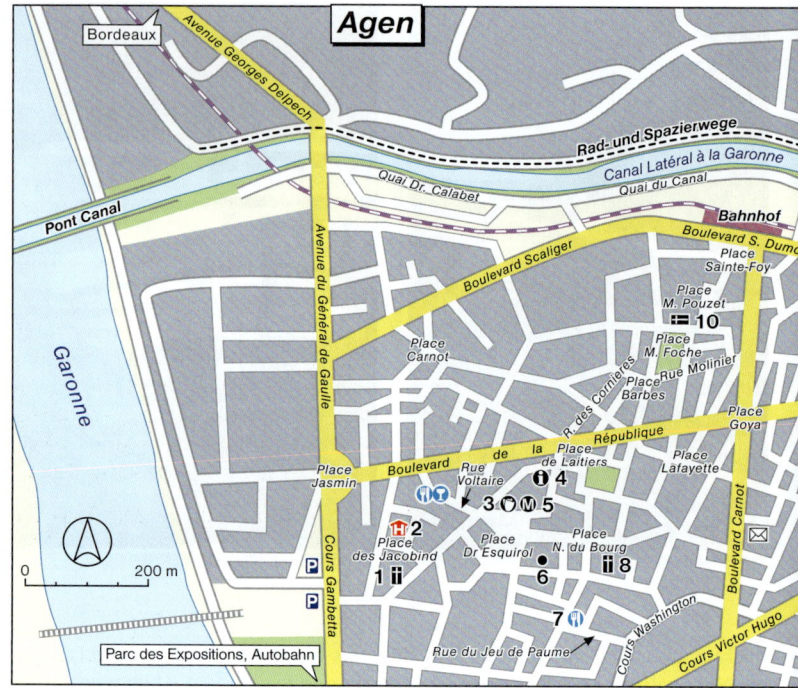

muss zunächst einen großen Gürtel an Gewerbegebieten durchstoßen. Weniger wirtschaftliche Bedeutung kommt dem Fremdenverkehr zu. Trotz ihrer durchaus vorhandenen Reize wird für die meisten Besucher ein längerer Aufenthalt nicht in Betracht kommen.

Sehenswertes

In Agen wechseln sich grüne Gesichter mit zweckmäßig-modernen Zonen und langen Straßenschneisen ab. Das Gebiet um den Bahnhof zählt nicht gerade zu den Highlights.

Kathedrale

Im Stadtkern legen sich gemütlich-geschäftige Zonen um die **Cathédrale Saint-Caprais** an der Place du Maréchal Foch. Deren geschichtliche Wurzeln gehen ins 11. Jh. zurück, der Sakralbau selbst trägt den Namen eines aus römischen Zeiten dokumentierten Märtyrers. In Sichtweite der Kathedrale taucht man in die kleine **Fußgängerzone** der Rue Molinier ein.

Musée des Beaux-Arts

Ab dem Kathedralplatz erreicht man einen weiteren wichtigen Citybereich

Villeneuve-sur-Lot

Kanalsee
Sporthafen
Quai de Dunkerque
N 21
Av. Robert Schumann
Pont de la Libération
11
lace Loti
icel stex
Place du 14 Juillet
Avenue Henri Barbusse
9
Cours du XIV Juillet
Avenue Jean Jaurès
N 113
Place Pelletan
Boulevard Pelletan
vard de la Liberté

ii	1	Église des Jacobins
H	2	Hôtel Château des Jacobins
♻	3	Théâtre Municipal
❶	4	Office de Tourisme
Ⓜ	5	Musée des Beaux-Arts
•	6	Rathaus
🎭	7	Restaurant L'Atelier
ii	8	Église Notre Dame du Bourg
H	9	Hôtel Le Périgord
ii	10	Cathédrale Saint-Caprais
•	11	Universität

des *Étienne de Durfort* und seiner Gemahlin *Françoise de Montpezat* aus dem 16. Jh. Die Schätze des Museums setzen sich insbesondere in der Abteilung für französische und spanische Malerei des 18. Jh. fort, speziell mit einigen Werken von *Francisco de Goya*.

● **Musée des Beaux-Arts,** Mai bis September Mi.–Mo. 10–18 Uhr, sonst Mi.–Mo. 10–12.30 und 13.30–18 Uhr.

Kirchen

Weitere nennenswerte Bauwerke sind die **Église des Jacobins,** eine gotische Backsteinkirche mit temporären Ausstellungen an der Place des Jacobins, und die **Église Notre Dame du Bourg** aus dem 13./14. Jh. an der Place Notre Dame du Bourg.

Am Kanal

Auf Höhe des Quai de Dunkerque verbreitert sich der Kanal zu einem **kleinen See** mit Schiffen, Enten und friedlichen Spiegelbildern der hangwärts steigenden Häuser. Wer sich nicht in die Riege der Radler und Jogger einreihen will, sollte ab dem Sporthafen entlang dem **Nordufer** des Kanals bis zum Pont Canal spazieren. Vom Kanal aus schaut man auf in ein

über die Place Barbes, die Rue des Cornières und die Place des Laitiers. Endpunkt ist die Place du Docteur Esquirol, wo sich – nahe dem Rathaus und dem Théâtre Municipal – mit dem Museum der Schönen Künste ein kulturelles Aushängeschild par excellence eröffnet. Das Museum umfasst eine beachtliche Sammlung, verteilt sich auf mehrere historische Gebäudeteile und spannt sich von der Vorgeschichte bis zum 20. Jh. Zu den Stücken zählen eine marmorne Venus aus der gallo-römischen Epoche (*Venus du Mas d'Agenais*) sowie das Doppelgrabmal

Oberlauf der Garonne

hügeliges Hinterland, durch das die Straße Richtung Villeneuve-sur-Lot abfließt.

Praktische Tipps

Information

● **Office de Tourisme,** 38 rue de Garonne, Tel. 05 53 47 36 09, Fax 05 53 47 29 98, www.ot-agen.org.

Unterkunft

● **Hôtel Château des Jacobins** (€€–€€€), place des Jacobins, Tel. 05 53 47 03 31, Fax 05 53 47 02 80, www.chateau-des-jacobins.com. Vier-Sterne-Luxus in zentraler Lage von Agen, Flair eines Grafenhauses aus dem 19. Jh.

Portal der Cathédrale Saint-Caprais

● **Hôtel Le Périgord** (€–€€), 42 cours du XIV Juillet, Tel. 05 53 77 55 77, Fax 05 53 77 55 70, leperigord47@free.fr. Zentrale Lage, 21 Zimmer, Restaurant.
● **Camping Domaine du Lac de Néuenou,** Domaine du Lac de Néuenou, Prayssas, Tel. 05 53 95 00 67, www.camping-lac-neguenou.com. Für Campingfreunde ist dieser freundliche, kleine Seeuferplatz den Abstecher wert, gelegen bei Prayssas, etwa 15 km nördlich von Agen. Zwischen Anfang April und Anfang November auch Vermietung von Mobil-Homes.

Essen und Trinken

Kulinarische Wahrzeichen von Agen und Umgebung sind die **Pflaumen** (*prunes d'Agen*). Sie werden gern als Trockenpflaumen gegessen, in Armagnac eingelegt oder mit einem kalorienreichen Schokoladenmantel umhüllt.
● **Restaurant L'Atelier** (€–€€), 14 rue du Jeu de Paume, Tel. 05 53 87 89 22. Freundlich und klein, schmackhafte Regionalküche, Menüs.
● In der zentralen **Rue Voltaire** bietet sich eine breite Auswahl zwischen etlichen Bars und Restaurants: ob typische Regionalkost, Pizza, Crêpes oder asiatische Küche.

Sport und Freizeit

● **Bootstouren:** Bei Locaboat Holidays (Port de la Gare du Pin, Tel. 05 53 66 00 74, www.locaboat.com) kann man sich ohne Führerschein kleine Boote, *pénichettes,* ausleihen und damit die Welt der Kanäle erkunden.
● **Fahrradverleih:** Velo et Oxygen, 18 avenue du Général de Gaulle, Tel. 05 53 47 76 76.
● **Schwimmen:** Schwimmbad mit 50-m-Bahn im Centre Nautique Aqua Sud, avenue d'Italie, Agen-Sud, Tel. 05 53 48 02 63.

Feste und Veranstaltungen

● Im Juli und August eine Reihe von **Konzerten** im Rahmen des Sommerprogramms.

Nightlife

● **Kulturveranstaltungen** u.a. im Théâtre Municipal Ducourneau (place Dr. Esquirol)

und im Théâtre du Jour (21 rue Paulin). Gelegentlich gute Konzerte in „La Tannerie" (20 rue Cajarc; www.sallelatannerie.com).
● Beliebt sind **Musikbars** wie Le Ventilo (place Jasmin) und Jungle (14 rue Garonne). Einige **Diskotheken,** darunter El Dorado (rue Bérager).

Verkehrsanbindung

● **Bahnhof:** nahe der place Sainte-Foy, Tel. 3635. Verbindungen u.a. nach Toulouse.

In der Umgebung

Mit seinen getrockneten Pflaumen ist Agen landesweit in aller Munde, sodass vielerorts Pflaumenbaumbestände ins Bild gehören. Nördlich von Agen geht es durch leicht hügeldurchwellte Feld- und Wiesenlandschaften Richtung Villeneuve-sur-Lot. An der Strecke liegen die Abzweige zum **Lac de Saint Arnaud** und zu zwei **Höhlen:** den Grottes de Lastournelle und den Grottes de Fontirou.

● **Grottes de Lastournelle,** Sainte Colombe de Villeneuve, kaum verlässliche, schwankende Zugangszeiten, Tel. 05 53 40 08 09.
● **Grottes de Fontirou,** Castella, Juli/August 10–12.30 und 14–18 Uhr, April/Mai/Juni/ erste Septemberhälfte 14–17.30 Uhr; www. grottes-fontirou.com.

Pujols   ⤢ XI/D2

Pujols, ein mittelalterlicher Ort, liegt hoch über dem **Tal des Lot** und hat Einzug gehalten auf die Liste der „schönsten Dörfer Frankreichs"; zu sehen gibt es ein Ensemble aus Stadtmauern und Fachwerkhäusern.

Villeneuve-sur-Lot   ⤢ XI/D2

Eine lange Einfahrt führt hinein nach Villeneuve-sur-Lot, Mitte des 13. Jh. als eine der mächtigsten Bastiden ihrer Zeit gegründet. Hoch aufgerissen zeigt sich der Turm der modernen **Église Sainte-Cathérine,** aus ferner Vergangenheit haben zwei Stadttore die Zeiten überdauert. Im Abendlicht bieten sich besonders schöne Ansichten des Flüsschens Lot.

Oberlauf der Garonne

107f-f Foto: ad

Historisches Städtchen Villeneuve-sur-Lot

Ab Villeneuve-sur-Lot führen Abstecher weiter nördlich in die Bastidenorte **Monflanquin** und **Villeréal.** Monflanquin wurde Mitte des 13. Jh. auf den Überresten einer gallo-römischen Siedlung aus der Taufe gehoben und steht auf der Liste der „schönsten Dörfer Frankreichs". In Villeréal verdient die Wehrkirche einen Besuch.

Im Osten von Villeneuve-sur-Lot wartet mit **Penne-d'Agenais** ein malerisches Pflaster, weiter nordöstlich (noch hinter Fumel) mit dem im 15./16. Jh. erbauten **Château de Bonaguil** ein besuchbares Schloss. Allzu enthusiastische Stimmen rühmen die Anlage als die schönste Schlossburg Frankreichs, doch auch ohne solch überschwängliches Lob lohnt sich ein Besuch allemal.

● **Château de Bonaguil,** Februar und März tägl. 10.30–12.30 und 14–17 Uhr, April und Mai sowie Oktober tägl. 10.30–12.30 und 14–17.30 Uhr, Juni und September tägl. 10.30–12.30 und 14–18 Uhr, Juli und August tägl. 10–19 Uhr, sonst unregelmäßig.

Im Westen von Agen   XI/C-D3

Ein weiterer Schlossabstecher führt nordwestlich von Agen zum mittelal-

Villeneuve-sur-Lot am Flüsschen Lot

terlichen **Château de Madaillan.** Regelmäßige Besuche dieses Schlosses im Normalfall zu folgenden Zeiten: Mai bis Oktober Führungen Fr.–Mo. 15.30, 16.30 und 17.30 Uhr (im August tägl. zu denselben Zeiten), November bis April nur So. um 15.30 Uhr (Tel. 05 53 87 56 23).

Etwa 25 km westlich von Agen erreicht man mit **Vianne** eine weitere Bastide, 1284 von den Engländern gegründet. Hier verdienen die romanische Kirche und die langgestreckte Stadtmauer einen Besuch.

Information

●**Office de Tourisme,** u.a. in **Villeneuve-sur-Lot** (3 place de la Libération, Tel. 05 53 36 17 30, Fax 05 53 49 42 98, www.tourisme-ville neuve-sur-lot.com), **Monflanquin** (place des Arcades, Tel. 05 53 36 40 19, Fax 05 53 36 42 91, www.cc-monflanquinois.fr), **Villeréal** (place de la Halle, Tel. 05 53 36 09 65, www.villereal-tourisme.com) und **Penne-d'Agenais** (rue du XIV Juillet, Tel. 05 53 41 37 80, www.villereal-tourisme.com).

Weiterfahrt nach Südwesten

Südwestlich von Agen kann man problemlos an Pau und weiter Richtung Pyrenäen anbinden. Auf der Fahrt sieht man hügeldurchsetztes Land mit ausgestreuten Waldinseln, Verkaufsstätten mit Armagnac, Mais- und Weinbaufelder, rund 20 km von Agen entfernt den **Lac Saint Louis** (See mit Camping). Je nach Routenwahl führt die Tour durch das im Département Gers gelegene **Condom** (Kathedrale) und **Aire-sur-l'Adour** mit der Kirche Sainte Quitterie mit romanischer Krypta und Flussuferzonen am Adour.

Information

●**Office de Tourisme,** place du 19 Mars 1962, Aire-sur-l'Adour, Tel. 05 58 71 64 70, www.tourisme-aire-eugenie.fr.

Nérac　　　⤢ XV/C1

Auf dem Weg ist auch ein Schlenker nach Nérac möglich, einem Ort am Flüsschen Baïse mit einer Geschichte, die sich bis in römische Zeiten entrollt. Schlossfans zieht es zum **Château Henri IV.** Einstmals lag der Renaissancebau in Händen des Adelsgeschlechtes Albret, zu dem *Heinrich von Navarra* (der spätere König *Heinrich IV.*) gehörte, der auch hier residierte.

●**Château Henri IV.,** April bis September tägl. 10–18 Uhr, sonst Di.–Do. und Sa./So. 14–18 Uhr.

Information

●**Office de Tourisme,** 7 avenue Mondenard, Nérac, Tel. 05 53 65 27 75, Fax 05 53 65 97 48, www.nerac.fr und www.albret-touris me.com (Stadt und Landstrich Pays d'Albret).

Oberlauf der Garonne

109sf Foto: ad

Südliche
Atlantikküste

110sf Foto: ad

111sf Foto: ad

Der Hauptstrand von Biscarrosse
zur Hauptsaison ...

... und in der Nebensaison

Im sommerlichen Mimizan-Plage
herrscht lockere Urlaubsatmosphäre

Überblick

Strände, Strände, Strände – südlich von Arcachon dehnen sich die Sandbänder der **Côte d'Argent** bis zum Horizont und zeichnen populäre Ferienorte wie Biscarrosse-Plage und Mimizan-Plage aus. Das Hinterland bleibt durchgehend flach, bringt aber dennoch einige Abwechslung ins Spiel. Hier warten Dünen und Pinienwälder, Ginster- und Farnweiten, eine mitunter skandinavisch anmutende Seenplatte sowie vorzügliche Rad- und Wanderstrecken. Regionale Publicrelations-Strategen zeichnen das Gebiet gleich mit zwei Superlativen aus: größtes zusammenhängendes Waldgebiet und längste zusammenhängende Sandstrandküste Frankreichs.

Das Wechselspiel von Meer und Seen setzt sich im tieferen Süden fort und bekommt in Vieux-Boucau-les-Bains und im Doppelort Hossegor-Capbreton zusätzliche Zugkraft: in **Vieux-Boucau-les-Bains** durch die quicklebendige Fußgängerzone und den künstlich angelegten Lac Marin, in **Hossegor-Capbreton** mit dem weit verzweigten Hafenbecken. Endstation ist eben diese Gegend um Hossegor und Capbreton, südlich davon geht das Département Landes ins Baskenland über. Zwischendurch führen ausgedehnte Abstecher in den Parc Naturel Régional des Landes de Gascogne und ins **Ecomusée de la Grande Lande** (Freilichtmuseum), nach **Mont-de-Marsan** sowie in die Thermalstadt **Dax.**

1123f Fotos: ad

Kulinarisch begegnet einem das Département Landes in Form von Spargel und eingekochten Entenstücken, Steinpilzen, Ringeltauben und Gänseleberpastete.

Von Arcachon nach Biscarrosse ⤢ VIII/A1-2

Auf dem ersten kleinen Teilstück der Küste, der Straße von Arcachon nach Biscarrosse, machen hinter der Dune du Pilat gleich mehrere Strände den Küstenstrich schmackhaft: die **Plage du Petit Nice**, die **Plage naturiste de la Lagune** (FKK) und die **Plage de la Salie Nord.** Hier wie auch andernorts sind die Strände einzig in Form von Abstechern erreichbar, eine durchgehende Küstenstraße gibt es nicht. An der Strecke von Arcachon nach Biscarrosse sind einige **Campingplätze** in Pinienforst eingefasst, etwas abseits zieht sich der **Fernwanderweg GR-8** gen Süden. **Radler** finden ein regelrechtes Paradies vor und strampeln mühelos voran in die Gemeinde Biscarrosse – für gut Trainierte auch ein lohnendes Tagesausflugsziel ab Arcachon.

Überall zeigt sich: Die Silberküste ist eine touristische Goldgrube! Nicht verschwiegen sei, dass mancher Sandstrand bei Flut sehr stark vom Wasser eingenommen sein und während der Hauptsaison mancherorts eine hohe Verkehrsdichte herrschen kann.

Gut gerüstet zum Strand!

Biscarrosse ⤢ VIII/A2

Als idealer Stützpunkt in Atlantik- und Seelandschaft eignet sich die vielgesichtige Gemeinde Biscarrosse, die mehr als ein Dutzend Campingplätze umfasst und sich in drei große Bereiche teilt: den Hauptort **Biscarrosse-Bourg,** den am See gelegenen Ortsteil **Biscarrosse-Lac** und die Strandzone **Biscarrosse-Plage.**

Auch die zur Gemeinde gehörigen Seen kommen im Dreierpack daher: der nördlich gelegene **Étang de Cazaux et de Sanguinet,** der mittlere **Petit Étang de Biscarrosse** und der südliche **Étang de Biscarrosse et de Parentis.** In Nord-Süd-Richtung sind die Seen durch Kanäle verbunden. Der Étang de Cazaux et de Sanguinet (auch Lac Nord) steht in der Gunst von Wassersportfreunden obenan, hier liegt auch der Sporthafen **Port Maguide.**

Die sandigen Weiten breiten sich versteckt hinter Dünen aus, wenden sich durchweg ungeschützt dem offenen Ozean zu und erfordern von allen Wasserratten ein Grundmaß an Vorsicht. Überall gibt es reichlich Liegefläche zur Auswahl, Sandburgenbauer finden einen unerschöpflichen Fundus an Material. Im Sommer sind **bewachte Strandabschnitte** an der Plage Centrale (Hauptstrand), der Plage Sud, der Plage du Vivier und der Plage Nord ausgewiesen. Außerhalb der Saison bleiben die Strände ein Traum für ausdauernde Spaziergänger. Bei ausreichend Wind lässt man seinen Drachen steigen oder gibt sich auf Segelwagen dem Geschwindigkeitsrausch hin.

Südliche Atlantikküste

Biscarrosse-Plage

In Biscarrosse-Plage geht ein vibrierendes Sommerleben ab, alles bündelt sich auf leicht überschaubarem Raum. Man trifft sich in Bars und Billardsalons, bei Crêpes und Cocktails und im Casino am Boulevard des Sables. Abends kann sich die Place Dufau in einen **Freiluftmarkt** verwandeln, im Rahmen des örtlichen Entertainmentprogramms sind **Sommerkonzerte** auf der vorbildlich gepflegten Promenade angesetzt, gelegentlich steigen Beach-Volleyball-Turniere.

In Biscarrosse decken **Sport- und Freizeitspaß** jegliche Geschmäcker ab, Surfer und Bodyboarder kommen ebenso auf ihre Kosten wie Golfer und Reiter. Ausgesprochen schön verlaufen die Radwegstrecken, Radverleiher haben sich auf die Nachfrage eingestellt. Wer das besondere Erlebnis sucht, geht in den Abenteuerpark oder auf die Karting-Strecke.

Wasserflugzeug-Museum

Wegen ihres natürlichen Seenumfelds wurde die Gegend einst von Wasserflugzeugen frequentiert. So erinnert das örtliche **Musée de l'Hydraviation** an die Zeiten des Wasserflugzeugverbands „Latécoère", der hier von den 1930er bis in die 1950er Jahre Sitz und Trainingsgelände hatte. Das Museum ist mit historischen Modellen und Equipment ausstaffiert.

●**Musée de l'Hydraviation,** 332 avenue Louis Bréguet, Biscarrosse, Juli/August tägl. 10–19 Uhr, sonst tägl. außer dienstags und feiertags 14–18 Uhr (Kasse schließt immer eine Stunde früher); www.asso-hydraviation.com.

Information

●**Office de Tourisme,** 55 place Dufau, Biscarrosse-Plage, Tel. 05 58 78 20 96, Fax 05 58 78 23 65, www.biscarrosse.com. Infos zum Sommerprogramm sowie zu naturkundlichen Führungen durch die Dünen und den Pinienforst.

Unterkunft

●**Hôtel La Forestière** (€–€€), 1300 avenue du Pyla, Biscarrosse-Plage, Tel. 05 58 78 24 14, Fax 05 58 78 26 40, www.hotellaforestiere. com. Stark schwankende Preise je nach Saison, Restaurant, geöffnet Anfang April bis Mitte Oktober. Dieses Drei-Sterne-Haus verfügt über ein Restaurant und einen kleinen Pool, der nächste Strand liegt etwa 1 km entfernt.

●**Hôtel La Caravelle** (€–€€), 5314 route des Lacs, Ispe, Biscarrosse-Lac, Tel. 05 58 09 82 67, Fax 05 58 09 82 18, www.lacaravelle.fr. Zwei-Sterne-Haus, das sich zum Seeufer hin wendet. Geöffnet Mitte Februar bis Ende Oktober. Auf schmalem Streifen zwischen Durchgangsstraße und Seeufer, Restaurant.

●**Hôtel Les Vagues** (€–€€), 99 rue des Iris, Biscarrosse-Plage, Tel. 05 58 83 98 10, Fax 05 58 83 98 14, www.lesvagues.com. Solides Zwei-Sterne-Haus, Strand einige wenige Hundert Meter entfernt, geöffnet Mitte März bis Ende September, mit Restaurant.

Camping

●**Camping Mayotte Vacances,** chemin des Roseaux, Biscarrosse-Lac, Tel. 05 58 78 00 00, Fax 05 58 78 83 91, www.mayottevacances.com. Vorzügliche Anlage in Pinienwald, Vermietung von fest installierten Campingwagen. Geöffnet Anfang April bis Ende September/Anfang Oktober, rechtzeitige Reservierung empfehlenswert (⇨„Traumhafte Campingplätze" im Kapitel „Reisetipps A–Z: Camping").

●**Camping Campéole Plage Sud,** 230 rue des Bécasses, Biscarrosse-Plage, Tel. 05 58 78 21 24, Fax 05 58 78 34 23, www.campeole.com. Ausgedehnter Drei-Sterne-Platz, geöffnet Anfang Mai bis Mitte September.

● **Camping Navarrosse,** 712 chemin de Navarrosse, Biscarrosse-Lac, Tel. 05 58 09 84 32, Fax 05 58 09 86 22, www.camping-navarrosse.com. Komfortable Anlage, geöffnet Anfang April bis Ende September.

● **Camping Bimbo,** 176 chemin de Bimbo, Navarrosse, Tel. 05 58 09 82 33, Fax 05 58 09 80 14, www.campingbimbo.fr. Vier-Sterne-Areal, beliebt unter Familien, Anfang Mai bis Ende September. Zentraler Treff ist der Sommerpool. In geringer Zahl werden auch das ganze Jahr über (Zwei-Nächte oder Wochentarif) kleine Chalets vermietet, rechtzeitige Reservierung ist anzuraten.

● **Camping Maguide,** 870 chemin de Maguide, Biscarrosse-Lac, Tel. 05 58 09 81 90, Fax 05 58 09 86 92, www.camping-maguide. com. Anfang April bis Ende Oktober geöffnet, kleiner Platz am See mit eigenem Strand.

Essen und Trinken

● **Restaurant Restaumer** (€€), 210 avenue de la Plage, Biscarrosse-Plage, Tel. 05 58 78 20 26, www.restaumer.fr. Spezialisiert auf Meeresfrüchte, in der Regel geöffnet März bis November.

● **Le Schuss** (€–€€), 12 rue des Biganons, Biscarrosse-Ville, Tel. 05 58 78 11 90, www. hotelleschuss.com. Familiär geführter Betrieb (was auch für das angeschlossene Hotel gilt). Als Vorspeise bietet sich ein baskischer Salat oder Foie gras an, als Hauptgericht Entrecote oder Ente, als Nachtisch Mousse au Chocolat oder Käse.

Bummel durch Biscarrosse-Plage

●**Le Mille Pâtes** (€), 898 avenue de la République, Biscarrosse-Bourg, Tel. 05 58 78 12 00. Steht ganz im Zeichen von Pizza, Pasta.

Sport und Freizeit

●**Abenteuerpark:** Aventure Parc, route de la Plage, Biscarrosse-Plage, Tel. 05 58 82 53 40, www.aventure-parc.fr. In der Regel geöffnet von Mitte Februar bis Ende Oktober, zugänglich für Kinder ab vier Jahre.

●**Fahrradverleih:** u.a. bei Au vélo pour tous (997 avenue de la Plage, Biscarrosse-Plage, Tel. 05 58 78 26 59). Außerdem: Cycles Brogniez (262 avenue du 14 Juillet, Biscarrosse Ville, Tel. 05 58 78 13 76).

●**Golf:** auf der ganzjährig geöffneten Anlage Golf de Biscarrosse, avenue du Golf, Biscarrosse-Lac, Tel. 05 58 09 84 93, Fax 05 58 09 84 50, www.biscarrossegolf.com. Es gibt einen Parcours mit 9 und einen mit 18 Löchern.

●**Karting:** auf der ganzjährig geöffneten Strecke des Kart-Center Biscarrosse, chemin d'En Hill, Biscarrosse-Bourg, Tel. 05 58 78 88 50, www.karting-biscarrosse.com.

●**Reiten:** auf der Ranch L'Eldorado (1910 chemin d'En Hill, Biscarrosse-Bourg, Tel. 05 58 82 89 94, Fax 05 58 78 17 57, www.rancheldorado.fr) und im Centre Équestre Eperon (route de la Plage, Biscarrosse-Bourg, Tel. 05 58 78 13 64, www.l-eperon-de-biscarrosse.com).

●**Segeln:** Kurse im Sommer über Centre Nautique Biscarrosse Olympique (CNBO), Port de Navarrosse, Biscarrosse-Lac, Tel. 05 58 78 10 51, Fax 05 58 78 73 49, http://cnbiscarrosseolympique.jimdo.com.

●**Surfen:** Kurse über La Vigie Maison de Surf (37 rue du Grand Vivier, Biscarrosse-Plage, Tel. 05 58 78 37 79, www.surfingbiscarrosse.com).

●**Tennis:** im Tennis Club, 1359 avenue du Pyla, Biscarrosse-Plage, Tel. 05 58 78 20 67, www.tennis-biscarrosse.com.

Naturpark Landes de Gascogne

Im Küstenhinterland erstreckt sich der **Parc Naturel Régional des Landes de Gascogne** über 315.300 ha und legt sich über Teile der Départements Landes und Gironde. Mit seinen nördlichsten Ausläufern schiebt sich der Naturpark ans Bassin d'Arcachon mit seinem **L'Eyre-Delta** heran, im Süden gehören die Gemeinden Sabres und Labouheyre dazu. Die Gründung des Parks geht auf das Jahr 1970 zurück, das Profil ist flach, vom Bewuchs her herrschen **Pinienbestände** vor. Es gibt verschiedene **Feuchtgebiete** wie die Lagune de Lamothe und die Lagune du Bousquet (beide bei Hostens), die Lagunes de Arriouets (bei Sore), die Lagunes de la Bermiouse (bei Labrit) und die Marais de l'Anguille (Sumpflandschaften bei Luglon).

Ungestörte Natur? Ja, aber nicht nur. Schließlich verteilen sich 41 Gemeinden über das Naturschutzgebiet, 50.000 Menschen leben hier, Straßen laufen kreuz und quer. Verkehrsfrequenz höchster Güte verzeichnen Teile der hindurchführenden Autobahnen Bordeaux – Arcachon und Bordeaux – Biarritz. So gilt es für Naturbewusste, sich mit Bedacht ökologische Nischen zu suchen. Eine gute Anlaufstelle für Ratsuchende ist das **Infozentrum in Belin-Béliet,** einem Örtchen nordöstlich der Seenplatte von Biscarrosse:

●**Maison du Parc,** 33 route de Bayonne, Tel. 05 57 71 99 99, Fax 05 56 88 12 72, www.parc-landes-de-gascogne.fr.

239vf Foto: ad

Südliche Atlantikküste

Typischer Pinienforst

Wandermöglichkeiten

Gute Wandermöglichkeiten findet man rund um folgende Orte:

- **Salles,** Flusseinzugsgebiet der Eyre
- **Belin-Béliet,** mit Infozentrum, nahe gelegener Kirche Saint Pierre-de-Mons
- **Lugos,** mit Église Saint-Michel de Vieux Lugos
- **Hostens,** insbesondere um die Seen Lamothe und Bousquet
- **Louchats,** Lagunes du Gât Mort
- **Origne**
- **Saint Symphorien,** mit Kirche aus dem 16. Jh.

- **Brocas,** Étang des Forges, mit Stätte der alten Schmieden „Musée des Forges" (geöffnet Mitte Juni bis Mitte September tägl. außer Mo.)
- **Lencouacq,** Chemin de la Commanderie de Bessaut mit mittelalterlichen Hospitalruinen aus der Zeit der Jakobspilger
- **Le Teich,** ⇨Kap. „Nördliche Atlantikküste"

Radfahren, Reiten, Kanufahren

Radler können im Nordteil des Naturparks eine beliebte Strecke mit folgendem Verlauf abstrampeln: Mios, Salles, Belin-Béliet, Hostens, Le Tuzan, Saint Symphorien.

Alternativ zu den klassischen Rad- und Wanderstrecken finden auch Kanuten und Reiter Betätigungsfelder. Im Park sind rund zehn **Reitcenter** vorhanden, darunter der Centre Équestre

lien mit Kindern obenan steht und etwa auf Höhe der Küstengemeinde Mimizan liegt: das **Ecomusée de la Grande Lande** bei **Sabres,** ein Öko-museums-Areal, in dem sich das Landleben des 19. Jh. lebendig widerspiegelt. Ab Sabres (interessante Kirche) geht es mit einem musealen **Eisenbähnchen** in die ländliche Vergangenheit von Marquèze hinein (dieser Teil des Ecomusée ist nur zwischen Ende März und Anfang November geöffnet).

Zum interessanten Kulturerbe zählt u.a. die Kirche Notre-Dame von Moustey, die ein kleines Museum beherbert.

● Die Abfahrtszeiten des **historischen Zuges** wechseln stark und sollten vorab kontrolliert werden (Züge im Regelfall im 40-Minuten-Takt): Anfang Juni bis Mitte September erste Abfahrt tägl. um 10.10 Uhr und letzte Rückfahrt um 19 Uhr, Ende März bis Ende Mai und Mitte September bis Anfang November Mo.–Sa. erste Abfahrt um 14 Uhr (So. um 10.10 Uhr), letzte Rückfahrt um 18 Uhr.

de Mios (Tel. 05 56 26 43 60). In Orten wie Mios und Salles besteht die Möglichkeit der **Kanuausleihe,** um die L'Eyre zu erpaddeln.

Ökomuseum   ↗ XIII/C1

Last but not least gehört zum Park ein außergewöhnliches Ausflugsziel, das in der Beliebtheitsskala von Fami-

Reiher im L'Eyre-Delta

Mont-de-Marsan   ↗ XIII/D2-3

Eine Entdeckungstour durch die südlichen Teile des Parc Naturel Régional des Landes de Gascogne lässt sich gut mit einem Abstecher nach Mont-de-Marsan kombinieren. In der rund 30.000 Einwohner starken **Hauptstadt des Départements Landes** bilden Holz- und Lebensmittelindustrie die wirtschaftlichen Stützen. Mont-de-Marsan nennt sich „ville aux trois rivières", die **„Stadt der drei Flüsse".** Douze und Midou vereinen sich hier zur Midouze, die ihrerseits südlich von Tartas in den Adour mündet.

Die Ende des 19. Jh. begonnene **Stierkampfarena** *(Arènes de Plumaçon)* fasst 7000 Besucher. Insbesondere um den 20. Juli *(Fêtes de la Madeleine)* finden hier Stier- und auch Jungstierkämpfe statt.

Zu sehen gibt es auch Reste der alten Stadtmauer, den pflanzenreichen Parc Jean Rameau und zahlreiche moderne Skulpturen, die sich über das Stadtbild verteilen. Im Donjon Lacataye ist das **Musée Despiau Wlérick** untergebracht, ein Kunstmuseum, dessen Schwerpunkt auf Skulpturen aus der ersten Hälfte des 20. Jh. liegt. Das Museum trägt die Namen der Bildhauer *Charles Despiau* (1874–1946) und *Robert Wlérick* (1882–1944) und macht mit ihrem Schaffen vertraut.

● **Musée Despiau Wlérick,** place Marguerite de Navarre, tägl. außer dienstags und feiertags 10–12 und 14–18 Uhr.

Information
● **Office de Tourisme,** place du Général Leclerc, Tel. 05 58 05 87 37, Fax 05 58 05 87 36, http://mont-de-marsan.org.

In der Umgebung

Rund um Aire-sur-l'Adour   ↗ XIV/A3
Knapp 40 km südöstlich von Mont-de-Marsan liegt das Städtchen Aire-sur-l'Adour, das schon im Mittelalter von Jakobspilgern aufgesucht wurde. Hier stechen die malerischen Uferzonen am Adour und die Église Sainte-Quitterie mit ihrer romanischen Krypta der heiligen Quitterie hervor.

Aire-sur-l'Adour formt zusammen mit den Bastiden **Geaune** (südwest-

lich, begründet 1318) und **Grenade-sur-l'Adour** (nordwestlich auf dem Weg von/nach Mont-de-Marsan, begründet 1322) ein kleines Kulturdreieck. Zwischen Aire-sur-l'Adour und Grenade-sur-l'Adour kommt man auf einer Nebenroute an **Duhort-Bachen** mit seinem Château du Lau, einem Schloss aus dem 15. Jh., vorbei. Ein weiteres Stückchen näher an Mont-de-Marsan liegt **Bascons,** dessen Musée de la Course Landaise Wissenswertes rund um die Landaiser „Kuhrennen" vermittelt (in der Regel nur geöffnet Mitte März bis Mitte Oktober, dann immer Mi.–Fr. 14–18, im Sommer bis 19 Uhr). Westlich von Aire-sur-l'Adour liegt die Thermalstation Eugénie-les-Bains.

Information
● **Office de Tourisme,** place du 19 Mars 1962, Aire-sur-l'Adour, Tel./Fax 05 58 71 64 70, www.tourisme-aire-eugenie.fr.

Weiterfahrt nach Agen

Statt in die Küstengegend zurückzukehren, kann man ab Mont-de-Marsan durch die Region Bas-Armagnac weiter östlich ans **Département Lot-et-Garonne** und seine Hauptstadt Agen anbinden. Am Wege Richtung Agen liegen – je nach Streckenwahl – die Bastiden Saint Justin und Labastide-d'Armagnac.

Saint Justin und
Labastide-d'Armagnac   ↗ XIV/A2
In dem im Jahre 1280 ausgebauten Saint Justin sollte man über den zen-

Südliche Atlantikküste

Mimizan Umgebung

Forêt de
Sainte-Eulalie

GR-8

Courant des Fo

Château Woolsack

Etang
d'Aureilhan

GR-8

Plage
Remember

Aureilhan

Plage
des
Ailes

Mimizan Plage

D626

Abbaye Bénédictine

Plage
Sud

Papierfabrik

ⅱ

Mimizan

D652   D44

Tire
l'Aygue

Plage
de
Lespecier

GR-8

Forêt de
Mimizan

Bias

Etang
du Bourg
Vieux

Aérodrom

D652   D38

GR-8

St. Julien-en-Born, Contis-Plage

tralen Arkadenplatz streifen, das **Château de Fondat** datiert vom Beginn des 17. Jh.

Labastide-d'Armagnac wurde 1291 als stark befestigter Wehrort gegründet. Örtliche Besuchsziele sind die zentrale Place Royale, die Wehrkirche und das im Château Garreau untergebrachte **Ecomusée de l'Armagnac.** Im nahen Quartier Géou werden Radsportfans die **Chapelle Notre Dame des Cyclistes** nicht auslassen, in der sie Ruhmes-Trikots alter Pedalritter bestaunen können. Die wechselnden

Pontenx-
les-Forges

Parentis,
Biscarosse

D626

N10,
Labouheyre

*Etang
de la
Forge*

St. Paul-en-Born

Leych

D44

N10

0   2 km

Radweg
Fernwanderweg GR-8

Strand
Wald

Öffnungszeiten der Monumente er-
fragt man am besten im Office de Tourisme (s.u.).

Information

• **Office de Tourisme,** place Royale, Labastide-d'Armagnac, Tel. 05 58 44 67 56, Fax 05
58 44 84 15, www.labastide-darmagnac.net.

Mimizan   ♪ VIII/A3

Südlich von Biscarosse geht es auf
der **Seenroute** *(Route des Lacs)* auf
die nächsten größeren Urlaubszonen
um Mimizan zu. Zur Rechten liegt der
Étang de Biscarosse et de Parentis,
ein nicht allzu berauschendes Gewässer mit einer Fläche von rund 3600 ha.
In den 1950er Jahren wurde in diesem
Gebiet Erdöl entdeckt, ein Teil des
Sees ist unverändert militärisches
Sperrgebiet. Über **Parentis-en-Born**
und **Gastes** erreicht man die Gemeinde Mimizan, die sich aus den vier Teilen Mimizan, Aureilhan, Pontenx-les-
Forges und Saint Paul-en-Born zusam-
mensetzt.

Étang d'Aureilhan

Zunächst einmal darf man sich malerisch empfangen fühlen: mit dem
Étang d'Aureilhan, einem angenehm
im Grünen gelegenen **See,** der manche an Skandinavien erinnern mag.
Das knapp 500 ha umfassende Gewässer steht unter Naturschutz. Rundherum breiten sich Pinien und Farne,
Erlen und Birken aus. Im privaten
Château Woolsack, erbaut um 1910,
ließen es sich schon *Winston Churchill*
und Modeschöpferin *Coco Chanel*
wohl ergehen. Am Südufer des Sees
liegt das Örtchen **Aureilhan.** Ab dem
Nautikcenter kann man sich während
der Saison mit Kanus und Tretbooten
zu Erkundungen aufmachen. Weitere
winzige Seen breiten sich bei Pontenx-
les-Forges (Étang de la Forge, auch:
Étang des Forges) und Bias (Étang du
Bourg Vieux) aus.

Südliche Atlantikküste

Mimizan-Bourg

Nicht ganz so erbaulich wie der Étang d'Aureilhan ist Mimizan-Bourg, der Inlandsort, wo der Megabetrieb einer Paperfabrik eklige Duftschwaden absondert. Hier bekommt man vor Nase und Augen geführt, dass die **riesigen Strandpinienwälder** nicht einzig zur Erbauung des Menschen angelegt worden sind. Dahinter stecken – wie sollte es anders sein – handfeste Wirtschaftsinteressen. Während die Forstprogramme im 19. Jh. vor allem auf die Harzgewinnung abzielten, stehen in unserer Zeit Sägewerke und Papierindustrie im Vordergrund.

Als historische Hinterlassenschaft liegt zwischen Mimizan-Bourg und Mimizan-Plage die **Prioratskirche Sainte-Marie** an der Straße; das bemerkenswerte Portal datiert aus dem 13. Jh. Bei dem Bau handelt es sich um den Rest einer Benediktinerabtei, die einst für die Jakobspilger von großer Bedeutung war. Unregelmäßige Besuchszeiten, meist nur nach Vereinbarung (Tel. 05 58 09 00 61; http://musee.mimizan.com); dasselbe Ticket berechtigt zum Besuch des Museums.

Sieht man einmal vom Schandfleck Papierfabrik ab, folgt Mimizan dem beliebten Küstenmuster Strände-Dünen-Pinienwald und legt besonderen Wert auf die Pflege seiner Grünanla-

Am Étang d'Aureilhan

gen und Blumenbeete. Kindern stehen mehrere Spielplätze zur Verfügung, Camping- und Sportfans eröffnet sich ein kleines Paradies, die bunten Sommerprogramme sorgen für angenehmen Beigeschmack.

Mimizan-Plage

Mimizan-Plage, einige wenige Kilometer westlich gelegen, lässt kaum Wünsche offen: **feinsandige Strände und Dünen,** bewachte Badeabschnitte und Highlife im Sommer, Bars und Casino, Hotels und Campingplätze. Mit Großparkplätzen zeigt man sich auf die allsommerlichen Urlauberanstürme eingestellt. Insgesamt trumpft Mimizan mit einer breiten Unterkunftpalette aus rund 20 Hotels und einem Dutzend Campingarealen auf. Als belebteste Straße sticht die Avenue Maurice Martin hervor, wo man sich zum Tagesgericht oder zur Happy-Hour niederlassen kann.

Zwischen die Nord- und Südbereiche der Strände schiebt sich der **Kanal Le Courant.** Nördlich davon liegen die Plage des Ailes und die Plage Remember, weiter südlich erstrecken sich die sandigen Abschnitte von der Plage Sud bis zur Plage de Lespecier. Surfer zieht es an die Plage Sud und an die Plage de Lespecier. Etwas merkwürdig nahe dem Zentrum von Mimizan-Plage wirken die mitten in den Dünensand platzierten Häuser.

Wander- und Radwege

In und um Mimizan herum finden Radler ein 40 km umspannendes Wegenetz. Für Minitrips eignen sich der **Dünenweg** (4 km; Start an der Rue de la Poste in Mimizan-Plage Nord, Endpunkt ist die Rue des Trois Collines in Mimizan-Bourg) und der **Küstenweg** (knapp 5 km, Start ab der Route de Lespecier, Verlängerung bis Contis-Plage), während eine 18-Kilometer-Strecke Mimizan-Plage Sud (Aufbruch an der Rue des Pinsons) mit dem Maison du Pin in Pontenx-les-Forges verbindet. Eine kürzere Tour von 10 km startet an der Route d'Escource in Saint Paul-en-Born, macht mit typischen Gebieten der Landes bekannt und endet am Étang de la Forge in Pontenx-les-Forges. Infos zu allen Strecken im Office de Tourisme, wo gegen eine kleine Gebühr ein Plan erhältlich ist (man fragt nach „plan des pistes cyclables").

Zur Wahl stehen ferner ausgedehnte **Spazier- und Wanderwege,** beispielsweise der Abschnitt zwischen Pontenx-les-Forges und der Promenade Fleuri bei Aureilhan sowie ein Weg um den im südlichen Gemeindegebiet bei Bias gelegenen Étang du Bourg Vieux. Der bekannte **Fernwanderweg GR-8** zieht sich von Nord nach Süd durch die Gemeinde, leitet zunächst am Étang d'Aureilhan vorbei und später durch die Wälder nahe der Plage de Lespecier.

Information

● **Office de Tourisme,** 38 avenue Maurice Martin, Mimizan-Plage, Tel. 05 58 09 11 20, Fax 05 58 09 40 31, www.mimizan-tourisme.com. Auskunft zu Wander- und Radwegen.

Unterkunft

● **Hôtel Atlantis (€–€€),** 19 rue de l'Abbaye, Tel. 05 58 09 02 18, Fax 05 58 09 36 60,

Südliche Atlantikküste

Touristenhochburg Mimizan

www.atlantis-mimizan.com. Zwei-Sterne-Haus, Zimmertarife für eine bis vier Personen. Mit Sommerpool, pflanzenreiche Gestaltung des Hauses. Geöffnet etwa Ende Januar bis kurz vor Weihnachten.

● **Hôtel Emeraude des Bois** (€–€€), 68 avenue du Courant, Mimizan-Plage, Tel. 05 58 09 05 28, Fax 05 58 09 35 73, www.eme raudedesbois.com. Im Verband „Logis de France", mit Restaurant, geöffnet Anfang April bis Ende September.

● **Hôtel de France** (€), 18 avenue de la Côte d'Argent, Mimizan-Plage, Tel. 05 58 09 09 01, Fax 05 58 09 47 16, Webseite mit Endlos-Adresse: http://hotel-deux-etoiles-bord-mer-plage-mimizan.hotel-mimizan.com. Ein Katzensprung an den Strand, geöffnet Anfang März bis Mitte Oktober.

Camping

● **Camping de la Plage,** boulevard de l'Atlantique, Mimizan-Plage, Tel. 05 58 09 00 32, Fax 05 58 09 44 94, www.mimizan-camping. com. Knapp 1 km vom Meer entfernt, geöffnet Anfang April bis Ende September.
● **Camping du Lac,** avenue de Woolsack, Mimizan-Bourg, Tel. 05 58 09 01 21, Fax 05 58 09 43 06, www.mimizan-camping.com. Am Étang d'Aureilhan, geöffnet Ende April bis Mitte September.

Essen und Trinken

● **Restaurant Au Bon Coin de Lac** (€€–€€€), 34 avenue du Lac, Mimizan-Bourg, Tel. 05 58 09 01 55, www.auboncoindulac. com. Von gepflegter Eleganz, wie das angeschlossene kleine Hotel.

Frankreich in Blüte – Wettbewerb um die „villes et villages fleuris"

Reisende erliegen oft automatisch dem Charme vieler französischer Plätze, Gassen und Boulevards, doch eine regelmäßige Ausschreibung gibt der Ansicht von Ortsbildern den letzten Schliff: der Wettbewerb um die „villes et villages fleuris", die **schönsten blumen- und pflanzenreich ausgestalteten Städte und Dörfer.** Was Ende der 1950er Jahre mit einer Teilnahme von 600 Gemeinden begann, verzeichnet heute ein Rekordhoch von 12 000 – **rund ein Drittel aller französischen Gemeinden!** Kein Wunder, dass der Wettbewerb in aller Munde ist und landesweit mit Begeisterung verfolgt wird. Unter dem Dachverband des *Conseil National des Villes et Villages Fleuris* sind die Juroren landauf landab unterwegs und folgen strengen Qualitätskriterien. Wie sieht die allgemeine Bepflanzung aus? Wie steht es um Pflege und breit gefächerte Auswahl der Pflanzen, um Details und Integration der floralen Dekors ins Stadtbild? Allein dies mag zeigen, dass es sich hierbei nicht um einen herkömmlichen Blumenschmuckwettbewerb handelt. Den Teilnehmern hilft es keineswegs, sich kurz auf Hochglanz zu polieren und ein paar bunte Kübel zu platzieren. In die Bewertungen fließen die übers ganze Jahr getätigten Landschafts- und Gartenbauarbeiten mit ein, die generelle Sauber- und Umweltfreundlichkeit, die Wasserversorgung und der Grünflächenplan.

Lohn der Mühen für die teilnehmenden Dörfer und Städte: eine **Auszeichnung in Form von Blumensymbolen,** deren Skala von eins (niedrig) bis vier (Höchstnote) reicht. Jedes Jahr gibt es „Blumensieger" der vier genannten Kategorien, aber in den erlesenen Kreis der Höchstdekorierten steigen nur die wenigsten auf: bis heute etwas mehr als 200 Preisträger mit „Quatre Fleurs" („vier Blumen").

Alle prämierten Gemeinden tragen die **„Blumen" als Gütesiegel.** Im Tourismusbusiness steigert man dergestalt das Ansehen, auf Schildern an Stadt- und Ortseinfahrten prangt die Anzahl der „fleurs". Mit vier Blumen sind in Südwestfrankreich schon folgende Orte bedacht worden: **Anglet, Bergerac, Biscarrosse, Hagetmau, Mimizan, Mont-de-Marsan, Pau** und **Périgueux.** Die gestalterische Fantasie mit reichlich Pflanzen, Beeten und Blumenmustern schließt viele Kreisverkehre ein.

Aktuelle Infos zum Thema finden sich unter www.villes-et-villages-fleuris.com.

116sf Foto: ad

Franzosen haben ein Faible für Blumenschmuck – und immer passt irgendwo noch ein Kasten hin

Südliche Atlantikküste

- **Restaurant Rive Droite** (€€), 27 avenue Maurice Martin, Mimizan-Plage, Tel. 05 58 09 28 98. Französische Traditionsküche, bei der das Meeresgetier nicht fehlen darf. In derselben Straße wird man auch an anderen Stellen fündig.
- **Restaurant Pizze** (€), 23 avenue Maurice Martin, Mimizan-Plage, Tel. 05 58 09 09 69. Pizza in der Fußgängerzone, Saisonbetrieb.

Nightlife

- **Diskothek Le Mambo** in Mimizan-Plage in der rue Assolant Lefèvre et Lotti.

Sport und Freizeit

- **Fahrradverleih:** in Mimizan-Plage bei Cyclo-Land (8 rue du Casino, Tel. 05 58 09 16 65).
- **Fallschirmspringen:** OJB Parachutisme, Aérodrome, route d'Escource, Mimizan, Tel. 05 58 09 27 62.
- **Reiten:** Centre Équestre Louis Chivaus, 321 allée de Darricau, Aureilhan, Tel. 05 58 78 30 20, www.centre-equestre-lous-chivaus.com. Centre Équestre Marina (5 rue du Marina, Mimizan-Plage, Tel. 05 58 09 34 25, www. centre-equestre-marina.com), Ponyreiten, Ausritte und Unterricht; Le Ranch Amadeus (Saint-Paul-en-Born, Tel. 05 58 07 42 96, www.ranchamadeus.com).
- **Segeln:** über den Mimizan Éole Club, Centre Nautique, Étang d'Aureilhan, Tel. 05 58 09 17 74, Fax 05 58 09 05 19.
- **Surfen:** Maeva Surf Club (avenue de la Côte d'Argent, Mimizan-Plage, Tel. 05 58 82 44 42, http://pagesperso-orange.fr/ecolesurfmimizan), École de Surf de Lespecier (Plage de Lespecier, Tel. 05 58 09 48 83), École de Surf Silvercoast (sowohl Plage Sud als auch Plage Nord/Remember, Kontakt über die Homepage www.silvercoast-surf.com).
- **Tennis:** Tennis Mimizan-Plage, avenue de Leslurgues, Tel. 05 58 09 07 67, diverse Angebote für Kinder und Erwachsene.

Feste und Veranstaltungen

- Am 1. Mai **Meeresfest** in Mimizan-Plage, im Sommer zahlreiche Veranstaltungen mit Tanz und Musik.

Von Mimizan nach Vieux-Boucau-les-Bains

Auf dem Wege durchs Hinterland liegen 55 km zwischen Mimizan und Vieux-Boucau-les-Bains, doch immer wieder verlocken Stichsträßchen ans Meer zu Abstechern – eine Strecke, für die man sich Zeit nehmen sollte!

Contis-Plage ⌖ XII/A1

Südlich von Mimizan schiebt sich die Seenroute zunächst durch ausgedehntes Piniengrün, bis vor **Saint Julien-en-Born** ein Rechts-Abzweig 8 km an die Küste nach Contis-Plage führt. Das Gebiet ist unter Campern beliebt, beiderseits des dünenbegrenzten Ortes eröffnen sich die wunderbaren Sandweiten der Strände. Oft zeigt sich der Atlantik wild und aufgewühlt. Nicht weit entfernt sieht man den Phare de Contis, einen 38 m hohen **Leuchtturm,** auf den 192 Stufen hinaufführen (Aufstiege meist nur im Hochsommer, Infos im Office de Tourisme).

Wer nicht dasselbe Sträßchen Richtung Saint Julien-en-Born zurückfahren will, nimmt auf der südwärts verlaufenden Straße direkt Kurs auf Lit-et-Mixe bzw. legt einen weiteren Küstenabstecher nach **Cap-de-l'Homy-Plage** ein. An solch abgelegeneren Stränden wie Cap-de-l'Homy-Plage und Contis-Plage kann man von einer weitaus geringeren Sommerfrequenz als z.B. in Mimizan ausgehen. Im Inland dehnen sich die Pinienwälder ohne Ende aus, bezeichnend für den bodennahen Bewuchs sind Ginster und Farne.

117sf Foto: ad

Südliche Atlantikküste

Information

● **Office de Tourisme,** in Saint Julien-en-Born, rue des Écoles, Tel. 05 58 42 89 80, Fax 05 58 42 42 45, www.contis-tourisme.com.

Unterkunft

● In der Gemeinde Saint Julien-en-Born gibt es mehrere Vermieter von Privatunterkünften (€), darunter **Familie Bayle** (Soulan, route de Contis, Tel. 05 58 42 76 10) und **Proos Ton** (7 rue du Stade, Saint-Julien-en-Born, Tel. 05 58 42 52 13).

Camping

● **Camping Sen Yan Le Tropical Village,** Mézos, Tel. 05 58 42 60 05, Fax 05 58 42 64 56, www.sen-yan.com. Erstrahlt in Pflanzenpracht und bietet reichhaltige Sportangebote, geöffnet Anfang Juni bis Mitte September. Mézos liegt östlich von Saint Julien-en-Born. Der Vier-Sterne-Platz zeichnet sich durch Komfort und eine kleine Poollandschaft aus.

● **Camping Municipal La Lette Fleurie,** route de Contis, Saint-Julien-en-Born, Tel. 05 58 42 74 09, Fax 05 58 42 41 51, www.camping-municipal-plage.com. Ein 20-ha-Areal mit Sommerpool und Tennis, geöffnet Mai bis September.

● **Camping Domaine du Vieux Moulin,** route des Lacs, „Nadot", Saint-Julien-en-Born, Tel. 05 58 42 80 12, www.domaine-vieux-moulin.com. Kleiner Zwei-Sterne-Platz, Ende April bis Anfang September auch Vermietung von Mobil-homes und Appartements.

An den Ufern des Étang de Léon

Lit-et-Mixe und Saint Girons   ⚓ XII/A2

In Lit-et-Mixe findet man ein kleines **volkskundliches Museum** (Musée Vielles Landes, Rue de l'Église, nur Juli und August). Das „Zentrum" – so es überhaupt diesen Namen verdient – macht einen netten, beschaulichen Eindruck. Rund 10 km südöstlich liegt das von Fachwerkbauten geprägte Örtchen **Lévignacq** mit seiner interessanten Kirche.

Südlich von Lit-et-Mixe fährt man in die Gemeinde Vielle-Saint-Girons ein, wo der nächste mögliche Strandabstecher nach Saint Girons-Plage eingeplant werden kann. Hinter den Dünen kann man sich in aller Ruhe sein Plätzchen im feinen Sand suchen, zu langen Spaziergängen aufbrechen oder aber sich aufs Surfbrett schwingen. Die Strände splitten sich in mehrere Zonen und bieten im Sommer bewachte Abschnitte: Plage Centrale, Plage Nord, Plage d'Arnaoutchot und Plage de la Lette Blanche. Die tückischen Strömungen erfordern äußerste Vorsicht! Wermutstropfen in Vielle-Saint-Girons ist die zum Himmel stinkende Papierfabrik.

Information

● **Office de Tourisme,** Lit-et-Mixe (23 rue de l'Église, Tel. 05 58 42 72 47, Fax 05 58 42 43 02, www.litetmixe.com), Vielle-Saint-Girons (route de Linxe, Tel. 05 58 47 94 94, www.viellestgirons.com).

Camping

● **Camping Parc du Bel Air,** route de Pichelèbe, Vielle-Saint-Girons, Tel./Fax 05 58 42 99 28, www.camping-belair.fr. Kleiner Zwei-Ster-

ne-Platz, Anfang Juni bis Ende September; die Anmietung fest installierter Mobilehomes ist bereits ab Mitte April möglich.

Léon   ⚓ XII/A2

Im Inland findet man am **Étang de León** an den nördlichen Seeufern einen Sandstrand und einen abgesperrten Schwimmbereich, außerdem Tretbootverleih und Campingplatz. Westwärts windet sich die Abflussrinne des Sees, der **Courant d'Huchet,** dem Atlantik entgegen. Die umliegenden Ökosysteme aus Wäldern, Sümpfen und Dünen sind zur **Réserve Naturelle** erklärt worden. Der Courant d'Huchet ist mit Flachbooten befahrbar, die zwischen April und Ende September von kundigen Schiffern *(bateliers)* gelenkt werden. Der Étang de León ist auch von León erreichbar, im Bereich der Kirche liegen ein paar Restaurants.

Information

● **Office de Tourisme,** place Jean Baptiste Courtiau, Léon, Tel. 05 58 48 76 03, Fax 05 58 48 70 38, www.ot-leon.fr.

Unterkunft

● **Hôtel du Lac** (€–€€), 2 rue Berges du Lac, Léon, Tel. 05 58 48 73 11, Fax 05 58 49 27 79, www.hoteldulac-leon.com, contact@hoteldulac-leon.com. An den Ufern des Sees, das 16-Zimmer-Haus verspricht einen familiären Rahmen. Geöffnet Anfang Mai bis Ende September.

Camping

● **Camping Punta Lago,** avenue du Lac, Léon, Tel. 05 58 49 24 40, Fax 05 58 49 24 45, www.camping-puntalago.com. Nahe dem See, geöffnet Anfang April bis Ende September. Auf diesem Vier-Sterne-Platz kann man auch „Cottages" und Mobil-Homes mieten.

Moliets-et-Maa ⚓ XII/A3

In Richtung Vieux-Boucau-les-Bains taucht man in „Zauberwälder" aus Pinien und ins winzige **Seengebiet** um Moliets-et-Maa ein, wo sich ein Küstenabstecher nach **Moliets-Plage** anbietet. Die Église de Notre-Dame von Moliets-et-Maa bewahrt ein ursprünglich gotisches Kirchenportal (ausgebessert 1638). Der an der Route des Lacs gelegene „Adrénaline Parc" verspricht Fun auf der ganzen Linie mit Abenteuerparcours und Quads für Erwachsene und Kinder. Wie stets in solchen Freizeit- und Abenteuerparks, muss man auch hier tief in die Tasche greifen.

Information

● **Office de Tourisme,** rue du Général Caunègre, Moliets-et-Maa, Tel. 05 58 48 56 58, Fax 05 58 48 52 93, www.moliets.com.

Sport und Freizeit

● **Adrénaline Parc,** route des Lacs, Moliets-et-Maa, zwischen Saint-Girons und Vieux-Boucau, Tel. 05 58 48 56 62. Geöffnet von Anfang April bis etwa Anfang November; www.adrenalineparc.fr.
● **Golf Moliets-et-Maa,** Tel. 05 58 48 54 65, Fax 05 58 48 54 88, www.golfmoliets.com; Kurse für Erwachsene und Jugendliche.

Messanges ⚓ XII/A3

Nach altbekanntem Strickmuster teilt sich auch die Gemeinde Messanges in den landeinwärts gelegenen Hauptort und in Messanges-Plage. In leicht gewelltem Hinterland haben Campingfreunde den Luxus der freien Auswahl zwischen einer ganzen Reihe an Plätzen, ehe die Seenroute schließlich das größere Vieux-Boucau-les-Bains erreicht.

Information

● **Office de Tourisme,** route des Lacs, Messanges, Tel. 05 58 48 93 10, Fax 05 58 48 93 75, www.ot-messanges.fr.

Camping

● **Camping Airotel Le Vieux Port,** Messanges, leider nur gebührenpflichtige Servicenummer Tel. 08 25 70 40 40, Fax 05 58 48 01 69, www.levieuxport.com. Ausgedehnter Familiencampingplatz mit großem Schwimmbadbereich, Tennis, Kinderspielplatz, Fußball- und Volleyballfelder, Supermarkt, Restaurant, Bar, Fahrradverleih. Geöffnet Ostern bis September.

Sport und Freizeit

● **Reiten:** Ferme Équestre de la Prade, Messanges, Tel. 05 58 48 55 29.

Rund um Vieux-Boucau-les-Bains ⚓ XII/A3

Das Aushängeschild von Vieux-Boucau-les-Bains misst 60 ha: der **Lac Marin,** ein Salzwassersee, der sich um eine große Insel legt und den ein riesiger Dünenwall vom Atlantik trennt. Vieux-Boucau-les-Bains war eigentlich als Port d'Albret bekannt, lag an der Mündung des Adour und war als wichtigster Hafen der Silberküste bekannt. Unter Leitung des Ingenieurs *Louis de Foix* begab man sich bereits im 16. Jh. daran, den Fluss weiter südlich umzuleiten – und Port d'Albret versank in Bedeutungslosigkeit. Erst in den 1930er Jahren lebte die Zone im Zuge des Fremdenverkehrs wieder auf.

Südliche Atlantikküste

Heute zeigt sich Vieux-Boucau-les-Bains bzw. das „neue" Port d'Albret als äußerst gepflegtes Ferienzentrum, in dem sich das Leben und Treiben auf die geschmackvoll aufbereitete Fußgängerzone Le Mail konzentriert. Hier findet man eine breite Auswahl an Cafés und Restaurants, Holzbaustil und Grünanlagen geben dem Stadtkern einen gemütlichen Anstrich. Man sollte sich Zeit nehmen für eine Terrassenrast, einen Kaffee, ein Eis, einen Crêpe.

Überdies bietet sich ein Promenadenspaziergang rund um den Lac Marin an. Der meerwärtige Seeabfluss bzw. -zufluss zerteilt die sandigen Strände in Nord- und Südabschnitte. Hier kommen Badende und Sonnenbadende gleichermaßen auf ihre Kosten wie Surfer, allerdings verlangen die Strömungen nach steter Vorsicht. Nördlich des Kanals liegen die Grand' Plage und die Plage des Sablères, weiter südlich geht es an **Soustons-Plage** heran. Die Strände, sowohl am See als auch am Atlantik, sind im Normalfall zwischen Mitte Juni und Anfang/Mitte September bewacht. Im Inland führen **Radwege** durch die typischen Pinienwälder der Landes, **Kanuten** nehmen gern den Courant de Soustons in Angriff.

Soustons   ⚹ XII/A3

Der Südbereich des Lac Marin, ein Freizeit- und Wassersportmagnet erster Güte, ist auch als **Port d'Albret Sud** bekannt und gehört bereits zur 6000 Einwohner starken Nachbargemeinde Soustons. Am „Mini Port d'Al-

bret" können Erwachsene und Kinder während der Saison mit Elektrobötchen in See stechen. Der eigentliche Hauptort **Soustons-Ville** liegt einige Kilometer im Inland, wo sich mit dem **Étang de Soustons** (oder Grand Lac) eine weitere Wasserfläche von rund 700 ha Größe eröffnet. Soustons-Ville legt sich um die Südspitze des Sees, Ufer und einladender Ortskern laden zu kurzen Entdeckungsbummeln ein.

Eine überlebensgroße **Bronzeskulptur** des Künstlers *Jacques Raoult* erinnert an den ehemaligen Staatspräsidenten *François Mitterrand* (1916–1996), der sich von 1965 bis zu seinem Tod immer wieder in seinem nahe gelegenen Landhaus „Bergerie de Latché" aufhielt und dort gelegentlich hohe Politgäste empfing. Auf dem **Château de la Pandelle** ist ein Volkskundemuseum untergebracht (Musée des Traditions et des Vieux Outils), in dem es u.a. traditionelles Werkzeug zu sehen gibt (in der Regel nur geöffnet Mitte Juni bis Mitte September tägl. außer dienstags 15–18.30 Uhr).

Seignosse   ⚹ XII/A3

Südlich von Soustons setzen sich die herrlichen feinsandigen Strandgebiete der Landes an den zu Seignosse gehörigen Abschnitten fort. Hier reihen sich

Sonnenuntergang
am Strand von Vieux-Boucau-les-Bains

118sf Foto: ad

Südliche Atlantikküste

von Nord nach Süd die Plage des Casernes, die Plage de Penon, die Plage des Bourdaines und die Plage des Estagnots auf. Der Atlantik Park, ein **Freizeit- und Wasserpark** mit einer Badefläche von 2800 m², hält seine Pforten im Normalfall zwischen Ende Mai und Anfang September offen.

Camper fühlen sich in Seignosse sowohl in Strand- als auch in Seenähe wohl. Alle Naturfans wird es insbesondere an die beiden Binnenseen ziehen: den Étang Blanc und den Étang Noir. Der **Étang Blanc,** „Weißer See", ist von winzigen Inseln besetzt und bietet gute Badestellen und Tretbootverleih. Wesentlich kleiner und in versteckterer Lage breitet sich der **Étang Noir** aus, der „Schwarze See". Das Gewässer ist von dichter Vegetation umstanden und zum Naturschutzgebiet (Réserve Naturelle de l'Étang Noir) erklärt worden. Auf Stegen lässt sich hier die lokale Flora bestens erkunden.

Südlich von Seignosse gehen Strand- und Waldgebiete in die benachbarte Feriengemeinde Hossegor über. Unter dem Slogan „Magisches Viereck" (carré magique) haben sich Seignosse, Hossegor, Capbreton und Labenne zur Feriengemeinschaft „Landes Côte Sud" zusammengeschlossen.

Information

●**Office de Tourisme,** 11 Mail André Rigal, Vieux-Boucau-les-Bains, Tel. 05 58 48 13 47, Fax 05 58 48 15 37, www.ot-vieux-boucau.fr.
●**Office de Tourisme,** Grange de Labouyrie, Soustons-Ville, Tel. 05 58 41 52 62, Fax 05 58 41 30 63, www.soustons.fr.

●**Office de Tourisme,** avenue des Lacs, Seignosse, Tel. 05 58 43 32 15, Fax 05 58 43 32 66, www.tourisme-seignosse.com, Auskünfte zu Wandermöglichkeiten durch die Wälder sowie Infos zu geführten Erkundungstouren durch die Réserve Naturelle de l'Étang Noir.

Unterkunft

●**Hôtel de la Pomme de Pin** (€–€€), 39 avenue de la Plage, Vieux-Boucau-les-Bains, Tel. 05 58 48 00 57, Fax 05 58 48 18 48, www.lapommedepin.com. 30-Zimmer-Haus in strategisch günstiger Lage, um Nordstände und Fußgängerzone zu erreichen. Restaurant, im Regelfall jahresdurchgängig geöffnet.
●**Hôtel de la Côte d'Argent** (€), 1 avenue Tucs Dous Brocs, Seignosse, Tel. 05 58 72 80 01, www.hotelcoteargent.fr. Einfache Unterkunft im Ort, nicht überteuert, mit Restaurant.

Camping

●**Camping Municipal Les Sablères,** boulevard de Marensin, Vieux-Boucau-les-Bains, Tel. 05 58 48 12 29, Fax 05 58 48 20 70, www.les-sableres.com. Platz mit Meerzugang, geöffnet Anfang April bis Mitte Oktober.
●**Camping Municipal de L'Airial,** 61 avenue Port d'Albret, Soustons-Plage, Tel. 05 58 41 12 48, Fax 05 58 41 53 83, www.camping-airial.com. Angenehmer Vier-Sterne-Platz, geöffnet Anfang April bis Mitte Oktober. Auch Vermietung von Chalets und Mobil-Homes.
●**Camping Les Chevreuils,** CD 79, route de Hossegor à Vieux-Boucau-les-Bains, Seignosse, Tel./Fax 05 58 43 32 80, außerhalb der Saison Tel./Fax 05 58 90 10 49, www.chevreuils.com. In Pinienwald, Tennis, Pool, Vermietung von Mobil-Homes. Geöffnet Anfang Mai bis Ende September.

Sport und Freizeit

●**Fahrradverleih:** Locacycles in Vieux-Boucau-les-Bains (19 Grand'Rue, Tel. 05 58 48 04 79; Februar bis Dezember).
●**Golf:** Golf de Pinsolle Port d'Albret Sud, Soustons, Tel. 05 58 48 03 92, www.golf-

soustons.com. Auch Golfunterricht. Golf Seignosse in Seignosse, Tel. 05 58 41 68 30, www.bluegreen.com.

● **Surfen:** in der Sommersaison bei der École de Surf Univers (Résidence de la Plage, rue des Goélands, Tel. 05 58 48 28 51, www.surfvieuxboucau.com) in Vieux-Boucau (Surf und Bodyboard) sowie dem Centre de Formation Nautique Soustonnais in Soustons (Centre Nautique, Allée de la Voile, Tel. 05 58 41 32 23, www.ecolevoilesurfsoustons.com). In **Seignosse-Le Penon** Surfkurse bei der École de Surf L'Agreou (17 avenue de la Grande Plage, Tel. 05 58 43 14 45, www.lagreou.com). Außerdem: Seignosse Surf School (25 Résidence de l'Atlantique, Seignosse-Le Penon, Tel. 06 76 66 76 08, www.seignosse-surf-school.com).

Feste und Veranstaltungen

● Reichhaltige **Sommerprogramme** sowohl in Vieux-Boucau-les-Bains als auch in Soustons und Seignosse, mit zahlreichen Konzerten, Landaiser Kuhrennen, baskischer Folklore, Kindershows, Märkten und diversen Sportturnieren.

Hossegor ♬ XVII/C1

(auch: **Soorts-Hossegor**)

Hossegor und Capbreton – in diesem städtischen Doppelpack läuft die Pinien-, Strand- und Seenroute aus. Mit ihren Atlantikstränden und den dahinter liegenden Hafenbecken setzen Hossegor und Capbreton die letzten Glanzlichter vor dem weiter südlich liegenden Übergang ins Baskenland. Die beiden weit ausgeuferten Orte werden durch den **Boucarot-Kanal** sowie die verästelten Hafenein- und -ausfahrten voneinander getrennt. Unsichtbar der Küste vorgelagert ist der „Gouf", ein unterseeischer Graben.

Die Sandstrandweiten Hossegors schieben sich direkt an den Auslauf des **Passe du Boucarot** heran und unterteilen sich von Nord nach Süd in die Abschnitte Plage des Naturistes (FKK-Bereich), Plage Côte Sauvage, Plage de la Gravière, Plage Centrale, Plage Sud und Plage Notre-Dame. Im unmittelbaren Hinterland des Atlantiks macht sich der Dünengürtel breit. Dahinter schließen sich die von zahlreichen Ferienvillen durchsetzten Pinienwälder an, die gut ein Drittel der Gemeinde bedecken. Von Grün umzogen zeigt sich auch der **Lac Marin d'Hossegor,** ein Salzwassersee von 3 km Länge und maximal 330 m Breite. Über Kanäle ist der knapp 100 ha umspannende See mit dem Meer verbunden. Rund um den Lac Marin verläuft eine insgesamt 7 km lange **Promenade,** an der sich mehrere Hotels und Strände wie die Plage Blanche (Westufer), die Plage du Parc (Südufer) und die Plage du Rey (Ostufer) aufreihen. Während der Sommersaison findet man bewachte Abschnitte sowohl an den See- als auch an den Atlantikufern.

In den meeresnahen Bereichen um die nett aufgemachte Promenade **Front de Mer** (nahe Plage Centrale) sowie mit dem bereits 1930 angelegten **Golfplatz** kultiviert Hossegor ein Stückchen althergebrachter Eleganz. Unter Literaten und bildenden Künstlern war das Seebad schon Anfang des 20. Jh. populär. Heute trifft sich ein bunt gemischtes Publikum, zu dem leidenschaftliche Surfer ebenso zählen wie passionierte Camper. Die Bran-

Südliche Atlantikküste

Hossegor

	1	Hôtel Lacotel
	2	Camping du Lac
	3	La Tétrade
	4	Hôtel Le Pavillon Bleu
	5	Golfplatz
	6	Sommermarkt
	7	Office de Tourisme
	8	Hôtel Amigo
	9	Restaurant L'Hôtel de la Plage
	10	Plage des Naturistes (FKK)

Seignosse, Vieux-Boucau-les-Bais

Dax

Capbreton, Bayonne, Autobahn

Capbreton

Plage Côte Sauvage

Plage de la Gravière

Plage Centrale

Plage Sud

Plage Notre-Dame

Passe du Boucarot

Lac Marin d'Hossegor

Plage du Rey

Plage Blanche

Plage du Parc

Place du Point d'Or

Boulevard du Front de Mer

Avenue du Tour du Lac

Avenue du Touring Club de France

Route des Lacs

Av. d'Albi

Av. d'Agen

Av. de Dax

Avenue de Bordeaux

Av. C. Gonnet

la Dune

Av. de la Côte

Av. des Hippocampes

Bd. de

Bd. Notre Dame

Av. de Gaujacq

Av. Paul Lahary

Canal d'Hossegor

Avenue Brémontier

Avenue du Touring Club de France

Avenue Suzanne Labatut

Avenue du Golf

Bourret

Quai du Bourret

0   200 m

dung kann enorm sein in der Gegend und darf keinesfalls unterschätzt werden! Im Sommer wächst die eigentliche Einwohnerzahl von 3500 um ein Beträchtliches an.

Information

● **Office de Tourisme,** place des Halles, Tel. 05 58 41 79 00, Fax 05 58 41 79 09, www. hossegor.fr.

Unterkunft

● **Hôtel Le Pavillon Bleu** (€€), 1053 avenue du Touring Club de France, Tel. 05 58 41 99 50, Fax 05 58 41 99 59, www.pavillon bleu.fr. Gefälliger 21-Zimmer-Block am südöstlichen Seeufer, Atlantikstrände und Meeresfront zu Fuß erreichbar. Ganzjährig geöffnet. Große Preisspannen je nach Saison: Kategorie €€€ in der Hochsaison, Oberbereich von Kategrie € in der Nebensaison.
● **Hôtel Lacotel** (€–€€), 3058 avenue du Touring Club de France, Tel. 05 58 43 93 50, Fax 05 58 43 49 49, www.lacotel.fr. Im Sommer kleiner Freiluftpool, 42 Zimmer, ganzjährig.
● **Hôtel Amigo** (€), 579 boulevard de la Dune, Tel. 05 58 43 54 38, Fax 05 58 43 40 85, Kontakt über die städtische Homepage www. hossegor.fr. Schnörkellos, in Strandnähe, geöffnet Mitte März bis Mitte November.
● **Camping du Lac,** 580 route des Lacs, Tel. 05 58 43 53 14, Fax 05 58 43 55 83, www. camping-du-lac.com. Vermietung von Mobil-Homes, geöffnet Anfang April bis Ende September.

Essen und Trinken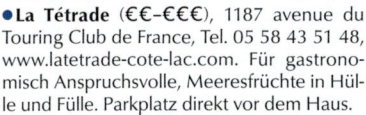

● **La Tétrade** (€€–€€€), 1187 avenue du Touring Club de France, Tel. 05 58 43 51 48, www.latetrade-cote-lac.com. Für gastronomisch Anspruchsvolle, Meeresfrüchte in Hülle und Fülle. Parkplatz direkt vor dem Haus.
● **Restaurant L'Hôtel de la Plage** (€–€€), 94 place des Landais, Tel. 05 58 41 76 41, www. hotel-hossegor.fr. Bar-Restaurant mit einladender Sommerterrasse, Ausblick auf Strand und Meer.

● **Mar y Sol** (€), place des Landais, Tel. 05 58 43 57 38. Eine gute Anlaufstelle für zwischendurch: mit Salaten, Muscheln, Crêpes. Terrasse.

Sport und Freizeit

● **Fahrradverleih:** Lannemajou (619 avenue du Touring Club de France, Hossegor, Tel. 05 58 43 76 75). Außerdem: VTT Loisirs (119 avenue des Tisserands, Tel. 05 58 41 75 41, www.vtt-loisirs.fr).
● **Surfen:** Kurse in der langjährig existierenden École de Surf Magic Glisse Tao (Le Point d'Or, boulevard du Front de Mer, Tel./Fax 05 58 43 92 90, www.magicglisse.com) und bei Surftrip (Plage Sud, place du Point d'Or, Tel. 05 58 41 91 06).

Feste und Veranstaltungen

● Zwischen April und September oftmals **Pelota-Matches** in den verschiedensten Disziplinen (Trinquet et Fronton Libre du Bourg de Soorts; Fronton Couvert, Sporting Casino; Fronton Place Libre, Sporting Casino), im Juli und August umfangreiches **Sommerprogramm** mit Musik und Unterhaltung, im Sommer **Surfwettbewerbe**.

Verkehrsanbindung

● **Pendelboot** (*bateau-passeur „Lou Boucarot"*) während der Sommersaison von der nördlichen zur südlichen Hafenseite: vom Quai du Bourret (Hossegor) zum Quai Pompidou (Capbreton) und umgekehrt.

Capbreton   ⌖ XVII/C1

Das lebhafte Capbreton legt sich um die Südflanken des weit verästelten **Hafens,** der von Sport- und Fischerbooten gleichermaßen angesteuert wird und über 1000 Liegeplätze umfasst. Ohne Zweifel tastet man sich hier an einen der schönsten Häfen der gesamten französischen Atlantikküste

Südliche Atlantikküste

Capbreton

Lac d'Hossegor,
Vieux-Boucau

HOSSEGOR

Avenue Notre Dame de Capbreton

Canal d'Hossegor

Quai du Bourret

Avenue du Maréchal Leclerc

Passe du
Boucarot

Estacade

*Plage de
l'Estacade*

Place
de la Liberté

1 ★

2 ●

3

4

5

Avenue Georges Pompidou

Sport- und Fischerhafen

Quai de la Pêcherie

*Plage
Centrale*

Place
du Rond
Point

Place
des
Basques

Rue des Basques

Rue du Lac

Rue Jean Rameau

Avenue du Commandant l'Herminier

Place
Rakham
le Rouge

6

Avenue

Avenue Maurice Martin

*Plage du
Prévent*

Rue des Bretons

Pont
Bonamour

7

*Plage de
la Savane*

Avenue du Maréchal de Lattre de Tassigny

Rue Maurice Martin

Avenue du Maréchal Leclerc

Avenue

Boudigau

Avenue de Biarritz

Rue des Pyrénées

8

Pont
Lajus

Boulevard

Rue Jean Bantus Cabap

Avenue

*Plage
de la
Piste*

Avenue des Dunes

Avenue Georges Clémenceau

Allées Marines

Rue du Général de Gaulle

**CENTRE
VILLE**

Place
des 6
canton

Rue des Vignerons

9 ●

Place
St.
Nicolas

Pont
de la
Halle

10

Rue Madan

Avenue des Alouettes

11

0   200 m

Plage des Océanides

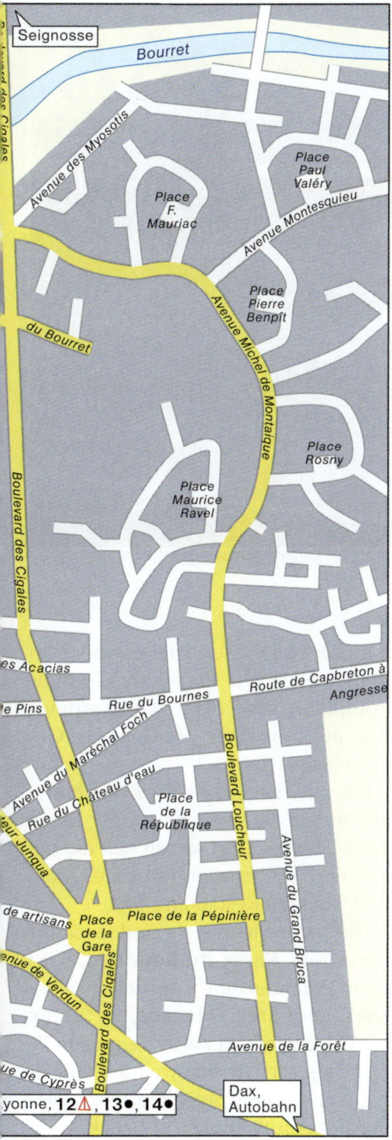

★	1	Aussichtspromenade
●	2	Casino Municipal
⊕	3	Restaurants, u.a. Brasserie de l'Océan,El Paseo
🏠	4	Hôtel de l'Océan
▣	5	Aquarium /
Ⓜ		Écomusée de la Pêche
⚠	6	Camping Municipal Bel Air
🏠	7	Hôtel Cabarete
❶	8	Office de Tourisme
●	9	Rathaus
ⅱ	10	Église Saint-Nicolas
⚠	11	Camping La Pointe
⚠	12	Camping La Civelle
●	13	Parc de Loisirs du Gaillou
●	14	Arena

Südliche Atlantikküste

heran! Seit eh und je haben Hafen und Meer das Leben der Einheimischen bestimmt, die schon vor vielen Jahrhunderten ein ums andere Mal zum gefährlichen Waljagen aufbrachen. In gleichfalls ferne Zeiten zurück reichen die Erinnerungen an König *Heinrich IV.* (1553–1610), der einige Male nach Capbreton kam und vom lokalen Würdenträger *Sieur de Ponteils* im Maison du Rey empfangen wurde.

Vom tieferen Süden her mündet das **Flüsschen Boudigau** ins Hafenbecken und fließt dabei am eigentlichen Stadtkern vorbei. Von den Ufern schaut man hinüber zur wichtigsten Kirche, der nahe dem Rathaus gelegenen **Église Saint-Nicolas.** Parallel zu Fluss und Hafen führt die Avenue du Président Georges Pompidou weg von vereinzelten Appartementblocks und Richtung Meer an die sehenswertesten Teile Capbretons heran. Am Wege bieten sich besonders schöne Hafenansichten, nahe der **Capitainerie du Port** er-

200sf Foto: ad

hebt sich der etwas befremdliche Blocks des **Aquariums**/**Écomusée de la Pêche** („Ökomuseum des Fischfangs"; geöffnet April bis September tägl., sonst nur Mi., Sa. und So.). In diesem Bereich laufen alle Fäden in Capbreton zusammen, inklusive einer stark frequentierten **gastronomischen Zone.** Dort finden sich Restaurants mit Meeresfrüchten aller Art. Hinter der

An der Mole von Capbreton

Blick auf den Sporthafen

Glasfront mancher Speisetempel an der Avenue du Président Georges Pompidou fühlt man sich allerdings wie auf dem Präsentierteller – Geschmackssache.

Die mitunter extrem stark befahrene Hafenrandstraße endet an der Place de la Liberté . Dort setzen sich die beliebten Einkehrzonen mit Cafés, Bars und weiteren Restaurants fort.

Die nahe Meeresein- und -ausfahrt der Boote, **Passe du Boucarot,** wird vom Wahrzeichen Capbretons flankiert: dem **Steg Estacade,** im 19. Jh. ein Geschenk von Kaiser *Napoléon III.* Der Steg schiebt sich weit ins Wasser hinein auf kleine Signaltürme zu. Hier versuchen oft Angler ihr Glück, während man den Blick bis zum Horizont genießen, dem nimmermüden Wellenschlag lauschen und die gelegentliche Ein- und Ausfahrt von Booten verfolgen kann.

Südlich des Stegs schließen sich die langen **Sandstrände** an, die sich in mehrere Abschnitte splitten: zunächst die unterhalb der Aussichtspromenade gelegene Plage de l'Estacade, danach die Plage Centrale, die Plage du Prévent, die Plage de la Savane, die Plage de la Piste und schließlich die Plage des Océanides. Mitunter herrscht starker Wellengang, der das Baden nicht ratsam macht – doch die Surfergemeinde wird's freuen! Im Sommer öffnet an der Plage Centrale im Regelfall der **Kinderstrandclub** „Les Dauphins".

Während der Fischfang wie überall im Rückgang begriffen ist, hat sich mit dem Weinbau ein kleinerer Wirtschaftszweig in der Gegend etabliert. Weinbau auf Meereshöhe und diesem Boden – das erstaunt. Heraus kommt ein besonderer Tropfen: der „Salzwein", Vin de Sable.

Information

● **Office de Tourisme,** avenue du Président Georges Pompidou, Tel. 05 58 72 12 11, Fax 05 58 41 00 29, www.capbreton-tourisme. com. Infos zu Rad- und Wanderwegen und Bootsausflügen.

Unterkunft

● **Hôtel de L'Océan** (€–€€), 85 avenue du Président Georges Pompidou, Tel. 05 58 72 10 22, Fax 05 58 72 08 43, www.hotel-cap breton.com. Mitten im prallen Restaurant-

Südliche Atlantikküste

leben gegenüber dem Hafen, Strand wenige Gehminuten entfernt, ganzjährig. Mit Brasserie de l'Océan und Pizza-Bar Piccolo.

● **Hôtel Cabarete** (€), 31 avenue du Maréchal Leclerc, Tel. 05 58 72 33 58, www.hotel cabarete.fr. Einfache Einrichtung, ganzjährig geöffnet, acht Zimmer, mit Restaurant. Zeichnet sich durch seine günstigen Tarife in der Nebensaison aus.

Camping

● **Camping Municipal La Civelle,** rue des Biches, Tel./Fax 05 58 72 15 11, Fax 05 58 42 58 97, www.campinglacivelle.fr. Etwas abgelegen von Stadtkern und Stränden im Südteil der Gemeinde, 470 Stellplätze, geöffnet März bis September.

● **Camping La Pointe,** Quartier de la Pointe, Tel. 05 58 72 14 98, Fax 05 58 72 31 97, www.camping-lapointe.com. Im Grünen gelegener Platz, etwa 1 km von der Meereslinie entfernt (allerdings etwas ausgedehntere Anfahrt durchs Inland). Mit Sommerpool und Vermietung von Mobil-Homes. Geöffnet März/April bis Oktober/November.

Essen und Trinken

● **Brasserie de l'Océan** (€-€€), 85 avenue du Président Georges Pompidou, Tel. 05 58 72 06 50. Früchte des Meeres bis zum Abwinken.

● **Restaurant El Paseo** (€-€€), 72 avenue du Président Georges Pompidou, Tel. 05 58 41 00 42. Meeresfrüchte, spanische Spezialitäten.

● **Restaurant Pile ou face** (€-€€), Terrasses de l'Océan, quartier Notre Dame, Tel. 05 58 48 15 40. Einfache, freundliche Einrichtung. Hausmännische Küche, recht günstiges Mittagsmenü (außer So.).

Sport und Freizeit

● **Fahrradverleih:** VTT Loisirs (50 allées Marines, Tel. 05 58 72 19 99, www.vtt-loisirs.fr); Cyclo Landes (quai de la Pêcherie, Tel. 05 58 41 89 37); Locavélo (Ecke avenue Georges Pompidou/avenue du Commandant l'Herminier, Tel. 05 58 42 91 03).

● **Reiten:** im Centre Équestre l'Appaloosa, Parc de Loisirs du Gaillou, avenue des Cigales, Tel. 05 58 41 80 30.

● **Surfen:** Kurse beim Capbreton Surf Club, Plage de la Savane, Tel. 05 58 72 33 80, www. capbretonsurfclub.com.

● **Tennis:** Kurse und Tennisstunden im Tennis Club du Gaillou, Parc de Loisirs du Gaillou, Tel. 05 58 72 43 74.

Feste und Veranstaltungen

● Im Juni **Meeresfest** (La mer en fête), im August Musikfestival „Festival Fugue en Pays Jazz", gelegentlich auch **Surfwettbewerbe.**

Verkehrsanbindung

● **Pendelboot** (bateau-passeur „Lou Boucarot") während der Sommersaison von der südlichen zur nördlichen Hafenseite: vom Quai Pompidou (Capbreton) zum Quai du Bourret (Hossegor) und umgekehrt.

Rund um Labenne ⤢ XVII/C1

Südlich von Capbreton schließen sich bis zur Mündung des Adour drei weitere kleine Küstengemeinden an: Labenne, Ondres und Tarnos. In der 3400-Einwohner-Gemeinde Labenne hat man direkt Anschluss an die Nationalstraße N 10, westlich vom Hauptort geht es heran an die Strände von **Labenne-Océan.** In diesem Übergangsgebiet ins Baskenland ebben die Touristenströme ab. Um sie unverdrossen auf die richtige Bahn nach Labenne zu lenken, propagiert man gern ein paar Anreize. Obenan steht der **Tierpark „Oceafaunia – Parc Zoologique de Labenne"** an der Avenue de l'Océan, ein Fünf-Hektar-Areal mit den verschiedensten Spezies. In die Reihe weiterer Attraktionen in Labenne ge-

238sf Foto: ad

Südliche Atlantikküste

hört die **Pinède des Singes,** der „Pinienwald der Affen" mit seinen frei lebenden Tieren. Landeinwärts breitet sich die **Réserve Naturelle du Marais d'Orx** aus, ein Feuchtgebiet mit einer Fläche von rund 800 ha und großer Bedeutung als Raststation von Zugvögeln. Fast an die weiten Wasserflächen stößt das Naturkundehaus des Parks (Maison du Marais d'Orx); in der Nähe beginnt ein etwa fünf Kilometer langer Wanderweg.

Ufer- und Wasserlandschaft in der Réserve Naturelle Marais d'Orx

● **Oceafaunia – Parc Zoologique de Labenne,** Anfang Februar bis Anfang April sowie Anfang September bis Mitte November tägl. 13.30–18 Uhr, Anfang April bis Anfang September tägl. 10–19.30 Uhr, während des restlichen Jahres geschlossen; www.oceafaunia. com.
● **Pinède des Singes,** Route Nationale 10. Geöffnet April bis September; www.pinede-des-singes.com.

Boucau und Tarnos ⚷ XVII/C2

In Richtung der industriell beeinflussten **Mündung des Adour** liegen die Zwillingsortschaften Boucau und Tarnos. Kaum zu glauben, dass der Auslauf des Flusses vor Jahrhunderten wesentlich weiter nördlich bei Vieux-Boucau-les-Bains (Port d'Albret) lag. Im Jahre 1578 leitete man den Adour

hierhin um. Die Strände bieten nicht gerade touristische Glanzpunkte. Faustregel für Strandfans: besser ein Stück weiter nördlich fahren oder nach Süden jenseits des Adour!

Information

- **Office de Tourisme,** place de la République, Labenne, Tel. 05 59 45 40 99, Fax 05 59 45 75 59, www.tourisme-labenne.com.
- **Office de Tourisme** „Le Pays de Seignanx", RD 810, „Les Floralies", Ondres, Tel. 05 59 45 19 19, Fax 05 59 45 19 20, www.seignanx-tourisme.com.

Dax – Thermalbad am Adour ⚲ XVII/D1

Dax, 20.000-Einwohner-Stadt an den Ufern des Adour, liegt trotz ihrer 35 km Entfernung zum Atlantik fast auf Meereshöhe und kündigt sich als „französische Thermalstadt Nr. 1" an – nicht unbescheiden, aber wahr. Schon zu gallorömischen Zeiten waren die Thermalquellen mit ihen heilenden Wirkungen für Rheumaleiden bekannt, Dax hieß damals *Aquae Tarbellicae.* Die Römer umzogen Dax mit einer stattlichen Mauer von 1,5 km Länge und einer Reihe von fast vier Dutzend Türmen, doch erhalten hat sich lediglich ein kleiner Teil. Im 19. Jh. setzte der Thermalboom der Moderne ein, heute verteilen sich eine ganze Reihe an Kurhotels über die Stadt und setzen vor allem auf ein betagteres Publikum.

Ein anderes Gesicht zeigt Dax während seiner großen Feria Mitte August, ein **sechstägiges Stadtfest** mit reichlich Musik, Feuerwerk und Stierkampf. Ähnlich wie Bayonne pflegt auch Dax jene blutige Tradition, die in der 1913 eröffneten **Arena** *(arènes)* abgeht und bis zu 8000 Besucher anlockt.

Städtisches Wahrzeichen ist die **Source de la Nèhe** (auch: La Fontaine Chaude), die im 19. Jh. an jener Stelle eingefasst wurde, an der sich die Römer voller Hingabe aalten: ein echter Springquell mit 2,4 Mio. Litern täglich und einer Temperatur von 62,5 °C. Eine Legende weist einen Hund als Entdecker der Thermalheilkräfte von Dax aus, genauer gesagt: ein rheumageplagter Hund, der einem römischen Legionär gehörte. Als der Hund seinem Herrchen aus Krankheitsgründen nicht mehr folgen konnte, wollte dieser das Tier von seinem Leid erlösen und im Adour ertränken – doch der Hund stieg geheilt aus den Fluten. Noch heute spielt der aus dem Adourlehm gewonnene Naturschlamm eine wichtige Rolle (vgl. auch Stichpunkt „Wellness" im Praktischen Teil).

Der Stadtbummel führt auf die Place de la Cathédrale mit der ursprünglich gotischen **Cathédrale Notre-Dame Sainte-Marie.** Aus den Anfangszeiten hat sich das „Apostelportal" erhalten; die heutige Struktur geht im Wesentlichen auf das 17. Jh. zurück. Auf dem Kathedralplatz erinnert eine Skulptur von *Jacques Lasserre* an die Hunde-Thermal-Legende. Nicht weit entfernt liegt das Stadtmuseum **Musée de Borda,** das in der Chapelle des Couvent des Carmes in der Rue des Carmes untergebracht ist. Daneben bringt die **Crypte Archéologique** die Epoche

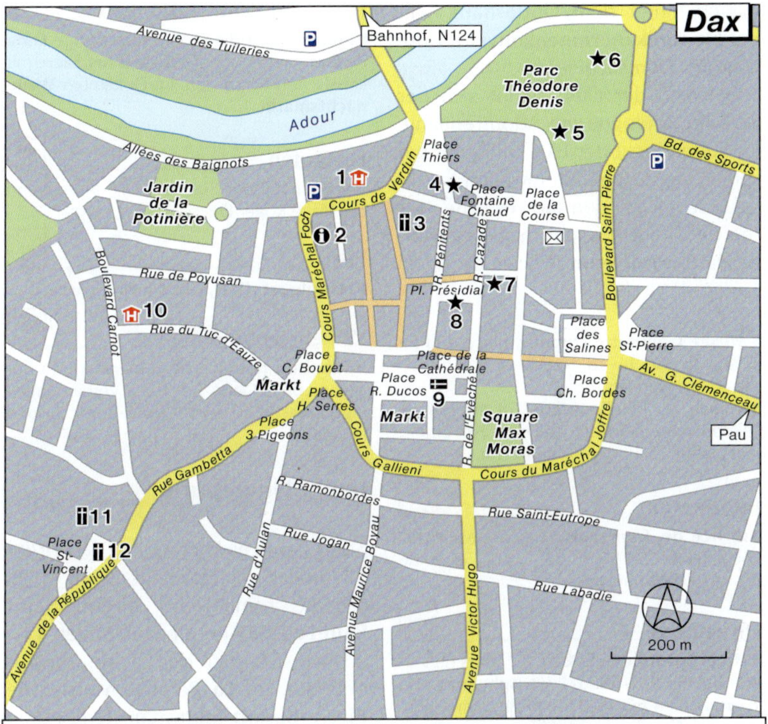

Dax

Avenue des Tuileries · P · Bahnhof, N124

Adour

Allées des Baignots

Parc Théodore Denis · ★ 6

★ 5

Bd. des Sports

Place Thiers

Jardin de la Potinière

P · 1 🏠

Cours de Verdun

4 ★ Place Fontaine Chaud

Place de la Course

ℹ 2

ⅱ 3

Cours Maréchal Foch

R. Penlents

R. Cazade

✉

Boulevard Saint Pierre

Rue de Poyusan

🏠 10

Rue du Tuc d'Eauze

Pl. Présidial ★ 7

8 ★

Place des Salines

Place St-Pierre

Boulevard Carnot

Place C. Bouvet

Markt

Place H. Serres

Place R. Ducos

Place de la Cathédrale

Place de l'Evêché

9 ⅱ

Markt

Place Ch. Bordes

Av. G. Clémenceau

Pau

Place 3 Pigeons

Cours Gallieni

Square Max Moras

Cours du Maréchal Joffre

Rue Gambetta

R. Ramonbordes

Rue Saint-Eutrope

ⅱ 11

Place St-Vincent

ⅱ 12

Rue Jogan

Rue d'Aulan

Avenue Maurice Boyau

Avenue Victor Hugo

Rue Labadie

Avenue de la République

200 m

Südliche Atlantikküste

🏠	1	Splendid Hôtel		
ℹ	2	Office de Tourisme	★ 7	Crypte Archéologique
ⅱ	3	Couvent des Carmes	★ 8	Museum Georgette Dupouy
Ⓜ		mit Musée Borda	ⅱ 9	Cathédrale Notre-Dame
★	4	Source de la Nèhe		Sainte-Marie
★	5	Gallo-römische Stadtmauern	🏠 10	Hôtel Beausoleil
★	6	Arena	ⅱ 11	Couvent des Dominicaines
			ⅱ 12	Église Saint-Vincent-de-Xaintes

der Römer mit Resten eines Tempels aus dem 2. Jh. in Erinnerung.

Kunstfreunde finden im Museum der Malerin *Georgette Dupouy* (1902–1992) eine interessante Anlaufstelle. Für angenehmen grünen Beigeschmack in Dax sorgt der zentral gelegene **Parc Théodore Denis** mit dem Stadtwappen in Stein, der Arena und den gallo-römischen **Stadtmauern** *(remparts gallo-romains)*.

Etwas abseits der Innenstadt erhebt sich die **Église Saint-Vincent-de-Xaintes,** eine Ende des 19. Jh. in neo-romanischem Stil erbaute Kirche, die an den ersten Bischof der Stadt erinnert.

Gleich hinter dem Gotteshaus liegt der **Dominikanerinnenkonvent** (*Couvent des Dominicaines*).

Westlich der City spannt sich der Bois de Boulogne am Adour entlang, im Süden lockt der Parc du Sarrat mit seinen vielfältigen Baumwelten Naturfreunde an. Vor den südwestlichen Toren der Stadt erreicht man das **Hubschraubermuseum** (*Musée de l'Helicoptère*).

●**Musée Georgette Dupouy,** place du Présidial, Mo.–Sa. 14–18, So. 15–18 Uhr; http://ass.gdupouy.free.fr.
●**Musée de l'Helicoptère,** 58 avenue de l'Aérodrome, geöffnet März bis November tägl. außer So. und Mo. 14–18 Uhr.

Information
●**Office de Tourisme,** 11 cours Maréchal Foch, Tel. 05 58 56 86 86, Fax 05 58 56 86 80, www.dax-tourisme.com.

Unterkunft
●**Hôtel Splendid** (€€–€€€), 2 cours de Verdun, Tel. 05 58 90 17 04, www.thermadax.fr. Thermalhotel mit Wellnessprogrammen, Außenpool, Fitnessraum, 161 Zimmer, gediegener Stil.
●**Hôtel Beausoleil** (€–€€), 38 rue du Tuc d'Eauze, Tel. 05 58 56 76 76, Fax 05 58 56 03 81, www.hotel-beausoleil-dax.fr. Solides 30-Zimmer-Haus mit Restaurant.

Essen und Trinken
●**Une Cuisine en Ville** (€€–€€€), 11 avenue Georges Clémenceau, Tel. 05 58 90 26 89. Dieses Moderestaurant bürgt für gastronomisches Erleben. Traditionsküche mit dem gewissen Etwas. Mo. und Di. geschlossen.

Nightlife
●Casino, in der avenue Milliès Lacroix. Das **Casino Cesar Palace** liegt am Lac de Christus in Saint Paul-Lès-Dax.

Feste und Veranstaltungen
●Mitte August die große, sechstägige **Feria de Dax,** im Oktober **Festival d'Art Sacré** mit klassischen Konzerten, im Dezember **Weihnachtsmarkt.**

Einkaufen
●**Märkte** auf der Place Camille Bouvet und der Place Roger Ducos.

Post
●**Hauptpost (PTT),** cours Julia Augusta.

Verkehrsanbindung
●**Bahnhof:** nördlich der Innenstadt an der avenue de la Gare, Tel. 3635. Verbindungen täglich nach Bayonne, Biarritz, Bordeaux und Hendaye.

In der Umgebung

Saint Paul-Lès-Dax   ⬧ XVII/D1
Nördlich von Dax liegt die im 11. Jh. erbaute romanische **Kirche Saint Paul-Lès-Dax** im gleichnamigen Vorort, wo sich auch der Lac de Christus befindet. Im **La Pelouse-Maison de Pierre Benoit** folgt man den Spuren des Schriftstellers *Pierre Benoit* (1886–1962). Auch Saint Paul-Lès-Dax hält sich erfolgreich auf der Wellness-Welle; pro Jahr kommen etwa 12.000 Kurgäste.

●**La Pelouse-Maison de Pierre Benoit,** 650 avenue Pierre Benoit, zwischen Mai und November Führungen Di.–Fr. 14, 15, 16 und 17 Uhr.

Saint Vincent-de-Paul   ⬧ XVII/D1
Rund 6 km nordöstlich von Dax gelangt man nach Saint Vincent-de-Paul mit dem **Geburtshaus des heiligen Vinzenz von Paul** (1581–1660), der

als geistiger Vater der neuzeitlichen Caritas gilt.

Magescq ⚐ XII/A3

Magescq mit seiner mittelalterlichen **Wehrkirche** liegt rund 17 km nordwestlich von Dax auf dem Weg nach Soustons.

Tour in den Süden ⚐ XVII/D1-2

Wer ab Dax eine Tour in den Süden plant, sollte folgende Ziele vormerken:

- **Saint Pandelon,** Château des Évêques aus dem 15.–17. Jh., etwa 5 km südlich von Dax
- **Pouillon,** Kirche und Lac de Luc, 15 km südlich
- **Peyrehorade,** „Schloss-Rathaus" aus dem 16.–18. Jh., 22 km südlich
- **Sorde-l'Abbaye,** Reste einer Benediktinerabtei am Jakobsweg, 25 km südlich
- **Hastingues,** ursprünglich romanische Abbaye d'Arthous mit beachtenswerter Kirche, Ausstellungszentrum zum Jakobsweg, 27 km südlich

Durch die Chalosse ⚐ XIII/C-D3

Südöstlich bzw. östlich von Dax kann man sich unter dem Leitmotiv „Kultur" einige Stationen zu einer durchaus interessanten Route zusammenstellen. Hier entdeckt man südlich des Adour die hügeligen Gebiete der Chalosse. Die Tour lässt sich zum weiter nordöstlich gelegenen **Mont-de-Marsan** erweitern.

- **Montfort-en-Chalosse,** Bastide mit Kirche aus dem 13. Jh., volkskundlich relevantes Musée de la Chalosse
- **Maylis,** Abbaye Notre-Dame, Benediktinerabtei mit Kapelle aus dem 13./14. Jh.
- **Montaut,** Kirche, Kulturzentrum mit Ausstellungen
- **Audignon,** ursprünglich romanische Kirche
- **Saint Sever,** romanische Abteikirche mit bemerkenswerten Kapitellen, seit alters her

populäre Pilgerstation an der von Périgueux kommenden Jakobswegstrecke „Via Lemovicensis"
- **Samadet,** Fayencen und Keramikarbeiten aus dem 18. Jh. im Musée de la Faïence et des Arts de la Table (Mo. und an Feiertagen geschlossen)
- **Hagetmau,** romanische Krypta Saint Girons und „Weg der Vorgeschichte" (Chemin de la Préhistoire)
- **Brassempouy,** Maison de la Dame de Brassempouy (352 rue du Musée, http://maison deladame.chez-alice.fr); in der Gegend wurde Ende des 19. Jh. das rund 25.000 Jahre alte Bildnis der „Dame de Brassempouy" entdeckt
- **Gaujacq,** Schloss aus dem 17. Jh., Pflanzensammlung Plantarium
- **Amou,** romanische Kirche und Château d'Amou aus dem 17. Jh.

Information

- **Office de Tourisme,** in **Saint Paul-Lès-Dax** (68 avenue de la Résistance, Tel. 05 58 91 60 01, www.ot-saintpaullesdax.fr), **Peyrehorade** (147 avenue des Évadés, Tel. 05 58 73 00 52, www.tourisme-paysdorthe.fr), **Magesq** (place de l'Église, Tel. 05 58 47 76 24; **Montfort-en-Chalosse** (place Foch, Tel. 05 58 98 58 50, Fax 05 58 98 58 01, www.tourisme-mont fortenchalosse.fr), **Saint Sever** (place du Tour du Sol, Tel. 05 58 76 34 64, Fax 05 58 76 43 55, www.saint-sever.fr), **Hagetmau** (place de la République, Tel. 05 58 79 38 26, Fax 05 58 79 47 27, www.tourisme-hagetmau.com) und **Amou** (place de la Poste, Tel. 05 58 89 02 25, www.amoutourisme.com).

Südliche Atlantikküste

210sf Foto: ad

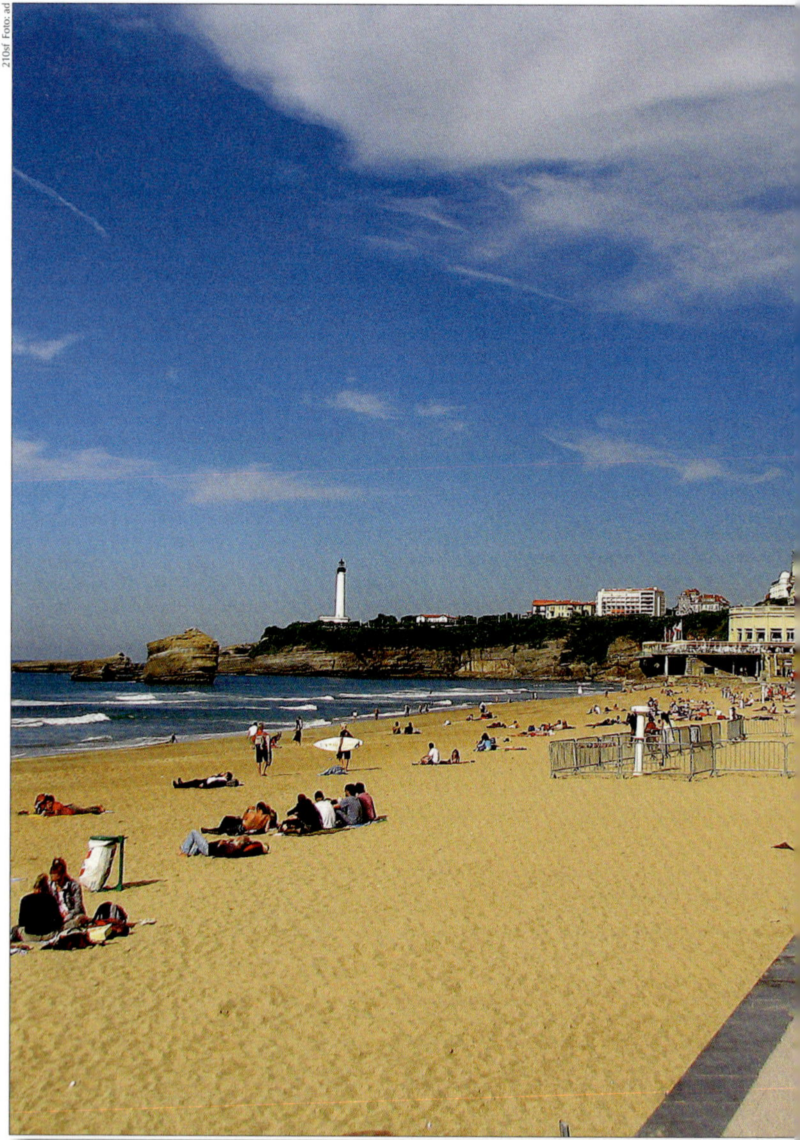

Baskisches Küstenland

123sf Foto: ad

124sf Foto: ad

An der Hauptpromenade von Biarritz

Die Stadtmauern von Bayonne

Im Naturschutzgebiet von Hendaye,
Site Naturel Protégé Domaine d'Abbadia

Überblick

Südlich der Landes empfängt das Baskenland seine Besucher auf eine ganz eigene Art: mit den sonderbarsten Blüten der Volkskultur, zusätzlich zum Französisch mit einer eigenen Sprache sowie mit der seltsamen Buchstabenkombination „BAB", was für das baskische Städtetrio steht: Bayonne, Anglet, Biarritz. An der Küste treiben Strände und Klippen ein buntes Wechselspiel.

Zwischen Biarritz und französisch-spanischer Grenze bindet die Nationalstraße N 10 an das pittoreske Hafenstädtchen Saint Jean-de-Luz an, die baskische Küstenroute *(Route de la Corniche Basque)* führt in den Grenzort Hendaye. Dort ist Schluss mit *la France* und der wildromantisch-rauen Küste, doch in Sichtweite locken die Pyrenäen zu neuen Aktivitäten.

Unter offiziellen Verwaltungsaspekten gehört jener Küstenteil des Baskenlandes zur historischen Provinz Labourd, die wiederum dem Département Pyrénées-Atlantiques angegliedert ist.

Bayonne – historisches Pflaster   ♫ XVII/C2

Auf der Höhe von Bayonne beginnt die baskische Küste, die sich samt mehrerer Buchteinschnitte knapp 40 km südwärts bis zur spanischen Grenze erstreckt. Bayonne selbst (baskisch: *Baiona)* liegt indes nicht am Atlantik, sondern einige Kilometer weit ins Hinterland versetzt am Zusammenfluss von **Nive und Adour.** Das Turmensemble der gotischen Kathedrale formt das weithin sichtbare Wahrzeichen, rundherum verästelt sich das historische Viertel.

Im Lauf der Zeiten hat Bayonne bekannte Erzeugnisse verschiendster Güte hervorgebracht: ein blutig-militaristisches in Form der Nahkampf-Stoßwaffe **Bajonett** sowie erlesen-kulinarische in Gestalt von **Bayonner Schinkens** *(jambon de Bayonne)* und **Schokoladenkostbarkeiten.** Haften wir uns zunächst an jenes Stück Schwein, das man sich auf der Zunge zergehen lassen kann. Ein offenes Geheimnis ist, dass die rohen Schinkenkeulen etwa zehn Monate lufttrocknen müssen, bis sie ihr Aroma erreichen. Voraussetzung ist, dass man den *jambon* zuvor zwei Wochen lang in eine körnige Mischung aus Salz, Knoblauch, Essig und Piments aus Espelette einlegt und weitere zwei Wochen in vier Grad kühlen Räumen abhängt. Ein stattlicher Schinken kann bis zu zwölf Kilogramm auf die Waage bringen.

Die Herstellung von **Schokoladenprodukten** geht auf jene Juden zurück, die Anfang des 18. Jh. vor der Verfolgung aus Portugal flohen und Zuflucht in der Adourstadt fanden. Im Gepäck: wertvolle Herstellungstechniken von Kalorienbomben aller Art.

Wichtig für die Orientierung: Die Kathedrale und die alten Befestigungsanlagen liegen westlich des Flüsschens Nive und gehören somit zu „Grand Bayonne", das Gassenviertel „Petit Bayonne" breitet sich östlich der Nive aus. An den Ufern setzt die Stadt ihre

Euskera – baskische Sprache im Baskenland

Mit dem Gebrauch des **Baskischen** (euske-ra/euskara) dokumentieren alteingefleischte Basken **regionales Bewusst- und Selbstbewusstsein.** In ihrer Sprache bezeichnen sich die Basken als Euskaldunak, „Menschen, die euskera reden". Ihr Baskenland nennen sie Euskadi oder Euskal Herria.

Das Baskische ist eine **nicht-indogermanische Sprache,** deren Wurzeln sich ebenso im Dunkel der Geschichte verlieren wie die Herkunft der Basken selbst. Baskisch besitzt keinerlei Verwandtschaft zu romanischen Sprachen wie dem Französischen, manche Forscher haben einen Teil des Wortschatzes mit dem Kaukasischen in Verbindung gebracht. In Abwandlungen sind zahlreiche Wörter aus anderen Sprachen ins Baskische eingeflossen: lateinische, arabische, französische, spanische und gascognische.

Euskera hört sich hart und fremdartig an und wird beiderseits der Pyrenäen von etwa 700.000 Menschen benutzt, gekannt oder aktiv gesprochen – auf französischer Seite weit weniger, da hier lediglich 260.000 Menschen im historischen Gebiet des Pays Basque leben. Von diesen 260.000 Bewohnern sehen sich allenfalls 100.000 als Basken. Doch von denen ist längst nicht jeder mit dem Baskischen vertraut oder ansatzweise interes-siert, es zu lernen! Vage Schätzungen belaufen sich auf **60.000 oder 70.000 französische Sprecher** bzw. Kenner der Sprache.

Im spanisch-französischen Baskenland gibt es eigene baskische **Fernseh- und Radiosender** und **Printmedien.** In der Traditionspflege von Musik und Volksfesten sowie archaisch anmutenden Landsportarten haben sich zahlreiche Wörter und Ausdrücke lebendig gehalten. Allgemein hohen Beliebtheitsgrad genießen die **Verseschmiede** (bertsularis), ein weiteres baskisches Kuriosum, da sie Lieder und Reime weitgehend improvisieren. Auf dem Buchmarkt findet man eine breite Auswahl, der erste Band auf Baskisch erschien Mitte des 16. Jh.

In Frankreichs Baskenland geht es längst nicht so radikal zu wie auf spanischer Seite, wo die sprachlichen Zeichen regionaler Identität oftmals an stärkere Autonomiebis hin zu Unabhängigkeitsgedanken geknüpft sind. Gleichwohl gibt es auch auf französischer Seite spezielle baskische **Sprachschulen,** die ikastolas. Selbst in manch öffentlicher und privater Schule steht Baskisch auf dem Lehrplan. Rechnet man alle zusammen, kann man davon ausgehen, dass heute im Département Pyrénées-Atlantiques etwa 6000 französische Kinder euskera lernen.

Baskisches Küstenland

---

schönsten Fachwerkgesichter auf, die Häuserzeilen leuchten in roten und grünen, gelben und blauen Tönen. Den nördlichen Abschluss der Innenstadt bildet der brückenüberspannte Adour.

Bayonne ist vor allem unter Sommerausflüglern als Halbtages- oder Tagesziel beliebt, die an der Küste Quartier bezogen haben. Ende Juli/Anfang August steigt das große Stadtfest, die **Fêtes de Bayonne.**

Geschichte und Gegenwart

Die heute 45.000 Einwohner zählende Stadt blickt auf eine lange Geschichte zurück und hieß zu gallorömischen Zeiten Lapurdum. Im Mittelalter war Bayonne eine bedeutende Station auf dem Küstenweg der Jakobspilger, deren Fortkommen im 12. Jh. mit dem Brückenbau über den Adour erleichtert wurde. Nach den lange schwelen-

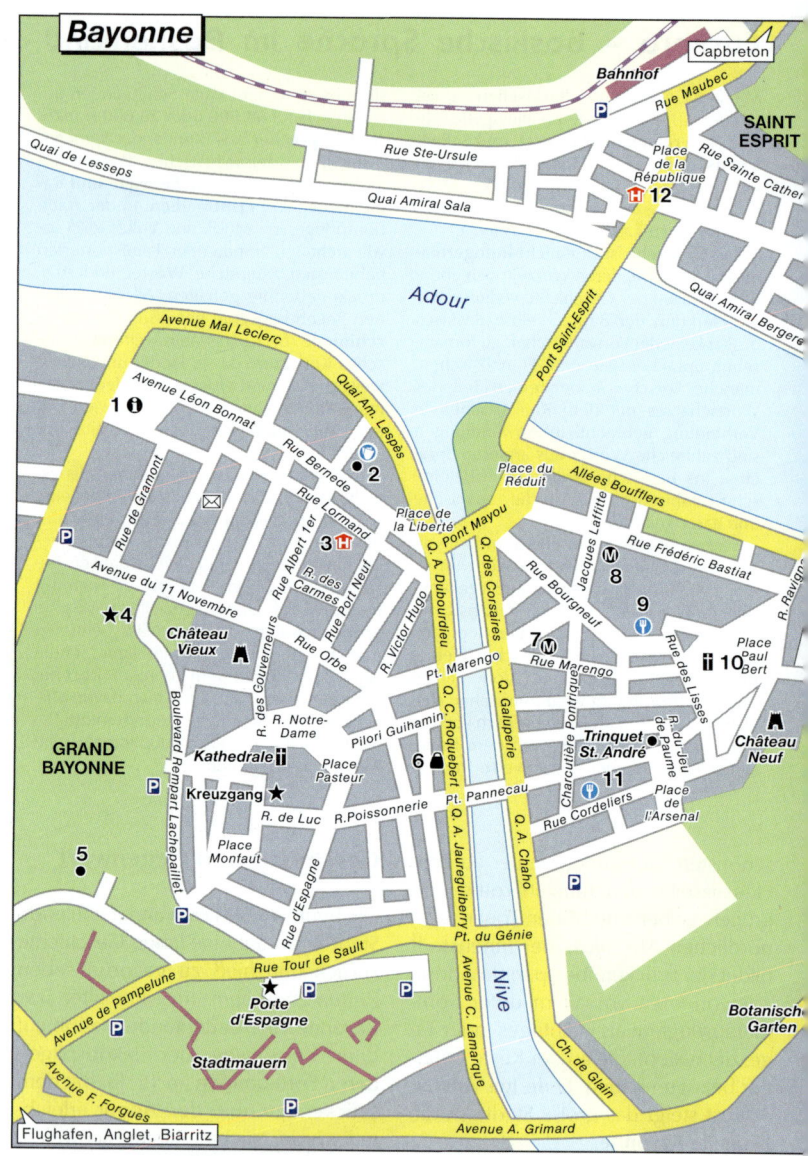

Bayonne

Capbreton

Bahnhof

SAINT ESPRIT

Rue Maubec

Place de la République

Rue Sainte Cather

Quai de Lesseps

Rue Ste-Ursule

Quai Amiral Sala

Adour

Quai Amiral Bergere

Pont Saint-Esprit

Avenue Mal Leclerc

Avenue Léon Bonnat

Quai Am. Lesseps

1

2

Rue Bernède

Rue Lormand

Place du Réduit

Allées Boufflers

Rue de Gramont

Rue Albert 1er Laurent

Rue des Carmes

3

Place de la Liberté

Av. Dubourdieu

Q. Pont Mayou

Q. des Corsaires

Rue Frédéric Bastiat

Jacques Laffitte

Rue Bourgneuf

8

9

Rue Ravign

R. des Lisses

Place Paul Bert

10

Avenue du 11 Novembre

★ 4

Château Vieux

R. des Gouverneurs

Rue Port Neuf

Rue Orbe

R. des

R. Victor Hugo

Pt. Marengo

7

Rue Marengo

Q. Galuperie

Château Neuf

GRAND BAYONNE

Boulevard Rempart Lachepaillet

R. Notre-Dame

Kathedrale

Place Pasteur

Pilori Guilhamin

6

Q. Roquebert

Charcuterie Pontrique

Trinquet St. André

R. du Jeu de Paume

Kreuzgang ★

R. de Luc

R.Poissonnerie

Pt. Pannecau

Q. A. Jaureguiberry

11

Rue Cordeliers

Place de l'Arsenal

5

Place Monfaut

Rue d'Espagne

Q. A. Chaho

Rue Tour de Sault

Pt. du Génie

★

Porte d'Espagne

Stadtmauern

Avenue de Pampelune

Avenue C. Lamarque

Nive

Ch. de Glain

Botanisch Garten

Avenue F. Forgues

Avenue A. Grimard

Flughafen, Anglet, Biarritz

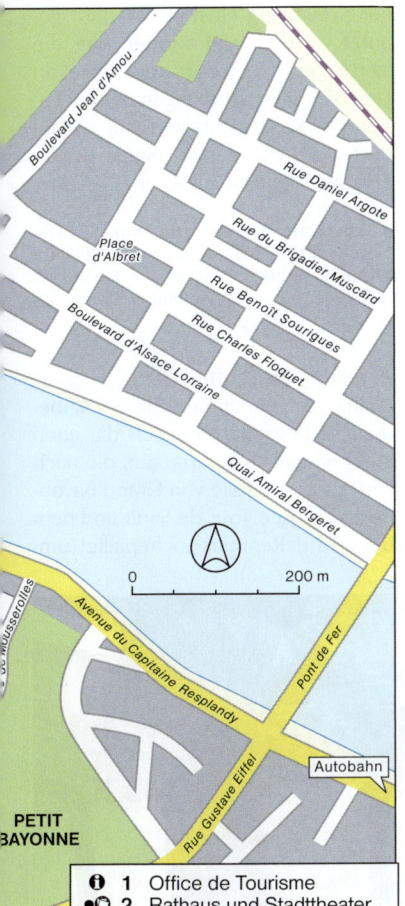

PETIT BAYONNE

ⓘ	1	Office de Tourisme
●○	2	Rathaus und Stadttheater
🏠	3	Hôtel des Arceaux
★	4	Kleiner Botanischer Garten
●	5	Skate-Park
🛒	6	Marktgebäude
Ⓜ	7	Musée Basque
Ⓜ	8	Musée Bonnat
ⓘ	9	Restaurant Au Cheval Blanc
⛪	10	Église Saint-André
ⓘ	11	Auberge du Petit Bayonne
🏠	12	Hôtel Loustau

den englisch-französischen Konflikten ging Bayonne Mitte des 15. Jh. endgültig in französische Hand über – wobei die eingefleischten Basken sicher das Wort „baskisch" lieber hören würden. Im Gegensatz zu spanisch-baskischen Städten kocht die Volksseele hier zwar nicht so stark, doch ein gewisser nationalistischer Level ist geblieben. Im Laufe des 18. Jh. setzte die ökonomische Glanzzeit mit zahlreichen Handelsaktivitäten ein, heute geben auf wirtschaftlichem Sektor Kunstdünger und elektronische Industrie den Ton an. Hilfreich bei den Entdeckungen: der kostenlose Transport in kleinen Bussen (*navettes;* Mo.–Sa.). Auch Fahrräder stehen an verschiedenen Stellen kostenlos zur Verfügung; Infos über das Fremdenverkehrsamt.

Grand Bayonne

Idealer Ausgangspunkt, um ins Gassengeflecht der Altstadt einzutauchen, ist die **Place de la Liberté** mit ihrem Gebäudeensemble aus Rathaus und dem Mitte des 19. Jh. erbauten Stadttheater. Die **Skulpturen auf dem Rathausdach** stehen als Sinnbilder der regionalen Kunst und wirtschaftlichen Aktivitäten. Im Dezember findet auf dem Rathausvorplatz ein stimmungsvoller Weihnachtsmarkt statt, der sich bis zur Adour-Brücke erstreckt.

Kathedrale und Kreuzgang

Die zur Fußgängerzone gehörige **Rue Port Neuf,** mit ihren Geschäften und Arkaden eines der stimmungsvollsten Sträßchen der Stadt, führt Rich-

Baskisches Küstenland

tung Place Pasteur und **Cathédrale Sainte-Marie.** Der vom 13. bis 16. Jh. errichtete Sakralbau besticht zunächst durch seine hoch aufgerissenen **Zwillingstürme** und die gewaltigen Ausmaße, ein Baukörper von 80 m Länge und 33 m Breite. Bereits Ende des 19. Jh. wurde der Dom restauriert. Im Innern sind die Glasfenster beachtenswert, die ältesten Bauteile liegen im Bereich von Chor und Chorumgang.

Bayonnes Gotteshaus ist der hl. Maria geweiht, stellt im besten Wortsinn alles in den Schatten und zeigt sich im gotischen **Kreuzgang** *(cloître)* von seiner filigransten Seite. Hier kann man in aller Ruhe aufschauen zu den Kathedraltürmen und die Arkadenbaukunst vergangener Meister betrachten. Der üblichen Struktur entspricht es, dass der Kreuzgang einst als Friedhof genutzt wurde; 1759 wurden hier die sterblichen Überreste der Prinzessin *Leopoldine von Lothringen* beigesetzt. Teile des Kreuzgangs sind stark restauriert worden, weshalb einige Bögen eher neu denn alt aussehen.

● **Cathédrale Sainte-Marie,** Mo.–Sa. 10–11.45 und 15–17.45 Uhr, So. 15.30–18 Uhr.
● **Kreuzgang,** tägl. 9–12.30 und 14–17 Uhr, Mitte Mai bis Mitte September abends bis 18 Uhr.

Rund um die Stadtmauern

Ein paar Gehminuten von der Kathedrale entfernt türmen sich die alten Stadtmauern *(remparts)* auf, die nach wie vor große Teile von Grand Bayonne an der Rue Tour de Sault und dem Boulevard Rempart-Lachepaillet um-

125sf Foto: ad

schließen und mit gepflegten Grünanlagen aufgelockert worden sind. In den historischen Wall ist ein kleiner **Botanischer Garten** integriert, der mehr als tausend Arten einheimischer und auswärtiger Flora zeigt. Im Mauermantel an der Rue des Gouverneurs liegt das im 11. Jh. begonnene „Alte Schloss", **Château Vieux,** in dem im Mittelalter Navarras Herrscher *Alfonso el Batallador* und Kastiliens Potentat *Pedro el Cruel* und später Frankreichs „Sonnenkönig" *Ludwig XIV* abstiegen.

● **Jardin Botanique,** nahe Monument aux Morts, Mitte April bis Mitte Oktober tägl. 9–12 und 14–18 Uhr, Eintritt frei.

Rue d'Espagne und Altstadtgassen

Im Bereich der geschäftigen Rue d'Espagne konzentrieren sich alte Häuserzeilen mit bunten Holzläden und schmiedeeisernen Balkongittern, am Ende der Straße ist mit der **Porte d'Espagne** das bekannteste Stadtmauertor erreicht. Ebendort geht die Altstadt in gesichtslose Zonen über, sodass man sich von hier aus besser zurückwendet und durch die schönen Gassen um die **Rue Poissonerie** ans **Flussufer der Nive** anbindet. Hier kann man typisch baskische Fachwerkansichten genießen und einen Bummel über den **Markt** einplanen. Die **Brücken** Pont Panneceau und Pont Marengo leiten geradewegs hinüber nach Petit Bayonne. Nahe dem etwas abseits gelegenen Pont du Génie er-

hebt sich mit der Tour de Sault ein weiterer Stadtmauerturm.

Petit Bayonne

Mit dem Musée Basque und dem Musée Bonnat wartet im Stadtteil östlich der Nive ein Stück Museumskultur. Für beide Museen gibt es ein preisreduziertes Kombiticket.

Musée Basque

Das Baskische Museum bündelt in 20 Ausstellungsräumen **Kunst und volkskundliche Exponate,** informiert über die baskische Gesellschaft und Traditionen sowie die Geschichte Bayonnes und seines Hafens. Zusätzlich werden temporäre Ausstellungen arrangiert.

● **Musée Basque,** 37 quai des Corsaires, im Juli und August tägl. 10–18.30 Uhr, außerdem mittwochs kostenlose Abendbesuche 18.30–21.30 Uhr; während des restlichen Jahres Di.–So. 10–18.30 Uhr mit freiem Eintritt am jeweils ersten Sonntag des Monats; www.musee-basque.com.

Musée Bonnat

Ganz im Zeichen **nationaler und internationaler Kunst** steht das Musée Bonnat, das den Namen des einheimischen Künstlers und Sammlers *Léon Bonnat* (1833–1922) trägt und einen beachtlichen Ruf genießt. Zu sehen ist eine wertvolle Kollektion mit Werken u.a. von *Peter Paul Rubens, José de Ribera, Bartomolomé Esteban Murillo, Sir Thomas Lawrence, El Greco* und *Goya.* Das Museum ist in einem für die Architektur vom Anfang des 20. Jh. typischen Haus untergebracht.

Kreuzgang der Kathedrale von Bayonne

Baskisches Küstenland

● **Musée Bonnat,** 5 rue Jacques Laffite, Anfang Juni bis Ende September Mi.–Mo. 10.30–18.30 Uhr, während des übrigen Jahres Mi.–Mo. 10.30–12.30 und 13.30–17.30 Uhr; an Feiertagen generell geschlossen.; www.museebonnat.bayonne.fr.

Château Neuf und Kirche Saint-André

Im kleinen, verwinkelten Petit Bayonne führt der Weg an die Place Paul-Bert mit dem dahinter liegenden Château Neuf, dem „Neuen Schloss", dessen Bau König *Ludwig XI.* Mitte des 15. Jh. anordnete. Sakrales Aushängeschild Petit-Bayonnes ist die Mitte des 19. Jh. erbaute Église Saint-André.

Trinquet Saint André

Ganz in der Nähe zieht es Pelota-Fans zum legendären Trinquet Saint André in der Rue du Jeu de Paume. Wann dort **Pelota-Matches mit der blanken Hand** angesetzt sind, erfährt man über das Office de Tourisme.

Praktische Tipps

Information

● **Office de Tourisme,** place des Basques, Tel. 08 20 42 64 64, Fax 05 59 59 37 55, www.bayonne-tourisme.com. Treffpunkt zu Stadtführungen *(visites guidées),* auch thematisch aufbereitete Spaziergänge.

Unterkunft

● **Hôtel Loustau** (€€–€€€), 1 place de la République, Tel. 05 59 55 08 08, Fax 05 59 55 69 36, www.hotel-loustau.fr. Drei-Sterne-Block mit 45 Zimmern, über den Ufern des Adour nahe dem Bahnhof gelegen. Mit Restaurant und Bar.
● **Hôtel La Villa** (€€), 12 chemin de Jacquette, Tel. 05 59 03 01 20, Fax 05 59 58 76 30, www.bayonne-hotel-lavilla.com. Außerhalb

des Zentrums in einer Villa eingerichtete Zimmer (insgesamt zehn). Für die unterschiedlich gelegenen Zimmer gelten drei verschiedene Preiskategorien.
● **Hôtel des Arceaux** (€), 26 rue Port Neuf, Tel. 05 59 59 15 53, Fax 05 59 25 64 75, www.hotel-arceaux.com. Zentral und solide, aber keinesfalls berauschend, 17 Zimmer. Den Ausschlag geben die vergleichsweise moderaten Preise.

Essen und Trinken

● **Restaurant Au Cheval Blanc** (€€€), 68 rue Bourgneuf, Tel. 05 59 59 01 33. Preisgekrönte Gourmetküche, exzellente Meeresfrüchte, Mittags- und Abendtisch, Reservierung empfohlen. Sa. Mittag, So. Abend und Mo. geschlossen.
● **Auberge du Petit Bayonne** (€–€€), 23 rue des Cordeliers, Tel. 05 59 59 83 44. Traditionelle baskische Küche in Petit Bayonne, Menüs.
● **Bars und Cafés,** an den Flussufern der Nive, im Bereich der place Pasteur sowie in der Fußgängerzone um die rue Port-Neuf.

Nightlife

● **Luna Negra,** rue des Augustins, Tel. 05 59 25 78 05. Beliebter Treff der lokalen Szene, Café-Theater. Blues, Jazz, Live-Acts.

Sport und Freizeit

● **Bootsrundfahrten:** ab der Ablegestelle (Embarcadère) an der allées Boufflers; Fahrten sind abhängig von einer Mindestteilnehmerzahl.
● **Kulturelle Veranstaltungen** jedweder Art im zentralen Stadttheater *(théâtre)* an der place de la Liberté, Tel. 05 59 59 07 27.
● **Reiten:** Centre Équestre, chemin de Halage, Bassussary, Tel. 05 59 42 22 42, www.nivaugalop.com.
● **Schwimmbäder:** Piscine de Lauga (2 avenue Jean Rostand, Tel. 05 59 57 09 19) und Piscine des Hauts de Sainte-Croix (avenue de Plantoun, Tel. 05 59 55 18 70).
● **Skate-Park:** nahe dem Parking de Glacis an den Stadtmauern.

In der Altstadt

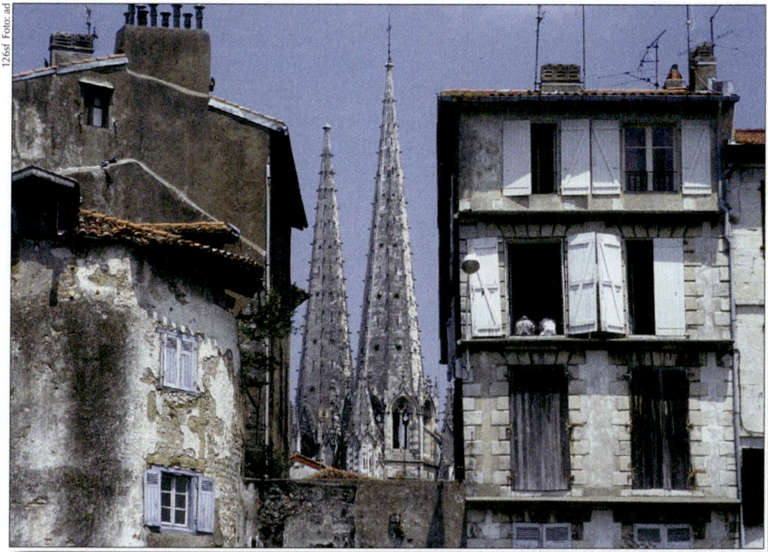

Feste und Veranstaltungen

● **Karneval, Schinkenfest** *(Foire au Jambon)* Anfang April, **Musikfest** (Fête de la Musique) meist in der zweiten Junihälfte, **Mittelaltermarkt** (Marché Mediévale) gegen Mitte Juli. Das alljährlich Ende Juli/Anfang August über mehrere Tage laufende **Stadtfest** *(Fêtes de Bayonne)* geht mit Konzerten, Tanz- und Pelota-Veranstaltungen einher. Die unseligen Stierkämpfe *(corridas)* finden meist nur im August und September statt; Schauplatz sind die „Arènes".

Einkaufen

● Das alte **Wochenmarktgebäude** *(halles)* liegt am quai Commandant Roquebert. Rundherum (au carrée des Halles) Sa. von 7–13 Uhr Stände mit Obst und Gemüse, auch Kleidung.

● **Weitere Märkte** Fr. vormittags auf der Place de la République (Saint-Esprit) sowie Mi. vormittags und Sa. vormittags auf der Place des Gascons (Hauts de Sainte-Croix). Fr. vormittags Trödel-/Allerleimarkt (marché à la brocante) Carreau des Halles.

● **Schokoladenspezialitäten** findet man in diversen Geschäften in der rue Port Neuf und der rue des Carmes.

So verführerisch die Auslagen in den Vitrinen sein mögen – die Preise sind gewaltig! Die Welt der Schokolade öffnet sich auch im Atelier du Chocolat (7 allée de Gibéléou, Tel. 05 59 55 70 23, www.atelierduchocolat.fr; geführte Besuche Mo.–Sa., ebenfalls nicht billig).

Post

- **Hauptpost (PTT),** nahe der place Charles-de-Gaulle.

Parken

- **Großparkplätze** an den Stadtmauern bzw. nahe dem Office de Tourisme an der place des Basques.

Verkehrsanbindung

- **Flughafen:** wenige Kilometer südwestlich der Stadt an der N 10; ⇨Biarritz.
- **Bahnhof:** über die Adour-Brücke Pont Saint-Esprit hinweg im Stadtviertel Saint-Esprit, Tel. 3635; regelmäßige Verbindungen u.a. nach Bordeaux, Hendaye, Paris, Pau und Saint Jean-de-Luz.

Anglet – Strände und Surferparadies ⬧XVII/C2

Anglet ist der wildromantische Strandtreff der Gegend, populärer **Surferspot** und ganz auf ein junges Publikum geeicht. Die sandigen Strände bringen es auf eine Gesamtlänge von über 4 km, die einzelnen Abschnitte tragen klingende Namen wie Plage des Sables d'Or und Plage des Corsaires. Wegen der Lage zur offenen See hin und den damit verbundenen gefährlichen Strömungen ist es ratsam, sich nur an den ausgeflaggten, bewachten Abschnitten ins kühle Nass zu stürzen. Die südlichsten Strandzipfel laufen aufs **Leuchtturmplateau** von Biarritz zu, die nördlichsten züngeln sich an die Atlantikmündung des Adour heran.

Zwischen den Stränden und der Nationalstraße N 10 ist Anglet schier unübersichtlich weit ausgeufert und als

Ganzes schwer zu fassen, die strandferne City breitet sich um die Place Général-de-Gaulle aus. Beliebte Treffpunkte liegen im Bereich des **Küstenviertels Chambre d'Amour,** wo Waffel- und Pizzadüfte über die Promenaden wehen. *Chambre d'Amour,* das „Liebeszimmer", weist auf eine Grotte, in der einst ein Liebespärchen von der Flut überrascht worden und ertrunken sein soll. Der Promenadenbereich ist auf Hochglanz poliert worden.

Die dichte Besiedlung der „BAB"-Gegend bricht in den **Wäldern** Pignada und Lazaret auf; die bewaldeten Areale nehmen rund 250 ha ein. Unterkunft bieten eine Reihe von Campingplätzen und Hotels. Die breite Palette der Sport- und Freizeitmöglichkeiten schließt Surfen und Reiten ebenso ein wie Thalassotherapie (siehe Exkurs „Thalassotherapie – Wellness in Anglet und Biarritz"), Golf, Jogging und Radfahren. Anglet ist immer wieder Schauplatz von Surfwettbewerben.

Information

- **Office de Tourisme,** 1 avenue de la Chambre d'Amour, Tel. 05 59 03 77 01, Fax 05 59 03 55 91, www.anglet-tourisme.com.

Unterkunft

- **Château de Brindos** (€€€), 1 allée du Château, Tel. 05 59 23 89 80, Fax 05 59 23 89 81, www.chateaudebrindos.com. Luxuriöse Schloss-Unterkunft. Hier darf man höchsten Komfort und Aufmerksamkeit erwarten. Spitzenpreise, auch im Restaurant, das höchste gastronomische Ansprüche erfüllt.
- **Hôtel Fine Anglet** (€), 46 avenue de Montbrun, Tel. 05 59 63 00 09, Fax 05 59 57 94 30, www.hotelrestaurantfine.com. Dieses einfache Elf-Zimmer-Hotel richtet sich an all

jene, die auf den Euro schauen müssen. Mit Restaurant.

● **Jugendherberge** (auberge de jeunesse), 19 route des Vignes, Tel. 05 59 58 70 00, Fax 05 59 58 70 07, www.hibiarritz.org. 96 Betten, geöffnet meist Anfang April bis Anfang November, im Hochsommer keine Aufnahme von Familien. Fahrrad- und Surfbrettverleih. Die City von Biarritz liegt nur wenige Kilometer entfernt.

Camping

● **Camping de Parme,** 2 allée Etchécopar, quartier Brindos, Tel. 05 59 23 03 00, Fax 05 59 41 29 55, www.campingdeparme.com. Drei-Sterne-Platz, der von Anfang April bis Anfang November öffnet. Verleih von Bungalows und fest installierten Mobil-Homes.

Sport und Freizeit

● **Fahrradfahren:** Fahrradverleih bei Bike Atlantic (Kontaktformular unter www.bikeatlantic.com, Tel. 06 67 72 01 00). Über kostenlosen Fahrradverleih während der Saison informiert das Fremdenverkehrsamt.

● **Golf:** Golf de Chiberta, boulevard des Plages, Tel. 05 59 52 51 10, , www.golfchiberta.com; mit 9- und 18-Loch-Parcours.

● **Reiten:** Club Hippique Côte Basque, route du Petit Palais, Tel. 05 59 63 83 45, Fax 05 59 63 95 59, www.chcotebasque.com.

● **Segeln:** Yacht Club Adour Atlantique, 118 avenue de l'Adour, Tel. 05 59 52 36 04, www.ycaa.fr. Ganzjährig geöffnet, Anfänger- und Fortgeschrittenenkurse.

● **Surfen:** Anglet Cap Glisse (12 rue du Yéme, Tel. 05 59 23 60 48, http://angletcapglisse.free.fr), für Anfänger und Fortgeschrittene, auch Kinderkurse, nur Juni bis September; École de Surf l'Océanic, Plage de la Madrague, Tel./Fax 05 59 03 84 12, www.oceanic-anglet.com. Es gibt eine Reihe weiterer Schulen, darunter die École de Surf Française-Anglet (www.ecoledesurf.com) und die École de Surf Uhaina (www.ecole-surf-uhaina.com).

Einkaufen

● **Marché de Quintaou,** jeden Do. und So. vormittags auf der Esplanade de Quintaou.

Post

● **Hauptpost (PTT),** im Zentrum in der rue du 8 Mai.

Strandlinie von Anglet

Baskisches Küstenland

Biarritz

Labardin

Grande Plage

Couloum

Jargin

Rocher des Enfants

Le Basta

Plateau de l'Atalaye

Pointe de l'Atalaye

Port des Pêcheurs

Rocher de la Vierge

Esplanade Anciens Comb.

Petit Atalaye

Boulevard du Maréchal Leclerc

Place Ste-Eugénie

Grande Atalaye

Rue Mazagran

Esplanade de la Vierge

Rue de l'Atalaye

Rue du Port Vieux

Plage du Port Vieux

Rue de Gaston Larre

Rue Broque

Espl. du Port Vieux

Rue des Hall

Cachaous

Rue des Halle

Perspective de la Côte des Basques

Rue du Centre

R. Champ Lacomb

Boulevard Prince de Galles

Rue Gambetta

Rue Peyroloubilh

Rue Duler

0   200 m

Avenue de Londres

Rue Loustau

Plage Côte des Basques

Rue de Paul Bert

Avenue Beaurivage

Rue d'Espagne

St. Jean-de-Luz, Spanien

★	1	Aussichtspromenaden
Ⓜ	2	Meeresmuseum
🏨	3	Hôtel Atalaye
🍴	4	Meeresfrüchte-restaurants
ⅱ	5	Église Sainte-Eugénie
Ⓜ	6	Musée Historique
⬛	7	Marktgebäude
🏨	8	Hôtel Beaulieu
Ⓜ	9	Musée du Chocolat
●	10	Pelota
Ⓜ	11	Musée d'Art Oriental Asiatica
🏨	12	Hôtel Le Président
❶	13	Office de Tourisme
●	14	Casino
🅹	15	Jugendherberge

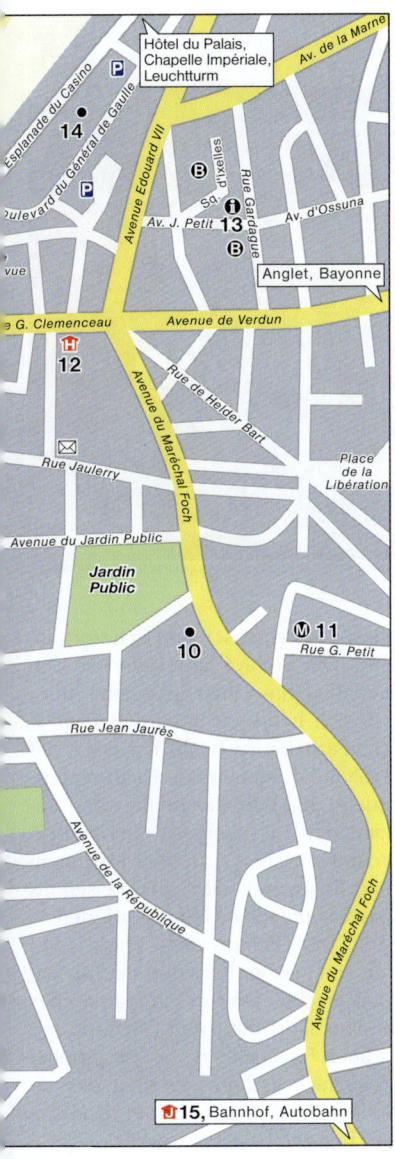

Hôtel du Palais, Chapelle Impériale, Leuchtturm

14

B

Sq. Pixiles

13

B

Anglet, Bayonne

Avenue de Verdun

12

Rue Jaulerry

Place de la Libération

Avenue du Jardin Public

Jardin Public

10

11
Rue G. Petit

Rue Jean Jaurès

15, Bahnhof, Autobahn

Biarritz – altehrwürdiges Seebad ⤢ XVI/B2

Strand der Könige und eine Königin der Strände: Seit Mitte des 19. Jh., als Kaiserin *Eugénie* und *Napoléon III.* Biarritz mit der Wahl ihrer Sommerresidenz einen Stempel aufdrückten, pflegt die heute 30.000 Einwohner zählende Stadt ihren elitären Charakter. Und sonnt sich im Glanz werbeträchtiger Aussprüche, denn schon *Victor Hugo* (1802–85) schwärmte: „Ich wüsste keinen Ort, der reizvoller und herrlicher wäre als Biarritz."

Als Hochburg der Sommerfrische hat das altehrwürdige Seebad die Zeiten überdauert und lockt als Ziel zu jeder Jahreszeit. Über das Stadtbild verteilen sich **prunkvolle Villen,** breite Promenaden und exklusive Boutiquen. Erlesen, ohne Zweifel – in manchen Cafés nimmt man's leibhaftig von den Lebendigen. Wer sich indes von den Vorzeigeansichten abwendet und abgelegenere Nebenstraßen durchstreift, sieht mitunter bröckelnden Putz und verrottete Fassaden. Aber: Wer flaniert in Biarritz schon durch Nebenstraßen? An die Strände gehört man, an die Promenaden, in die Straßencafés! Oder an die Spieltische im **Casino,** in dem der Geldadel noch immer seine aristokratische Barschaft verspielt.

Biarritz ist *auch,* aber eben nicht *nur* Spielwiese der **Schickeria,** Schauplatz von Soirees und rauschenden Ballnächten. Bodenständiges Multikulti-Miteinander bieten die Strände, an denen sich Sonnenabeter und **Surfer**

Baskisches Küstenland

211sf Foto: ad

treffen. Viele Familien zieht es zum vorzüglich aufbereiteten Meeresmuseum, Appetit holt man sich inmitten der verführerischen Restaurantdüfte am kleinen **Fischerhafen:** Sardinen, Fischsuppe, Crevetten in Knoblauch ...

Geschichte und Gegenwart

In nostalgischer Versunkenheit spricht man heute von den ersten Badegästen in Biarritz: den Walen. Schon im Mittelalter waren die Meeresriesen Ziel der verwegenen **Walfänger,** die in je-

Am Hauptstrand von Biarritz

Ausblick über den Atlantik vor Biarritz

nem windgepeitschten Fischerort am Golf von Biscaya lebten und an den Stränden ihre Fänge zerlegten – dort, wo sich heute ein buntes Badevölkchen aalt. Bis ins 17. Jh. hinein war der Walfang dominierende Einkommensquelle, bis sich die mittlerweile dezimierten Tiere immer weiter zurückzogen und die Herrn über Harpunen und Boote zu gefährlichen Reisen bis nach Neufundland herausforderten.

Als der Dichter *Victor Hugo* 1843 auf einer seiner Reisen in Biarritz Station machte, fand er ein malerisches weißes Dorf mit roten Dächern und grünen Fensterläden vor und prophezeite mit hellseherischer Kraft, dass Biarritz Mode machen würde: „Und dieser Tag wird bald kommen."

Victor Hugo sollte Recht behalten. Es begab sich im Jahre 1854, als Kaiserin *Eugénie* und *Napoléon III.* einen kleinen Hügel über dem Hauptstrand als geeigneten Platz für ihren kaiserlichen **Palast** wählten. Von da an kamen sie bis 1868 jedes Jahr zurück und genossen die gesunden Meeresbrisen. Klar, dass der Adel sich der Modewelle anschloss und flugs hinterherströmte. Bald trafen sich hier **Künstler und Literaten,** englische Lords und spanische Grande, rumänische und russische Prinzen und überhaupt jeder, der etwas auf sich hielt. Schon Ende des 19. Jh. verwandelte man den Kaiserpalast ins exklusive **Hôtel du Palais,** die Engländer riefen den längst legendär gewordenen Golfplatz **Golf du Phare** ins Leben. Nicht fehlen durften zwei Casinos. Hochherrschaftliche Empfänge und bewegte Nächte gehörten zum Standard, in den „Roaring Twenties" tanzte man Charleston bis zum Abwinken.

Nach dem Zweiten Weltkrieg belebte sich Biarritz wieder, lockte den Geldadel und **Leinwandstars** an wie *Bing Crosby, Frank Sinatra* und *Rita Hayworth.* Folgt man einer modernen Legende, wurde hier Ende der 1950er Jahre mit US-amerikanischer „Entwicklungshilfe" das **Surfen** geboren. Mit seinem aus Hawaii importierten Brett soll der Drehbuchautor *Peter Viertel* den ureigenen Anstoß gegeben haben. Zu Viertels Wasserauftritt und seiner nachhaltigen Schubwirkung heißt es in einer Presseinformation der Stadt Biarritz enthusiastisch: „Dieses Ereignis

Baskisches Küstenland

241 sf Foto: ad

Thalassotherapie – Wellness in Anglet und Biarritz

Meerwasser gilt seit ehedem als Balsam für Körper und Seele. Dass man sich in unseren heutigen Hochstressgesellschaften nach **Auszeiten, Entspannung und neuer Vitalität** sehnt, hat die im Südwesten Frankreichs beliebte Thalassotherapie beflügelt. Der etwas holprige Begriff „Thalassotherapie" bezeichnet Anwendungen, die ganz auf die **Heilkraft des Meerwassers** setzen und – voreingenommenen Ansichten zum Trotz – weder an Alte und Gebrechliche noch Kranke gebunden sind! Viele junge Leute, selbst ganze Familien, lassen mittlerweile ihr äußeres und inneres Gleichgewicht durch Thalasso-Anwendungen ins Lot bringen. Darauf zugeschnitten sind Mehr-Tages-Pakete wie „Thalasso Sport".

Eine Thalassotherapie reinigt und belebt den Organismus durch die heilklimatische Wechselwirkung von Meerwasser und Seeluft. Bei verschiedenen **Anwendungen** kommen wichtige Spurenelemente hinzu, die in Algen, Schlamm und Salzwasser enthalten sind. Zu den Anwendungen zählen Algenpackungen bzw. Algenbäder (bains des algues), Massagen (massages), Sprudelbäder (bains aérogazeux) und Hochdruckduschen (douches de forte pression / douches au jet).

Individuelle Wellnessarrangements, beheizte Meerwasserpools, Sauna und Dampfbad gehören in den Einrichtungen zum Standard. Tipp: Viele Thalassoanlagen lassen sich, auch wenn sie Hotels angeschlossen sind, von Nicht-Hotelgästen nutzen. Die Angebote, ob stunden- und tagesweise, variieren je nach Einrichtung. Eine gute Empfehlung für den Raum Anglet-Biarritz ist die kleine Gruppe des Biarritz Thalasso Resort. Diese besteht aus dem **Komplex Atlanthal in Anglet** (mit zwei Hotels und integrierten Thalasso-Einrich-

tungen) und dem **Thalmar-Zentrum für Thalassotherapie in Biarritz;** Unterkunft während einer Thalassotherapie gibt das etwa 150 Meter vom Thalasso-Zentrum entfernte **Hôtel Le Biarritz.**

In Anglet ist der **Atlanthal-Komplex** einzig durch einen Wiesen- und Strauchgürtel von der Strandpromenade und dem Strand Les Cavaliers getrennt. Der Vorzeigebereich heißt „Le Lagon", ein nach außen geöffnetes 350-m²-Meerwasserbecken mit angenehm temperierten 34° C, Unterwasser-Massagedüsen, Sprudelsitzen und -liegen sowie Gegenstromanlage. Außerdem gibt es einen zweiten großen Indoor-Wellnessbereich mit Meerwasser-Rundbecken, Jacuzzis, Sauna, Dampfbad und einem sehr gut ausgestatteten Fitnessraum. All diese Einrichtungen stehen **Nicht-Hotelgästen** offen, Tagestarif ab 20 € (etwas höher in Ferienzeiten), auch Zehnerkarten und Monatsabonnements. Hotelgäste haben die Wahl zwischen mehreren Kombinationsangeboten aus Unterkunft (mit Halb- oder Vollpension) und diversen Anwendungspaketen mit einer Dauer zwischen zwei und sechs Tagen. Die **Angebotspalette** ist breit: vom klassischen „Thalasso Form und Gesundheit" über „Thalasso Vitamine" und „Thalasso speziell für den Rücken" bis zu „Thalasso für schwere Beine" und „Thalasso zum Abnehmen". Auch die Kombinationen „Wandern und Thalasso" und „Golf und Thalasso" sind möglich.

Das **Thalmar-Zentrum für Thalassotherapie** in Biarritz ist ein weiterer Komplex der Extraklasse: mit dem Meerwasserbassin-Komplex „L'Archipel", Sauna, Dampfbad und Kabinen für individuelle Anwendungen. Der Fitnesssaal ist mit Laufbändern, Standfahrrädern und Rudergerät ausstaffiert und erlaubt den Panoramablick aufs Meer – herrlich! „L'Archipel" und Fitnesssaal sind für Gäste des Hotels Le Biarritz kostenlos und unbegrenzt nutzbar, ansonsten gelten die Tagestarife (auch Zehnerkarten). Außerdem gibt es mehrtägige Kurprogramme wie „Meeresenergie" mit zahlreichen Anwendungen, darunter Jetdüsen-Bäder, anregende Umschläge und Hydromassage für die Sinne.

Praktische Informationen

● **Allgemein zur Gruppe „Biarritz Thalasso Resort":** www.biarritz-thalasso.com (Homepage mit guten Angeboten), Reservierungszentrale Tel. 08 25 12 64 64.

● **Komplex Atlanthal in Anglet,** bestehend aus dem Hôtel Atlanthal (drei Sterne; 99 Zimmer), dem Hôtel Terrasses d'Athlantal (zwei Sterne; 48 Zimmer), insgesamt vier Restaurants (sehr schön und edel: das Restaurant „Le Gulf Stream") und den Thalassoeinrichtungen „Le Lagon" und „Le Club Fitness". 153 boulevard des Plages, Tel. 05 59 52 75 72. Die Hotels sind auch nur mit Frühstück und freiem Zutritt zu „Lagon" und „Fitness" buchbar.

● **Thalmar-Zentrum für Thalassotherapie in Biarritz:** 80 rue de Madrid, Tel. 05 59 23 01 22.

● **Hôtel Le Biarritz** (49 Zimmer) in Biarritz: 30 avenue de la Milady, Tel. 05 59 23 83 03.

wurde von den sprachlosen Blicken der Einwohner begleitet, die zum ersten Mal in Europa einen Menschen auf einer Welle reitend sahen! Doch es begeisterte die Menge und so fand diese Sportart in Frankreich rasch zahlreiche Anhänger. Das Surfen in Europa war damit geboren und Biarritz als deren europäische Hauptstadt betitelt."

Wie dem auch sei und ob Viertel der wahre Surfpionier war – dank eines schönen natürlichen Umfelds aus Stränden und Klippen, aber auch eines gesunden Instinkts für neue gesellschaftliche Tendenzen sowie pfiffiger Publicrelations-Strategien ist Biarritz bis heute nicht aus der Mode gekommen. Die Stadt verkauft sich einfach hervorragend! Markante Stichpunkte: Kulturevents und Kongresse, Wellness, Surfwettbewerbe sowie der Golfsport mit einer Reihe leicht erreichbarer Courts im näheren Umkreis. Wer Zeltplätze, zusammenhängendere Sandstrände und ein durchweg jugendlicheres Publikum sucht, bezieht besser im benachbarten Anglet Quartier.

An der Meeresfront

Grande Plage

Mit der vollen Breitseite seiner Grande Plage, dem „Großen Strand", wendet sich Biarritz ungeschützt dem Atlantik zu – was beim Badevergnügen stets zu besonderer Vorsicht mahnen sollte! Zwischen dem mächtigen **Casino** und dem sandigen Strand führt eine breite **Promenade** vorbei, auf der es sich ausgezeichnet flanieren lässt. Nicht zu übersehen ist der einstige kai-

Baskisches Küstenland

serliche Palast, der sich heute als alles beherrschendes **Hôtel du Palais** im Rücken der Grande Plage aufwirft. Dort hält sich die „gute alte Zeit" lebendig, dort riecht es nach Plüsch und edlem Parfüm, dort regiert die Etikette – und das Personal gibt sich so dienstbeflissen wie erwartet. Mächtige Marmorsäulen flankieren das Foyer, im Schein der Leuchter sinkt man erhaben in Fauteuils. Was für Potentaten vergangener Tage und Schauspielstars wie *Charlie Chaplin* und *Gary Cooper* gut war, lockt ungebremst die Hautevolee von heute an.

An die kaiserlichen Hoheiten des 19. Jh. erinnert außerdem die Chapelle Impériale, eine in neo-byzantinisch und spanisch-maurischem Stil gehaltene **Kapelle,** die Kaiserin *Eugénie* 1864 in einem vormaligen Parkgelände erbauen ließ.

● **Chapelle Impériale,** Rue Pellot, unregelmäßige Zugangszeiten, im Sommer meist nur Do.–Sa. 14.30–18 Uhr, vorsorglich Infos einholen im Office de Tourisme.

Leuchtturm

Die Arkaden unterhalb des zum Hôtel du Palais gehörigen Pools trennen die Grande Plage von der Plage de Miramar. Von hier aus schaut man auf zum weithin sichtbaren Leuchtturm, Le Phare. Dieser ragt seit dem 19. Jh. auf dem Plateau der Landzunge Saint Martin 73 m hoch auf. Er bildet den Übergangsbereich zur Nachbargemeinde Anglet und kann bestiegen werden. Von oben bieten sich schöne Ausblicke über die Küste, 248 Stufen

129sf Foto: ad

führen hinauf. Rundherum liegen Gartenanlagen, die im Rufe berühmt-berüchtigter Liebesnester in Sommernächten stehen.

●**Le Phare,** die Öffnungszeiten sind eingeschränkt und wechseln häufig, Juli/August tägl. 10–12.30 und 14.30–19 Uhr, sonst meist nur nachmittags an Wochenenden.

Fischerhafen

Südlich der Grande Plage – auf Höhe des markanten **Rocher des Enfants,** einer klobigen Felsformation im Wasser – lohnt sich ein Bummel parallel zur Meereslinie. Abseits des Boulevard du Maréchal Leclerc führt ein Weg hinab an den **Port des Pêcheurs,** den Fischerhafen, wo einige Restaurants zum Verweilen einladen. Im hinteren Bereich des Hafenbeckens sieht man noch eine kleine Reihe an Fischerschuppen, die Bildern aus einer anderen Zeit gleichkommen.

Felsen und Aussichtspromenaden

Oberhalb des Fischerhafens geht es atemschwer hinauf auf ein lohnendes **Aussichtsplateau.** Wer mag, kürzt unterwegs den Weg zum Meeresmuseum durch den Autotunnel ab – ein weniger erfreuliches Erlebnis. Unterhalb des Plateaus zeigt sich Biarritz plötzlich von einer gänzlich anderen Seite: rau, wild und ungezähmt! Hier donnern die Atlantikbrecher gegen die Felsen, schäumen durch Felsenbögen und schicken die Gischt als Gruß hinauf zu den Betrachtern. Über die von *Gustave Eiffel* konzipierte **Eisenbrücke** erreicht man den langgezogenen Vorsprung des **Rocher de la Vierge** („Jungfrauenfelsen") mit seinem kleinen Marienbildnis aus der zweiten Hälfte des 19. Jh. Hoch über den Klippen kann man sich auf den Aussichtspromenaden herrlich den Seewind um die Nase wehen lassen und das Panorama aus Ozean und Pyrenäen genießen. Südlich des Rocher de la Vierge schließt sich mit der **Plage du Port Vieux** ein kleiner Badestrand an, die ein weiteres Stück südlich gelegene **Plage Côte des Basques** ist insbesondere bei Surfern beliebt.

Meeresmuseum

Gleich hinter dem Rocher de la Vierge taucht man ein ins ruhige Fahrwasser des Meeresmuseums. Unter Muränen und Oktopussen, Haien und Karettschildkröten: Im Musée de la Mer treibt man an **Aquarien** vorbei, die mit mehr als 150 Fischarten und wirbellosen Tieren vertraut machen, aus dem Atlantik und den Tropen. Die besten Besucherköder sind die **Haifischgrotte** *(grotte des requins)* und das **Seehundbecken** *(bassin des foques),* das Einblicke durch große Seitenglaswände oder von oben (Freiluftterrasse) erlaubt. Zweimal täglich, um 10.30 und 17 Uhr, werden die Kegelrobben mit Fisch gefüttert *(repas des foques),* eine beliebte Attraktion insbesondere für die Kleinsten.

Über Begegnungen mit der Unterwassertierwelt hinaus machen Schautafeln und Exponate mit der Geschich-

Ein Bewohner des Musée de la Mer

Baskisches Küstenland

te des baskischen Fischfangs vertraut. Ausgestellt sind **Bootsmodelle, Walskelette** und diverses nautisches Gerät; im ersten Stock finden Wechselausstellungen statt.

● **Musée de la Mer,** esplanade du Rocher de la Vierge, http://museedelamer.com; tägl. 9.30–12.30 und 14–18 Uhr, in den Osterferien sowie im Juni und September tägl. 9.30–19 Uhr, Juli/August tägl. 9.30–24 Uhr, November bis März Mo. geschlossen, Betriebsferien: erste, zweite und dritte Januarwoche.

Rund um die City

In Biarritz hält sich alles in überschaubarem Rahmen. Der innerstädtische Dreh- und Angelpunkt ist die **Place Georges Clémenceau,** ein ebenso lang gestreckter wie geschäftiger Platz. Ab hier bindet man zu Fuß sowohl an die Grande Plage als auch an die in der **Rue Mazagran** beginnenden Einkehr- und Bummelzonen an. In den Auslagen der auf touristische Klientel fixierten Shops sieht man baskisches Leinen, Badetücher, Keramik und natürlich Baskenmützen. Galerien stellen gern typische Strand- und Hafenansichten zum Verkauf aus.

Nach einem kurzen Stück auf der Rue Mazagran eröffnet sich rechter Hand die **Place Sainte-Eugénie** mit Terrassencafés, Restaurants, Fontäne, Pavillon und Laternenreihen. Als Hauptbau sticht die **Église Sainte-Eugénie** hervor, eine 1903 geweihte Kirche, die im Innern durch ihre von *Luc-Olivier Merson* und dem Meisterglasmaler *Lesquibes* geschaffenen Fenster beeindruckt.

300bf Foto: ad

Die Verlängerung der Rue Mazagran, die muntere **Rue du Port Vieux**, führt Richtung Plage du Port Vieux und „Jungfrauenfelsen". Am Wege liegen Bars und Restaurants, Imbissbuden und Cafés – eine beliebte Zone während der Sommersaison.

Museen

In einer einstigen anglikanischen Kirche in der Rue Broquedis legt das **Musée Historique de Biarritz** Zeugnis von der Stadtgeschichte ab. Etwas außerhalb der City liegt das **Musée d'Art Oriental Asiatica** mit facettenreichen Zeugnissen asiatischer Kunst sowie das ganz im Zeichen von Schokolade stehende **Musée du Chocolat** (auch: *Planète Chocolat*) an der Südausfahrt Richtung Saint Jean-de-Luz.

● **Musée Historique de Biarritz,** geöffnet Di.–Sa. 10–12.30 und 14–18.30 Uhr; http://musee-histo-biarritz.monsite.wanadoo.fr.
● **Musée d'Art Oriental Asiatica,** 1 rue Guy Petit, www.museeasiatica.com; im Juli und August tägl. 10.30–18 Uhr, sonst tägl. 14–18 Uhr.
● **Musée du Chocolat,** 14 avenue Beaurivage, Mo.–Sa. 10–12.30 und 14–18.30 Uhr; www.planetemuseeduchocolat.com.

Praktische Tipps

Information

● **Office de Tourisme,** in der Innenstadt am square d'Ixelles, Tel. 05 59 22 37 10, www.biarritz.fr; eine kleine Auskunftstelle ist auch in der Halle des Flughafens zu finden. Ab dem zentralen Büro gehen im Sommer Stadtführungen *(visites guidées)* ab.

Felsklotz am Hauptstrand von Biarritz

Unterkunft

● **Hôtel du Palais (€€€),** 1 avenue de l'Impératrice, Tel. 05 59 41 64 00, Fax 05 59 41 67 99, www.hotel-du-palais.com. Zum Ambiente des ehemaligen Kaiserpalastes gehören breite Terrassen, eine beeindruckende Poollandschaft, gepflegte Grünanlagen und eine erlesene Küche. Für eine Suite blättert man den Monatslohn eines Normalsterblichen auf den Tisch des Hauses.
● **Hôtel Le Président (€€–€€€),** place Georges Clémenceau, Tel. 05 59 24 66 40, Fax 05 59 24 90 46, www.mercure.com. Hoher, zentraler Hotelkasten mit 69 Zimmern. Recht unpersönlich, aber mittendrin im Leben.
● **Hôtel Atalaye (€–€€),** 6 rue des Goélands, Tel. 05 59 24 06 76, Fax 05 59 22 33 51, www.hotelatalaye.com. Solides Haus in strategisch günstiger Lage, 24 Zimmer.
● **Hôtel Beaulieu (€–€€),** 3 esplanade du Port Vieux, Tel. 05 59 24 23 59, Fax 05 59 24 93 69, www.hotel-beaulieu-biarritz.com. Überschaubares 27-Zimmer-Hotel, günstig gelegen mit kleinem Strand und „Jungfrauenfelsen" quasi direkt vor der Haustür. Kleine Zimmer, manche mit Strandblick.
● **Jugendherberge** *(auberge de jeunesse),* 8 rue Chiquito de Cambo, Tel. 05 59 41 76 00, Fax 05 59 41 76 07, www.hibiarritz.org; während der Weihnachtsferien geschl., 96 Schlafplätze, guter Treffpunkt für Leute ab 18 Jahre (offizielle untere Altersgrenze).

Camping

● **Biarritz Camping,** rue d'Harcet, Tel. 05 59 23 00 12, Fax 05 59 43 74 67, www.biarritz-camping.fr. Etwa 2 km südöstlich der City, Schwimmbad, Anfang/Mitte Mai bis Mitte September geöffnet.

Essen und Trinken

● **Restaurant Le Ponton (€€–€€€),** 30 avenue de la Milady, Tel. 05 59 41 63 56, www.biarritz-thalasso.com. Integriert in das **Hôtel Le Biarritz,** ca. 1 km außerhalb des Zentrums. Traditionelle Gerichte der Region in erlesener Zubereitung – eine gute Empfehlung.
● **Restaurant Chez Albert (€–€€),** Port des Pêcheurs, Tel. 05 59 24 43 84. Meeresfrüch-

Baskisches Küstenland

terestaurant am Fischerhafen, ähnliche Häuser mit sommerlichen Freilufterrassen in derselben Zone.

●Entlang der **Rue du Port Vieux,** zwischen Place Sainte-Eugénie und der Plage du Port Vieux, findet man eine ganze Reihe an einfacheren Restaurants und Bars.

Nightlife

●**Casino,** mit Automatensaal (*machines à sous;* vormittags schon ab 10 Uhr) sowie dem „wahren" Spielbereich (*salle de jeux* u.a. mit Roulette und Black Jack; Mo.–Fr. ab 19.30 Uhr, am Wochenende 18–4 Uhr).

●**Diskotheken:** zu den beliebtesten zählen Le Set (24 avenue Edouard VII), Le Caveau (4 rue Gambetta) und Carré Coast (21 avenue Edouard VII).

Sport und Freizeit

●**Golf:** Golf de Biarritz Le Phare, 2 avenue Edith Cavell, Tel. 05 59 03 71 80, Fax 05 59 03 26 74, www.golf-biarritz.com, ganzjährig geöffnet.

Tipp: der **„Biarritz Golf Pass",** der es zu festgelegtem Preis (abhängig von Haupt- oder Nebensaison) ermöglicht, auf verschiedenen Plätzen zu spielen, Infos unter www.golfpassbiarritz.com.

●**Karting:** Karting Biarritz, 35 allée du Moura, Tel. 05 59 41 23 19, Indoor.

●**Pelota:** Spiele zum Zuschauen im Plaza Berri (42 avenue Maréchal Foch) und Euskal Jaï (Parc des Sports Aguilera); aktuelle Termine über das Office de Tourisme.

●**Reiten:** über den Club Hippique de Biarritz, allée Gabrielle Dorziat, Tel. 05 59 23 52 33, Fax 05 59 23 90 09, www.biarritzcheval.com.

●**Rugby:** In Biarritz gibt es den international bekannten Rugbyclub „Biarritz Olympique", alle News und wichtigen Termine auf der Homepage (www.bo-pb.com).

●**Surfen:** In Biarritz gibt es eine ganze Reihe von Surfschulen, die sich an Anfänger wie auch an Fortgeschrittene richten. Nachfolgend eine kleine Auswahl: École de Surf Plums (9 rue Gardères, Tel. 05 59 24 10 79, Fax 05 59 24 40 39, www.plums-surf.com), Hastea École de Surf (5 avenue Parc Bon Air, Tel. 06 81 93 98 66, www.hastea.com und

École de Surf Jo Moraiz (3 place Bellevue, Tel. 05 59 41 22 09, www.jomoraiz.com).

●**Tauchen:** Centre de Plongée BAB Subaquatique, Port des Pêcheurs, Tel. 05 59 24 80 40, www.babsub.fr.

Feste und Veranstaltungen

●In der Sommerzeit zahlreiche **Pelota-Wettbewerbe,** September **Ballettveranstaltungen** „Le temps d'aimer".

Einkaufen

●Im Bereich der zentralen place Georges Clémenceau konzentrieren sich einige **Süßwarenshops** mit einer ganzen Palette edler Leckereien. Hier findet man u.a. Marzipanspezialitäten, ob in Scheibchen oder gewürfelt, ob mit Geschmack von Kaffee, Vanille oder Pistazie.

Post

●**Hauptpost (PTT),** rue de la Poste.

Autoverleih

●Am **Flughafen** Biarritz-Anglet-Bayonne bei diversen Vertretungen, u.a. von: Avis (Tel. 05 59 23 67 92), Europcar (Tel. 05 59 43 80 20), National (Tel. 05 59 23 07 41) und Sixt (Tel. 05 59 43 76 61).

Parken

●Am besten, man hält sich mit dem eigenen Fahrzeug aus der Innenstadt heraus. Ein guter Parkplatz liegt oberhalb der Plage Côte des Basques, ab dort ist die City zu Fuß erreichbar. Zu den Parkhäusern im Zentralbereich zählen: Parking du Casino und Parking de la Grande Plage, beide am boulevard Général de Gaulle. Für Campervans ist – gegen Gebühr – einzig der Parkplatz an der Avenue de la Milady geeignet.

Verkehrsanbindung

●Flughafen **Biarritz-Anglet-Bayonne:** wenige Kilometer östlich der Innenstadt; Verbindungen u.a. nach Paris und London. Aktuelle Infos unter www.biarritz.aeroport.fr, Tel. 05

59 43 83 83. Gegen Gebühr längere Abstellmöglichkeiten des eigenen Fahrzeugs auf den Flughafenparkplätzen. Wer Geld sparen will, kann sein Auto ebenso gut in den nahen Wohngebieten abstellen (ca. 800–900 m) und problemlos zu Fuß zum Airport gehen. Ab dem Flughafen günstige Linienbusse nach Biarritz, Bayonne und Anglet.

● **Bahnhof:** ca. 3 km südöstlich des Zentrums an der allée du Moura, Tel. 3635; Verbindungen u.a. nach Bordeaux, Hendaye und Paris.

● **Regionalbusse:** Ab der Haltestelle am square d'Ixelles Verbindungen nach Hendaye und Saint Jean-de-Luz.

Bidart und Guéthary   ♫ XVI/B2

Südwestlich von Biarritz schließen sich die kleinen Urlaubsgemeinden Bidart und Guéthary an, die rund um historische Stadtkerne gewachsen sind. Der längste Strand liegt zwischen beiden Orten. In Bidart sind bekannte Golfschulen ansässig, in Guéthary findet man eine Surfschule. Im Sommer ist die Gemeinde Bidart unter **Campern** sehr beliebt, sie verfügt über mehr als zehn Plätze, auf denen reiner Saisonbetrieb herrscht. Zur kühleren Jahreszeit wirkt Bidart wie ausgestorben.

Über die Gemeinde Bidart verteilen sich mehrere kleine Kirchbauten: die 1684 direkt über der Küste erbaute **Chapelle Saint-Joseph** (gute Aussicht), die auf den Beginn des 18. Jh. zurückgehende **Chapelle Ur Onea** sowie die traditionsgemäß von Seeleuten verehrte **Chapelle Sainte-Magdeleine** aus der ersten Hälfte des 19. Jh.

Das **Stadtmuseum von Guéthary** ist in einer Villa vom Beginn des 20. Jahrhunderts untergebracht und geht auf die Initiative des Bildhauers *Georges Clément de Swiecinski* zurück, der mit einigen Arbeiten vertreten ist. Es gibt immer wieder Wechselausstelungen zeitgenössischer Kunst (Malerei, Fotografie, Bildhauerei).

● **Musée Municipal de Guéthary,** Parc André Narbïts, 117 avenue du Général de Gaulle; Mai/Juni und September/Oktober tägl. außer dienstags und sonntags 14.30–18.30 Uhr, im Juli und August tägl. außer dienstags und sonntags 15–19 Uhr; www.musee-de-guethary.fr.

Information

● **Office de Tourisme,** rue Erretegia, Bidart, Tel. 05 59 54 93 85, Fax 05 59 54 70 51, www.bidarttourisme.com.

● **Office de Tourisme,** 74 rue du Comte de Swiecinski, Guéthary, Tel. 05 59 26 56 60, Fax 05 59 54 92 67, www.guethary-france. com.

Camping

● **Camping Le Pavillon Royal,** avenue du Prince de Gales, Bidart, Tel. 05 59 23 00 54, Fax 05 59 23 44 47, www.pavillon-royal.com. Geöffnet Mitte Mai bis etwa Ende September. Vier Sterne, auch Vermietung von Studio, Appartement und Chalet.

● **Camping Le Ruisseau,** route d'Arbonne, Bidart, Tel. 05 59 41 94 50, Fax 05 59 41 95 73, www.camping-le-ruisseau.fr. Anfang Mai bis Mitte September. Mit Aquapark, etwa 2 km von den Stränden Bidarts entfernt. Auch Vermietung von Mobil-homes und kleinen Bungalows.

Sport und Freizeit

● **Golf/Golfschule:** European Golf Biarritz, avenue du Château, Bidart, Tel. 05 59 43 81 21, Fax 05 59 43 81 22, www.europeangolf-biarritz.com. Ganzjährig Golf-Lehrgänge, auch Golfschule und Lehrgänge für Junioren.

● **Surfen:** École de Surf de Guéthary-Bidart, 168 rue de Suhara, Domaine de Choriekin, Bidart, Tel. 05 59 54 81 78, http://surf.guet hary.free.fr. Diverse Kurse.

Baskisches Küstenland

Saint Jean-de-Luz

●	1	Kleiner Leuchtturm
★	2	Maison de l'Infante
❶	3	Office de Tourisme
🍴	4	Restaurants
★	5	Maison Louis XIV
⛪	6	Église Saint-Jean-Baptiste
⬛	7	Markt
★	8	Flusspromenaden
★	9	Freizeitbad
●	10	Institut de Thalassothérapie Hélianthal
🏨	11	Hôtel Le Parc Victoria
Ⓜ	12	Ecomusée Basque

Saint Jean-de-Luz ↗ XVI/B2

Das 14.000-Einwohner-Städtchen Saint Jean-de-Luz an der Mündung der Nivelle bietet eine der malerischsten Ansichten an Frankreichs gesamter Atlantikküste. Rund um den **Hafen** ver-

schmelzen die Bilder der Kutter, Masten und Häuserzeilen zum typischen Mosaik mit südländischem Flair. Immer wieder tuckern Boote durch die schmale Flusseinfahrt ins geschützte Bassin, Fischer bringen ihre Fänge an Land, an den Kais stapeln sich die Net-

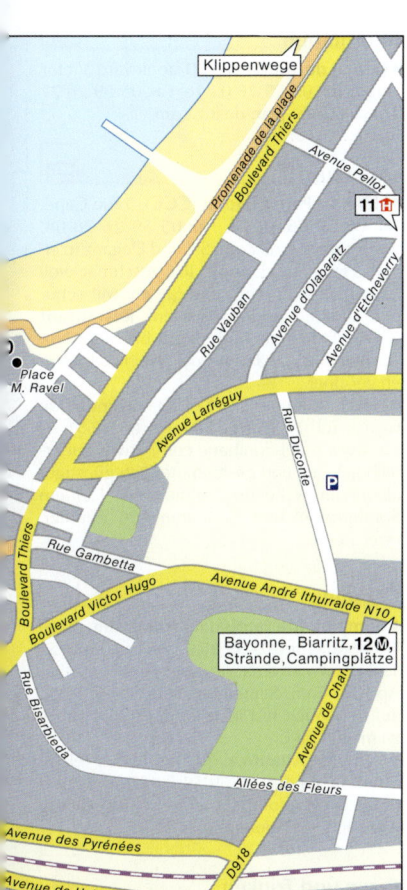

Maison de l'Infante und Maison Louis XIV

Am Quai de l'Infante erhebt sich das besuchbare Maison de l'Infante, ein aus dem 17. Jh. datierendes Haus mit bogenförmigen Fenstern, in dem die spanische Infantin *Maria-Theresia* 1660 im Vorfeld ihrer Hochzeit mit König *Ludwig XIV* residierte. Der junge Monarch war in dem aus derselben Epoche datierenden Maison Louis XIV untergebracht, wo man heute seinen Spuren folgen kann; **Wachsfiguren** machen Prunk und Ambiente der Hochzeit greifbar.

● **Maison de l'Infante,** 1 rue de l'Infante, nur Anfang Juni bis Mitte Oktober zugänglich, Di.–Sa. 11–12.30 und 14.30–18.30 Uhr, So./Mo. nur nachmittags.
● **Maison Louis XIV,** place Louis XIV, geöffnet Juli/August tägl. 10.30–12.30 und 14.30–18.30 Uhr, Juni sowie Anfang September bis Mitte Oktober Führungen tägl. um 11, 15, 16 und 17 Uhr.

Place Louis XIV und Fußgängerzone

Hinter dem Hafenbecken schließt sich die von Restaurants umzogene Place Louis XIV an, Zentrum des vibrierenden Sommerlebens und mit dem Musikpavillon gelegentlich Schauplatz von Konzerten. Im Jahre 1660 diente das kurz zuvor vom Reeder *Johannis de Lohobiague* erbaute **Maison Louis XIV** wochenlang als königliche Residenz. Von diesem Hauptplatz aus taucht man in die langgestreckte Fußgängerzone **Rue Gambetta** ein, in der das Bummeln wirklich Spaß macht und an der die **Église Saint-Jean-Baptiste** emporragt. In dieser Kirche ließen sich im erwähnten Jahr 1660 In-

ze. Schon im Mitelalter zerlegten hier die Walfänger ihre Beute. Schön sind in Saint Jean-de-Luz jedoch nicht nur die Meeresansichten. Landeinwärts laufen **Promenaden** an der Nivelle entlang, auf der zahlreiche kleine Boote schaukeln.

Baskisches Küstenland

fantin Maria-Theresia und Ludwig XIV. unter großem Prunk vermählen; sehenswert im Innern des auf das 15. Jh. zurückgehenden Sakralbaus sind die hölzernen Emporen und das Retabel.

Strände und Klippenwege

Saint Jean-de-Luz zeigt sich nicht nur als geschichtsträchtiges Pflaster, sondern auch als stimmungsvoller **Badeort.** Ein hoher Wall mit Promenaden trennt die Altstadt von der **Grande Plage,** einem nicht allzu großen Sandstrand, der sich zur geschützten Bucht hin wendet. An der Meeresflanke lohnt sich ein ausgiebiger Streifzug sowohl zur Seite der Hafeneinfahrt als auch in Gegenrichtung bis zu den **Grünanlagen** und einem kleinen **Spazierwegenetz** oberhalb des östlichen Buchtauslaufs. Auf Pfaden hoch über den Klippen kann man sich den Seewind um die Nase wehen lassen. Weiter ostwärts Richtung Guéthary stößt man sowohl auf einige **Campingplätze** als auch auf **kleine Strände** wie die Plage d'Erromardie, die Plage de Lafitenia, die Plage de Mayarkoenia und die Plage de Senix; Zufahrt am besten über die N 10.

Im Hinterland

An dieser Stelle sei auf lohnende Ziele im küstennahen Hinterland verwiesen, die man als Halbtagestrips oder als Ganztagesausflüge angehen kann: mit der Zahnradbahn hinauf auf den Berg **La Rhune,** zur **Grotte von Sare** oder in *Edmond Rostands* museale Villa nach **Cambo-les-Bains** (⇨Kap. „Pyrénées-Atlantiques").

Information

●**Office de Tourisme,** 20 boulevard Victor Hugo, Tel. 05 59 26 03 16, Fax 05 59 26 21 47, www.saint-jean-de-luz.com.

Unterkunft

●**Hôtel Le Parc Victoria** (€€€), 5 rue Cepé, Tel. 05 59 26 78 78, Fax 05 59 26 78 08, www.parcvictoria.com. Stil und Eleganz in einem Haus aus dem 19. Jh., geschmackvoll ausstaffierte Zimmer und Suiten. Mit schönem Garten und exklusivem **Restaurant** (€€€). Hotel nur Mitte März bis Mitte November sowie während der Weihnachtsferien geöffnet.
●**Hôtel Donibane** (€–€€), avenue de Layatz, Tel. 05 59 26 21 21, Fax 05 59 51 20 50, www.hotel-donibane.com. Etwas außerhalb gelegen und deshalb preislich günstiger als in der Nähe des Strands. Mit kleinem Sommerpool und Restaurant, 68 Zimmer, zwei Sterne.

Camping

●**Camping International Erromardie,** plage Erromardie, Tel. 05 59 26 07 74, Fax 05 59 51 12 11, www.erromardie.com. Geöffnet Mitte April bis Ende September. Vier-Sterne-Platz, auf dem auch fest installierte Mobil-Homes zu mieten sind.
●**Camping Atlantica,** quartier Acotz, Tel. 05 59 47 72 44, Fax 05 59 54 72 27, www.campingatlantica.com. Geöffnet etwa Anfang April bis Ende September.

Essen und Trinken

●Eine **Vielzahl von Restaurants** findet man im Bereich um die place Louis XIV sowie in den kleinen Gassen zwischen place Louis XIV und Meereswall, z.B. Le Majestic. Zur wärmeren Jahreszeit sind dort und andernorts die Terrassen bestens belegt, auf den Speisekarten geben vor allem Meeresfrüchte den Ton an. Für die kleine Einkehr zwischendurch sind beispielsweise die **Brasserie Le Cosmopolitain** (place Foch) und das **Bistrot Le Gambetta** (61 rue Gambetta) geeignet.

Sport und Freizeit

● **Bootstouren:** im Sommer ab dem Hafen durch die Bucht.

● **Freizeitbad:** Piscine de Saint Jean-de-Luz, route d'Ascain, Tel. 05 59 26 15 15, www.ca rilis.fr. Die Öffnungszeiten sind abhängig von den Schulferien. Zur Ferienzeit Mo., Mi., Do., Sa. und So. 9.30–18 Uhr sowie Di. und Fr. 9.30–22 Uhr, ansonsten sehr eingeschränkt und durchgehend nur am Wochenende (Sa./ So. 9.30–18 Uhr).

● **Kanu/Kajak:** Aquabalade, Base de Muntxola, route d'Ascain, Tel. 06 62 58 09 97, www.aquabalade.com.

● Auf der nahen Ferme Berrain gibt es ein **Ökomuseum:** das Ecomusée Basque, Tel. 05 59 51 06 06, www.jean-vier.com. Führungen April bis Juni, Sept. und Okt. Mo.–Sa. 10–11.15 und 14.30–17.30 Uhr, Juli und August tägl. 10–18.30 Uhr.

● **Thalassotherapie:** Institut de Thalassothérapie Hélianthal, place Maurice Ravel, Tel. 05 59 51 51 51, Fax 05 59 51 51 54, www.helian thal.fr.

Feste und Veranstaltungen

● In den Sommermonaten Festprogramm mit baskischen **Kraftsportdemonstrationen, Pelota-Matches** und **Konzerten** auf der Place Louis XIV und in der Kirche Saint Jean-Baptiste.

Einkaufen

● Der beste Schaufensterbummel führt entlang der **Rue Gambetta** – exklusive Läden mit exklusiven Preisen!

Parken

● Große Parkplätze im Bereich des Bahnhofs und nahe der place Louis XIV.

Verkehrsanbindung

● **Bahnhof:** wenige 100 m von der City entfernt an der place de Verdun, Tel. 3635; regelmäßige Verbindungen u.a. nach Biarritz, Bordeaux und Hendaye.

Von Saint Jean-de-Luz nach Hendaye ⤢ XVI/B3

Wer den Weg von Saint Jean-de-Luz ins Grenzstädtchen Hendaye mit dem eigenen Fahrzeug zurücklegt, fährt entweder landeinwärts über die Nationalstraße N 10 oder über die baskische Küstenroute Corniche Basque. Zum Glück ist auf beiden Strecken kein Schwerlastverkehr anzutreffen, da sie dafür offiziell gesperrt sind.

Über die N 10

Die Route de la Corniche deckt ein ausgesprochen schönes Stück ab, doch wer auf schnelleres Fortkommen bedacht ist, wählt die N 10. Fast unmittelbar an dieser liegt das **Château d'Urtubie,** ein von reichlich Grün umgebenes Schloss. Dieses geht ursprünglich auf die Mitte des 14. Jh. zurück und gehört zum Gemeindegebiet von **Urrugne.** Heute kann man hier feudal nächtigen und sich in Zimmern mit klingenden Namen wie „Louis XIV" und „Empire" betten (Hôtel Château d'Urtubie, €€–€€€, Tel. 05 59 54 31 15, Fax 05 59 54 62 51, www.cha teaudurtubie.fr).

Ciboure ⤢ XVI/B3

Hat man sich für die Route de la Corniche Basque entschieden, fährt man in Saint Jean-de-Luz hinter der Flussbrücke rechts durch Ciboure. In jenem unmittelbaren Nachbarort von Saint Jean-de-Luz wurde 1875 der Komponist *Maurice Ravel* geboren, der mit seinem „Bolero" Weltruhm erlangte. Im Jahre 1962 starb in Ciboure der

Baskisches Küstenland

Schriftsteller *Pierre Benoit,* der auf dem Marinefriedhof von Socoa begraben liegt. Im Ortsinnern erinnert das „weiße Kreuz" (La Croix Blanche) an den historischen Durchzug der Jakobspilger auf der Küstenroute Richtung Santiago de Compostela.

Socoa   ↗ XVI/B2

Nächster Ort hinter Ciboure ist Socoa, das den westlichen Abschluss der **Bucht von Saint Jean-de-Luz** formt und Besucher mit seinem kurzen Sandstrand, dem Hafen und einem runden Burgturm (17. Jh., nicht be-

suchbar) empfängt. Dahinter bieten sich gute Ausblicke auf den Atlantik, ein künstlicher Wall trennt die Bucht vom rauen Meer. Am geschützten Hafenbecken konzentrieren sich einige Restaurants; ebenfalls geschützt liegt der kleine Hauptstrand von Socoa.

Corniche Basque   ↗ XVI/B3

Hinter Socoa steigt die Straße an und zieht sich hoch über den Steilfelsen zwischen dem Grün der Wiesen und dem Blau des Atlantiks hindurch. Naturfans legen an den kleinen Parkplätzen Stopps ein, um die Ausblicke bis zu den Ausläufern der Pyrenäen und dem spanischen Kap Higuer (Cabo Higuer) zu genießen. Der zum Kap hin abfallende mächtige Bergrücken heißt Monte Jaizkibel. Wer Campingplätze liebt, wird in einer schönen Anlage wie „Camping Caravaning Eskualduna" Station machen, Zufahrt direkt ab der Küstenstraße. Auf dem letzten Streckenteilstück geht es am Naturschutzgebiet **Site Naturel Protégé Domaine d'Abbadia** und am versteckt gelegenen **Château d'Antoine d'Abbadie** vorbei (⇨Hendaye), bis die Küstenroute auf Hendayes Hauptstrandboulevard ausrollt.

Information

●**Office de Tourisme,** 27 quai Maurice Ravel, Tel. 05 59 47 64 56, Fax 05 59 47 64 55, www.ciboure.fr.

Camping

●**Camping Caravaning Eskualduna,** route de la Corniche, Hendaye, Tel. 05 59 20 04 64, Fax 05 59 20 69 28, www.campingeskualduna.fr. Geöffnet Anfang Juni bis Ende

Malerische Route an den Klippen entlang: Corniche Basque

September, wochenweise Vermietung von Mobil-Homes Ende April bis Oktober, Anbindung an den Naturpark Domaine d'Abbadia (⇨ „Traumhafte Campingplätze" im Kapitel „Reisetipps A–Z: Camping").

Sport und Freizeit

● **Radfahren** ist zwar beliebt, aber nicht ganz ungefährlich auf der im Sommer vielbefahrenen Route de la Corniche Basque. Landeinwärts versetzt ist ein winziges Sträßchen als „laison cyclable" ausgewiesen, das sich guten Gewissens empfehlen lässt.
● **Seekajak:** Atlantic Pirogue, Port de Socoa, Tel. 05 59 47 21 67, Fax 05 59 47 28 76, www.atlantic-pirogue.com.
● **Segeln:** École de Voile Internationale, Parking de Socoa, Tel. 05 59 47 06 32.
● **Tauchen:** Odyssée Bleue, Hangar 4 chemin des Blocs, Socoa, Tel. 06 63 54 13 63, www.odyssee-bleue.com.

Hendaye – Strand und Hafen an der Grenze ♫ XVI/B3

Das 15.000-Einwohner-Städtchen an der Mündung des **Grenzflusses Bidassoa** blickt auf eine lange, wechselvolle Vergangenheit zurück. Einst stachen hier die Walfänger zu ihren gefährlichen Fahrten in See (daran erinnert ein Wal auf dem Stadtwappen). Im Jahre 1660 stand die legendäre Fasaneninsel im Bidassoa ganz im Zeichen des Ehevertragsschlusses zwischen Frankreichs König *Ludwig XIV* und der spanischen Infantin *Maria-Theresia*. 1940 kam es zu einem geheimen Treffen der Diktatoren *Hitler* und *Franco*, wobei es an der Seite Deutschlands um den Kriegseintritt Spaniens ging – doch ohne Ergebnis, denn

Frankreichs Nachbarland war nach dem eigenen jahrelangen Bürgerkrieg regelrecht ausgeblutet.

Hendaye zeigt sich immens weit ausgeufert und setzt ganz unterschiedliche Gesichter auf: Gleisgewirr um den großen Bahnhof im Grenzbereich, langer Sandstrand, lohnender Abbadie-Naturpark samt Schloss über der Küste sowie Promenaden rund um den Sporthafen Sokoburu und die vogelreiche Bucht von Txingudy. Teile der Bucht stehen heute als **Réserve Naturelle** unter Naturschutz. Hier sind ebenso Spazierwege angelegt worden wie nahe dem Port de Caneta. Nahe dem Fußballfeld lockt ein großer Spielplatz mit reichlich Klettergerät die Kleinsten an, vor allem an den Wochenenden. In Sichtweite des Spielplatzes liegt ein kleiner hölzerner Beobachtungsturm mit Aussicht über die Bucht; leider setzt gelegentlicher Fluglärm vom gegenüber liegenden spanischen Hondarribia der Stimmung etwas zu.

Sandiges Aushängeschild ist der knapp 3 km lange **Strand,** der sich von der Mündung des Bidassoa (Weststrand) bis zur östlichen Klippenlandschaft mit ihrer vorgelagerten Felsformation Deux Jumeaux (Zwillinge) spannt. Bei Flut steht das Mittelstück des Strands unter Wasser, im Bereich der Klippen ist **FKK-Zone.** Leider trüben oftmals Anspülungen von Seegras ein wenig das Badevergnügen.

Domaine d'Abbadia

Zwillingsformation und Steilküste gehören bereits zum Site Naturel Pro-

Baskisches Küstenland

Hendaye

Hondarribia

B i d a s s o a

SPANIEN

2 ●
Boulevard de la Me

Place
Sokoburu

Avenue

**Sporthafen
Sokoburu**

3

Rue des Orangers

4 ●

Quai de la Floride

Flugplatz

**Baie de
Txingudy**

Irun, San Sebastián

Avenue d'Espagne

Pont St-Jacques

*Port de
Caneta*

**Réserve Naturelle
Baie de Txingudy**

Bd de la

Boulev

Bahnhof

Boulevard du Général de Gaulle

Fußballplatz

Bd. du G. Leclerc

Rue du Comerce

Rue de Santiago

Rue Irandatz

● **16**

Rue de Béhobie

Rue de Subernova

Rue Atabala

Rue de Hapetenia

Rue des Réservoirs

Boulevard de l'Empereur

Bidassoa

BÈHOBIE

N 111

Chemin de Maillarenia

Biriatou, Autobahn

1 Kleiner Leuchtturm
2 Casino mit
Bar und Restaurant
3 Bootsabfahrten über den Fluss nach Hondarribia
4 Centre Nautique
5 Office de Tourisme
6 Post
7 Hôtel Bellevue
8 Hôtel Valencia
9 Camping Les Deux Jumeaux
10 Zugang zum Strand und ins Abbadia-Naturschutzgebiet
11 FKK-Zone
12 Landhaus Larretxea
13 Zugang zum Abbadia-Naturschutzgebiet
14 Campingplatz Eskualduna
15 Camping Les Acacias
16 Schwimmbad

Baskisches Küstenland

mosas

5 Boulevard de la Mer

Rue Leclerc

6

Rue d'Elissacilio

8

Sportplatz

Rue des Illas

roun

Rue Ansoenia

Bahnhof

Avenue de Lissardy

9

Route de la Corniche Basque

Boulevard de l'Empereur

Rue Walt Disney

Deux Jumeaux

Pointe Saint-Anne

11

10

12

Site Naturel Protégé Domaine d'Abbadia

Baie de Loya

Château d'Antoine d'Abbadie

Rue de la Glacière

15

13

St. Jean-de-Luz

14

0   500 m

2126 Foto: ct

tégé Domaine d'Abbadia, einem 65 ha großen **Naturschutzgebiet,** das jederzeit frei zugänglich und von einem Netz aus Spazierwegen durchzogen ist. Für Hunde und Radler ist der Zutritt verboten, Jogger finden ein herrliches Terrain vor, mittendrin liegen Apfelwiesen und das trutzige **Landhaus Larretxea.** Beste Einstiegsmöglichkeiten in den Park: der Parkplatz nahe dem Abgang zum östlichen Hauptstrand (bei der Kläranlage!) oder der Parkplatz an der Route de la Corniche

Basque genau gegenüber der Zufahrt zum Campingplatz Eskualduna. Brombeerranken, Farne und Wiesen flankieren die Wege, auf denen man die wildromantische **Bucht von Loya** erreicht und hoch über der zerklüfteten Küste thront. Ein paar verfallene Bunker künden von weniger friedlichen Zeiten, die Pointe Sainte-Anne schiebt sich weit ins Meer vor.

Mitten ins Grün des Naturparks gebettet ist das **Château d'Antoine d'Abbadie,** ein 1860–1870 in neugotischem Stil erbautes Märchenschloss. Es ist benannt nach dem Astronom, Geografen und passionierten Fernreisenden *Antoine d'Abbadie* (1810–97). Das Schloss ist nur von der Seite der Corniche Basque erreichbar.

Häuserfront am Hafen von Hendaye

●**Château d'Antoine d'Abbadie,** wechselnde Zugangszeiten, in der Regel gelten folgende: Anfang Februar bis Ende Mai sowie Anfang Oktober bis Mitte Dezember Di.–Sa. Führungen zwischen 14 und 17 Uhr, Ende Mai bis Ende September Mo.–Fr. 10–14 und 14.30–18 Uhr (dabei entweder Teilnahme an Führungen oder freie Besuche) sowie Sa./So. 14–18 Uhr (nur freie Besuche); www.academie-sciences.fr/abbadia.htm.

Information

●**Office de Tourisme,** 67 boulevard de la Mer, Tel. 05 59 20 00 34, Fax 05 59 20 79 17, www.hendaye-tourisme.fr.

Unterkunft

●**Hôtel Valencia** (€–€€), 29 boulevard de la Mer, Tel. 05 59 20 01 62, Fax 05 59 20 17 92, http://hotel.valencia.free.fr. An der Hauptpromenade gelegen, 21 Zimmer, über die Straße hinweg Zugang zum Strand, Parkplatz, im Dezember Betriebsferien.
●**Hôtel Bellevue** (€–€€), 36 boulevard du Général Leclerc, Tel. 05 59 20 00 26, Fax 05 59 48 15 73, www.hotelbellevue-hendaye.com. Haus in trutzigem baskischen Stil, 14 Zimmer, großer angegliederter Privatparkplatz, ganzjährig geöffnet. Gute Anbindung an die nahe Txingudy-Bucht, Strandpromenade etwa 500 m entfernt.

Camping

●**Camping Les Acacias,** route de la Glacière, D 658, Tel./Fax 05 59 20 78 76, www.les-acacias.com. Anfang April bis Ende September. Den Unterschied zu anderen Plätzen markiert ein in ein natürliches Umfeld gefasste Badesee, direkt auf der anderen Seite der Straße. Hier findet man weite Liegeflächen im Gras, Wasserrutsche und Boulefelder.
●**Camping Les Deux Jumeaux,** route de la Corniche Basque, Tel./Fax 05 59 20 01 65, www.camping-des-2jumeaux.com. Einfacher, kleiner Platz, geöffnet April bis September.

Essen und Trinken

●**Restaurant Enbata** (€€–€€€€), 76 avenue des Mimosas, Tel. 05 59 48 88 48. Gehört zu

den ganzjährig geöffneten Restaurants, gepflegte Eleganz, regionale Spezialitäten.
●**Nahe dem Sporthafen** findet man eine Reihe von Restaurants, darunter **La Cabane du Pêcheur** (€€, quai de la Floride, Tel. 05 59 20 38 09, www.lacabanedupecheur-hendaye.fr).

Nightlife

●**Casino,** beim Sporthafen Sokoburu, klein. Mit Restaurantbetrieb (www.casino-hendaye.com).

Baskisches Küstenland

Das Schloss von Hendaye, Château d'Antoine d'Abbadie

Sport und Freizeit

●**Hallenschwimmbad** *(Piscine Municipale),* rue de Santiago. Stark wechselnde Zugangszeiten, Infos über das Office de Tourisme.
●**Seekajak:** Kalapo Kayak, Plage des Deux Jumeaux, Verleih direkt am Strand nahe der Felsformation Deux Jumeaux, aber nur im Hochsommer; www.kalapo-kayak.fr.
●**Segeln:** Centre Nautique (boulevard de Txingudy, Tel. 05 59 48 06 07, Fax 05 59 48 06 08, www.centrenautique.hendaye.com). Diverse Kurse, auch für Kinder und Jugendliche.
●**Surfen:** École de Surf, Club de Plage Neptune, boulevard de la Mer, Tel. 06 73 37 53 81, www.ecoledesurf-hendaye.com. Nur während der Saison.
●**Tauchen:** Centre de Plongée Planet Océan, Site Tribord, quai de la Floride, Tel. 06 62 63 66 27, www.planetocean.fr.
●**Thalassotherapie:** Complèxe Hôtelier & Thalassothérapie Serge Blanco, 125 boulevard de la Mer, Tel. 08 25 00 00 15, www.thalassoblanco.com, am Sporthafen Sokoburu.

Feste und Veranstaltungen

●Während der Sommermonate **buntes Festprogramm** mit Nachtmärkten am Boulevard de la Mer, Konzerten, typischen Tänzen, baskischen Kraftsportdemonstrationen, Pelota-Spielen im Fronton Belcénia und Sardinengrillen am Port de Caneta.

Einkaufen

●**Megashops mit Spirituosen** am Grenzübergang Béhobie (spanische Seite).

Segler in der Flussmündung des Bidassoa

●Sa. Vormittag kleiner **Freiluftmarkt** auf der place Sokoburu.

Post

●**Hauptpost (PTT),** rue des Aubépines.

Verkehrsanbindung

●**Bahnhof:** boulevard du Général de Gaulle, Tel. 3635; regelmäßige Verbindungen u.a. nach Biarritz, Bordeaux, Paris und Saint Jean-de-Luz.

In der Umgebung

Biriatou ⚑ XVI/B3

Wenige Kilometer südöstlich von Hendaye erreicht man im **Bidassoa-Tal** das malerische kleine Dorf Biriatou mit seinem gedrungenen Kirchlein Saint-Martin und einer beliebten Pelota-Spielwand. Im örtlichen Restaurant Bakea (€€–€€€; Tel. 05 59 20 02 01; auch Hotel; www.bakea.fr) kann man sich aller Ruhe opulenten Gaumenfreuden zuwenden. Rund um Biriatou finden Wanderfreunde ein gutes Terrain.

Hondarribia ⚑ XVI/A3

Vom Sporthafen Hendayes fährt ein im Sommer häufig verkehrendes Personenboot *(navette)* über den Grenzfluss Bidassoa ins **spanische** Hondarribia mit seinen Promenaden, dem Sandstrand, dem Jachthafen sowie zahlreichen Restaurants und Bars. Um Teile der denkmalgeschützten, kleinen **Altstadt** spannt sich ein wuchtiger Mauergürtel. Wichtigste Monumente sind die Renaissancekirche **Nuestra Señora de la Asunción** und die trutzige **Wehrburg Carlos V** (heute Hotel).

Baskisches küstenland

Pyrénées-Atlantiques

215sf Foto: ad

139sf Foto: ad

Ausblick von Lourdes' Hausberg Pic du Jer
auf die umliegende Bergwelt

Paprikaschoten aus Espelette

Häuserzeile in Oloron-Sainte-Marie

Im Schatten der Pyrenäen

Museale Dörfer und grasgrüne Hänge, trutzige Burgen und kristallklare Flüsschen und natürlich Gebirgsgiganten der Pyrenäen – dies und vieles mehr wartet im **Département Pyrénées-Atlantiques,** das den verwaltungstechnischen Überbau bildet und im Westen den letzten Südzipfel der Atlantikküste umfasst. In den Landstrichen wirbelt eine ganze Reihe von Begriffen durcheinander, die es vorab zu klären gilt. So bildet der gesamte West-

teil des Départements das Baskenland *(Pays Basque),* das man wiederum in die drei historischen baskischen Provinzen **Labourd** (Hauptstadt Bayonne), **Soule** (Hauptstadt Mauléon) und **Basse-Navarre** (Hauptstadt Saint Jean-Pied-de-Port) unterteilt. Den Ostteil des Départements formt der historische Landstrich des **Béarn.** Wichtigster Ort und Hauptstadt der Pyrénées-Atlantiques ist Pau.

Am Wege sieht man gelegentlich Schilder, die auf den Verkauf von **Schafskäse** *(fromage de brebis)* und baskischen **Mandelkuchen** *(gâteau basque)* weisen. Auch **Honig** aus dem Béarn *(miel du Béarn)*, ein deftiger **Eintopf** *(garbure)*, **Lammfleisch** *(agneau)* und **Forellen** *(truites)* sind kulinarische

Sattes Grün in der Umgebung von Saint Jean-Pied-de-Port

Tests wert. Besonderheiten sind die Weinbaugebiete um Jurançon, Salies-de-Béarn und Saint Jean-Pied-de-Port (siehe Exkurs „Auf Weintour"). Im Alltagsleben des Baskenlands und des Béarn darf – vor allem unter älteren Menschen – der berühmte Kopfschmuck nicht fehlen: die **Baskenmütze** *(béret),* der schon *Che Guevara* und *Greta Garbo* internationalen Ruhm zugetragen haben. Die Lebensstränge von Männern aus der Gascogne und dem Béarn sollen dem Schriftsteller *Alexandre Dumas* Mitte des 19. Jh. als Vorbilder für seine „Drei Musketiere" gedient haben.

Basse-Navarre und Soule

In den beiden historischen baskischen Provinzen Basse-Navarre und Soule laufen die Fäden in den jeweiligen Hauptstädten zusammen: **Saint Jean-Pied-de-Port** (Basse-Navarre) und **Mauléon** (Soule). Wer dörfliche Abgeschiedenheit sucht, wird nicht enttäuscht! Vielerorts bestimmen Land- und Viehwirtschaft das Bild, auf bäuerlichen Gehöften geht das Leben seinen gewohnten Gang, im französisch-spanischen Grenzgebiet verlockt das Grün zu Wandertouren. Allgegenwärtige Wahrzeichen sind die ziegelgedeckten Häuser, deren kalkweiße Fassaden im Kontrast zu den roten Fensterläden stehen. Ebenso wenig aus den Ortsbildern wegzudenken sind die zahlreichen kleinen Kirchen.

Durch den Westen des Béarn

Im Vergleich zu bekannten Orten der Küste und des Baskenlands er-scheint der Landstrich des Béarn wie eine große Unbekannte – doch stille Wasser sind bekanntermaßen tief. Das flussreiche Gebiet blickt auf eine wechselvolle Vergangenheit mit Zugehörigkeiten zur Grafschaft von Foix und zum Königreich Navarra zurück, ehe es 1589 endgültig an die französische Krone fiel und 1620 offiziell eingegliedert wurde. **Türme und Festungen** legen Zeugnis von jenen unruhigen Zeiten ab und verleihen den Orten einen rauen, aber durchaus charmanten Anstrich. Im Béarn pendelt man zwischen grandiosem **Hochgebirge** und saftig grünem **Pyrenäen-Vorland,** in das das malerische Jakobswegstädtchen **Oloron-Sainte-Marie** eingefasst ist.

Empfehlenswerte Anfahrt aus dem Küstenbereich: über Peyrehorade nach **Sauveterre-de-Béarn,** ab dort weitere Entdeckungstour über Navarrenx und Oloron-Sainte-Marie nach **Pau.** Bezeichnend für den Béarn sind stille Feld- und Wiesenlandschaften, Rinder- und Schafweiden, kleine Orte und rustikale Steinbauernhäuser. Südlich von Oloron-Sainte-Marie stößt man ins Vallée d'Aspe und weit südlich von Pau ins Vallée d'Ossau vor; durch beide Pyrenäentäler bindet man an den **Parc National des Pyrénées** an. Ein Abstecher führt in die Pilgerstadt **Lourdes.**

Pyrénées Atlantiques

Auf Weintour

„Weine aus dem Jurançon, das ist die **Sonne und Frische der Pyrenäen** in der Flasche", sagt *Cédric Laprun*, der Weinrouten auf unausgetretenen Pfaden propagiert. Im Südwesten Frankreichs müssen es nicht immer die schier übermächtigen Bordeauxweine sein, wie eine Reise durch die Landstriche Béarn und Baskenland belegt. Über die dünn besiedelten Ausläufer der Pyrenäen verteilen sich gemeinhin **weniger bekannte Anbaugebiete,** die sich mit ihrer Vielfalt und Qualität hinter nichts und niemandem zu verstecken brauchen. Südlich und westlich von Pau beginnen **Jurançon und Jurançon Sec,** zwei Bereiche mit der geschützten Herkunftbezeichnung „Appellation d'Origine Contrôlée", kurz AOC. Der historische Salzort Salies-de-Béarn liegt im Zentrum der **AOC Béarn-Bellocq,** das Pilgerstädtchen Saint-Jean-Pied-de-Port markiert die geografische Mitte der **AOC Irouléguy.** Überall stößt man auf exzellente Tropfen, als Beigaben gibt es Kulturdenkmäler und charmante Orte zwischen Berg und Tal. Unterkunft findet man in Landhäusern. Alljährlich Anfang oder Mitte Dezember laden 40 Weinkellereien im Jurançon zum Tag der offenen Tür, **„Portes Ouvertes en Jurançon".** Kostproben inklusive, versteht sich.

Maronen und Maisparzellen, Rinder- und Pferdeweiden, Brombeerhecken, Feigen- und Walnussbäume. Fruchtbares Land, Töne grün in grün. So sieht es an der **Jurançon-Weinstraße** aus, an der Patrice Limousin und Freya Skoda **bei Lasseube** die **Domaine de Cabarrouy** unterhalten (Tel. 05 59 04 23 08, Fax 05 59 04 21 85, http://domaine-cabarrouy.oloron-ste-marie.com). Das **Landgut** ist von grünen Hügeln und Rebgärten umzogen, die das französisch-deutsche Paar bis in den Dezember hinein mit der Spätlese auf Trab halten. Alles Handarbeit. Es ist viele Jahre her, da *Patrice* begann, Geld und Leidenschaft in die Erneuerung eines historischen Weinterrains zu stecken, das nunmehr 5,5 Hektar umfasst und sich mit seinen kalk-, sand- und lehmhaltigen Böden auf Höhen bis zu 300 Metern ausbreitet. Die **Rebsorten** heißen **Petit Manseng** und **Gros Manseng,** bezeichnend bei den Weißen ist die bernstein- bis goldfarbene Tönung. Der **Einfluss des Gebirgsklimas** der Pyrenäen, das eine Vielzahl frischer Nächte mit sich bringt, sorgt für einen längeren Reifeprozess als andernorts und verleiht den Weinen ausgewogene Noten. Besucher sind zur **Probe** willkommen, bei der man en passant einen Blick in die Kellerei mit ihren Eichenfässern und den thermoregulierten Edelstahlbehältern wirft; verkauft werden die Flaschen zu erschwinglichen Preisen. Die **aromatischen Finessen** der Tropfen reichen von Brombeeren und Rosinen bis zu Pflaumen und konfitierten Aprikosen. Bei der Verkostung schwärmt Winzer *Patri-*

251sf Foto: ad

Sonnengereifte Trauben

ce von der Welt der Weine und setzt mit leuchtenden Augen hinzu, er trinke nie Wasser. Ob das stimmt? Zumindest dürfte er einige der jährlich 25.000 abgefüllten Flaschen selber leeren ...

Erste Belege des Weinbaus in der Region reichen ins ausgehende **10. Jh.** zurück. Heute nimmt das rund tausend Hektar große **Anbaugebiet der Jurançon-Weine** einen 40 Kilometer breiten Korridor zwischen Pau und Oloron-Sainte-Marie ein. Im alten Jakobspilgerort Lacommande geht es gegenüber der Kirche hinein ins **Weinhaus** der Region: **Maison des Vins de Jurançon** (Tel. 05 59 82 70 30, www.vinsjurancon.fr; Mitte Juni bis Mitte September Mo.–Sa. 10–12 und 15–19 sowie So. 15–19 Uhr, während des übrigen Jahres nur Mi.–So. 14–18 Uhr). In dieser auf den neuesten Technikstand umgebauten Scheune werden mehr als hundert Weine präsentiert, ebenso wie andere Produkte der Gegend, darunter Marmeladen, Honig, Käse, eingekochte Ente. „Das Weinhaus fördert das Identitätsgefühl", ist *Cédric Laprun* überzeugt, der gleichzeitig auf Konzerte in der Dorfkirche verweist, die die Weinvereinigung des Jurançon mitorganisiert.

Einen Abstecher zu weiteren Quellen des Weins führt zur **Domaine Bellegarde bei Monein** (Quartier Coos, Tel. 05 59 21 33 17, www.domainebellegarde-jurancon.com). Großvater *Labasse* begann in den 1920er Jahren mit der Bepflanzung der Weinberge, sein Enkel *Pascal* setzt die Winzertradition heute fort. Symmetrisch laufen die Rebstöcke über die grünen Hänge, im Hintergrund zeichnet sich mit dem Pic d'Orry ein Zweitausender in den Pyrenäen ab. **Frisch und fruchtig** kommen die jungen Tropfen daher, bei den länger gereiften dringen aromatische Anklänge an Honig, Feigenkonfitüre und geröstete Nüsse durch.

„Trinken Sie den Wein aus Salies", steht auf dem Holzschild, „er macht haltbar, so wie das Salz." Diesem Appell kommt man in Salies-de-Béarn gerne nach, zumal die Tropfen des **Weinguts Guilhemas** (Avenue des Pyrénées 52, Tel. 05 59 38 10 02) schon mehrfach Preise eingestrichen haben. Als **unabhängiger Produzent** sprengt der Familienbetrieb das ansonsten feste Gefüge der Kooperativen um **Salies-de-Béarn** und bringt in vierter Generation Weiß-, Rosé- und Rotweine hervor. Stolz berichtet Winzerin Pierrette Lapeyre, man trinke ihren Wein sogar in Restaurants in Kalifornien und New York.

Ein **letzter Stopp** kommt dem **Absacker dieser Tour** gleich. Er führt ins Jakobswegstädtchen **Saint Jean-Pied-de-Port,** besser gesagt an den Stadtrand ins hochprozentige Reich der Domaine Brana (Avenue du Jaï-Alaï 3 bis, Tel. 05 59 37 00 44, www.brana.fr). Das 1897 begründete Familienunternehmen produziert **die besten Branntweine der Gegend.** Birne, Pflaume, Himbeere. Wunderbar weich, klar, vollreif. Ein Genuss, dem der Quittenlikör und die Rotweine in nichts nachstehen. Die weit außerhalb liegenden Weinberge sind in atemberaubende Kulissen gefasst. Saftgrüne Wiesenteppiche laufen auf die Pyrenäen zu, Gehöfte punktieren die Hänge. Die würzig-frische Luft spült Lungen und Kopf durch. Und das wird man nach einer Kostprobe als besondere Wohltat empfinden ...

Pyrénées Atlantiques

Ascain und La Rhune ♫ XVI/B3

Im nahen Hinterland der baskischen Küste wartet mit Ascain und der Zahnradbahn auf den Berg La Rhune ein vielgesichtiger Doppelschlag. Die einfachste Anfahrt (ausgeschildert) beginnt in Saint Jean-de-Luz.

Ascain gehört zu den **malerischsten Dörfern der Provinz Labourd,** liegt an der Nivelle und empfängt mit typisch baskischem Fachwerk. Im Ortskern laufen die Fäden rund um das Pelota-Spielfeld *(fronton)* und an der Église Notre-Dame de l'Assomption zusammen, die ursprünglich aus dem 13. Jh. stammt und in der man auf die Emporen achten sollte. Die Reize der 3000-Einwohner-Gemeinde sind ein offenes Geheimnis. An manchem Sommertag kann im Ortskern ziemlicher Andrang herrschen, was durch bunte Festprogramme verstärkt wird: ob baskische Tänze oder kulinarischer Freiluftmarkt auf der Place Pierre Loti. Der Platz trägt den Namen jenes Literaten, der hier Ende des 19. Jh. seinen Roman „Ramuntcho" schrieb.

Zahnradbahn auf die Rhune ♫ XVI/B3

Mit Zugkraft – im doppelten Wortsinn – trumpft der nächste Tourstopp zwischen Ascain und Sare am Col de Saint Ignace auf: die Station des **Petit Train de la Rhune,** ein altertümlich anmutendes Zahnradbähnchen, das Besucher seit 1924 im Schneckentempo von 8 km/h bergwärts trägt. Ziel ist

der 905 m hohe Pyrenäengipfel La Rhune, der von den Altvorderen schon als heiliger Berg verehrt wurde und grandiose Aussichten auf Gebirge und Meer erlaubt. Schon Kaiserin *Eugénie* berauschte sich 1859 an diesem Panorama. Über den Grat verläuft die **französisch-spanische Grenze.** Rasche Wetterwechsel sind nicht ungewöhnlich. Die Auffahrt dauert etwa 35 Minuten, führt an Farnen und Felsblöcken vorbei und durch die Lebensräume von Schafen und Pottok-Pferden.

Alternative zum Sitzerleben auf den ins Fleisch drückenden Bänkchen der Bahn ist die eigene Muskelkraft. Ein **Wanderweg** leitet hinauf zum Gipfel und überwindet eine Höhendifferenz von über 700 m.

● **Petit Train de la Rhune,** Tel. 05 59 54 20 26, www.rhune.com (Webseite mit Kontaktformular). Geöffnet je nach Jahr Ende Februar oder Anfang März bis Anfang November; regelmäßige Abfahrten zwischen 10 und 15 Uhr, weitere Abfahrten je nach Jahreszeit, Wetter und Besucherzustrom; im Hochsommer öffnet die Talstation um 8.30 Uhr, mitunter herrscht starker Andrang!

Col de Saint Ignace ♫ XVI/B3

Unweit des Col de Saint Ignace liegt mit **„Ortillopitz – la Maison Basque de Sare 1660"** ein zusätzliches kleines Besuchsziel. Dabei handelt es sich um ein ins Grün gebettetes Landhaus mit einem typischen Interieur, wie man es im 17. Jh. kannte – aufschlussreich nicht nur für baskische Volkskundler.

● **Ortillopitz,** Tel. 05 59 85 91 92, www.ortillopitz.com, Führungen Anfang April bis Mitte Juli sowie Mitte/Ende August bis Ende Oktober tägl. 14.15, 15.30 und 16.45 Uhr; Mitte Juli bis Mitte/Ende August tägl. außer So. vormittags 10.45, 12, 14.15, 15.30, 16.45 und 18 Uhr.

Unterkunft

● **Hôtel du Parc** (€–€€), place de l'Eglise, Ascain, Tel. 05 59 54 00 10, Fax 05 59 54 01 23, www.hotel-ascain.com. Gehört zum Verband der „Logis de France", 22 Zimmer, ansprechendes Restaurant. In der Regel geöffnet März bis Dezember.

Sare ♫ XVI/B3

Umgeben von landwirtschaftlichen Gehöften und steilen Pyrenäen-Abhängen, fügt sich Sare vortrefflich in die idyllische Landschaft. Eine ideale Tarnung, denn dem Ort mit seinen typisch labourdischen Häusern haftete einst das Image eines berühmt-berüchtigten Schmugglernestes an. Ganz im Zeichen solcher Traditionen steht der „Cross des contrebandiers" am vorletzten Sonntag im August. Bei diesem **„Crosslauf der Schmuggler"** wird jeder Teilnehmer schwerbeladen mit einem „Schmugglersack" ins Rennen geschickt (Distanz 8,4 km, höchster Punkt 522 m; www.sarakorrika.com). Im Herbst bricht das Jagdfieber auf Wildtauben aus. Sare selbst pflegt lange Pelota-Traditionen. Die Kirche Saint-Martin wurde im 17. Jh. erheblich erweitert.

Ausblick vom Berg La Rhune

Pyrénées Atlantiques

Grottes de Sare   ⚡ XVI/B3

Attraktion der Gegend sind die ausgeschilderten Grottes de Sare, ein **Höhlensystem,** das die Vorgeschichtler gern als Unterschlupf nutzten. Die ältesten nachgewiesenen Spuren menschlicher Präsenz gehen auf eine Zeit vor 45.000 Jahren zurück, die Höhle selbst dürfte vor etwa 90 Mio. Jahren entstanden sein. Im gespenstischen Umfeld aus Überhängen und Spalten werden die heutigen Grottenführungen mit einer audiovisuellen Show „Son et Lumière" aufbereitet – wobei man die Special Effects ein wenig überstrapaziert und sie ohnehin nicht jedermanns Geschmack treffen dürften.

● **Grottes de Sare,** Tel. 05 59 54 21 88, http://lezea.sare.fr; im Januar geschlossen, sonst Karneval bis Ostern sowie November/Dezember 14–17 Uhr, Ostern bis Juni sowie September 10–18 Uhr, Juli/August 10–19 Uhr, Oktober 10–17 Uhr; obligatorische Teilnahme an den Höhlenführungen, Besuchsdauer etwa eine Stunde. Außerhalb der Höhle kleines Museum und „Megalithpark" *(Parc mégalithique).*

Tierpark

Ebenfalls bei Sare gelegen (Richtung Grottes de Sare und Col de Lizarrieta): der **Parc Animalier Etxola,** ein Tierpark mit rund 300 Lebendexponaten vom Pfau bis zum Mufflon.

● **Parc Animalier Etxola,** April bis Juni tägl. 10–19, Juli und August tägl. 10–18, September und Oktober tägl. 10–17 Uhr; Tel. 06 15 06 89 51, www.parc-animalier-etxola.com.

Information

● **Office de Tourisme,** „Herriko Etxea", Sare, Tel. 05 59 54 20 14, Fax 05 59 54 29 15, www.sare.fr.

141sf Foto: ad

Unterkunft

● **Hôtel Arraya** (€€–€€€), place du Village, Tel. 05 59 54 20 46, Fax 05 59 54 27 04, www.arraya.com. Komfortables Drei-Sterne-Haus am Hauptplatz von Sare, seit mehreren Generationen familiär geführt. Stilvoll eingerichtete Zimmer und ein Appartement für bis zu vier Personen, zwischen Anfang November und Ende März geschlossen. Hier kann man auch vorzüglich speisen.

Camping

● **Camping Goyenetche,** route des Grottes, Sare, Tel. 05 59 54 28 34. Einfacher, kleiner Platz. Nur im Hochsommer geöffnet.
● **Camping de la Petite Rhune,** Quartier Lehenbiscaye, Sare, Tel. 05 59 54 23 97, Fax 05 59 54 23 42, www.lapetiterhune.com. Kleiner, gut ausgestatteter Platz mit Sommerpool. Vermietung von Hütten *(chalets),* in die bis zu vier Personen passen.

Sport und Freizeit

● **Reiten:** Centre Équestre d'Olhaldea, Zalditokia, Sare, Tel. 05 59 54 28 94, www.olhaldea. com. Klassiker sind die Ausritte zwischen einer Stunde und einem Tag.

Saint Pée-sur-Nivelle ♫ XVI/B3

Inmitten einer grünen Berg- und Wiesenszenerie scheint die ländliche Welt um Saint Pée-sur-Nivelle und Ainhoa noch Ordnung. In Saint Pée-sur-Nivelle sieht man typische Häuser des Labourd und die Église Saint-Pierre aus dem 16./17. Jh. 2 km entfernt liegt das

Höhleneingang zu den Grottes de Sare

„Binnenmeer" des Ortes: der **Lac de Saint Pée,** ein beliebter Badesee mit einer Fläche von rund 12 ha. Hier kann man im Sommer mit Kajak oder Tretboot in See stechen, der Badestrand ist abgegrenzt. Rundherum kann man zu Radtouren und Spaziergängen aufbrechen; auch **Jogger** nutzen den Seerandweg zu kompletten Runden. Im Sommer ist der Fronton von Saint Pée-sur-Nivelle Schauplatz zahlreicher offizieller Pelota-Matches, gelegentlich sind baskische Kraftsportdemonstrationen angesetzt.

Information

● **Office de Tourisme,** place du Fronton, Tel. 05 59 54 11 69, Fax 05 59 85 86 38, www. saint-pee-sur-nivelle.com.

Unterkunft

● **Hôtel Bonnet** (€–€€), quartier Ibarron, Tel. 05 59 54 10 26, Fax 05 59 54 53 15, www. hotel-bonnet-pays basque.com. Familiär geführtes Zwei-Sterne-Haus, freundlich.

Camping

● **Camping Ibarron,** quartier Ibarron, Saint Pée-sur-Nivelle, Tel. 05 59 54 10 43, www. camping-ibarron.com. Geöffnet Anfang Mai bis Ende September, drei Sterne.
● **Camping Goyetchea,** quartier Ibarron, Saint Pée-sur-Nivelle, Tel. 05 59 54 19 59, www.camping-goyetchea.com. Drei-Sterne-Platz mit kleinem Sommerpool. Fest installierte Mobil-Homes sind zwischen Ende April und Mitte September mietbar, der eigentliche Campingplatz hat nur zwischen Anfang Juni und Mitte September geöffnet.

Einkaufen

● Zu den kulinarischen Souvenirs der Gegend gehören Schinken und Schafskäse, Schilder von Privatleuten weisen auf den Verkauf hin.

Ainhoa ↗ XVII/B-C3

Kirche, Fronton und der Zentralplatz mit malerischen baskischen Häusern formen das Mosaik in Ainhoa, das nur wenige Kilometer vom **Grenzübergang Dantxarinea** (auch: Dancharinea/Dancharia) entfernt ist und auf der Liste der „schönsten Dörfer Frankreichs" steht. Alles liegt dicht an dicht im 600 Einwohner starken Ainhoa. Die Église de Notre-Dame ist aus großen Steinquadern erbaut, der Glockenturmaufsatz ist achteckig.

Information

● **Maison de Patrimoine,** Ainhoa, Tel. 05 59 29 93 99, www.ainhoa.fr.

Unterkunft

● **Hôtel Argi-Eder** (€€–€€€), route de la Chapelle, Ainhoa, Tel. 05 59 93 72 00, Fax 05 59 93 72 13, www.argi-eder.com. Charmantes, trutziges Drei-Sterne-Haus mit Zimmern und Suiten. Mit Restaurant. Geöffnet Anfang April bis Ende Oktober/Anfang November.

Espelette ↗ XVII/C3

In und um die 2000-Einwohner-Gemeinde Espelette dreht sich alles um die **Paprikaschoten,** deren Bekanntheitsgrad weit über die Lokalgrenzen hinausgeht: die *piments d'Espelette.* Häufig sieht man die *piments* an den Hausfassaden trocknen. Gegen Ende Oktober steht die **Fête du Piment** an, das große Pfefferschotenfest, das mit reichlich Musik unterlegt wird. Außerdem ist der Ort Dreh- und Angelpunkt der berühmten **Pottok-Pferde** – zumindest beim alljährlich im Januar

stattfindenden Pferdemarkt (*Foire aux Pottoks*).

Espelette lebt von seiner Stimmung im Ortskern, der mit kleinen Restaurants und reichlich Verkaufsshops angefüllt ist. Alles dreht sich um die *piments,* die zopfweise im Angebot stehen und als gewagteste Kreationen sogar mit Schokolade daherkommen! Mit den Parkplätzen am Ortsrand zeigt sich Espelette bestens auf die Besucheranstürme gerüstet. Schöne Zeugnisse der Volksarchitektur bilden die **baskischen Häuser** mit ihren hölzernen Läden und Balkonen – ob in Grün- oder Rotanstrich.

Im Ortskern von Espelette

Information

●**Office de Tourisme,** Mairie, Tel. 05 59 93 95 02, www.espelette.fr.

Unterkunft

●**Hôtel Euzkadi** (€), Karrika nagusia, Tel. 05 59 93 91 88, www.hotel-restaurant-euska di.com. Typisches ländliches Haus im Ortskern, dem ein erstklassiges Restaurant (€€– €€€) angeschlossen ist. Im Hotel gibt es gute Arrangements mit Halbpension.

Cambo-les-Βains   ⚓XVII/C3

Im Gegensatz zu den Dörfern des Umlands wirkt das 5000 Einwohner zählende Cambo-les-Bains fast wie eine Großstadt. Cambo ist mit einem milden Klima und heißen Quellen gesegnet, die es einst zu einer regional bekannten Thermalstation haben aufsteigen lassen – daher der Namenszusatz „les-Bains".

Villa Arnaga

Etwa 1,5 km abseits des Zentrums liegt die Villa Arnaga, in der der Schriftsteller *Edmond Rostand* (1868–1918) viele Jahre lebte und arbeitete. Vor der trutzigen Villa breiten sich prachtvolle Gärten aus, die ebenso besuchbar sind wie das museale Innere des Hauses. Mit der Verfilmung des Rostand'schen Werkes **„Cyrano de Bergerac"** haben Besuche der Villa Arnaga weitere Schubwirkung erhalten, vor allem, weil Hauptdarsteller *Gérard Dépardieu* den an ihn verliehenen französischen Filmpreis „César" dem Museum als Geschenk vermachte. Im August findet hier alljährlich ein mehrtägiges Theaterfestival statt.

●**Villa Arnaga,** März Sa./So. 14.30–18 Uhr, April bis Juni, September tägl. 10–12.30 und 14.30–19 Uhr, Juli/August tägl. 10–19 Uhr, erste Oktoberhälfte tägl. 10–12.30 und 14.30–19 Uhr, zweite Oktoberhälfte bis Anfang November tägl. 14.30–18 Uhr; www. arnaga.com.

Information

●**Office de Tourisme,** Avenue de la Mairie, Tel. 05 59 29 70 25, Fax 05 59 29 90 77, www.cambolesbains.com.

Unterkunft

●**Auberge Chez Tante Ursule** (€), Fronton du Bas Cambo, Cambo-les-Bains, Tel. 05 59 29 78 23, Fax 05 59 29 28 57, www.auberge-tante-ursule.com. Sieben-Zimmer-Hotel mit Restaurant, interessante Halbpension-Tarife.

Camping

●**Camping Bixta Eder,** route de Saint-Jean-de-Luz, Cambo-les-Bains, Tel. 05 59 29 94

143sf Foto: ct

Pyrénées Atlantiques

23, Fax 05 59 29 23 70, www.camping-bixta eder.com. Geöffnet Mitte April bis Mitte Oktober. Die Hütten (chalets) sind für bis zu vier Personen ausstaffiert.

Sport und Freizeit

●**Thermen:** Chaîne Thermale du Soleil, Domaine Thermale, Cambo-les-Bains, Tel. 08 00 05 05 32, Fax 05 59 29 38 13, www.chaine thermale.fr.

In der Umgebung

Ustaritz   ♐ XVII/C2-3

Nordwestlich von Cambo-les-Bains führt der Weg Richtung Bayonne an Ustaritz vorbei, der einstigen Hauptstadt des Labourd. Im Mittelalter erhob sich hier ein imposantes Schloss. Heute zieht es Naturfans auf die Wanderwege der Umgebung, volkskundlich Interessierte werden den Besuch des **Maison-Musée „La Petite Labourdine"** im Quartier Arrauntz einplanen. Das typische Farmhaus datiert aus dem 17. Jh. und lässt die ländliche Vergangenheit jener Epoche aufleben.

●**Maison-Musée „La Petite Labourdine",** April bis Juni sowie im Oktober Di.–So. 14–18 Uhr, Juli bis September tägl. 11–13 und 14–18 Uhr; http://lamaisonlabourdine. com.

Unterkunft

●**La Petite Auberge** (€), rue du Bourg, Ustaritz, Tel./Fax 05 59 93 00 25, www.lapeti teauberge-paysbasque.com. Vermietung von Studios, recht günstig. Eine gute Wahl trifft man auch mit dem Restaurant.

Hasparren   ♐ XVII/C3

Nordöstlich von Cambo-les-Bains ist mit Hasparren eine ähnlich große Kleinstadt erreicht, die stets einen ge-

schäftigen Eindruck macht. In Hasparren lebte lange der Poet und Romancier *Francis Jammes* (1868–1938). Weiter nordöstlich führt der Weg von Hasparren über **La Bastide Clairence,** ein im 12. Jh. gegründeter Ort mit typisch baskischen Häusern, nach Bidache (siehe unten).

Information

●**Office de Tourisme,** 2 place Saint-Jean, Hasparren, Tel. 05 59 29 62 02, Fax 05 59 29 13 80, www.ville-hasparren.fr.
● **Office de Tourisme,** Maison Darrieux, place des Arceaux, La Bastide Clairence, Tel./ Fax 05 59 29 65 05, www.labastideclairen ce.com.

Grottes d'Isturitz
et d'Oxocelhaya   ♐ XVII/D3

Nicht nur für Fans von **Tropfsteinhöhlen** – die Grotten von Isturitz et Oxocelhaya vereinen geheimnisvolle Formationen und Spuren des prähistorischen Menschen. Sie liegen bei **Saint Martin-d'Arberoue** (südöstlich von Hasparren).

●**Grottes d'Isturitz et d'Oxocelhaya,** Führungen Mitte März bis Mai sowie Oktober bis Mitte November tägl. 14–17 Uhr, Juni/ September tägl. 11–12 und 14–17 Uhr, Juli/ August tägl. 10–13 und 14–18 Uhr; www. grottes-isturitz.com.

Bidache   ♐ XVII/D2

Wahrzeichen des auf dem Weg nach Peyrehorade gelegenen Ortes Bidache ist das **Château des Ducs de Gramont,** bzw. das, was vom einst stolzen Grafenschloss übrig geblieben ist. Die Zerstörungen im Laufe der Jahrhunderte haben ihre Spuren hinterlassen.

Urt *XVII/C2*

Westlich von Bidache am Adour liegt die 2000-Einwohner-Gemeinde Urt, deren **Abbaye Notre Dame de Belloc** nach wie vor von Benediktinern bewohnt wird (www.belloc-urt.org).

Camping

● **Camping d'Etche Zahar,** allée de Mesplès, Urt, Tel. 05 59 56 27 36, www.etche-zahar.fr, (Webseite mit Kontaktformular). Auch Vermietung von Häuschen (chalets) und fest installierten Großzelten.

Itxassou *XVII/C3*

Dörfliche Idylle hängt über dem südlich von Cambo-les-Bains gelegenen Itxassou und seiner im 17. Jh. erbauten Kirche. Wegen der prächtigen Aussicht lockt der nahe 926-Meter-Berg **Artzamendi,** wegen seines legendären Ursprungs der bekannte **Pas de Roland.** Statt die Felsformation jenes „Rolands-Durchgangs" geologisch zu erklären, lässt man sich lieber von einer Legende in die Vergangenheit treiben. Der Überlieferung zufolge begab es sich im 8. Jh., dass die Truppen *Karls des Großen* an die Nive gelangten. Mit dabei: *Roland,* der Held des „Rolandsliedes", des ältesten französischen Heldenepos. Unvermittelt blockierte ein Felsblock den Weg. Roland nahm kurzerhand sein Wunderschwert Durandal und schlug eine Bresche, die den Soldaten den ungehinderten Durchzug erlaubte. Und auf dem Felsen La Trace ließ der von wundersamen Kräften beseelte Roland den Abdruck eines Fußes zurück. Eine andere Legendenversion besagt, dass der Durchgang auf den Huftritt des Rolandschen Pferdes zurückgeht.

Wie dem auch sei – allein das malerische **Flusspanorama um die Nive** rechtfertigt den Ausflug.

Information

● **Homepage der Gemeinde:** www.itxassou.fr.

Unterkunft

● **Hôtel du Fronton** (€€), Tel. 05 59 29 75 10, Fax 05 59 29 23 50, www.hotelrestaurantfronton.com. Haus mit 25 Zimmern und regionalem Spezialitätenrestaurant, im Verband der „Logis de France".

Sport und Freizeit

● **Rafting:** Évasion Eaux Vives, Maison Errola, quartier Errobi, Tel. 05 59 29 31 69, www.evasion64.fr (auch Vermittlung von Unterkunft).

Bidarray *XVII/C3*

Auf halbem Weg zwischen Cambo-les-Bains und Saint Jean-Pied-de-Port gelegen, steigt der 650-Einwohner-Ort Bidarray von der Nive aus hügelwärts auf. Der Name setzt sich aus den baskischen Worten *bide* und *arrai* zusammen und bedeutet „Weg der Dornen". Die Gegend ist beliebter Ausgangspunkt für Abenteuertourismus – **Canyoning und Rafting.** Auch Klettertouren sind beliebt, **Wanderer** zieht es auf den rund 1050 m hohen Pic d'Iparla.

Information

● **http://bidarray.64.free.fr**

Pyrénées Atlantiques

Unterkunft

● **Hôtel Noblia** (€), Pont Noblia Bit, Tel. 05 59 37 70 89, www.hotel-restaurant-noblia.fr. Solides 20-Zimmer-Haus mit Restaurant.
● **Chambres d'hôtes Erramundeya** (€), Tel. 05 59 37 71 21, http://monsite.orange.fr/chambres.erramundeya. Fünf Gästezimmer, Landhausstil. Bei Kontaktaufnahme Anfahrtbeschreibung anfordern!

Sport und Freizeit

● **Rafting:** Ur Bizia Rafting (route départementale 918, Bidarray, Tel. 05 59 37 72 37, www.ur-bizia.com), Kombiangebote von Rafting und Hydrospeed; Ur Ederra Sensations Eaux Vives, gewöhnlicher Treffpunkt nach Absprache ist in Bidarray beim Hotel Noblia, Postadresse: Route de Villefranque, 64480 Jatxou, Tel. 06 81 28 46 99, www.sensationseauxvives.com, verschiedene Raftingparcours.

Saint Jean-Pied-de-Port ↗ XXI/D1

Der Touristenbetrieb der Region Basse-Navarre bündelt sich vor allem in seiner Hauptstadt Saint Jean-Pied-de-Port, das seinen Ruf als eines der **malerischsten Städtchen** im Baskenland kultiviert. In dem friedlich an der Nive gelegen Ort kann man herrlich durch die Gassen flanieren. **Jakobspilger** rüsten sich hier zum langen, beschwerlichen Aufstieg auf den Ibañe-ta-Pass. Saint Jean-Pied-de-Port (baskisch: *Donibane Garazi),* heute 2800 Einwohner stark, blickt auf eine lange, wechselvolle Geschichte zurück: römische Wegestation *Imus Pyrenaeus* (Saint Jean-le-Vieux) zwischen Bordeaux und Astorga, wegweisendes Etappenziel der Jakobspilger, vorübergehender Bischofssitz und befestigter Vorposten in den einstmals schwelenden französisch-spanischen Grenzkonflikten. Spuren aus der **Römerzeit** findet man im Nachbarort Saint Jean-le-Vieux mit dem Camp Romain.

Dies wirft ein Licht auf die Vielzahl interessanter Monumente. Die **Stadtmauern** datieren aus dem Spätmittelalter, die **Kirche Notre-Dame** ist gotischen Ursprungs. Noch heute ziehen

243sf Foto: ad

Die Nive bei Itxassou

Im Oberdorf von Saint Jean-Pied-de-Port nahe der Stadtmauern

Pyrénées Atlantiques

die Pilger durch das historische Stadttor **Porte Saint-Jacques,** die schönsten Häuserfassaden findet man im Bereich der Rue de la Citadelle und der
Rue d'Espagne. Man lasse sich durch

*Blick auf die Pilgerbrücke
von Saint Jean-Pied-de-Port*

die Gassen an vielen Geschäften vor-
beitreiben und genieße den Blick auf
den brückenüberspannten Fluss und
das Panorama des grünen Pyrenäen-
Umlands – am besten vom Plateau der
Zitadelle aus, ein Bauwerk, bei dem
der altbekannte Meister *Sébastien le
Prestre de Vauban* seine Hand im Spiel
hatte. Zwischen Unter- und Oberstadt, in der Rue de la Citadelle, liegt
das sogenannte **„Bischofsgefängnis"**
Prison des Evêques aus dem 13. Jh.

Mit Hotels, Pensionen, Cafés, Restaurants und Souvenirshops hat man sich auf die Besucherströme bestens eingestellt. Im Angebot für Touristen stehen Mitbringsel aller Art: von Schinkenkeulen bis zu Schafswolljacken, von der Kuhglocke bis zur Baskenmütze.

- **Prison des Evêques,** Ostern bis Mitte November 11–12.30 und 14–18.30 Uhr (im Juli und August normalerweise durchgehende Öffnungszeit ohne Mittagspause).
- **Zitadelle,** wechselnde Öffnungszeiten, auch geführte Besuche (Auskunft im Office de Tourisme).

Information

- **Office de Tourisme,** 14 place du Général-de-Gaulle, Tel. 05 59 37 03 57, Fax 05 59 37 34 91, www.pyrenees-basques.com oder www.saintjeanpieddeport.com. Auch Auskunft zum Jakobsweg und Wandermöglichkeiten im Umland.

Unterkunft

- **Hôtel Les Pyrénées** (€€–€€€), 19 place du Général-de-Gaulle, Tel. 05 59 37 01 01, Fax 05 59 37 18 97, www.hotel-les-pyrenees. com. Drei-Sterne-Hotel in zentraler Lage. Gepflegter Stil, mit Terrasse und Sommerpool, Mitglied im Verband Relais & Châteaux.
- **Hôtel Les Remparts** (€), 16 place Floquet, Tel. 05 59 37 13 79, Fax 05 59 37 33 44, www.touradour.com/hotel-remparts.htm. Erschwingliche Unterkunft in diesem Zwei-Sterne-Haus; der Ursprung des Gebäudes reicht in die Mitte des 17. Jahrhunderts zurück. Mit 14 Zimmern und ebenfalls nicht übeteuertem Restaurant. Der Hotelbetrieb ruht in der Regel zwischen November und Mitte Februar.

Camping

- **Camping Arradoy,** 4 chemin Zalicarte, Saint Jean-Pied-de-Port, Tel. 05 59 37 11 75. Sehr klein, März bis Ende September.
- **Camping Plaza Berri,** avenue du Fronton, Tel. 05 59 37 11 19. Nahe dem Zentrum gelegener städtischer Platz. Sehr klein, sehr einfach und sehr preisgünstig. Geöffnet zwischen Ostern und Allerheiligen.

Essen und Trinken

- **Oillarburu** (€–€€), 8 rue de l'Église, Tel. 05 59 37 06 44. Typisches Altstadt-Restaurant, regionale Küche.

Sport und Freizeit

- **Fahrradverleih:** Cycles Garazi, 32 bis avenue du Jai-Alai, Tel. 05 59 37 21 79, http://pagesperso-orange.fr/cyclesgarazi.

Verkehrsanbindung

- **Bahnhof:** rue du 11 Novembre, Tel. 36 35, Züge nach Bayonne.

Kerzenopfer in der Kirche Notre-Dame in Saint Jean-Pied-de-Port

Pyrénées Atlantiques

In der Umgebung

Dörfer im Norden ⚐ XXI/D1

Nördlich von Saint Jean-Pied-de-Port liegen einige nette Dörfer verstreut im Pyrenäen-Vorland. Dazu zählen **Ascombéguy** (Grabstelen auf dem Friedhof), **Hélette** (mit Hirtentum- und Käsemuseum, Musée du Pastoralisme et du Fromage) und **Iholdy** mit dem im 17. Jh. neu aufgebauten Château d'Iholdy.

● **Helette,** Musée du Pastoralisme et du Fromage, D 918, Tel. 05 59 37 63 86; im Juli und August tägl. 9–12 und 14–17, sonst 10.30–15 Uhr.
● **Château d'Iholdy,** geöffnet Anfang April bis Ende September tägl. außer mittwochs 14–18 Uhr.

Ostabat ⚐ XXI/D1

Bei Ostabat laufen drei Achsen des Jakobsweges zusammen, wie sie schon im mittelalterlichen *Codex Calixtinus* erwähnt wurden: die Via Turonensis aus Richtung Dax und Peyrehorade, die über Mont-de-Marsan und Saint Palais führende Via Lemovicensis sowie die aus Cahors und Aire-sur-l'Adour herführende Via Podiensis. Im Spätmittelalter hatten Pilger die Wahl zwischen einer zweistelligen Zahl an Herbergen. An der nahen „Stele von Gibraltar" werden die Richtungen der großen Jakobswegachsen angezeigt.

Auf dem Jakobsweg nach Spanien

In Saint Jean-Pied-de-Port gibt die Aussicht auf die Pyrenäen Jakobspilgern einen Vorgeschmack auf das Kommende: rund 800 Höhenmeter Differenz in Richtung Bergwelt von Roncesvalles *(Col de Ronceveaux)* und Ibañeta-Pass. Höher hinaus geht es für Wanderer noch auf einer zweiten Variante, der „Napoleon-Route". Zwischen Saint Jean-Pied-de-Port und der Passhöhe liegen rund 25 Straßenkilometer. Schönes Wetter und – wegen der Haarnadelkurven – Magenfestigkeit vorausgesetzt, lohnt sich dieser Spanien-Abstecher für Motorisierte auf jeden Fall!

Ibañeta-Pass ⚐ XXI/C2

Über die D 933 verlässt man Saint Jean-Pied-de-Port in südlicher Richtung und erreicht mit **Arnéguy** den letzten Ort vor der alten französisch-spanischen Grenze. Auf spanischer Seite folgt man über die N 135 der klassischsten Variante des Jakobsweges (span. *Camino de Santiago)* hinauf zum 1057 m hohen Ibañeta-Pass. Das Sträßchen windet sich in schier unendlich vielen Kehren aufwärts. Von der Passhöhe bieten sich traumhafte Blicke ins Tal und auf die umliegenden Pyrenäenflanken – vorausgesetzt, Regen oder Nebel verschleiern nicht die Sicht. Auf der Passhöhe erinnert ein **Denkmal** an den sagenumwobenen **Roland,** der die Nachhut von *Karl dem Großen* anführte und 778 mit den Seinen in einen tödlichen Hinterhalt geriet. Das älteste französische Heldenepos „Chanson de Roland" rankt sich um jene Schlacht von Roncesvalles und die Tapferkeit des Streiters. Ob es die Mauren waren, die ihm die verhängnisvolle Falle gestellt hatten, oder einzig die Basken oder gar Mauren und Basken zusammen, ist historisch nicht gekärt.

Roncesvalles   ⇗ XXI/C2

Etwa zwei Kilometer hinter der Passhöhe erreicht man das täglich geöffnete **Kloster** von Roncesvalles, das einst in Händen von Augustinern lag und zu den bekanntesten Anlagen am gesamten Jakobsweg gehört. Der lohnende Besuch in Roncesvalles splittet sich in mehrere Teile auf: Kreuzgang und Kapitelsaal mit dem Mausoleum von Navarras König *Sancho dem Starken,* gotische Kirche Santa María mit einem silberverkleideten Bildnis der Madonna von Roncesvalles, Krypta, Museum mit Klosterschatz sowie die beiden Kapellen Santiago und Sancti Spiritus. In den Klosterkomplex eingefasst ist ein Touristenbüro; Unterkunft findet man sowohl hier als auch im nahen **Burguete.** Knapp 50 km südwestlich liegt die nächste größere Stadt: Pamplona (weiterführende Informationen findet man im REISE-KNOW-HOW-Band „Nordspanien und der Jakobsweg" von Andreas Drouve).

Saint Étienne-de-Baïgorry   ⇗ XXI/C1

Das westlich von Saint Jean-Pied-de-Port gelegene Saint Étienne-de-Baïgorry splittet sich in mehrere Teile und bildet das Tor ins **Vallée des Aldudes.** Die umliegende Landschaft erstrahlt in Grüntönen und wird von schroffen Gipfeln überragt. Zu den Sehenswürdigkeiten zählen die erst im 17. Jh. erbaute „römische Brücke", die Kirche Saint-Étienne mit ihrem spitz zulaufenden Glockenturm und den Galerien im Innern sowie das **Château d'Etxauz.** Das Schloss geht auf das späte Mittelalter zurück und ist besuchbar. Im Gebiet um **Irouléguy** östlich des Ortes wird auf einer Fläche von rund 200 ha Wein angebaut.

Foto:

Kirche von Saint Étienne-de-Baïgorry

Pyrénées Atlantiques

● **Château d'Etxauz,** geöffnet Anfang Juni bis Ende September, geführte Besuche in der Regel nur Di. und Do. um 14.30 Uhr.
● **Weinproben** und **-einkauf** sowie auf Anfrage auch **Führungen durch die Weinlager** in der Cave d'Irouléguy, route de Saint-Jean-Pied-de-Port, Tel. 05 59 37 41 33, www.cave-irouleguy.com; Mitte April bis Ende September tägl., während des übrigen Jahres So. geschlossen.

Information

● **Office de Tourisme,** Maison Elizondenea, Tel. 05 59 37 47 28, Fax 05 59 37 49 58, www.pyrenees-basques.com.

Unterkunft

● **Hôtel Arcé** (€€–€€€), Tel. 05 59 37 40 14, Fax 05 59 37 40 27, www.hotel-arce.com. Über den Flussufern nahe der Brücke gelegen, drei Sterne, mit Restaurant. Ein wenig nostalgischer Stil. Meist Mitte November bis Anfang April geschlossen.

Durchs Aldudes-Tal zum spanischen Eugui-Stausee ↗ XXI/C1-2

Das sich nach Süden erstreckende Aldudes-Tal mit seinem 400-Einwohner-Ort **Aldudes** ist Ziel von Naturfans. Ein Abstecher nach Spanien führt durch das Tal zum Eugui-Stausee *(Embalse de Eugui).* Von der Grenze sind es etwa 15 km bis zum See. Der Übergang ist wenig befahren und im Winter we-

Haus inmitten der Weingärten im Anbaugebiet Irouléguy

gen der widrigen Witterungsverhältnisse schlecht oder gar nicht passierbar. Wenige Kilometer hinter dem Egui-Stausee bindet man an den spanischen Jakobsweg an und kann über Burguete und Roncesvalles nach Saint Jean-Pied-de-Port fahren.

Saint Palais   ⚆ XVII/D3

Saint Palais, ein gefälliges 2000-Einwohner-Städtchen, hat sich einen Namen als bedeutende **historische Jakobswegstation** an der Via Lemovicensis gemacht. Seinerzeit verehrten die Pilger die Reliquien eines heiligen Märtyrers namens *Pelayo* (Saint Palais) und fanden in einem halben Dutzend Herbergen Unterschlupf. In die Annalen eingegangen ist der Aufenthalt des Bischofs von Arles im Jahre 1391, zu dessen Begleittross nicht weniger als 50 Pferde und Maultiere gezählt haben sollen. In Saint-Palais werden noch heute Traditionen aufrechterhalten, ob bei baskischen Kraftsportwettbewerben, ob beim Pelotaspiel oder mit der Produktion von baskischem Leinen.

Information

●**Office de Tourisme,** place Charles de Gaulle, Tel. 05 59 65 71 78, Fax 05 59 65 69 15, www.tourisme-saintpalais.com.

Essen und Trinken

●**Restaurant Hôtel de la Paix** (€–€€), 33 rue du Jeu du Paume, Tel. 05 59 65 73 15, www.hotelstpalais64.com. Regionalküche, Menüs in verschiedenen Preisklassen. Unterkunft im gleichnamigen 27-Zimmer-Hotel, zwei Sterne.

Sport und Freizeit

●**Reiten:** Centre Équestre, route d'Aïcirits, Saint Palais, Tel. 05 59 65 97 73, Ponyreiten, Ausritte.

Mauléon   ⚆ XVIII/A3

Mit ihren 3500 Einwohnern sticht Mauléon (auch: Mauléon-Licharre) als größte Ansiedlung weit und breit hervor. Mit der traditionellen Produktion von **Segeltuchsandalen** *(espadrilles)* hat man einen gewissen Bekanntheitsgrad erreicht. Erwähnung verdienen das **Château de Mauléon** (Ursprung im 11. Jahrhundert; nur Anfang April bis Ende September, aber unregelmäßig geöffnet) und das Regionalmuseum, das in einem Flügel der alten Abtei untergebracht ist (Vorgeschichte, Kunsthandwerk, Traditionen; Mo.–Fr. 10–12 und 14–18 Uhr, Sa. und So. nur nachmittags 14.30–18 Uhr). Ein weiteres Schloss, das **Château d'Andurain,** hält seine Tore meist nur von Anfang Juli bis Mitte September geöffnet (tägl. außer So. vormittags und Do. 11–12 und 15–18 Uhr).

Information

●**Office de Tourisme,** 10 rue Baptiste Heugas, Tel. 05 59 28 02 37, Fax 05 59 28 02 21, www.valleedesoule.com und www.mauleon.fr. Hier am besten die aktuellen Öffnungszeiten der nahen Église de l'Hôpital-Saint-Blaise erfragen.

Unterkunft

●**Hostellerie du Château** (€), rue de la Navarre, Tel. 05 59 28 19 06, Fax 05 59 28 43 27, www.hotel-chateau-mauleon.com. 34 Zimmer, nicht überteuert, mit Restaurant.

Pyrénées Atlantiques

Camping

● **Camping Uhaitza Le Saison,** route de Libarrenx, Tel. 05 59 28 18 79, Fax 05 59 28 06 23, www.camping-uhaitza.com. Recht kleiner Platz, Anfang März bis Ende November, Hütten werden allerdings das ganze Jahr über vermietet.

In der Umgebung

L'Hôpital-Saint-Blaise ♫ XVIII/A3

Nordöstlich von Mauléon führt ein Sträßchen zur sehenswerten **Église de l'Hôpital-Saint-Blaise** (im Sommer täglich 10–19 Uhr, sonst in der Regel eingeschränktere Öffnungszeiten; zu stark wechselnden Anfangszeiten gibt es im Sommer eine Ton- und Lichtschau „Son et Lumière"; www.hopital-saint-blaise.fr), einem verschachtelt wirkenden romanischen Kirchbau aus dem 12. Jh. im gleichnamigen Ort. Seinen Ursprung verdankt das Gotteshaus dem mittelalterlichen Pilgerboom um *Jakobus.* Die Steingitterfenster und die sternförmi- gen Verstrebungen unter der Kuppel verraten muselmanischen Einfluss, das Innere erstrahlt in warmem Licht. Zum Komplex gehörte ein Hospiz, um die Pilgerpflege kümmerten sich die Hospitaliter. Ab hier kann man weiter nach Oloron-Sainte-Marie anbinden.

Dörfer und Schluchten im Grenzgebiet ♫ XXII/A1-2

Südlich von Mauléon führt der Weg über **Gotein** (Dorfkirche mit drei Spitzen), **Trois-Villes** (Château du Comte de Tréville, 17. Jh.) und den 700-Einwohner-Ort **Tardets-Sorholus** dem Gebiet um den **Pic d'Orhy** entgegen, ei-

nem 2017-Meter-Riesen der Pyrenäen, dessen Gipfel auf der französisch-spanischen Grenze liegt.

Wo sich derart hohe Gebirgsflanken aufwerfen, sind klaffende Schluchten nicht weit. Besonders spektakulär: die südöstlich von Larrau gelegenen **Gorges d'Holzarté** (auch: Holçarté; hier schwebt man gleichsam über dem Abgrund) und die nahe Sainte Engrâce gelegenen **Gorges de Kakouetta** (auch: Kakuetta). Durch die immer schmaler werdende Kakouetta-Schlucht zieht sich die problemlos begehbare Strecke zum Teil über angesetzte Stege bis zu einem sehenswerten Wasserfall und der Grotte du Lac. Weniger bekannt sind die südlich von Sainte Engrâce gelegenen **Gorges d'Ehujarre.**

● **Château du Comte de Tréville,** Troisvilles, stark schwankende Öffnungszeiten zwischen Anfang April und Ende September, meist nur Sa.–Mo., im Hochsommer nur Mo.
● **Gorges de Kakouetta,** nur von Mitte März bis Mitte November zwischen 8 Uhr und Sonnenuntergang begehbar; am Zugang wird eine Eintrittsgebühr fällig.

Forêt d'Iraty ♫ XXI/D2

Westlich von Larrau eröffnet sich Wanderern im französisch-spanischen Grenzraum mit dem Forêt d'Iraty (Buchenwälder) ein beliebtes **Wanderterrain.** In der urwüchsigen Gebirgslandschaft kommen Rot- und Schwarzwild, Marder und Siebenschläfer vor.

Information

● **Office de Tourisme,** place Centrale, Tardets-Sorholus, Tel. 05 59 28 51 28, Fax 05 59 28 52 46, www.valleedesoule.com.

Unterkunft

● **Hôtel Etchémaïté (€)**, Larrau, Tel. 05 59 28 61 45, Fax 05 59 28 72 71, www.hotel-etche maite.fr. Rustikales 16-Zimmer-Haus, Arrangements auch mit Halbpension. Anfang Januar bis Anfang Februar geschlossen.

Camping

● **Camping Ibarra**, quartier Les Casernes, Sainte Engrâce, Tel. 05 59 28 73 59, www. ibarra-chantina.com. Kleiner Platz, geöffnet Anfang April bis Anfang November, Hütten das ganze Jahr über.

Sauveterre-de-Béarn

♫ XVIII/A2

Hoch über dem kleinen Strom des **Gave d'Oloron** breitet sich Sauveterre-de-Béarn auf einem Plateau aus. Vom Vorplatz der romanisch-gotischen Église Saint-André schaut man auf die über 30 m hohen **Tour de Montréal** (13. Jh.) sowie hinab auf die mittelalterliche Flussbrücke. Der Übergang trägt den Namen „Legendenbrücke" (Le Pont de la Légende), da hier einer adeligen Witwe namens *Sancie* Ende des 12. Jh. ein wundersames Gottesurteil widerfuhr. Des Mordes an ihrem eigenen Kind bezichtigt, warf man sie gefesselt in den Fluss – doch die Strömung trug sie ans Ufer, ihre Unschuld war bewiesen.

Ebenso schön wie das monumentale Gepräge des alten Jakobspilgerortes Sauveterre: das **Panorama der Pyrenäengipfel** im Hintergrund. Was für ein Kontrast, sollte man ein Stündchen zuvor noch am Atlantik gesessen haben!

Information

● **Office de Tourisme,** place Royale, Tel. 05 59 38 32 86, Fax 05 59 38 94 82, www.tou risme-bearn-gaves.com.

Unterkunft

● **Hôtel La Maison de Navarre (€–€€)**, quartier Saint-Marc, Tel. 05 59 38 55 28, Fax 05 59 38 55 71, www.lamaisondenavarre. com. Sieben Zimmer in unterschiedlicher Dekoration. Mit Restaurant. Die verschiedenen Betriebsferienzeiten sind auf der Homepage aufgeführt.

Camping

● **Camping du Gave,** Tel. 05 59 38 53 30, www.campingdugave.fr. Kleiner Platz, Anfang April bis Mitte Oktober. Auch Vermietung von Mobil-homes.

Sport und Freizeit

● **Kanu/Rafting:** À Boste Sports-Loisirs, rue Léon Bérard, Tel./Fax 05 59 38 57 58, www. aboste.com.

In der Umgebung

Laàs
♫ XVIII/A2

Südöstlich von Sauveterre-de-Béarn wartet in Laàs mit dem **Château de Laàs** eines der bemerkenswertesten Schlösser im Béarn. Eingefasst in einen 12-ha-Park, genossen die Blaublütler hier einst das Leben und erfreuten sich an ihren Schätzen. Das Interieur umfasst sowohl wertvolles Mobiliar als auch Fayencen.

● **Château de Laàs,** stark wechselnde Öffnungszeiten, daher hier nur grundsätzliche Anhaltspunkte: im Juli und August tägl. 10–19 Uhr, Mai und Juni sowie September tägl. außer dienstags 10–12 und 14–19 Uhr; April und Oktober täglich außer dienstags 14–19 Uhr.

Pyrénées Atlantiques

Navarrenx ⚲ XVIII/A3

Auf halbem Weg zwischen Sauveterre-de-Béarn und Oloron-Sainte-Marie liegt Navarrenx, das 1316 als **Bastide** aus der Taufe gehoben wurde. Zuvor hatte bereits eine Flussbrücke bestanden. Mitte des 16. Jh. bekam Navarrenx einen 1,6 km langen Stadtmauergürtel, in dieselbe Zeit reichen die Anfänge der Kirche Saint-Germain zurück.

Information

● **Office de Tourisme,** rue Saint Germain, Navarrenx, Tel. 05 59 38 32 85, Fax 05 59 66 54 80, www.bearn-gaves.com und www.ville-navarrenx.fr.

Unterkunft

● **Hôtel du Commerce** (€), place des Casernes, Tel. 05 59 66 50 16, Fax 05 59 66 52 67, www.hotel-commerce.fr. Solides Zwei-Sterne-Haus, preislich im Oberbereich dieser Kategorie. Mit Restaurant.

Foto:

Salies-de-Béarn ⚲ XVIII/A2

Nördlich von Sauveterre-de-Béarn erreicht man den regional bekannten Thermal- und Salzort Salies-de-Béarn, Mittelpunkt einer 5000-Einwohner-Gemeinde und mit netten Gassen und Häuserfassaden, die im Zentrum ihr Spiegelbild ins Wasser werfen. Die Salzvorkommen werden seit Ende des 16. Jh. wirtschaftlich genutzt, auch der Bayonner Schinken wird mit Salz aus Salies-de-Béarn eingesalzen. Um das „weiße Gold" – und auch Béarnaiser Traditionen – kreist ein Museum. Das Salz ist zehnmal salzhaltiger als das Meer. Im örtlichen Thermalkomplex kann man es sich wohl ergehen lassen.

● **Musée du Sel et des Traditions Béarnaises,** rue des Puits Salants; Anfang Mai bis Ende Oktober geöffnet Di.–Sa. 15–18 Uhr, Juli bis September bis 19 Uhr.

Information

● **Office de Tourisme,** rue des Bains, Tel. 05 59 38 00 33, Fax 05 59 38 02 95, www.tourisme-bearn-gaves.com und www.salies-de-bearn.fr.

Unterkunft

● **Hôtel du Parc** (€€), boulevard Saint Guilly, Tel. 05 59 38 31 27, Fax 05 59 38 31 29,

In Salies-de-Béarn

www.hotelcasinoduparc.fr. Feudales, ganzjährig geöffnetes Haus mit Casino und stilvollem Restaurant.

Sport und Freizeit

●**Thermalkomplex** an der place du Jardin Public, Tel. 05 59 38 10 11, Fax 05 59 38 05 84, www.thermes-de-salies.com.

Orthez ♫ XVIII/A-B2

Einen Abstecher nach Salies-de-Béarn kann man gut mit dem weiter östlich gelegenen Orthez kombinieren, der einstigen **Hauptstadt des Béarn.** Wahrzeichen ist die Brücke mit ihrem Wehrturm aus dem 13. Jh. Weitere bedeutende Monumente: der Burgturm des **Château Moncade** (Mai bis September), die **Église Saint-Pierre** (13./14. Jh.), das **Maison Jeanne d'Albret** aus dem 16. Jh. mit historisch-religionsgeschichtlichem Museum und das **Maison Chrestia,** zwischen 1897 und 1907 Wohnsitz des Dichters *Francis Jammes.*

●**Château Moncade,** rue Moncade, Juni bis August tägl. 10–12.30 und 15–19 Uhr, im September täglich 10–12.30 und 14.30–18.30 Uhr, Mai und Oktober nur Sa./So. 10–12.30 und 14.30–18.30 Uhr.
●**Musée Jeanne d'Albret,** 37 rue Bourg Vieux, Juni bis August Mo.–Sa. 10–12 und 14.30–18.30 Uhr, April/Mai/September Mo.–Sa. 10–12 und 14–18 Uhr, ansonsten Di.–Sa. 10–12 und 14–18 Uhr; www.museejeannedalbret.com.

Information

●**Office de Tourisme,** rue Bourg Vieux, Tel. 05 59 38 32 84, Fax 05 59 69 12 00, www.tourisme-bearn-gaves.com.

Camping

●**Camping de la Source,** boulevard Charles de Gaulle, Orthez, Tel. 05 59 67 04 81, Fax 05 59 67 02 38, www.camping-orthez.com. Kleiner Zwei-Sterne-Platz im Grünen, auch Vermietung von Hütten und Bungalows. Anfang März bis Ende Oktober geöffnet.

Oloron-Sainte-Marie ♫ XVIII/B3

Das gefällige 12.000-Einwohner-Städtchen Oloron-Sainte-Marie ist seit römischen Zeiten als Bündelungspunkt bekannt. Hier fließen Gave d'Aspe und Gave d'Ossau zusammen, hier vereinen sich im Zeichen des Jakobus die beiden Pilgerachsen Via Tolosana und Pyrenäenweg, hier sind die beiden Ortsteile Oloron und Sainte Marie Mitte des 19. Jh. zu einer Einheit verschnürt worden.

Kirchen und Kathedrale

Anlaufstelle der Wallfahrer war zunächst das Quartier Sainte Croix mit seiner **Église Sainte-Croix,** einer von muselmanischen Einflüssen bestimmten romanische Kirche. Im Quartier Sainte-Croix ist im Juli und August auch der **Tour de la Grède** besuchbar, ein mittelalterlicher Turm.

Vom 12. bis 14. Jh. trieb man den Bau der **Cathédrale Sainte-Marie** voran, die man allein wegen ihres skulpturenreichen Portals als eines der schönsten Gotteshäuser in Frankreichs Südwesten bezeichnen darf (geöffnet täglich 8–20 Uhr, außerhalb der Sommersaison meist etwas kürzer). Von einem Vorbau geschützt, begibt sich der

Pyrénées Atlantiques

150bf Foto: ad

Betrachter auf Bilderreise: von den 24 Ältesten der Apokalypse und dem Osterlamm in den Rundbögen bis zur Kreuzabnahme im Tympanon. Auch weltliche Aktivitäten aus dem Béarn sind zu erkennen, so wie die Brotherstellung und Schlachtungen von Wildschwein und Ente. Der marmorne Mittelpfeiler zeigt zwei Rücken an Rücken gekettete Männer, auf deren Schultern die Hauptlast des Portals zu ruhen scheint; vermutlich sind mit dem Menschenpaar gefangene Muselmanen dargestellt.

König *Heinrich IV.* stiftete die kunstvoll beschlagenen Türen, durch die man das Innere der Kathedrale betritt. Hier fällt der Blick zunächst auf das kuriose Weihwasserbecken der Aussätzigen *(benitier des lépreux)*, ehe man sich der üppigen Glasfensterpracht mit Motiven wie der Geburt Christi und der Himmelfahrt Mariens widmet. Die Schnitzereien des Orgelgehäuses sind mit Blattgold belegt und stammen ebenso aus dem 17. Jh. wie die übermannsgroßen Engelsfiguren. In einer Seitenkapelle ist der Kirchenschatz in Form von einigen Messgewändern aus dem 16. bis 19. Jh. ausgestellt. Eine neuere Kirche gibt es im Quartier Notre-Dame zu sehen: die zwischen 1869 und 1887 erbaute **Église Notre-Dame**

Cathédrale Sainte-Marie

(mit Krypta und Apsismalereien von Paul Delance).

In der Altstadt

Zwischen der Kathedrale und dem Brückenbereich am Fluss haben Stadtväter und -mütter das Ortsbild Olorons geschmackvoll aufbereiten lassen. Um lokal bedeutsame **Archäologie und Volkskunde** dreht sich ein kleines, nur im Juli und August geöffnetes Museum in der Rue Dalmais Nr. 52: das Maison du Patrimonie.

Information

● **Office de Tourisme,** allées du Comte de Tréville, Tel. 05 59 39 98 00, Fax 05 59 39 43 97, www.tourisme-oloron.com.

Unterkunft

● **Hôtel Alysson** (€€), 24 boulevard des Pyrénées, Tel. 05 59 39 70 70, Fax 05 59 39 24 47, www.alysson-hotel.fr. Drei-Sterne-Hotel mit gutem Restaurant. Außerdem Fitnessraum, Sauna und Sommerpool. Geräumigere Zimmer für Familien.
● **Hôtel Le Bristol** (€), 9 rue Carrérot, Tel. 05 59 39 43 78, Fax 05 59 39 08 19, http://le-bristol.oloron-ste-marie.com. Zwei-Sterne-Haus mit angeschlossenem Restaurant, zentrale Lage. Das Preisniveau spiegelt treffend die einfache Einrichtung wider.

Camping

● **Camping Gîtes du Stade,** chemin Lagravette, Tel. 05 59 39 11 26, www.camping-du-stade.com. Ganzjährig, 170 Stellplätze. Der 3-Sterne-Platz vermietet auch Chalets (ganzjährig); der eigentliche Campingplatz öffnet Anfang April bis Ende September.

Essen und Trinken

● Beliebt ist das **Restaurant Arts et Délices** (€–€€); 13 place de la Cathédrale, Tel. 05 59 36 13 04), das traditionelle Gerichte der Region auftischt.

Sport und Freizeit

● **Klettern:** Le Mur, place Clémenceau, www.lemuroloron.com; Kletterwand mit verschiedenen Routen, außerdem „Akrobatik-Parcours".
● **Rafting/Kanu/Canyoning:** Centre Nautique de Soeix, Quartier Soeix, Tel. 05 59 39 61 00, Fax 05 59 39 65 16, http://soeix. free.fr.

In der Umgebung

Oloron-Sainte-Marie, eingefasst ins grüne Pyrenäen-Vorland, ist ein strategisch wichtiger Dreh- und Angelpunkt. Nordöstlich geht es durch grün gewellte Hügel und die Weinanbaugebiete um **Jurançon** 32 km weiter nach Pau.

Rund um Arette ↗ XXII/B1

Südwestwärts erreicht man **Aramits** und das Vallée de Barétous mit dem Hauptort Arette. Hier findet man eine alte besuchbare Mühle (**Le Moulin d'Arette;** Führungen im Hochsommer meist nur Di. um 18 Uhr, sonst nach Absprache, Infos über das örtliche Office de Tourisme) und einen Naturkundepfad (Sentier Découverte de la Nature, Arboretum). Von Arette aus kann man an das **Wintersportgebiet La Pierre-Saint-Martin** anbinden, das sich über Höhen zwischen 1650 und 2200 m ausbreitet und mit 18 Liften ausstaffiert ist.

Information

● **Office de Tourisme,** place de la Mairie, Arette, Tel. 05 59 88 95 38, Fax 05 59 88 95 41, www.vallee-baretous.com.

Unterkunft

● **Hôtel de l'Ours** (€), 8 place de l'Église, Arette, Tel. 05 59 88 90 78, Fax 05 59 88 94

Pyrénées Atlantiques

37, www.hotel-ours-arette.federal-hotel.com. Einfaches Haus, zwei Sterne. Betriebsferien in der Regel Mitte Oktober bis Ende November.

Camping

● **Camping du Pont de l'Arroue,** route de Lanne, Arette, Tel. 05 59 88 95 61. Einfach und klein, Mitte Mai bis Ende September.

Sport und Freizeit

● **Abenteuerpark:** Aventure Parc, Aramits, Tel./Fax 05 59 34 64 79, www.aventure-parc.fr/aramits; Parcours mit zahlreichen Geschicklichkeitsübungen und ein wenig Nervenkitzel, für die Kleinsten gibt es den „Mini parc"; tägl. Juli/August, ansonsten unregelmäßig und meist nur an den Wochenenden (zwischen Mitte April und Ende September); während des übrigen Jahres ist der Park geschlossen, Kalender mit Öffnungszeiten auf der Homepage.
● **Canyoning und Klettern:** Pyrénées Aventures Nouvelles, route de Tardets, Lanne-en-Barétous, Tel./ Fax 05 59 34 10 70, www. pyrenees-aventures-nouvelles.com.
● **Reiten:** Les Ecuries du Barétous, route de Barcus, Lanne-en-Barétous, Tel. 05 59 34 65 52, www.ecuriesbaretous.com. Ausritte, ganzjährig.
● **Wintersport,** La Pierre-Saint-Martin, 1650–2200 m, 18 Pisten; Infos am besten über die gut aufgebaute Homepage www.lapierrerestmartin.com.

Über den Pass von Somport ins spanische Jaca

Durch das Aspe-Tal   *⚐ XXII/B2-3*

Südlich von Oloron-Sainte-Marie geht es dem Pyrenäenhochland um den magischen Pilgerpass Somport entgegen und mitten hinein ins **Vallée d'Aspe,** das sich immer weiter zusammenschnürt und beliebt unter Wanderfreunden ist; der Jakobsweg und der Fernwanderweg GR-10 sind an-

spruchsvolle Strecken. Auf der Talstraße geht es zunächst über **Sarrance** (Kirche Notre-Dame und Kreuzgang), **Bedous** und **Accous.** In der Gegend weiden glückliche Schafe auf glücklichen Wiesen, Glockengebimmel hängt in der Luft, ein ums andere Male weisen Schilder auf den **Verkauf von Käse.**

Ein lohnender kleiner Abstecher von der Route führt nach **Lescun,** das man als eines der schönsten Dörfer der Pyrenäen rühmt. Aus dem Ortsbild erhebt sich der gedrungene Turm der Église de Sarrance, im Hintergrund wirft sich das gewaltige Massiv um den 2504 m hohen Pic d'Anie ab.

Zurückgekehrt auf die Hauptachse, findet man in **Etsaut,** an der nördlichen Peripherie des Parc National des Pyrénées gelegen, eines der Infozentren des Nationalparks: das Maison du Parc National (Tel. 05 59 34 88 30, www.parc-pyrenees.com). In **Borce** macht das Hôpital Saint-Jacques einmal mehr mit der Pilgerbewegung nach Santiago vertraut, bei **Urdos** bewacht das Fort du Portalet das Tal.

Auf der Passhöhe   *⚐ XXII/B3*

Für Fußpilger und Motorisierte geht es nun hinauf auf den sagenumwobenen Pass von Somport! Die kurvenreiche Auffahrt führt in faszinierende Gebirgspanoramen, nur Eilige kürzen den Weg nach Spanien durch den neuen **Somport-Tunnel** ab. Der letzte Streckenteil führt durch den westlichen Teil des Pyrenäen-Nationalparks hoch hinauf auf den **Col du Somport,** dessen Höhe auf den meisten Karten mit

1632 m und vor Ort auf dem Schild mit 1640 m angegeben wird.

Hier heißt es Fahrzeug auf dem Parkplatz abstellen, die Aussicht auf die imposanten Bergflanken genießen und die Höhenluft einatmen. Hinter der Grenzstation führt ein Zwei-Minuten-Aufstieg an einen kleinen Marienaltar heran. In Erinnerung geblieben ist die Legende von zwei französischen Pilgern, denen Schneetreiben und Wölfe bis zum Ende ihrer Kräfte zusetzten. „Sollten wir den kommenden Tag erleben", sagte der Eine, „gelobe ich den Bau eines Pilgerhospitals." Und so geschah es. Wer dem Jakobsweg ein Stück abwärts in den **spanischen Wintersportort Candanchú** folgt, kommt an den Ruinen des Hospital de Santa Cristina vorbei.

Jaca

An den Skistationen um Candanchú vorbei geht es weiter nach Jaca. Hier wartet eine freundliche kleine Altstadt mit einer im romanischen Stil begonnenen **Kathedrale,** die im Altarbereich in mehreren silbernen Schreinen die Reliquien von vier Heiligen birgt (*Orosia, Indalecio, Voto* und *Félix*). Rund um den Kreuzgang ist der Kathedrale das sehenswerte **Diözesanmuseum** angeschlossen.

Information

●**Office de Tourisme,** place Sarraillé, Bedous, Tel. 05 59 34 57 57, Fax 05 59 34 52 51, www.aspecanfranc.com.

Unterkunft

●**Hôtel des Voyageurs Somport** (**€**), route du Col du Somport, Urdos, Tel. 05 59 34 88 05, Fax 05 59 34 86 74, www.hotel-voyage urs-aspe.com. Kleines Zwei-Sterne-Haus mit Restaurant, 28 Zimmer, recht günstig und heimelig.

●In der Gegend gibt es eine Reihe an Pensionen und Gites, unter anderem **La Toison d'Or** in Cette-Eygun (Tel. 05 59 34 57 12), **Le Pic d'Anie** in Lescun (Tel. 05 59 34 71 54) und **Chez Michel** in Bedous (Tel. 05 59 34 52 47).

Camping

●**Camping du Lauzart,** Lescun, Tel. 05 59 34 51 77, campinglauzart@wanadoo.fr, April bis September.

Sport und Freizeit

●**Eselsritt:** Rand'en Âne, Etsaut, Tel. 05 59 34 88 98.

●**Gleitschirmfliegen:** École de Parapente Ascendance, rue de la Poste, Accous, Tel. 05 59 34 52 07, www.ascendance.fr.

Parc National des Pyrénées   ⇗XXII/B3-XXIII/D3

Der 1967 geschaffene Pyrenäen-Nationalpark spannt sich von West nach Ost vom Pic Lariste (2168 m) über den Col du Somport (1640 m) bis zum Pic de la Munia (3133 m). Der südlich von Cauterets gelegene Pic de Vignemale kratzt mit 3298 m an den Wolken. Die Kernzone umfasst 457 km², der erweiterte Schutzraum nochmals 2064 km². Gleich noch ein paar Zahlen dazu: Rund 160 Arten an Vögeln, 64 verschiedene Säugetiere, 80 endemische Floravertreter (Pflanzen, die nur hier vorkommen) sind im Park beheimatet. Im Park gibt es einige wenige **Bären,** dazu große Vorkommen an Gämsen, Rot- und Schwarzwild, Füchse, Mur-

Pyrénées Atlantiques

153sf Foto: ad

meltiere. Mit Glück bekommt man anderes typisches Wildlife zu Gesicht: Marder, Gänsegeier, Steinadler, den seltenen Fischotter, das Schneehuhn oder gar den Bisamrüssler (oder Pyrenäen-Desman). Wildromantische **Täler und Kessel** wie der Cirque de Troumouse wechseln sich ab mit Canyons, Wasserfällen, eisigen Gipfeln, Buchen-

Zwischen Oloron-Sainte-Marie und dem Pass von Somport

und Nadelwäldern sowie etwa 200 Seen der verschiedensten Größen.

Wanderern steht ein **Wegenetz** von 350 km offen. Während der wärmeren Jahreszeit bieten bewirtschaftete **Hütten** *(refuges)* Unterschlupf, im Juli und August starten vielerorts geführte Tagestouren (Infos über die Maisons du Parc). Der bekannte **Fernwanderweg GR-10** zieht sich von Lescun bis Saint Lary-Soulan quer durchs Gebirge und im östlichen Teil durch das Seengebiet um den Lac d'Aubert und den Lac d'Aumar. Als Ausgangs- bzw. Stützpunkt von Wanderern dient **Cauterets,** hier starten Touren zum Lac de Gaube und Lac du Pourtet. Als Klassiker ist die Route Cirque de Gavarnie unverwüstlich, zur Gegend um den 2884-Meter-Giganten Pic du Midi d'Ossau brechen Wanderer ab dem Parkplatz am Lac de Bious-Artigues auf.

Auf bequemere Art macht man im **Bergbähnchen** „Petit Train d'Artouste" mit den wilden Hochgebirgslagen Bekanntschaft.

Trotz aller natürlichen Schätze und Urgewalt sind Kern- und Randzonen des Pyrenäen-Nationalparks nicht von Menschenhand unbeleckt. Die jährliche Besucherzahl beläuft sich auf rund 1,5 Mio., der Tunnel von Somport hat die Bergwelt perforiert und bringt Autofahrer rascher nach Spanien. Passhöhen wie der **Col de Tourmalet** und der **Col d'Aubisque** zählen oft zum mörderischen Programm der **Tour de France.** Manche Straßen können im Sommer stark befahren sein.

Nationalparkverwaltung

● **Siège Parc National des Pyrénées,** 2 rue du IV Septembre, Tarbes, Tel. 05 62 54 16 40, www.parc-pyrenees.com.

Information

● Maisons du Parc in folgenden Orten bzw. an folgenden Stellen: **Arrens-Marsous** im Val d'Azun (Tel. 05 62 97 43 13), **Cauterets** im Vallée de Cauterets (Tel. 05 62 92 52 56), **Etsaut** im Vallée d'Aspe (Tel. 05 59 34 88 30), **Gavarnie** (Tel. 05 62 92 42 48), **Laruns** im Vallée d'Ossau (Tel. 05 59 05 41 59) **Luz-Saint-Saveur** im Vallée de Luz (Tel. 05 62 92 38 38) und **Saint Lary** im Vallée d'Aure (Tel. 05 62 39 40 91).

Pau ↗ XIX/C3

„Pau hat die schönste Aussicht aufs Land, so wie Neapel die schönste Aussicht aufs Meer besitzt", schwärmte der französische Dichter *Alphonse de Lamartine* (1790–1869). Klar, dass man ihn in allen Quellen gern zitiert und die quicklebendige **Hauptstadt des Départements Pyrénées-Atlantiques** so richtig schmackhaft macht. Pau, weit auseinander gedriftet im Pyrenäenvorland gelegen, sonnt sich im Glanz seiner Monumente und trumpft mit geschmackvoll angelegten Grünanlagen auf. Einen besonderen Hauch von Geschichte umweht das prächtige Schloss, auf dem 1553 *Heinrich von Navarra* (später König *Heinrich IV.*) geboren wurde. Ob der Herrscher, wie

154sl Foto: ad

Pyrénées Atlantiques

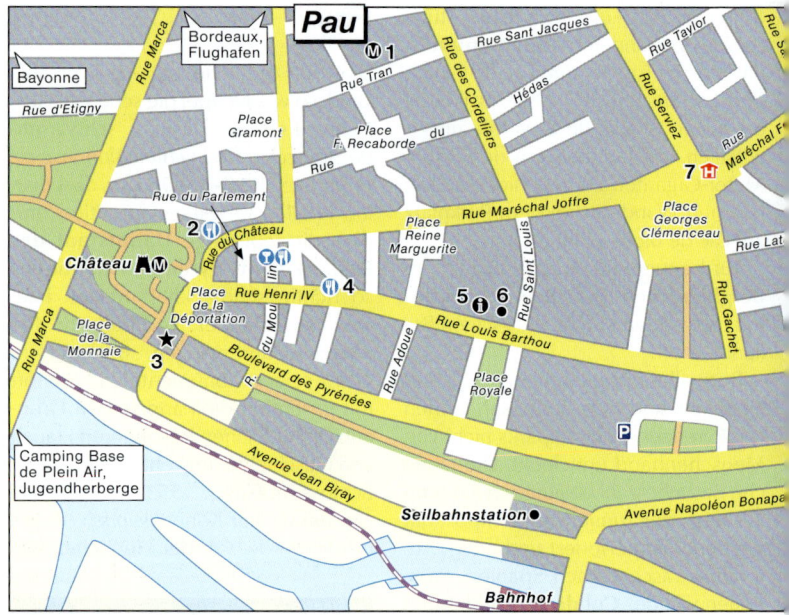

örtliche Publikationen behaupten, mit einem guten Tropfen Jurançon-Wein getauft wurde, ist nicht mehr nachvollziehbar – hört sich aber gut an!

Heuzutage konzentrieren sich Weinbau und -handel unverändert auf das benachbarte Jurançon, während die Arbeit in Metall-, Textil- und Lederindustrie sowie auf dem Dienstleistungssektor viele der rund 85.000 Einwohner Paus ernährt. Für junges Gepräge sorgt die **Universität;** nicht zuletzt die Studentenschaft hat Pau zu einem liberalen Pflaster gemacht.

Besonderheit ist die kleine **Seilbahn** (*funiculaire*), die den Höhenunterschied zwischen Unter- und Oberstadt überbrückt und auf eine ins Jahr 1900 zurückreichende Geschichte blickt. Klare Sicht vorausgesetzt, schaut man von der Oberstadt aus bis zum Pyrenäenriesen Pic du Midi d'Ossau.

Sehenswertes

Die **Place Royale** mit Office de Tourisme und Rathaus und die **Place Georges Clémenceau** markieren die Dreh- und Angelpunkte im alten Pau, von wo aus die Fäden auf den Schlossbezirk zulaufen. Hinter dem Brückenzugang zum bombastischen Château grüßt den Besucher der hier geborene Heinrich IV. als Skulptur, ein Werk der Bild-

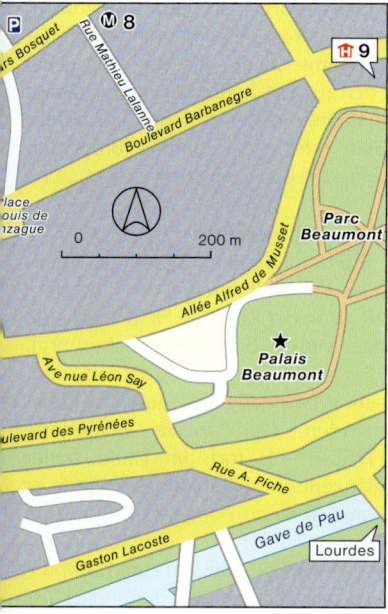

sprechend voluminösen Tafel, Wandbehängen und einer neuerlichen Statue von *Heinrich IV.* Zu den weiteren Rundgangstationen zählen der Küchenbereich, die Ehrentreppe, der Familiensalon und die herrschaftlichen Schlafzimmertrakte. Es sind erstarrte Bilder der Vergangenheit, mit denen Besucher Bekanntschaft machen: schwere Vorhänge, schweres Mobiliar, feudale Leuchter und Kerzenhalter, Tapisserien, Wanduhren. Passend zum Flair: der Geruch, eine Mischung aus abgestandener Zeit und frisch aufgetragenem Bohnerwachs.

Vom Vorplatz des Schlosses aus, der Place de la Déportation, bieten sich gute Ausblicke auf das grüne, waldreiche Umland. Typisch französisch ist der geschmackvolle Rahmen des Platzes mit Springbrunnen, Blumenkübeln und Bänkchen. Unterhalb des Schlosses liegt die Place de la Monnaie mit der **Tour de la Monnaie,** in der bis zur Französischen Revolution Münzen geprägt wurden.

hauer *Barthélémy Tremblay* und *Germain Gissey.*

Schloss

Die im Mittelalter begonnene und im Laufe der Jahrhunderte mehrfach erweiterte Anlage thront hoch über dem Fluss, gleich mehrere wuchtige Türme konkurrieren um den Platz an der Sonne und werfen ihre Schattenspitzen an die Hofwand. Im Innern des Schlosses ist das **Musée National du Château de Pau** untergebracht, ein Museum, in dem es bei den geführten Rundgängen in den prachtvollen „Saal der hundert Gedecke" *(Salle aux Cent Couverts)* hineingeht mit seiner ent-

● **Musée National du Château de Pau,** etwa einstündige Führungen zwischen Mitte Juni und Mitte September tägl. 9.30–12.15 und 13.30–17.45 Uhr, während des übrigen Jahres tägl. 9.30– 11.45 und 14–17 Uhr; www.musee-chateau-pau.fr.

Pyrénées Atlantiques

Zugang zum Schloss von Pau

Im Herzen der City

Zurückgekehrt aufs Altstadtplateau mit der Place de la Déportation, kann man sich ganz in der Nähe den Keimzellen stilvoller Einkehr widmen: rund um die **Rue du Château**, die **Rue du Parlement** und die **Rue du Moulin**. Auf den sommerlichen Freiluftterrassen lässt man es sich rundum gut gehen. Hier zeigt sich Pau von seiner schönsten Seite, doch das ist nicht alles. Freundlich empfangen darf man sich auch rund um die geschäftige

Place Georges Clémenceau fühlen, wo Wasserspiele sprudeln und die Fußgängerzone der Rue Maréchal Foch zustößt. In der Altstadt erstrahlen manche Holzfensterläden in sanftem Blau oder Gelb, andere bräuchten dringend einen Anstrich.

Musée Bernadotte

Zu den typischen Béarnaiser Adelshäusern zählt auch jenes aus dem 18. Jh. in der Rue Tran Nr. 8, das heute das Musée Bernadotte beherbergt. Hier lebt die Erinnerung an den kuriosen Werdegang des aus Pau stammenden *Jean-Baptiste Bernadotte* (1763–1844) fort. Im Laufe seiner glänzenden Militärlaufbahn wurde er von *Napoléon Bonaparte* 1804 zum Marschall erhoben und 1810 von den schwedischen Ständen zum Kronprinzen gewählt, ehe er den Anschluss Schwedens an die Gegner Napoléons veranlasste. Von Schwedens König *Karl XIII.* adoptiert, trat er 1818 dessen Nachfolge an und nannte sich *Karl XIV. Johann;* bis zu seinem Tode 1844 hielt er sich an der Macht.

● **Musée Bernadotte,** tägl. außer montags 10–12 und 14–18 Uhr.

Musée des Beaux-Arts

Nicht allzu weit entfernt, in der Rue Mathieu Lalanne, liegt mit dem Musée des Beaux-Arts eine weitere kulturelle Anlaufstation. Dieses Museum der Schönen Künste mag auf den ersten Blick klein und beschaulich wirken, birgt aber eine erstaunliche Qualität. Die Spanne reicht von regionalen Malern wie dem aus Pau gebürtigen *Vic-*

tor Galos (1828–79) bis zu weithin bekannten Meistern aus Spanien, Frankreich, Deutschland und den Niederlanden. Zur Sammlung zählen Werke von *El Greco, Alonso Cano, Peter Paul Rubens, Joaquín Sorolla, Ignacio Zuloaga* und *Edgar Dégas*.

● **Musée des Beaux-Arts,** tägl. außer dienstags 10–12 und 14–18 Uhr.

Parc Beaumont

Kein Besuch in Pau wäre komplett, ohne die Grünanlagen zu erkunden, in denen insgesamt mehr als 200 verschiedene Baumarten wurzeln. Ideales Umfeld bietet der Ende des 19. Jh. in englischem Stil entworfene **Parc Beaumont** mit seinen Spazierwegen, den Ententeichen, dem Rosengarten und Pflanzen aus mehreren Kontinenten. Das um 1900 erbaute **Palais Beaumont** ist als Kongresszentrum und Casino zweckentfremdet worden.

Praktische Tipps

Information

● **Office de Tourisme,** place Royale, Tel. 05 59 27 27 08, Fax 05 59 27 03 21, www.pau.fr und www.pau-pyrenees.com. Infos zu organisierten Stadtführungen.

Unterkunft

● **Hôtel Le Bourbon** (€), 12 place Georges Clémenceau, Tel. 05 59 27 53 12, Fax 05 59 82 90 99, www.hotel-lebourbon.com. Zwei-Sterne-Haus in zentraler Lage, im Oberbereich dieser Preiskategorie, zu den „Logis de France" gehörig.
● **Hôtel Parc Beaumont** (€€€), 1 avenue Edouard VII, Tel. 05 59 11 84 00, Fax 05 59 11 85 00, www.hotel-parc-beaumont.com. Der moderne, lichtdurchflutete Block stößt an die Parkanlage. Mit Gästeparkplatz, klei-

nem Hallenbad und Sauna. Sehr gut eingerichtet und geführt – was sich natürlich auch im Preis niederschlägt.

Camping

● **Camping Municipal La Plaine des Sports,** boulevard du Cami-Saliè, Tel. 05 59 11 08 10 oder 05 59 02 30 49, Fax 05 59 11 08 19. Geöffnet Mitte Mai bis Mitte September. Alternative ist der ganzjährig zugängliche Drei-Sterne-Campingplatz **Le Terrier** in Lescar (avenue du Vert Galant, Tel. 05 59 81 01 82, Fax 05 59 81 26 83, www.camping-terrier.com.

Essen und Trinken

● **Restaurant Henri IV** (€€),18 rue Henri IV, Tel. 05 59 27 54 43. Uriges Ambiente mit Holzdecke und kalkweißen Wänden, Menüs verschiedener Preisstufen, zum Schluss bietet sich Schafskäse aus dem Vallée d'Aspe an.
● **Restaurant Chez Olive** (€€), 9 rue du Château, Tel. 05 59 27 81 19. Diverse Menüs, Entenstopfleber. Mitten in einer stimmungsvollen Einkehrzone gelegen.

Einkaufen

● Gute Shoppingmöglichkeiten im Bereich von Rue Maréchal Foch und Place Georges Clémenceau. Meeresfrüchte, Würste und Käse in den **Markthallen** (Les Halles, place de la République). Mi. und Sa. vormittags ist die Place du Foirail Schauplatz eines **Biomarktes** (Le Marché Biologique du Foirail). Auf der Place du Foirail kann man Sa. und Mo. 9– 12.30 und 14.30–18 sowie So. 10– 12.30 Uhr über den **Trödel- und Allerleimarkt** bummeln.

Verkehrsanbindung

● **Flughafen:** Aéroport Pau-Pyrénées, liegt rund 10 km nordwestlich der City, Uzein, Tel. 05 59 33 33 00, www.pau.aeroport.fr. Flugverbindungen je nach Saison und stark wechselnden Flugplänen u.a. nach Amsterdam, Charleroi, Paris und London.
● **Bahnhof:** avenue Jean Biray, Tel. 3635. Verbindungen nach Bayonne, Bordeaux und Toulouse.

Pyrénées Atlantiques

In der Umgebung

Kirchen, Orte und Sehenswürdigkeiten westlich von Pau

An die aus Toulouse herleitende Jakobs-Variante Via Tolosana ist die Kathedrale von **Lescar** angeschlossen, ein Prachtbau aus dem 12. Jh. mit reich dekorierten Kapitellen. In der Kathedrale befinden sich die Gräber verschiedener Könige und Königinnen von Navarra, darunter *Cathérine de Foix* (gest. 1517), *Marguerite d'Angoulême* (gest. 1549) und *Henri II. d'Albret* (gest. 1555). Ebenfalls auf das 12. Jh. geht der Pilgerspitalkomplex von **Lacommande** („Ensemble Hospitalier" bzw. „La Commanderie") zurück. Begründer war der Kreuzritter *Gaston IV.* In Lacommande schliefen die Jakobspilger einst auch auf den Emporen der sehenswerten Kirche. Hinter dem Gotteshaus liegt ein Friedhof mit historischen kleinen Grabstelen, gegenüber das Weinhaus der Jurançon-Weine (siehe Exkurs „Auf Weintour").

Ein Höhepunkt im Béarn erwartet Besucher im beschaulichen **Monein**, das weithin sichtbar vom 40 Meter hohen Turm der gotischen Kirche Saint-Girons (15./16. Jh.) überragt wird. Das einzigartige Dachgebälk *(charpente)* ist 50 Meter lang und 18 Meter hoch – ein kurioser Holzwald, für den über 1000 Eichen verwendet wurden. Eine Licht- und Tonschau verleiht dem Ganzen eine eindrucksvolle Stimmung.

Information

● **Office de Tourisme in Lescar,** place Royale, Tel. 05 59 81 15 98, www.lescar-tourisme.fr.

● **Office de Tourisme in Monein,** rue du Commerce, Tel. 05 59 12 30 40, www.coeur debearn.com.

● **Kathedrale von Lescar,** Führungen im Regelfall Mo.–Fr. um 15.30 Uhr, weitere Infos über das Office de Tourisme in Lescar (s.o.).

● **Ensemble Hospitalier,** Lacommande, im Juli und August tägl. 10.30–12.30 und 14–18 Uhr, ansonsten meist nur Mi., Sa. und So. 14–18 Uhr.

● **Église Saint-Girons,** Monein, je nach Jahreszeit wechselnde Anfangszeiten der Licht- und Tonschau im Dachgebälk, Infos im nebenliegenden Office de Tourisme (s.o.). Meist gelten folgende Zeiten: Mitte Juni bis Mitte September Mo.–Sa. 11, 15 und 17 Uhr, sonntags 17 Uhr; Anfang April bis Mitte Juni sowie Mitte September bis Ende Oktober täglich 16 Uhr, ansonsten nur mittwochs um 16 und 18 sowie samstags 15 und 17 Uhr.

Nördlich und östlich von Pau

Nördlich von Pau schließt der Landstrich Béarn-Adour das Béarn ab. Kleinere Entdeckungstouren führen zur vormaligen Regionalhauptstadt **Morlaàs** mit ihrer romanischen Kirche Sainte-Foy, nach **Sévignacq** mit einem interessanten Kirchenportal und – weit im Osten von Pau – zum **Château de Montaner** mit seinem wuchtigen Wehrturm. Mit dem **Château de Momas** und dem **Château de Morlanne** erreicht man weitere herrschaftliche Anlagen nordwestlich von Pau.

Information

● **Office de Tourisme,** place Sainte-Foy, Morlàas, Tel./Fax 05 59 33 62 25, www.paysde morlaas-tourisme.fr.

● **Château de Montaner,** im Juli und August tägl. 10–19 Uhr, sonst Anfang April bis Ende Juni und September/Oktober Mi.–Mo. 14–18 Uhr; Tel. 05 59 81 98 29, www.chateau-montaner.info.

● **Château de Momas,** eingeschränkte Zugangszeiten, meist nur Anfang April bis Ende

Dezember an den Wochenenden nach 14 Uhr; Tel. 05 59 77 14 71.

● **Château de Morlanne,** im Juli und August tägl. 10–13 und 14–19 Uhr, sonst Anfang April bis Ende Juni und September/Oktober Mi.–Mo. 14–19 Uhr; Tel. 05 59 81 60 27.

Unterkunft

● **Hôtel Bourgneuf** (€), 3 rue du Bourg Neuf, Morlaàs, Tel. 05 59 33 44 02, Fax 05 59 33 07 74, www.hotel-bourgneuf.com. Zwei-Sterne-Hotel mit Restaurant, auch Dreierzimmer sind vorhanden. Moderate Preise.

Von Pau ins Vallée d'Ossau

Auf dem Weg nach Laruns   ⚡ XXIII/C1-2

Tief im Süden von Pau stößt man ins Vallée d'Ossau und einmal mehr in den Parc National des Pyrénées vor. Am Weg liegt das **Château de Sévignacq** (nicht zugänglich). Tor ins Tal von Ossau ist das geschäftige Arudy, das ein Stück südlich liegt.

Im Tal selbst passiert man **Aste-Béon** mit seiner Falaise aux Vautours, dem **„Geierfelsen".** Kameras, nahe der Horste installiert, machen das Leben von Gänsegeiern greifbar.

● **Falaise aux Vautours,** Mai und September 14–18 Uhr, Juni bis August 10.30–12.30 und 14–18.30 Uhr.

Rund um Laruns   ⚡ XXIII/C2

In Laruns gibt es ein Infohaus des Nationalparks und eine wichtige Straßengabelung. Die Links-Variante führt über den Thermalquellenort **Eaux-Bonnes** und die Skistation **Gourette** hinauf auf den 1709 m hohen **Col d'Aubisque,** einen der magischen Pässe der Tour der France.

Im Vallée d'Ossau   ⚡ XXIII/C2-3

Die Hauptstrecke ab Laruns führt weiter durch das Vallée d'Ossau über den Thermalort Les Eaux-Chaudes nach **Gabas.** Am rund 1200 m hoch gelegenen **Lac de Fabrèges,** südöstlich von Gabas auf dem Weg zum Col du Pourtalet gelegen, startet eine Kabinenbahn zum Gare de la Sagette auf rund 2000 m Höhe. Die Sagette-Station ist Ausgangspunkt des populären Bergbähnchens **Petit Train d'Artouste,** das zwischen Ende Mai und Ende September Richtung Lac d'Artouste auf einer etwa 10 km langen Strecke verkehrt – eine gute Gelegenheit, die Gipfel um den 2884 m hohen Pic du Midi d'Ossau in Augenschein zu nehmen und den See kennen zu lernen. Allerdings kann an manchen Tagen der Ansturm recht hoch sein!

Naturfreaks wird es ab Gabas einige Kilometer weiter an den **Lac de Bious-Artigues** ziehen, Ausgangspunkt für Wandertouren im Bereich des Pic du Midi d'Ossau. Auf dem Fernwanderweg GR-10 geht es an die **Lacs d'Ayous** heran.

● **Petit Train d'Artouste,** Tel. 05 59 05 36 99, www.altiservice.com.

Information

● **Office de Tourisme,** in **Arudy** (place de la Mairie, Tel. 05 59 05 77 11, Fax 05 59 05 80 31, www.arudy-tourisme.com), **Laruns** (Maison de la Vallée d'Ossau, Tel. 05 59 05 31 41, Fax 05 59 05 35 49, www.vallee-ossau.com), **Eaux-Bonnes** (Jardin Arralde, Tel. 05 59 05 33 08) und Gourette (place Sarrière, Tel. 05 59 05 12 17, www.gourette.com).

Pyrénées Atlantiques

Sport und Freizeit

● **Thermalanlagen** in **Eaux-Bonnes,** (Tel. 05 59 05 34 02) und **Laruns** (Établissement Thermal des Eaux-Chaudes, Tel. 05 59 05 36 36).

Von Pau nach Lourdes

Nay   ⚓ XXIII/C1

Südöstlich von Pau sind es rund 40 km bis zur weltberühmten Pilgermetropole Lourdes. Auf dem Weg dorthin besteht Gelegenheit zu einem Stopp in Nay, das auf eine Vergangenheit als 1302 gegründete Bastide zurückblickt. Erhalten haben sich Stadtmauerreste und die im 15./16. Jh. erbaute Église Saint-Vincent. **Das Baskenmützen-Museum** (Musée du Béret) an der Place Saint Roch steht ganz im Zeichen der traditionellen Kopfbedeckung. Weiterhin erwähnenswert ist das im 16. Jh. erbaute **Maison Carrée** an der Place de la République, einst das private Prachthaus eines wohlhabenden Tuchhändlers (stark wechselnde Öffnungszeiten). Etwas abseits der Strecke liegt der **Tierpark von Asson.**

Information

● **Office de Tourisme in Nay,** place du 8 Mai 1945, Tel. 05 59 13 94 99, Fax 05 59 13 00 90, www.villedenay.fr und www.tourismeplainedenay.fr.
● **Musée du Béret,** April bis Juli sowie September und Oktober Di.–Sa. 10–12 und 14–18 Uhr, im August tägl. 10–12 und 15–19 Uhr (nur So. vormittags geschl.), sonst Di.–Sa. 14–18 Uhr (im Dezember auch montags geöffnet); www.museeduberet.com.
● **Zoo d'Asson,** April bis September tägl. 9–19 Uhr, ansonsten tägl. 9–18 Uhr; www. zoo-asson.org.

Grottes de Bétharram   ⚓ XXIII/D1

Rund 15 km vor Lourdes erreicht man den Parkplatz der Grottes de Bétharram. Dieser nahe Saint Pé-de-Bigorre gelegene **Tropfsteinhöhlenkomplex** ist mit unterirdischer Bootspassage und rauschender Bähnchentour stark touristisch aufbereitet – hat aber durchaus seinen Reiz.

● **Grottes de Bétharram,** Ende März bis Ende Oktober tägl. 9–12 und 13.30–17.30 Uhr, Mitte Februar bis Ende März Mo.–Fr. 14.30–16 Uhr, sonst geschlossen; www. betharram.com.

Lestelle-Bétharram   ⚓ XXIII/D1

Mit seiner Tradition als **Marienheiligtum** stimmt Lestelle-Bétharram, eine Bastide aus dem 14. Jh., auf die Wallfahrtshochburg Lourdes ein. Die Brücke von Bétharram wurde in den Jahren 1678–87 erbaut.

Kurz vor Lourdes lohnt sich ein Abstecher an die Ufer des **Lac de Lourdes,** ein 55-Hektar-See, der seinen Ursprung einem Gletscher verdankt und von Wäldern und ganz seichten Hügeln umzogen wird.

Lourdes   ⚓ XXIII/D1

Was ist wahr, was ist nicht wahr? Für Gläubige steht unumstößlich fest, dass die junge *Bernadette Soubirous* (1844–79) im Jahre 1858 an den Flussufern des Gave de Pau in der Grotte von Massabielle fürwahr eine Reihe von **Erscheinungen der heiligen Jungfrau** erlebte: zwischen Februar und Juli insgesamt 18, wobei niemand anders als Bernadette sie gewahr wird – obwohl

bei einer Erscheinung am 1. März 1858 mehr als 1500 Menschen zugegen sind. „Ich sah eine weiß gekleidete Dame", sagte Bernadette über die erste Erscheinung aus, „sie trug ein weißes Kleid und einen weißen Schleier, einen blauen Gürtel und auf jedem Fuß eine gelbe Rose." Bei der neunten Erscheinung gebot ihr die Dame, aus einer Quelle trinken und sich darin waschen – hier liegt der Grund für das wundersame Wasser von Lourdes. 1862 wurden die Marienvisionen kirchlich bestätigt – die Pilgerstadt Lourdes, eine der bekanntesten in ganz Europa, war geboren. Heute zählt die im Département Hautes-Pyrénées und auf rund 420 m Höhe gelegene Stadt rund 16.000 Einwohner und stellt mit ihrem Unterkunftangebot in Frankreich – bis auf Paris – alles in den Schatten. In und um Lourdes herum gibt es weit über 200 **Hotels;** insgesamt stehen 35.000 Übernachtungsplätze zur Verfügung, inklusive Krankenherbergen und Jugenddorf.

Ob Neugierige oder Glaubenseifrige – wer als einer von **jährlich bis zu sechs Millionen Besuchern** nach Lourdes kommt, muss wissen, auf was er sich einlässt: Rummel und Trubel, Wallfahrtstourismus in höchster Potenz – interessant, ernüchternd, schockierend. Die Andenkenläden bersten vor Kitsch und Nippes, der Handel mit Kerzen und leeren Kanistern für **Heilwasser** hat immer Hochkonjunktur. Busse bringen unablässig Ströme von Schwer- und Schwerstkranken in ihrer Hoffnung auf Genesung. Offiziell anerkannte **„Wunderheilungen"** sind seltener als man glaubt: bis heute knapp 70 von rund 7000 angezeigten Fällen. Im Gespräch mit dem Autor dieses Buches hat es ein Arzt, *Dr. Volker E.,* der regelmäßig Schwer- und Schwerstkranke von Deutschland nach Lourdes begleitet, auf den Punkt gebracht: „Wir fahren nicht nach Lourdes, um den Kranken zu sagen: Der Krebs geht weg. Nein, der Krebs geht nicht weg. Es geht darum, dass man mehr Kraft und innere Ruhe und Gottvertrauen bekommt, um die Krankheit anzunehmen und den letzten Weg zu gehen." Den Kranken in Lourdes die Möglichkeit zu geben, das „Woher komme ich, wohin gehe ich" zu überdenken und bei sich selber anzukommen, gerade das sei wichtig, unterstreicht Dr. E. und ergänzt: „Wichtig ist, ihnen eine noch stärkere Kraft im Glauben zu geben, damit sie wissen, dass man auf der anderen Seite erwartet wird." **Versöhnung mit sich selbst,** das sei der Kern und Lourdes dazu der geeignete Platz, denn gerade hier, so glaubt er auch selbst, „ist man dem Himmel näher" als andernorts.

Regelmäßig sind Messen angesetzt, es gibt eine eigene **deutschsprachige Pilgerseelsorge,** die abendlichen Lichterprozessionen und die eucharistischen Prozessionen mit der Krankensegnung bleiben für Gläubige unvergesslich.

In Lourdes richten sich alle Augen auf den weit ausgreifenden Pilgerkomplex **Sanctuaires Notre-Dame,** der auf seinen 51 ha jene **Grotte de Massabielle** umfasst, in der Bernadette am 11. Februar 1858 erstmals die Madon-

Pyrénées Atlantiques

2326 Foto: ad

na erschienen sein soll. Ebenfalls zum Komplex gehörig: die Basilique de l'Immaculée Conception, der riesige Freiplatz, die Krypta, die Krankenbäder, die Basilique Notre-Dame de Rosaire, die Basilique Saint-Pie X, die Église Sainte-Bernadette, der Chemin de Croix des Espélugues (Kreuzweg) und die Chapelle de l'Adoration Eucharistique.

Den Spuren der im Jahre 1933 heilig gesprochenen Bernadette folgt man im Zentrum in ihrem **Geburtshaus** (Le Moulin de Boly), im **Museum Sainte-**

Im Innern der Burg von Lourdes

Bernadette, im „Cachot" (vorübergehende ärmliche Bleibe der Familie Soubirous in der Rue des Petits Fossés) und in der **Pfarrkirche Sacré-Coeur,** in der sie 1844 getauft wurde. Preislich überzogen ist der Eintritt in das **Musée de Lourdes** (Parking de l'Égalité; Öffnungszeiten April bis Oktober tägl. 9–12 und 13.30–19 Uhr). Auf dem nahen Friedhof, dem **Cimetière de l'Egalité,** befindet sich das Grab der Familie Soubirous – allerdings ohne Bernadette. Nachdem sie 1860 in Lourdes Aufnahme bei den Ordensschwestern der Barmherzigkeit von Nevers gefunden hatte, verließ sie 1866 ihre Heimatstadt und kehrte nie mehr zurück. 35-jährig und schwer erkrankt, verstarb sie in Nevers und wurde dort beigesetzt.

Abseits des Leitmotivs „Glauben" kann man das oberhalb gelegene **Château-Fort** besuchen, das sich markant gegen die Bergwelt abhebt und fantastische Ausblicke ermöglicht. Die Säle sind als „Pyrenäen-Museum" zum teil volkskundlich aufbereitet, die Buntglasfenster in der kleinen Festungskapelle Notre-Dame du Château rufen die legendäre Belagerung des Kastells durch **Karl den Großen** ins Gedächtnis (Öffnungszeiten: April bis September tägl. 9–12 und 13.30–18.30 Uhr, während des restlichen Jahres tägl. 9–12 und 14–18 Uhr, nur Fr. ist um 17 Uhr frühere Schließzeit). Die Panoramaaussichten von der Burg toppt Lourdes' 948 Meter hoher Hausberg Pic du Jer, zu dem im Südteil der Stadt eine **Zahnradbahn** hinaufführt (funiculaire; www.picdujer.fr).

Ein letzter Abstecher auf den Spuren der Bernadette führt wenige Kilometer nördlich von Lourdes nach **Bartrès,** wo das Mädchen in der „Bergerie" Schafe hütete; der Stall liegt außerhalb des Ortskerns. Auf dem Lagües-Hof in Bartrès verrichtete Bernadette für kurze Zeit Landarbeiten.

Im tiefen Süden von Lourdes geht es den Pyrenäenspitzen um den 3298 m hohen **Pic de Vignemale** entgegen, zahlreichen Hochgebirgsseen und Wandergebieten sowie den **Skistationen** Luz-Ardiden und Gavarnie-Gèdre.

Information

●**Office de Tourisme,** place Peyramale, Lourdes, Tel. 05 62 42 77 40, Fax 05 62 94 60 95, www.lourdes-infotourisme.com. Infos zu Sportangeboten, Fahrradverleih und dem 17 km langen Radweg „La Voie Verte des Ga-

---

Wintersport im Béarn

Die Pyrenäen üben riesige Zugkraft auf Anhänger des weißen Sports aus. Hier ein Kurzüberblick:

●**Artouste:** 17 Pisten, Kid- und Snowpark, Tel. 05 59 05 36 99, www.ossau-pyrenees.com und www.altiservice.com

●**Gourette:** Wintersport über 1400 m, Skischule, Snowpark, 28 Pisten; Tel. 05 59 05 12 17, www.gourette.com

●**Iraty:** vier Langlaufpisten zwischen 1,6 und 20 km Länge, westlich von Larrau, Tel. 05 59 28 51 29, www.chalets-pays-basque.com/chalets-iraty.html

●**Issarbe:** Ski nordisch, 9 Pisten; Infos Station, Tel. 05 59 39 65 08, www.issarbe.com

●**La Pierre-Saint-Martin:** 20 Pisten, Skischule, Schneekanonen bis auf 1800 m Höhe; Tel. 05 59 66 20 09, www.lapierrerestmartin.com

●**Le Somport:** Wintersport auf 1600–1700 m, 9 Pisten (Langlauf); Tel. 05 59 36 00 21, www.lesomport.com

---

ves". Unter religiösem Stern steht die Homepage des Heiligtumsbezirks: http://fr.lourdes-france.org.

Unterkunft

Trotz der schier unüberschaubaren Auswahl an Hotels sind manche Häuser wegen gigantischer Gruppenpilgerreisen gelegentlich ausgebucht.

●**Grand Hôtel de la Grotte** (€€), 66 rue de la Grotte, Tel. 05 62 94 58 87, Fax 05 62 94 20 50, www.hotel-grotte.com. Komplex mitten im Geschehen, geöffnet etwa Mitte Februar bis Ende Oktober.

●**Hôtel de Nevers** (€), 13 avenue Maransin, Tel. 05 62 94 90 88, Fax 05 62 94 84 23, www.hoteldenevers-lourdes.com. Eine solide Bleibe aus dem Verband „Logis de France". Geöffnet Anfang März bis Mitte November.

●**Cassagnou** (€), 21 rue du Fort, Tel./Fax 95 62 94 10 19. Kleine Pension, Anfang April bis Ende September. Adresse für den schmaleren Geldbeutel.

Camping

●**Camping Arrouach,** 9 rue des Trois Archanges, Tel. 05 62 42 11 43, Fax 05 62 42 05 27, www.camping-arrouach.com, kleiner Platz, geöffnet Mitte März bis Ende Dezember.

●**Camping Plein Soleil,** 11 avenue du Monge, Tel. 05 62 94 40 93, Fax 05 62 94 51 20, www.camping-pleinsoleil.com. Ostern bis Anfang/Mitte Oktober, im Sommer hat der kleine Pool geöffnet.

Feste und Veranstaltungen

●Besonders festlich geht es in Lourdes am **Jahrestag der ersten Erscheinung** zu (11. Februar), am **Tag der heiligen Bernardette** (18. Februar), während der **Karwoche** und zu **Pfingsten,** an **Mariä Himmelfahrt** (15. August), während der **Rosenkranz-Wallfahrt** (Pélerinage du Rosaire) Anfang Oktober, am **Allerheiligen-Tag** (1. November) und an **Heiligabend.** Im Dezember **Weihnachtsmarkt.**

Verkehrsanbindung

●**Bahnhof:** avenue de la Gare, Tel. 3635. Täglich mehrere Verbindungen nach Pau.

Pyrénées Atlantiques

218sf Foto: ct

Anhang

045sf Foto: ad

400sf Foto: ad

Dünengräser

Die Düne von Pilat

Spaß für die Kleinsten im feinen Sand

Literaturtipps

Essen und Trinken

● **À table. Die wunderbaren Rezepte meiner französischen Familie,** von *Murielle Rousseau,* Gerstenberg-Verlag, Hildesheim, neueste Auflage 2009. Ein kunstvoll gestaltetes Kochbuch und gleichzeitig eine Liebeserklärung an die französische Lebensart.

● **Bonnefoit Frankreich. Faszination Wein & Aromen,** von *Guy Bonnefoit,* Verlag Gebrüder Kornmayer, Rödermark, 2008. Das Motto lautet: „Die Weinaromen auf neue Art entdecken und die passenden Speisen auswählen." Mit annähernd 1000 Seiten ein starkes Stück, nicht gerade preisgünstig.

● **Bordeaux total,** *René Gabriel,* Orell Füssli-Verlag, Zürich, 2006 – Präsentation von Weingütern und ein Vielfaches an Degustationsnotizen vom Jahrhundertwein bis zum erschwinglichen Tropfen.

● **Vive la France! Das Kochbuch: 299 Rezepte aus dem Schlemmerparadies,** von *Stéphane Reynaud,* Christian Verlag, München, 2009. Die französische Küche auf bodenständige Art, sorgsam illustriert und mit vielen Zusatzinformationen angereichert.

Frankreich allgemein

● **Die Deutschen und ihre Nachbarn: Frankreich,** von *Johannes Willms,* Verlag C. H. Beck, München, 2009. Ein pointierter Streifzug durch Politik und Gesellschaft, verfasst von einem ausgewiesenen Frankreich-Kenner.

● **KulturSchock Frankreich,** von *Gabriele Kalmbach,* REISE KNOW-HOW-Verlag, Bielefeld. Alltagskultur, Traditionen, Verhaltensregeln und Savoir vivre aus der beliebten „Kultur-Schock"-Reihe.

Geschichte und Gesellschaft

● **Das Baskenland: Geschichte und Gegenwart eines politischen Konflikts,** von *Ingo Niebel,* Promedia-Verlag, Wien, 2009. Eher auf die spanische Seite des Baskenlands zugeschnitten, doch aufschlussreich u.a. zum Eta-Terrorismus.

● **Die Basken,** von *Carlos Collado Seidel,* Verlag C. H. Beck, München, 2010. Ein historisches Porträt, das Fragen des Wie und Woher der kulturellen Eigenständigkeit der Basken nachgeht.

● **Kleine Geschichte Frankreichs,** von *Heinz G. Haupt* u.a., Reclam-Verlag, Ditzingen, 2008. Fakten und Ereignisse auf 500 Seiten übersichtlich auf den Punkt gebracht.

● **Königin der Troubadoure. Eleonore von Aquitanien,** *Régine Pernoud,* Deutscher Taschenbuch Verlag, München – Neuauflage von 1992, aber noch heute biografisches Standardwerk zur *Eleonore von Aquitanien* (1122–1204), verfasst von einer der angesehensten Histo-rikerinnen Frankreichs.

Belletristik

● **Commissaire Carlucci: Der Austernzüchter von Arcachon,** von *Monsieur Rainer,* Books on Demand, Norderstedt, 2009. Ein neuer Fall für Carlucci: Der Präsident des Verbands der Austernzüchter ist ermordet worden. Was steckt dahinter?

● **Ein Winter in Aquitanien,** von *Peter Hoffmann,* edition Winterwork, Grimma, 2009. Ein Erfahrungs- und Erlebnisbericht, der – obgleich nicht gerade nobelpreisverdächtig – ermutigen soll, die eigenen Grenzen auszutesten.

● **Französische Dichter und ihre Häuser,** von *Ralf Nestmeyer,* Insel-Verlag, Frankfurt am Main und Leipzig, 2005. Ein empfehlenswertes Taschenbuch, das Persönlichkeiten aus dem französischen Literaturbetrieb in Form von kleinen Lebens- und Werkporträts vorstellt. In dieser Reihe stehen unter anderem Jules Verne, Pierre Loti, Victor Hugo, Honoré de Balzac und Jean Cocteau. Das mit einigen Farbfotos aufgelockerte Buch kommt anspruchsvoll und zugleich verständlich daher.

● **Literarischer Führer Frankreich,** *Hans Georg Bauner,* Insel-Verlag, Frankfurt/Main und Leipzig, 2002 – eine wahre Fundgrube an literarischen Informationen! Quer durch die Republik öffnet sich eine aufschlussreiche, regional gegliederte Spurensuche. Was schrieben einst *Kurt Tucholsky* über Biarritz und *Victor Hugo* über Bayonne, was beeindruckte Stendhal an Pau, welche Dichter und Dramatiker stammten aus Bordeaux?

●**Die Vasken,** *Wilhelm von Humboldt,* Wissenschaftliche Buchgesellschaft, Darmstadt – von 1961, ein aus heutiger Sicht höchst vergnüglicher Bericht einer Reise aus dem Jahre 1801. Detailverliebt und mit wissenschaftlicher Schärfe beobachtet, viele interessante Passagen zum französischen Baskenland.

●**Die Königin und die Hure,** *Ellen Jones,* Aufbau-Verlag, Berlin, 2003 – unterhaltsamer Mittelalterschmöker um große Gefühle und die Lebens- und Liebesgeschichte der *Eleonore von Aquitanien.*

●**Die Herzogin,** *Pamela Kaufman,* Fischer Taschenbuch, Frankfurt am Main, 2006 – Lebensgeschichte der *Eleonore von Aquitanien.*

●**Die Löwin von Aquitanien,** *Tanja Kinkel,* Goldmann, München, 2008 (Sonderausgabe zusammen mit „Wahnsinn, der das Herz zerfrisst") – historischer Roman über *Eleonore von Aquitanien,* flüssig und ansprechend geschrieben.

●**Ein Pyrenäenbuch,** *Kurt Tucholsky,* Rowohlt Verlag, Reinbek – Eindrücke und Empfindungen von Tucholskys legendärer Pyrenäenreise, erstmals erschienen 1927.

●**Tod in Bordeaux,** von *Paul Grote,* Rowohlt Taschenbuch, Reinbek, 2004. Der Tod eines Winzers im eigenen Weinlager wirft für seinen Freund, einen deutschen Weinhändler, Fragen auf. Für ihn steht fest: Das war kein Unfall! Autor Grote unterfüttert die spannende Handlung mit reichlich Weinkenntnis. Der Roman ist 2010 zusammen mit Grotes „Bitterer Chianti" als preisgünstige Doppelausgabe erschienen.

Reise

●**Abenteuer Jakobswege in Frankreich,** von *Andreas Drouve* (Text) sowie *Martin Schulte-Kellinghaus* und *Erich Spiegelhalter* (Fotos), Stürtz-Verlag, Würzburg, 2009. Bildband, der die verschiedenen Jakobswegstrecken durch Frankreich vorstellt. Eingestreute Specials haben Themen wie „Legenden und Wunder", „Heilige", „Pilgern im Mittelalter", „Die Jakobsmuschel" und „Pilgern heute".

●**Lourdes – Stätte des Lichts,** von *Andreas Drouve,* Butzon & Bercker, Kevelaer, 2009. In diesem farbig bebilderten Geschenk- und Pilgerbuch macht der Autor dieses Reise Know-How-Bandes mit der magischen Zugkraft des Wallfahrtsziels Lourdes vertraut. Stimmungsvolle Verzahnung von Fotos und Texten, darunter Gebete, Legenden, Segensworte, Papstzitate, Romanauszüge und persönliche Impressionen. Informative Kurzkapitel beleuchten die Geschichte und Gegenwart der Wallfahrt, die Heilungswunder und die Persönlichkeit der Seherin Bernadette. Ein weiterer Exkurs steht im Zeichen der Lebensstationen Bernadettes und animiert zur Spurensuche.

●**Reise durch Frankreich mit dem Hausboot,** von *Martin Schulte-Kellinghaus* und *Erich Spiegelhalter* (Fotos) sowie *Beate Kierey* und *Hubert Matt-Willmatt* (Texte), Stürtz-Verlag, Würzburg, völlig überarbeitete Neuauflage 2010. Dieser vorzüglich gestaltete Bildband zeigt, dass eine Fahrt mit einem Hausboot vielleicht die gemütlichste Art und Weise ist, die Schönheiten Frankreichs zu entdecken. Rund 250 Farbbilder sowie kenntnisreiche Texte zeigen das Hausbootfahren auf Frankreichs Kanälen und Flüssen in all seinen Facetten. Sonderkapitel machen das Bordleben im Familienkreis zum Thema, berichten über die Technik der Schleusen und Meisterleistungen des Kanalbaus sowie die Geschichte der französischen Wasserwege, erzählen von Menschen auf und neben den Flüssen und Kanälen. Der Einleitungstext führt aufschlussreich an Frankreichs Schifffahrt heran.

●**Pyrenäen-Handbuch,** von *Michael Schuh,* Reise Know-How, Bielefeld. Ideal für alle diejenigen, die diesseits und jenseits der französisch-spanischen Grenze in die Pyrenäen eintauchen wollen.

Sprache

●Aus der **„Kauderwelsch"-Reihe** des Reise Know-How Verlags bieten sich folgende Titel an: **Französisch – Wort für Wort, Französisch Slang, Baskisch – Wort für Wort** sowie **Französisch kulinarisch.** Zu den Bänden gibt es begleitendes Tonmaterial als AusspracheTrainer auf Audio-CD. Ebenfalls erhältlich ist das komplette Buch Französisch – Wort für Wort als CD-ROM: **Französisch digital.**

Anhang

Kleine Sprachhilfe

Französisch – Deutsch

Dieses kleine französisch-deutsche Glossar soll das Lesen und Verstehen der wichtigsten französischen Begriffe erleichtern, denen man unterwegs begegnet.

Begriffe aus Geografie, Kunst, Kultur und Reisealltag

abbaye	Abtei
anse	kleine Bucht
avenue	Allee
baie	Bucht
barrage	Staudamm
bassin	Becken
bastide	alter bewehrter Ort
boulevard	breite Straße
bourg	Marktflecken
cap	Kap
carrefour	(Straßen-)Kreuzung
cascade	Wasserfall
catacombes	Katakomben
cathédrale	Kathedrale
chais	Weinlager/-kellerei
chapelle	Kapelle
château	Schloss, Burg, Weingut
chemin	Weg
chemin de Saint Jacques	Jakobsweg
citadelle	Zitadelle
clocher	Kirch-/Glockenturm
cloître	Kreuzgang
corrida	Stierkampf
côte	Küste
cours	Promenade
course de taureaux	Stierkampf
couvent	Kloster
donjon	Wehr-/Festungsturm
dune	Düne
école	Schule
église	Kirche
ermitage	Einsiedelei
esplanade	Vorplatz, Freiplatz
étang	Teich, See
ferme	Bauernhof
fontaine	Springbrunnen
forêt	Wald
fort	Fort
forteresse	Festung
fronton	Spielanlage für Pelota
golfe	Golf (geogr.)
gorge	Schlucht
grotte	Höhle
halles	Markthallen
hôtel de ville	Rathaus
île	Insel
impasse	Sackgasse
jardin	Garten
jardin public	öffentliche Parkanlage
jetée	Hafendamm, Mole
lac	See
lande	Heideland
mairie	Rathaus
maison	Haus
marais	Moor
marché	Markt
mer	Meer
monastère	Kloster
mont	Berg
montagne	Gebirge
moulin	Mühle
musée	Museum
parc	Park
parc national	Nationalpark
parc naturel	Naturpark
parvis	Vorplatz
passage	Durchgang
pelote basque	Pelota (Ballspiel)
phare	Leuchtturm
place	Platz
plage	Strand
pointe	Landspitze
pont	Brücke
port	Hafen
port de plaisance	Sporthafen
port de pêche	Fischerhafen
porte	Tor, Stadttor
quai	Kai, Bahnsteig
quartier	Stadtviertel
remparts	Stadtmauern
rivière	Fluss
rocher	Fels
rond-point	Kreisverkehr
route	Landstraße
rue	Straße

ruelle	Gässchen
ruines	Ruinen
sentier	Pfad
square	Platz, Grünplatz
tour	Turm
trinquet	Spielanlage für Pelota
vallée	Tal
venelle	Gässchen
vignobles	Weingärten/-berge
village	Dorf
ville	Stadt
voie	Weg, Straße

Kleines Festvokabular

anguillade	Aalgrillen
bal	Tanzball
bataille de confetti	Konfettischlacht
cirque	Zirkus
compétition	Wettbewerb
concert	Konzert
concours	Wettbewerb
conférence	Vortrag
corrida	Stierkampf
corso fleuri	Blumenkorso
course de taureaux	Stierkampf
courses landaises	Landaiser „Kuhrennen"
danse	Tanz
défilé	Parade
dégustation	Verkostung
festival	Festival
fête	Fest
fêtes patronales	Patronatsfest
feu d'artifice	Feuerwerk
foire	Messe, Jahrmarkt
force basque	baskischer Kraftsport
guignol	Marionettentheater
jambonnade	Schinkenessen
kermesse	Kirmes
marché	Markt
marché aux puces	Flohmarkt
marché de Noël	Weihnachtsmarkt
marché de nuit	Nachtmarkt
marché médiéval	mittelalterlicher Markt
marché nocturne	Nachtmarkt
musique	Musik
pèlerinage	Wallfahrt
pelote basque	baskisches Pelotaspiel
procession	Prozession

programme des animations	Animationsprogramm
programme des fêtes	Festprogramm
récital	Liedervortrag
sardinade	Sardinengrillen
semi-marathon	Halbmarathon
soirée	Abendveranstaltung
spectacle	Schau, Schauspiel
théâtre	Theater
thonade	Thunfischgrillen
tournoi	Turnier
trinquet	Pelota-Spielfeld

Essen und Trinken

abricots	Aprikosen
agneau	Lamm
ail	Knoblauch
amandes	Mandeln
anchois	Sardellen
anguille	Aal
à point	durchgebraten
Appellation d'Origine Contrôlée	geschützte Herkunftsbezeichnung bei Wein und Käse
artichauts	Artischocken
asperge	Spargel
aubergine	Aubergine
axoa	Kalbsfleisch mit grünem Pfeffer
baguette	Stangenweißbrot
bar	Barsch
barres de céréales	Müsliriegel
béchamel	weiße Sahnesauce
beignets	Krapfen
beurre	Butter
beurre d'ail	Knoblauchbutter
bière	Bier
bière blonde	helles Bier
bière noire	dunkles Bier
biscottes	Zwieback
boudin	Blutwurst
bouillabaisse	Fischsuppe
bouteille	Flasche
brochette	Spießchen
brut	herb, trocken
café au lait	Milchkaffee
café décaféiné	koffeinfreier Kaffee
café noir	schwarzer Kaffee
cagouilles grillées	gegrillte Schnecken

Anhang

calvados	Apfelschnaps	fermeture	Ruhetag
canard	Ente	hebdomadaire	
carafe	Karaffe	figues	Feigen
carottes	Möhren	foie gras	Stopfleber
cassis	schw. Johannisbeeren,	fraises	Erdbeeren
	Johannisbeerlikör	framboises	Himbeeren
cèpes	Steinpilze	fromage	Käse
cerises	Kirschen	fromage de brebis	Schafkäse
charcuterie	Wurstaufschnitt,	fromage de chèvre	Ziegenkäse
	Metzgerei	fromage frais	Speisequark
chèvre	Ziege	fruits	Obst
chevreuil	Reh	fruits de mer	Meeresfrüchte
chipirons	Tintenfische	fumé	geräuchert
chipirons à l'encre	Tintenfische in eigener	galettes	herzhafte Pfannkuchen,
	Tinte gekocht		Kekse
chips	Kartoffelchips	gâteau	Kuchen
chocolat	Schokolade	gâteau basque	bask. Mandelkuchen
chorizo	Dauerwurst mit Paprika	gaufres	Waffeln
	und Knoblauch	glace	Eis
cidre	Apfelwein	grillades	Grillmix
citron	Zitrone	groseilles	Johannisbeeren
coings	Quitten	haricots verts	grüne Bohnen
concombre	Gurke	herbes	Kräuter
confit de canard	eingekochte Ententeile	homard	Hummer
coquill(ag)es	Jakobsmuscheln	huile	Öl
Saint Jacques		huile de pépins	Traubenkernöl
cornichons	Gewürzgurken	de raisin	
côte	Kotelett, Rippenstück	huile d'olive	Olivenöl
courgette	Zucchini	huîtres	Austern
couvert	Gedeck	jambon cuit	gekochter Schinken
crabes	Krabben	jambon de	luftgetrockneter
crème	Sahne	Bayonne	Bayonne-Schinken
crêpe	dünner Pfannkuchen	jambon fumé	geräucherter Schinken
crevettes	Garnelen	jarret	Haxe
cru	roh	jus	Saft
crudités	Rohkostsalate	jus d'orange	Orangensaft
crustacés	Krustentiere	lait	Milch
déjeuner	Mittagessen	lait demi-écrémé	halbfette Milch
demi-sec	halbtrocken	lait entier	Vollmilch
digestif	Schnaps, Digestif	langue de boeuf	Ochsenzunge
dinde	Pute	lapin	Kaninchen
dîner	Abendessen	légumes	Gemüse
dorade	Goldbrasse	lentilles	Linsen
eau de vie	Branntwein	lièvre	Hase
eau de vie de poire	Birnengeist	loup de mer	Seewolf
eau minérale	Mineralwasser	macédonie de	Obstsalat
eau minérale	Mineralwasser	fruits	
gazeuse	mit Kohlensäure	maïs	Mais
épinards	Spinat	maquereau	Makrele
escalope	Schnitzel	marmelade	Marmelade
escargots	Weinbergschnecken	marmitako	Thunfischragout

marron	Esskastanie
matière grasse	Fettgehalt, Fettstufe
melon d'eau	Wassermelone
menu d'enfant	Kindermenü
menu du jour	Tagesmenü
merlu	Seehecht
miel	Honig
morilles	Morcheln
moules	Miesmuscheln
moutarde	Senf
mouton	Hammel, Schaf
myrtilles	Heidelbeeren
noisettes	Haselnüsse
noix	Walnuss
oeuf	Ei
oie	Gans
oignons	Zwiebeln
orange	Orange
pain	(Weiß-)Brot
palombe	Wildtaube
palourdes	Venusmuscheln
pastis	Anislikör, Anisgebäck
pâté	Pastete
pêche	Pfirsich
petit déjeuner	Frühstück
petits pois	Erbsen
pièce	Stück
piments	Paprikaschoten
pineau des Charentes	Aperitif aus Traubenmost und Cognac
piperade basquaise	bask. Gemüseomelette
plat	Gericht, Teller
plat d'enfant	Kinderteller
plat du jour	Tagesgericht
plateau de fromage	Käseplatte
poire	Birne
poireau	Lauch
poisson	Fisch
poivre	Pfeffer
pomme	Apfel
pomme de terre	Kartoffel
porc	Schwein
porrusalda	Kartoffel-Lauch-Suppe
poulet	Brathähnchen
prunes	Pflaumen
raisins	Weintrauben
riz	Reis
rondelle	Scheibe (z.B. Wurst)
rôti	gebraten
salade	Salat
salade de fruits	Obstsalat

sardines	Sardinen
saucisses	(Grill-)Würstchen
saucisson	Wurst
saumon	Lachs
sel	Salz
service non compris	Bedienung nicht inbegriffen
sirop	Fruchtsirup
sole	Seezunge
soupe	Suppe
steak haché	Hackfleischsteak,
sucre	Zucker
suggestion du chef	Empfehlung des Kochs
tarte	Torte
thé	Tee
thon	Thunfisch
tomate	Tomate
tranche	Scheibe (z.B. Fleisch)
truffes	Trüffel
truite	Forelle
veau	Kalbfleisch
verveine	Eisenkraut (beliebt als Tee)
viande	Fleisch
vinaigre	Essig
vin blanc	Weißwein
vin de pays	Landwein
vin de table	Tafelwein
vin fin	Spitzenwein
vin mousseux	Schaumwein
vin rouge	Rotwein
yaourt	Jogurt
zikiro	gegrill. Hammelfleisch

Deutsch – Französisch

Diese kleine Sprachhilfe macht mit wichtigen französischen Grundbegriffen bekannt und hilft im touristischen Alltag, ob im Hotel oder beim Einkaufen, im Restaurant oder auf der Suche nach Sportmöglichkeiten. Außerdem soll der kleine Sprachführer die Kontaktaufnahme zu Einheimischen erleichtern. Vielleicht animiert er den einen oder anderen ein wenig zum intensiveren Französischlernen.

Anhang

Allgemeine Verständigung und Orientierung

guten Tag	bonjour
guten Abend	bonsoir
hallo	salut
auf Wiedersehen	au revoir
ja	si
nein	non
bitte	s'il vous plaît (Sie), s'il te plaît (Du)
danke	merci
vielen Dank	merci beaucoup
Entschuldigung	pardon
Sprechen Sie Deutsch?	Parlez-vous allemand?
Ich heiße ...	Je m'appelle ...
Ich komme aus Deutschland.	Je suis d'Allemagne.
Wie geht es Ihnen?	Comment allez-vous?
danke, gut	bien, merci
wer?	qui?
was?	que, quoi?
wann?	quand?
wo ist?	où-est?
wie viel?	combien?
wie lange?	combien de temps?
Wie viele Kilometer sind es bis ...?	Combien de kilomètres y a-t-il ...?
Wo ist ...?	Où est ...?
weit	loin
rechts	à droite
links	à gauche
geradeaus	tout droit
Norden	nord
Süden	sud
Osten	est
Westen	ouest

Zahlen

eins	un
zwei	deux
drei	trois
vier	quatre
fünf	cinq
sechs	six
sieben	sept
acht	huit
neun	neuf
zehn	dix
zwanzig	vingt
hundert	cent
tausend	mille

Jahreszeiten und Monate

Monat	mois
Frühjahr	printemps
Sommer	été
Herbst	automne
Winter	hiver
Januar	janvier
Februar	février
März	mars
April	avril
Mai	mai
Juni	juin
Juli	juillet
August	août
September	septembre
Oktober	octobre
November	novembre
Dezember	décembre

Tage und Tageszeit

Tag	jour, journée
Feiertag	jour férié
Montag	lundi
Dienstag	mardi
Mittwoch	mercredi
Donnerstag	jeudi
Freitag	vendredi
Samstag	samedi
Sonntag	dimanche
morgens	le matin
mittags	à midi
nachmittags	l'après-midi
abends	le soir
heute Abend	ce soir
gestern Abend	hier soir

Auf Reise

Abschleppdienst	service de dépannage
Autobahn	autoroute
Autowerkstatt	garage
Bank	banque
bleifrei	sans plomb
Brief	lettre
Briefmarken	timbres
Diesel	gazole
Einschreibebrief	lettre recommandée

Fahrzeugverleih	location de véhicules
Führerschein	permis de conduire
Führung	visite guidée
Handy	portable
Kindersitz	siège d'enfant
Maut	péage
Motorrad	moto
Nationalstraße	route nationale
Paket	paquet
Parkplatz	parking
Parkscheinautomat	horodateur
Post	poste
Postkarte	carte postale
SMS schreiben	écrire un SMS
Stadtzentrum	centre ville
Tankstelle	station d'essence
Telefonkarte	carte téléphonique
Telefonnummer	numéro de téléphone
Telefonzelle	cabine téléphonique
Toiletten	toilettes
Touristen-information	office de tourisme
Vespa	scooter

Öffentliche Verkehrsmittel

Abfahrt	départ
Ankunft	arrivée
Ankunftzeit	heure d'arrivée
Bahnhof	gare (SNCF)
Bahnsteig	quai
Buslinie	ligne d'autobus
Busterminal	gare routière
Fähre	bac
Flug	vol
Flughafen	aéroport
Hochgeschwindig-keitszug	TGV (train de grande vitesse)
Ticket	billet
Zug	train

Krankheit und Notfälle

Apotheke	pharmacie
Arzt	médicin
Bauchschmerzen	mal de ventre
Erste Hilfe	premiers secours
Feuerwehr	pompiers
Kopfschmerzen	mal de tête
Krankenhaus	hôpital/clinique
Krankenwagen	ambulance
Magenschmerzen	maux d'estomac

Polizeiamt	gendarmerie
Salbe	onguent
Unfall	accident
Zahnarzt	dentiste
Zahnschmerzen	mal de dents
Zäpfchen	suppositoire

Reisen mit Kindern

Babynahrung (Glas)	nourriture-bébé
Ball	ballon
feuchte Tücher	lingettes
Fläschchen	biberon
Flügelchen	brassards
Hochstuhl	chaise haute
Kind	enfant
Kinderbett	lit d'enfant
Kindermenü	menu d'enfant
Kinderspielplatz	terrain de jeux
Kinderstrandclub	club de plage
Kinderteller	plat d'enfant
Kinderwagen	voiture d'enfant
Lätzchen	bavette
Roller	patinette
Rutsche	toboggan
Schnuller	tétine, sucette
Schwimmreifen	bouée
Sportwagen	poussette
Wickelecke	coin bébé
Windeln	couches

Unterkunft

Camping auf dem Bauernhof	camping à la ferme
Campingplatz	camping
Doppelbett	grand lit
Hotel	hôtel
Jugendherberge	auberge de jeunesse
Kurtaxe	taxe de séjour
Stellplatz	emplacement
Zelt	tente
Zimmer	chambre
zwei getrennte Betten	deux lits

Essen und Trinken

Abendessen	dîner
Bäckerei	boulangerie
Bier	bière
Branntwein	eau de vie

Anhang

Brot	pain
Eis	glace
Fisch	poisson
Fischteller	assiette du pêcheur
Fleisch	viande
Frühstück	petit déjeuner
Gemüse	légumes
Gramm, hundert	cent grammes
Kaffee, schwarzer	café noir
Käse	fromage
Kellner	garçon
Kilo, ein	un kilo
Konditorei	pâtisserie, confiserie
Markt	marché
Markthallen	halles
Meeresfrüchte	fruits de mer
Meeresfrüchteteller	plateau des fruits de mer
Metzgerei	boucherie
Milch	lait
Milchkaffee	café au lait
Mineralwasser	eau minérale
Mineralwasser mit Kohlensäure	eau minérale gazeuse
Mittagessen	déjeuner
Obst	fruits
Obstsalat	salade de fruits frais
Rechnung	l'addition
Reservierung	réservation
Rotwein	vin rouge
Salat	salade
Speisekarte	la carte
Supermarkt	supermarché, hypermarché (groß)
Suppe	soupe
Tagesgericht	plat du jour
Tee	thé
Trinkgeld	pourboire
Weißwein	vin blanc

Einkaufen

Preis	prix
Wie viel kostet das?	Combien ça coûte?
Nehmen Sie Kreditkarten?	Acceptez-vous des cartes de crédit?
Wo findet man ...?	Où est-ce qu'il se trouve ...?
Haben Sie ...?	Vous avez ...?
Trödelmarkt	marché aux puces
Antiquitäten	antiquités

Kleidergröße	taille
Zeitung	journal
deutsche Zeitung	journal allemand

Sport und Freizeit

Angeln	pêche
Ausritt	promenade à cheval
Badeverbot	baignade interdite
Beach-Volleyball	beach-volley
Bootsanlegeplatz	embarcadère
Bootsausflug	promenade en mer
Bootsverleih	location de bateaux
Fallschirmspringen	parachutisme
Fitnessparcours	parcours de santé
Fitnesscenter	salle de gym
Fußball	football
Gezeitentabelle	table des marées
Golfschule	école de golf
Kanu	canoë
Meereskajak	kayak de mer
Paragliding	parapente
Pelota	pelote
Pferdewagen	Roulotte
Regatta	régate
Reiten	équitation
Reitcenter	centre équestre
Schwimmbad	piscine
Segeln	voile
Segelschule	école de voile
Sporthafen	port de plaisance
Strand	plage
Strand, bewacht	plage surveillée
Strand, unbewacht	plage non surveillée
Strandsegeln	char à voile
Surfkurs	cours de surf
Tauchen	plongée
Tauchschule	école de plongée
Tennisschule	école de tennis
Tischtennis	tennis de table
Tretboot	pédalo
Wanderweg	sentier pédestre
Wanderweg, Fern-	Grande Randonnée
Wasserski	ski nautique
Wassersport	sports nautiques
Wassersportzentrum	centre nautique

Fahrradmiete und Fahrradfahren

Ich möchte ein Fahrrad mieten.	Je voudrais louer une bicyclette.

Bremsen	freins
Fahrrad	vélo, bicyclette
Fahrradstütze	béquille
Fahrradverleih	location de vélo
Fahrradweg	piste/voie cyclable
Flickzeug	trousse de matériel de réparation
Gang	vitesse
Gepäckträger	porte-bagages
Luftpumpe	pompe à air
Mountainbike	VTT (vélo tout terrain)
Radfahren, Radsport	cyclisme
Reifen	pneu
Sattel	selle
Schlauch	chambre à air

Besuche und Veranstaltungen

Animationsprogramm	programme des animations
Ausstellung	exposition
Blumenpark	parc floral
Botanischer Garten	jardin botanique
Ferienkurse	stages
Fest	fête
Festival	Festival

Festprogramm	programme des fêtes
Feuerwerk	feu d'artifice
geöffnet, ganzjährig	ouvert toute l'année
geschlossen	fermé
Jahrmarkt	foire
Kino	cinéma
Konzert	concert
Museum	musée
Öffnungszeit	heure d'ouverture
Parade	défilé
Patronatsfeierlichkeiten	fêtes patronales
Saison	en saison
Saison, außerhalb	hors saison
Sommersaison	saison estivale
täglich	tous les jours
Tanzball	bal
Tänze	danses
Theater	théâtre
Touristenbähnchen	petit train
Turnier	tournoi
Vortrag	conférence
Wettbewerb	compétition
Zirkus	cirque
Zoo	jardin zoologique

HILFE!

Dieses Reisehandbuch ist gespickt mit unzähligen Adressen, Preisen, Tipps und Infos. Nur vor Ort kann überprüft werden, was noch stimmt, was sich verändert hat, ob Preise gestiegen oder gefallen sind, ob ein Hotel, ein Restaurant immer noch empfehlenswert ist oder nicht mehr, ob ein Ziel noch oder jetzt erreichbar ist, ob es eine lohnende Alternative gibt usw.

Unsere Autoren sind zwar stetig unterwegs und versuchen, alle zwei Jahre eine komplette Aktualisierung zu erstellen, aber auf die Mithilfe von Reisenden können sie nicht verzichten.

Darum: Schreiben Sie uns, was sich geändert hat, was besser sein könnte, was gestrichen bzw. ergänzt werden soll. Nur so bleibt dieses Buch immer aktuell und zuverlässig. Wenn sich die Infos direkt auf das Buch beziehen, würde die Seitenangabe uns die Arbeit sehr erleichtern. Gut verwertbare Informationen belohnt der Verlag mit einem Sprechführer Ihrer Wahl aus der über 220 Bände umfassenden Reihe „Kauderwelsch".

Bitte schreiben Sie an:
REISE KNOW-HOW Verlag Peter Rump GmbH, Postfach 140666, D-33626 Bielefeld, oder per E-Mail an: info@reise-know-how.de
Danke!

Anhang

Anhang

REISE KNOW-HOW
das komplette Programm
fürs Reisen und Entdecken

**Weit über 1000 Reiseführer, Landkarten, Sprachführer und Audio-CDs
liefern unverzichtbare Reiseinformationen und faszinierende Urlaubsideen
für die ganze Welt – *professionell, aktuell und unabhängig***

Reiseführer: komplette praktische Reisehandbücher für fast alle touristisch interessanten Länder und Gebiete **CityGuides:** umfassende, informative Führer durch die schönsten Metropolen **CityTrip:** kompakte Stadtführer für den individuellen Kurztrip **world mapping project:** moderne, aktuelle Landkarten für die ganze Welt **Edition REISE KNOW-HOW:** außergewöhnliche Geschichten, Reportagen und Abenteuerberichte **Kauderwelsch:** die umfangreichste Sprachführerreihe der Welt zum stressfreien Lernen selbst exotischster Sprachen **Kauderwelsch digital:** die Sprachführer als eBook mit Sprachausgabe **KulturSchock:** fundierte Kulturführer geben Orientierungshilfen im fremden Alltag **PANORAMA:** erstklassige Bildbände über spannende Regionen und fremde Kulturen **PRAXIS:** kompakte Ratgeber zu Sachfragen rund ums Thema Reisen **Rad & Bike:** praktische Infos für Radurlauber und packende Berichte außergewöhnlicher Touren **sound)))trip:** Musik-CDs mit aktueller Musik eines Landes oder einer Region **Wanderführer:** umfassende Begleiter durch die schönsten europäischen Wanderregionen **Wohnmobil-TourGuides:** die speziellen Bordbücher für Wohnmobilisten mit allen wichtigen Infos für unterwegs

www.reise-know-how.de

Anhang

Anhang

Der Autor

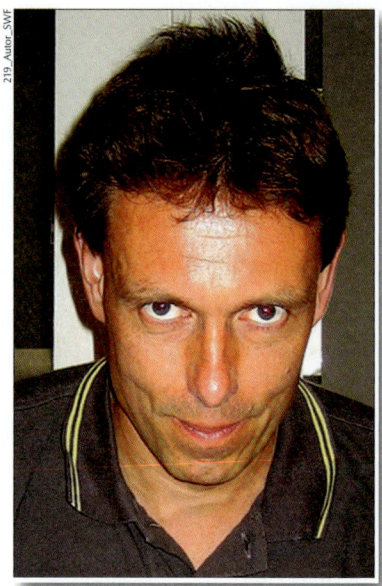

219_Autor_SWF

Andreas Drouve, Dr. phil., Jahrgang 1964, steht in der Riege der produktivsten deutschsprachigen Reise- und Kulturbuchautoren mit rund 90 veröffentlichten Titeln. Er hält sich regelmäßig in Frankreichs Südwesten auf, wo er besonders gern an den langen Stränden joggt und mit seiner Familie die Naturschutzgebiete durchstreift. Im REISE KNOW-HOW Verlag sind von ihm das Reisehandbuch „Nordspanien und der Jakobsweg" und das Buch „KulturSchock Spanien" erschienen.

Drouve arbeitet als freiberuflicher Autor und Journalist und lebt seit vielen Jahren im Gebiet der Vorpyrenäen.

Der **Autor im Internet:**
www.andreas-drouve.de

Danksagung

Für die freundliche Unterstützung bei der Aktualisierung des vorliegenden Buches möchte sich der Autor bei folgenden Institutionen und Personen bedanken: Atout France – Französische Zentrale für Tourismus (Frankfurt am Main; insbesondere Frau *Monika Fritsch*), Comité Régional de Tourisme d'Aquitaine (Bordeaux; insbesondere Madame *Marie-Yvonne Holley*, Madame *Rosario Silverio* und Madame *Gwenaëlle Towse-Vallet*), Office de Tourisme Saint-Émilion, Office de Tourisme Arcachon, Vogelpark Le Teich, Biarritz Thalasso Resort (insbesondere Madame *Corinne Charpentier*) und Comité Départemental du Tourisme Béarn-Pays Basque.

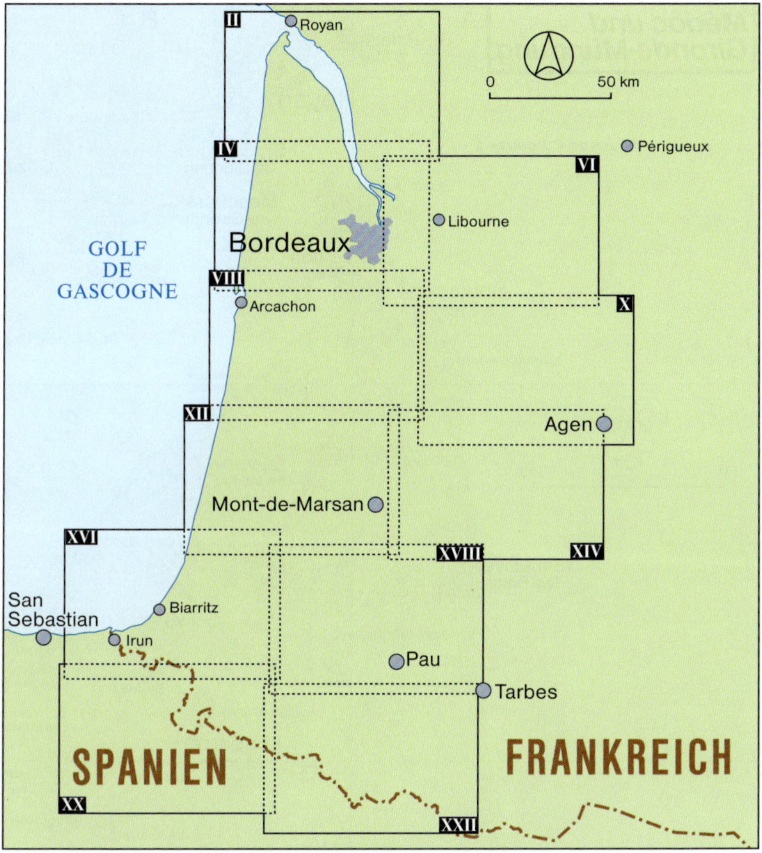

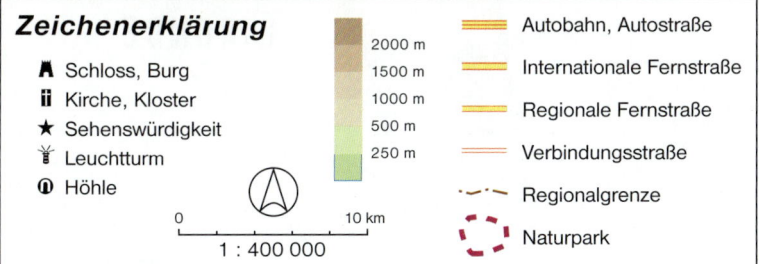

II

Royan

0   50 km

VI

Périgueux

IV

Libourne

**GOLF
DE
GASCOGNE**

Bordeaux

VIII

X

Arcachon

XII

Agen

Mont-de-Marsan

XVI

XVIII   XIV

San
Sebastian

Biarritz

Irun

Pau

Tarbes

SPANIEN   **FRANKREICH**

XX

XXII

Atlas

Zeichenerklärung

🏰	Schloss, Burg
⛪	Kirche, Kloster
★	Sehenswürdigkeit
🗼	Leuchtturm
🕳	Höhle

2000 m
1500 m
1000 m
500 m
250 m

═══	Autobahn, Autostraße
═══	Internationale Fernstraße
───	Regionale Fernstraße
───	Verbindungsstraße
─·─·─	Regionalgrenze
⬭ ⬭ ⬭	Naturpark

0   10 km

1 : 400 000

Médoc und Gironde-Mündung

St. Palais-s-Mer
Royan
Phare de Cordouan
Pointe de Grave
St. Georges-de-Didonne
Meschers-s-Gironde
Pointe de la Chambrette
Soulac-s-Mer
Le Verdon-s-Mer
L'Amélie-s-Mer
Talais
Pointe aux Oiseaux
Grayan-et-l'Hôpital
St. Vivien-de-Médoc
Jau
Vensac
Montalivet-les-Bains
Vendays-Montalivet
Quéyrac
Bégadan
St. Christoly-Médoc
Civrac-en-Médoc
Couquèques
Gallian-en-Médoc
St. Yzans-de-Médoc
Lesparre-Médoc
Plautignan
St. Germain d'Esteuil
Artiguillon
Naujac-sur-Mer
St. Gaux
Vertheuil
Hourtin-Plage
Contaut
La Caussade
Cissac-Médoc
St. Sauveur
Forêt d'Hourtin
Hourtin-Port
Hourtin
GIRONDE
MÉDOC
St. Laurent-Médoc
Lac d'Hourtin et de Carcans
Forêt de Saint Laurent

Semussac
Gréza
Cozes
Arces
Éparg
Talmont-s-Gironde
St. Seurin-d'Uzet
Gironde
Valeyrac

N150
D17
D730
D145
N215
D101
D102
D3
D101
N215
D3

0   10 km

Royan
Bordeaux
Arcachon
Mimizan Agen
Dax
Biarritz Pau
SP

A   B
1
2
IV

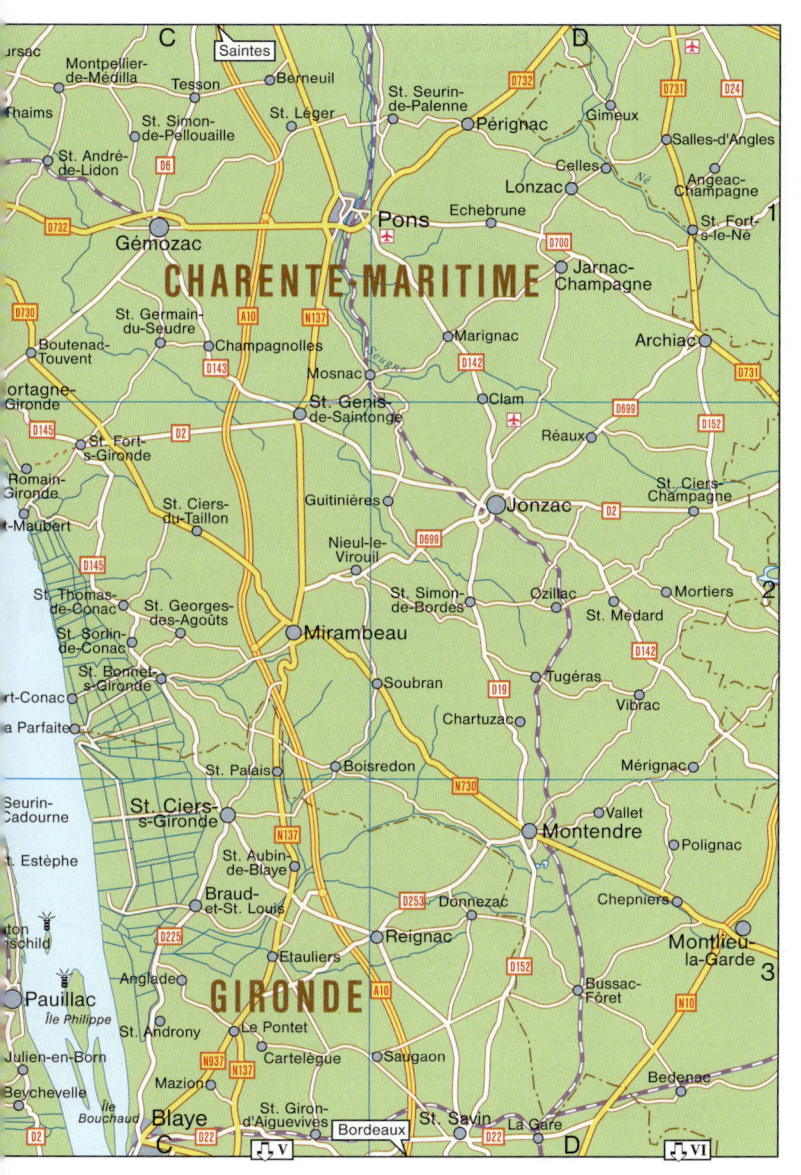

**Bordeaux und
Bassin d'Arcachon**

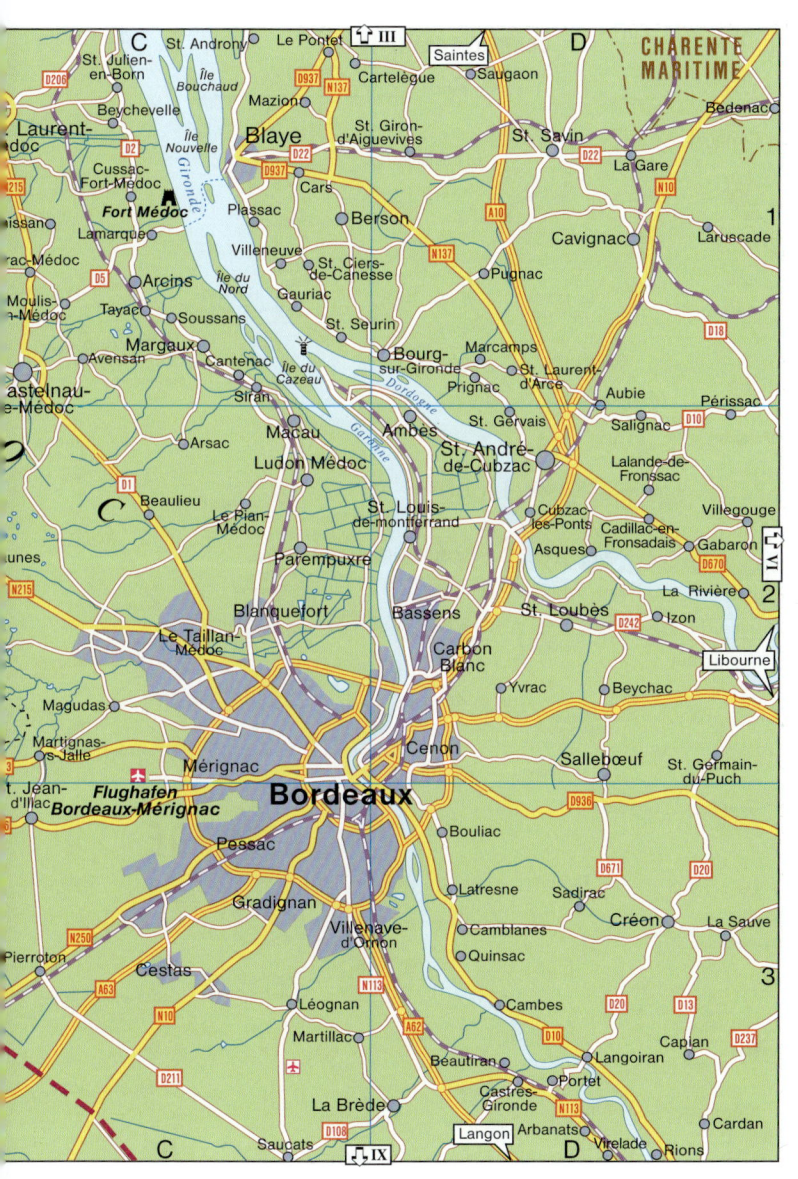

CHARENTE-MARITIME

0   10 km

A

B

La Roche-Chalais

D22 La Gare III

Valin

Cercoux

Laruscade

Cavignac

Les Églisottes-et-Chalaures

D730

Lapouyade

La Guirande

St. Christophe-de-Double

D674

Eyguran Gardede

1

N10

Bordeaux

Bayas

D910

Les Peintures

D21

Le Fieu

Guîtres

Coutras

St. Antoine-s-l'Isle Le Pizou

Aubie

Périssac

D10

St. Martin-du-Bois

D17

St. Médard-de-Guizières

Isle

Salignac

Bonzac

Abzac

E70

St. Seurin-s-l'Isle Moulin-Neuf

Galgon

St. Denis-de-Pile

Puynormand

D670

Villegouge

Petit-Palais

Gabaron

Les Artigues

Villefranche-de-Lonchat

Asques

Lussac

St. Michel-de-Fronsac

N89

Montagne

St. Cibard

D9

Izon

Fronsac

Libourne

St. Georges

Montpeyroux

D242

Vayres

Parsac

St. Émilion

St. Christophe-des-Bardes

St. Michel-de-Montagne

Beychac

St. Étienne-de-Lisse

2

St. Germain-du-Puch

D670

St. Laurent-des-Combes

Castillon-la-Bataille

Lamothe-Montravel Vélir

Bordeaux

Génissac

St. Sulpice-de-Faleyrens

D936

Salleboeuf

Moulon

St. Pey-d'Armens

Dordogne

Branne

Ste. Terre

D936

Tizac-de-Curton

St. Jean-de-Biaignac

Pujols

Ste. Radegonde

Gensac

D671

D20

Daignac

D670

Créon

La Sauve

D71

D15

Rauzan

GIRONDE

D20

D13

Targon

D671

Bellebat

Blasimon

Pellegrue

Capian

D237

Baigneaux

D672

Soussac

Langoiran

Cleyrac

3

D13

D11

St. Brice

Sauveterre-de-Guyenne

St. Ferme

D10

Cardan

Rions

Gornac

D672

D670

D230

Virelade

Podensac

Mourens

Montségur

N113

Cérons

Cadillac

St. Laurent-du-Bois

A62

Langon

IX

Bagas

X

Roquebrune

A

B

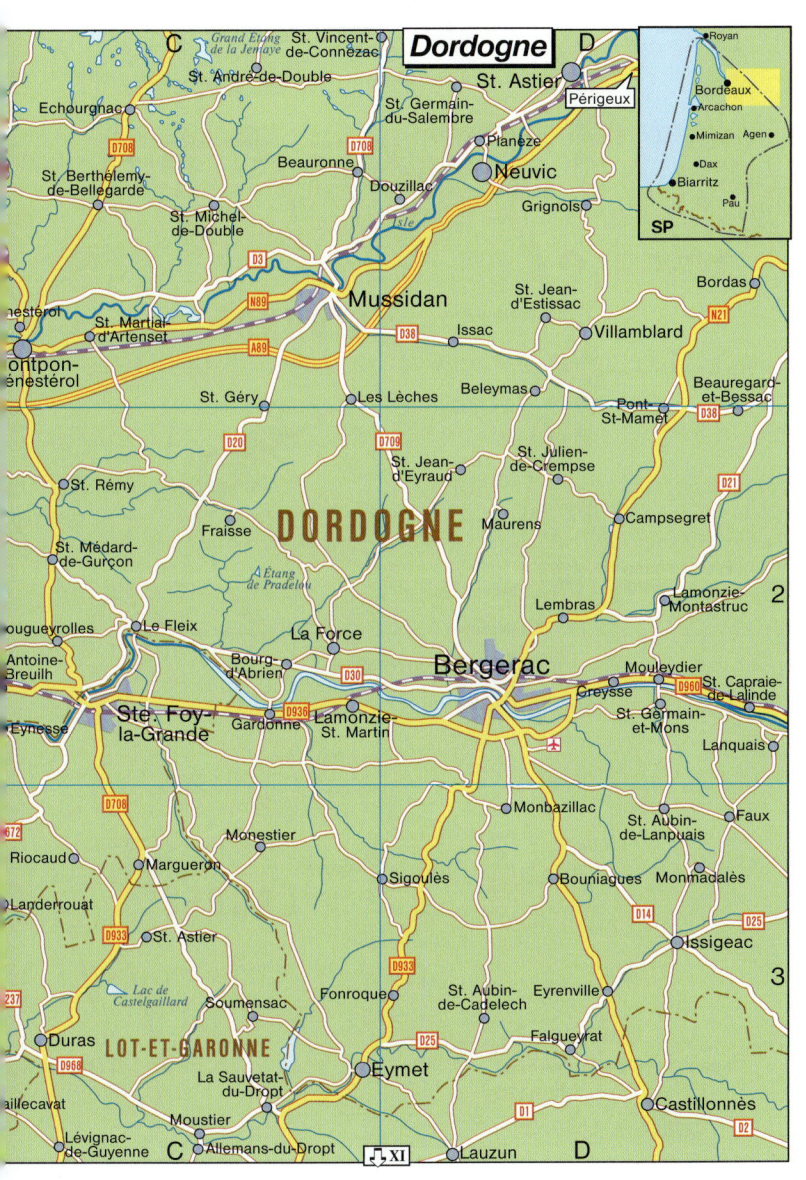

Arcachon – Mimizan

Oberlauf der Garonne

La Sauvetat-du-Drop
Eymet
VII
Castillonnès
Moustier
D968
Allemans-du-Dropt
Lauzun
Sérignac-Péboudou
Montauriol
Miramont-de-Guyenne
Lachapelle
D933
Lamothe-d'Ales
Lougratte
Seyches
Armillac
Monbahus
Cancon
St. Barthélemy-d'Agenais
D667
D124
N21
Puymiclan
D641
D124
Tombebœuf
Beaugas
Castelnaud-de-Gratecambe
St. Pastour
Gontaud-de-Nogaret
Verteuil-d'Agenais
Le Sauvetat-s-Lède
Faugueyrolles
Varès
D120
D13
Monclar
Pinel-Hauterive
Casseneuil
D133
D676
N113
LOT-ET-GARONNE
Villeneuve-s-Lot
Tonneins
Castelmoron-s-Lot
Ste Livrade-s-Lot
Laparade
Le Temple-s-Lot
Calonges
D911
Clairac
D666
Lafitte-s-Lot
Pujols
Grottes de Lastournelle
Monheurt
N113
Bourran
Montpezat-d'Agenais
N21
A62
Lacépède
D13
St. Antoine-de-Ficalba
D118
Aiguillon
Galapian
Laugnac
Damazan
D8
Prayssas
Lac de Néguenou
La Croix-Blanche
St. Léger
Lusignan-Petit
Laroque-Timbaut
Buzet-s-Baise
Port-Ste.-Marie
Artigues
Feugarolles
Clermont-Dessous
D656
St. Laurent
D245
St. Hilaire-de-Lusignan
Le Caoulet
Pont-du-Casse
aintrailles
A642
Vianne
Bruch
D119
Sérignac-s-Garonne
Colayrac-Saint-Cirq
Brax
Agen
Lavardac
A62
rbaste
Roquefort
D930
D305
Garonne
D113
Estillac
Nérac
Calignac
Moncaut
D656
Aubiac
Moirax
Layrac
C
XV
D
Montauban

0   10 km

SP
Royan
Bordeaux
Arcachon
Mimizan
Agen
Dax
Biarritz
Pau

Atlas

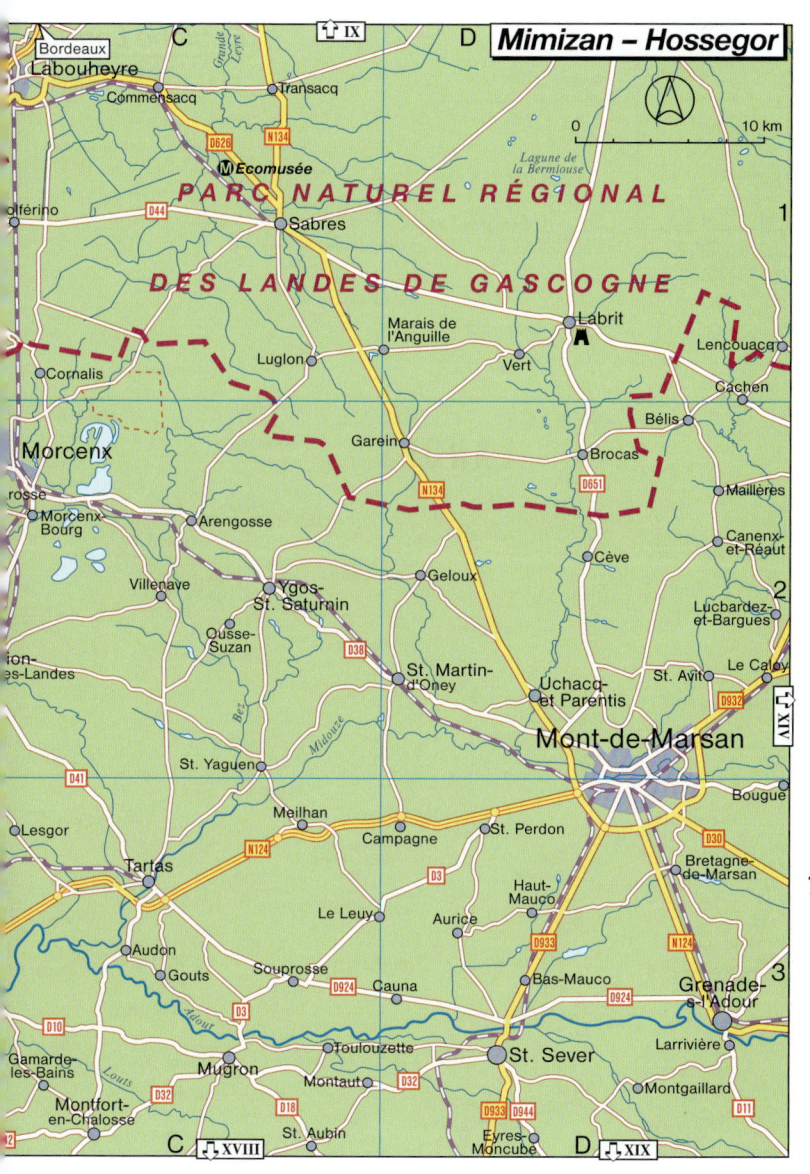

Mimizan – Hossegor

Östliche Landes

Baskisches Küstenland

A   B

SP

Royan
Bordeaux
Arcachon
Mimizan   Agen
Dax
Biarritz
Pau

2

Rocher de la Vierge
Biarritz

Bidart   Arcan
Guéthary   Arbonne

St. Jean-
de-Luz   N10   A63
Cabo Higuer   Socoa   Ahetze
Corniche Basque   Ciboure   D255
Hondarribia/   Chantaco   St. Pé
Fuenterrabia   Urrugne   D918   s-Nivell
Hendaye   Ascain   Ibarron
Col de   D4
Biriatou   St. Ignace   Amc
Irún   Zahnradbahn   D3
Pasai Donibane   La Rhune   Sare
905
Errentería   Col d'Ibardin   D406
3 **Donostia/**   317   Dantxar
Oryarzun   Zugarramu
San Sebastián
Bera/Vera-   Grottes   Urde
de-Bidasoa   Col de   de Sare
SPANIEN   Lizarrieta
441
Lesaka   Etxalar

0   10 km

A   B

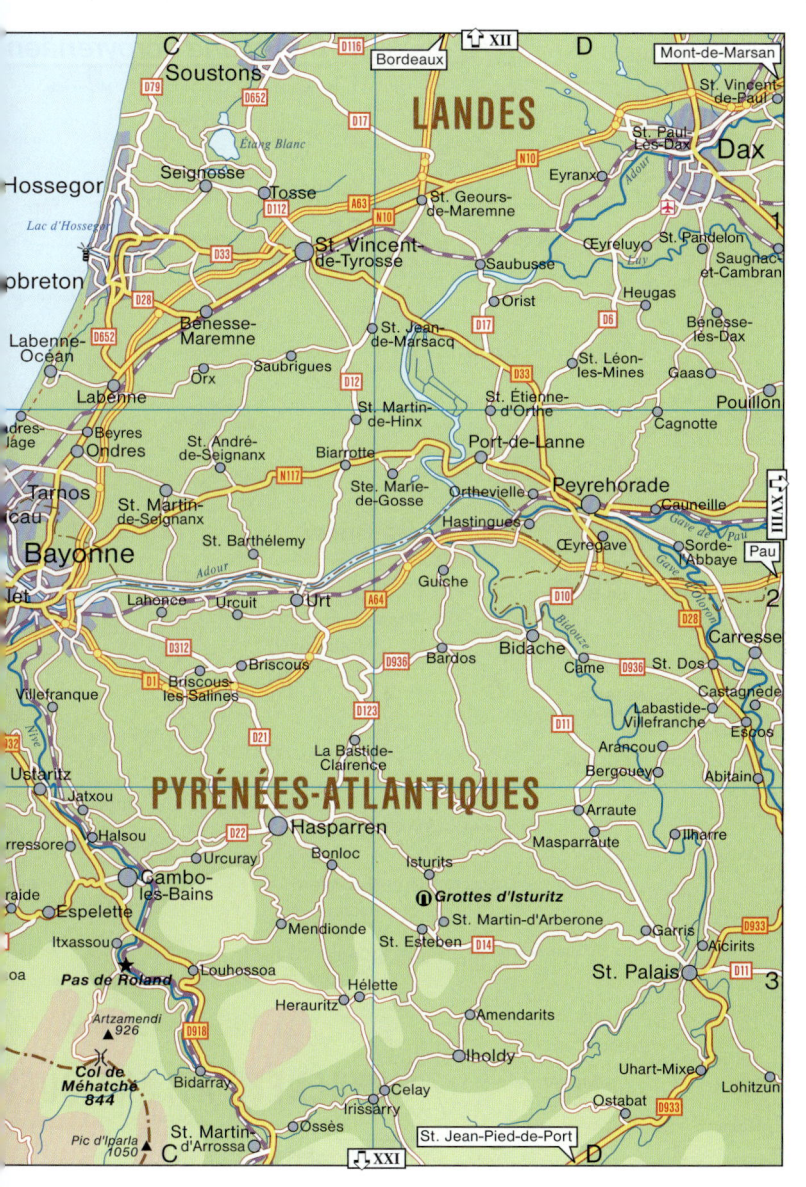

↑ XII **A** Montfort-en-Chalosse ↗ XIII **B** *Béarn und Vorpyrenäen*

Dax

Candresse
Hinx
Poyartin
Saugnac-et-Cambran
Clermont
St. Aubin
Caupenne
Doazit
Eyres-Moncube
Coudur
Castelnau-Chalosse
Donzacq
St. Cricq-Chalosse
Louts
Hagetmau
Pomarez
LANDES
Brassempouy
Monségur
Pouillon
Estibeaux
Momuy
Luy de France
Amou
Nassiet
Monget
Habas
Tilh
Labatut
Lahontan
Puyôo
Baigts-de-Béarn
Sault-de-Navailles
Lacadée
Bayonne
Bellocq
Bérenx
Sallespisse
Morlanne
Carresse
Salies-de-Béarn
N117
A64
Orthez
Arthez-de-Béarn
Uzan
Castagnède
Escos
Oraàs
L'Hôpital-d'Orion
Biron
Laà
Argagnon
↑ XVII
Abitain
Loubieng
Maslacq
N117
Lacq
Cescau
Autevielle
Sauveterre-de-Béarn
B **É** **A** **R** **N**
Arance
Abidos
Artix
Guinarthe
Barraute
Laàs
Narp
Lagor
Domezain
Gestas
Viellenave-de-Navarrenx
Bugnein
Viellesègue
Nabas
Charre
Castetnau
Navarrenx
Pardies
Abos
Aroue
Jasses
Monein
Charritte-de-Bas
Gurs
Dognen
Lucq-de-Béarn
Lacomma
Lohitzun
Moncayolle
Préchacq-Josbaig
Préchacq-Navarrenx
Cardesse
Viodos
L'Hôpital-St. Blaise
Geüs-d'Oloron
PYRÉNÉES-ATLANTIQUES
↑ XXI
Mauléon-Licharre
0   10 km
Oloron-Ste. Marie
Lasseu
Musculdy
D918
A
↑ XXII Esquiule **B**

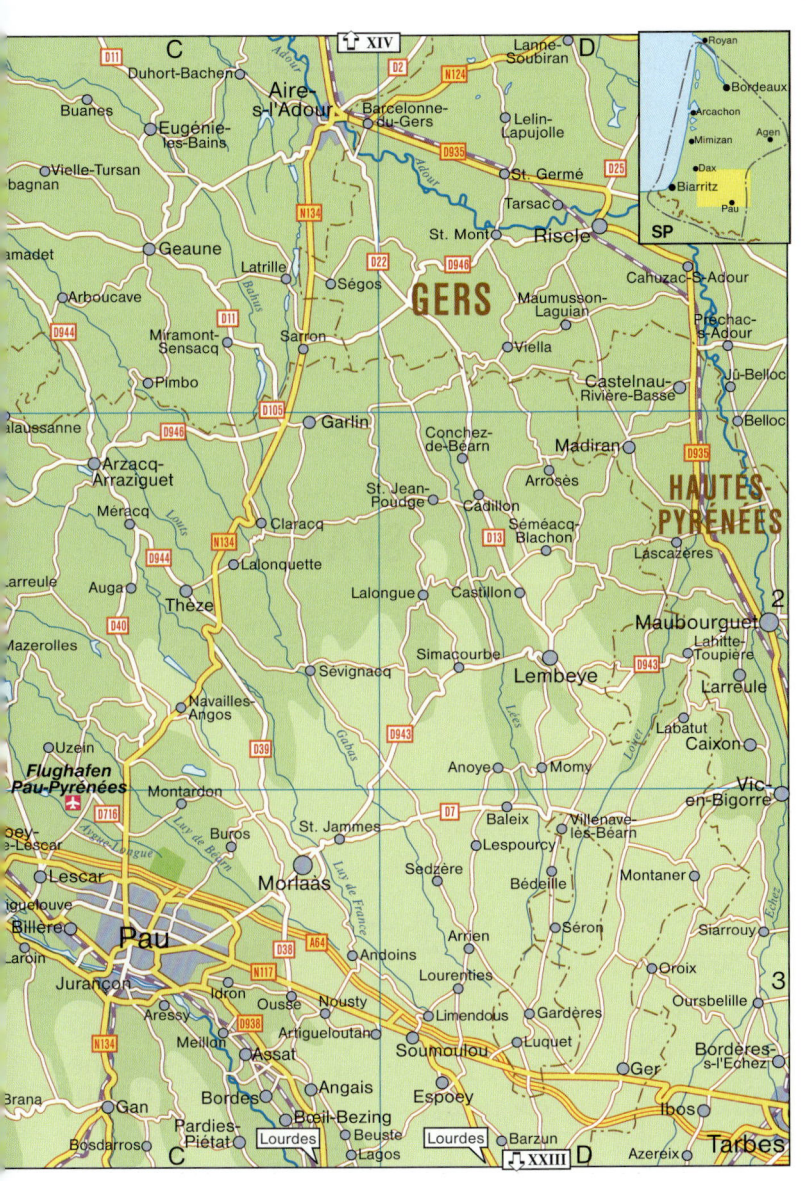

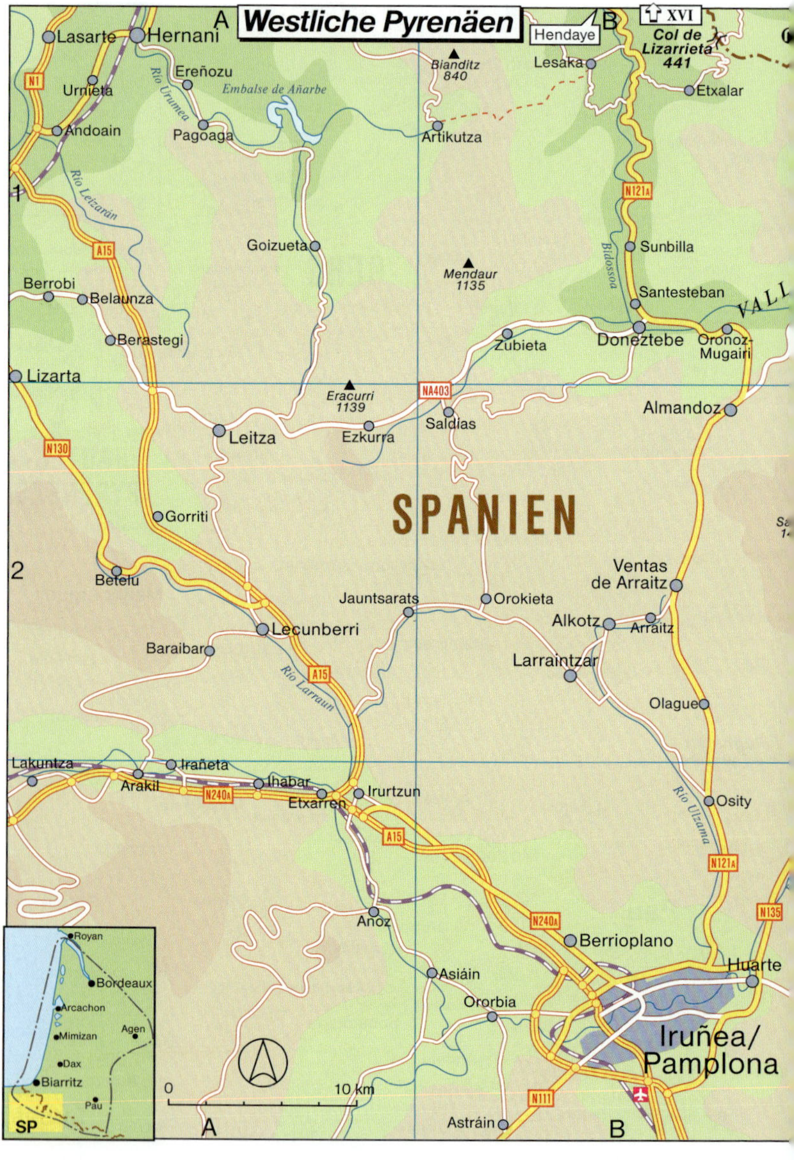

Westliche Pyrenäen

XVI

B

Lasarte
Hernani
Hendaye
Col de Lizarrieta 441

Ereñozu
Blanditz 840
Lesaka
Etxalar

N1
Urnieta
Rio Urumea
Embalse de Añarbe
Artikutza

Andoain
Pagoaga
N121A

Sunbilla

A15
Goizueta
Mendaur 1135
Berrobi
Belaunza
Santesteban
VALL

Berastegi
Zubieta
Doneztebe
Oronoz-Mugairi

Lizarta
Eracurri 1139
Saldias
NA403
Almandoz

N130
Leitza
Ezkurra

SPANIEN

Gorriti

Ventas de Arraitz

2
Betelu
Jauntsarats
Orokieta
Alkotz
Arraitz

Lecunberri
Larraintzar

Baraibar
Rio Larraun
A15

Olague

Lakuntza
Irañeta
Osity

Arakil
Ihabar
Irurtzun
N121A

N240A
Etxarren
A15

N135

Anoz
N240A
Berrioplano
Huarte

Asiáin

Ororbia

Iruñea/ Pamplona

0   10 km
N111

SP
Astráin
A
B

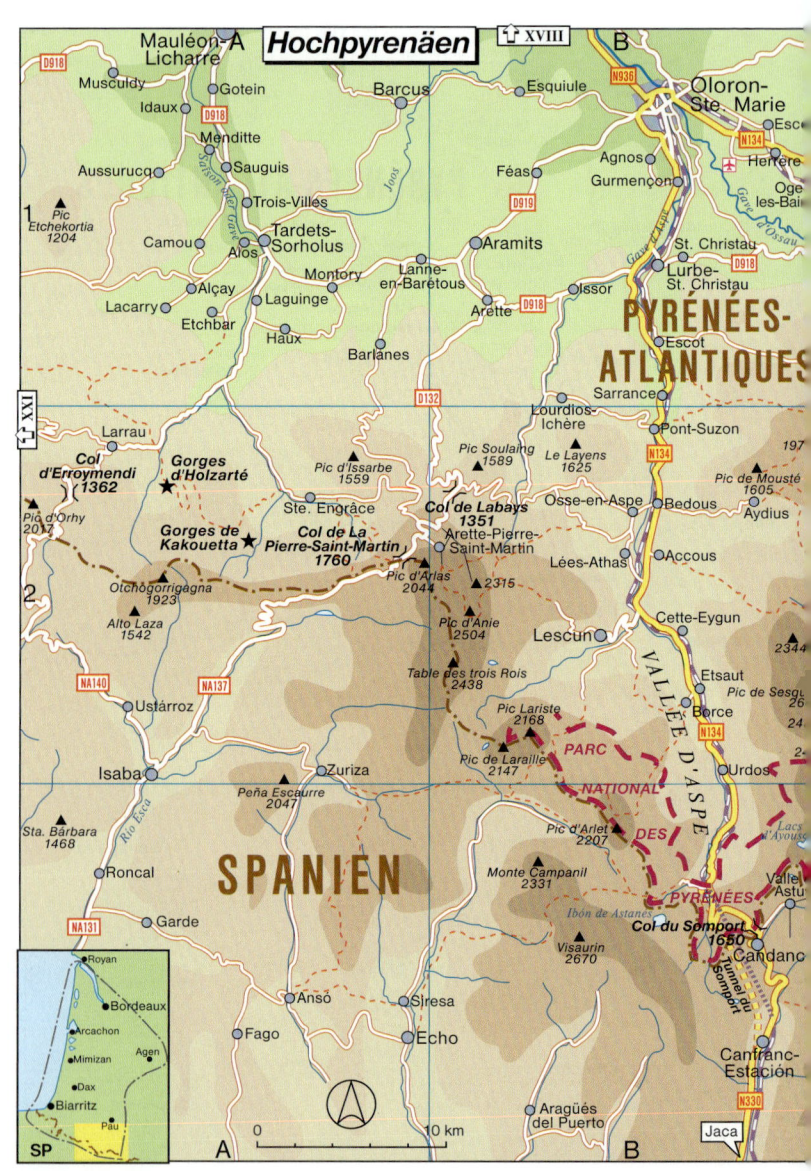

Hochpyrenäen

XVIII

A · B

D918 · Mauléon-Licharre

Musculdy · Gotein · Barcus · Esquiule · N938 · Oloron-Ste. Marie

Idaux · D918 · Esc

Menditte · Agnos · N134 · Herrère

Aussurucq · Sauguis · Féas · Gurmençon · Oge les-Bai

Pic Etchekortia 1204 · Trois-Villes · St. Christau

Camou · Tardets-Sorholus · Aramits · Lurbe-St. Christau · D918

Alos · Montory · Lanne-en-Barétous · Issor · PYRÉNÉES-ATLANTIQUES

Alçay · Laguinge · Arette · D918

Lacarry · Etchbar · Haux · Escot

Barlanès · Sarrance

D132 · Lourdios-Ichère

Larrau · Pic Soulaing 1589 · Le Layens 1625 · Pont-Suzon · N134 · 197

Col d'Erroymendi 1362 · Gorges d'Holzarté · Pic d'Issarbe 1559 · Col de Labays 1351 · Osse-en-Aspe · Bedous · Pic de Mousté 1605

Pic d'Orhy 2017 · Ste. Engrâce · Arette-Pierre-Saint-Martin · Aydius

Gorges de Kakouetta · Col de La Pierre-Saint-Martin 1760 · Lées-Athas · Accous

Otchōgorrigagna 1923 · Pic d'Arlas 2044 · 2315 · Cette-Eygun · 2344

Alto Laza 1542 · Pic d'Anie 2504 · Lescun · Etsaut

NA140 · NA137 · Table des trois Rois 2438 · Pic de Sesg 26 · Borce · 24

Ustárroz · Pic Lariste 2168 · PARC · N134 · Urdos

Isaba · Zuriza · Pic de Laraille 2147 · NATIONAL

Peña Escaurre 2047 · DES · Lacs d'Ayous

Sta. Bárbara 1468 · Pic d'Arlet 2207 · PYRÉNÉES · Vall'et Astu

Roncal · Monte Campanil 2331 · Col du Somport 1650 · Candanc

NA131 · Garde · Ibón de Astanes · Tunnel du Somport

SPANIEN · Visaurin 2670 · Canfranc-Estación

Anso · Siresa

Fago · Echo · N330 · Jaca

Aragüés del Puerto

0 — 10 km

SP · A · B

Royan · Bordeaux · Arcachon · Agen · Mimizan · Dax · Biarritz · Pau

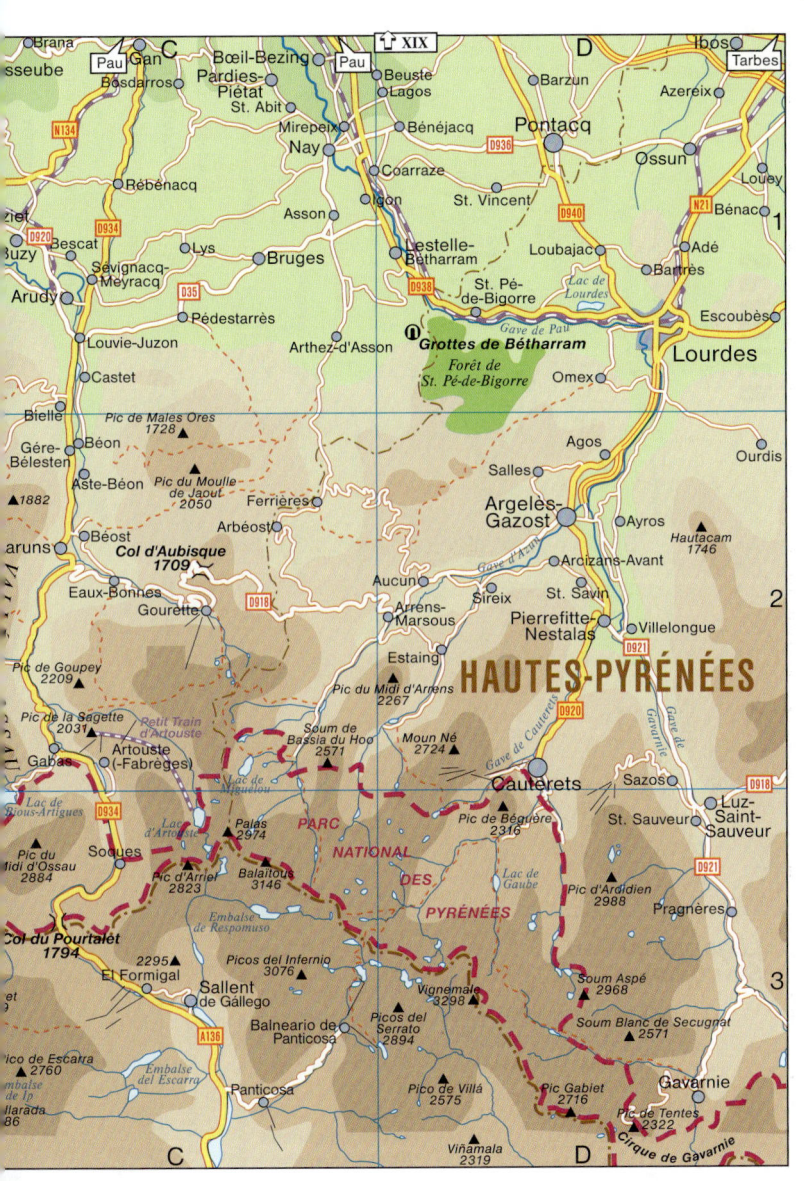

Atlas

Ortsbeschreibung auf Seite 99

Legende zu den Stadtplänen

- ℹ️ Touristeninformation
- ★ Sehenswürdigkeit
- 🏨 Hotel
- ⛺ Camping
- 🍴 Restaurant
- 🍸 Bar
- ☕ Café
- @ Internetcafé
- 🛍️ Shopping
- Ⓜ️ Museum
- Theater
- ⛪ Kirche
- ✉️ Post
- ✚ Krankenhaus
- Ⓑ Busbahnhof
- ✈️ Flughafen